普通高等教育经管类专业"十三五"规划教材

管理信息系统原理与应用

（第 2 版）

李少颖　陈　群　编著

清华大学出版社

北　京

内 容 简 介

　　本书在吸收国内外已有研究成果的基础上,以信息系统对组织管理的影响为主线,从管理和技术的角度系统地阐述了管理信息系统的理论、技术和方法,重点介绍了管理信息系统的原理和应用。在介绍原理时,从管理信息系统的理论基础和技术基础展开,介绍了管理信息系统的概念、特点、结构、技术基础等基本知识。在描述应用时,吸收了较多国外教材的内容,介绍了管理信息系统在企业中的典型应用,如企业资源计划、供应链管理、电子商务等。此外,根据国内管理信息系统的传统内容,介绍了管理信息系统的开发方法,包括规划、分析、设计和实施管理。

　　本书布局合理、结构清晰、可读性强、易教易学,可作为高等院校本科生经济与管理类相关专业以及信息管理、电子商务、计算机应用等专业的教材,也可作为各类技术人员、管理人员以及相关专业人士的参考用书。

图书在版编目(CIP)数据

管理信息系统原理与应用 / 李少颖,陈群 编著. —2 版. —北京:清华大学出版社,2020.8(2024.1 重印)
普通高等教育经管类专业"十三五"规划教材
ISBN 978-7-302-56118-7

Ⅰ.①管… Ⅱ.①李… ②陈… Ⅲ.①管理信息系统－高等学校－教材 Ⅳ.①C931.6

中国版本图书馆 CIP 数据核字(2020)第 139085 号

责任编辑:王　定
封面设计:周晓亮
版式设计:思创景点
责任校对:成凤进
责任印制:沈　露

出版发行:清华大学出版社
　　　　网　　　址:https://www.tup.com.cn, https://www.wqxuetang.com
　　　　地　　　址:北京清华大学学研大厦 A 座　　　　　　邮　　编:100084
　　　　社 总 机:010-83470000　　　　　　　　　　　　　邮　　购:010-62786544
　　　　投稿与读者服务:010-62776969,c-service@tup.tsinghua.edu.cn
　　　　质 量 反 馈:010-62772015,zhiliang@tup.tsinghua.edu.cn
印 装 者:三河市龙大印装有限公司
经　　销:全国新华书店
开　　本:185mm×260mm　　　　印　　张:19.5　　　　字　　数:449 千字
版　　次:2016 年 8 月第 1 版　2020 年 9 月第 2 版　　印　　次:2024 年 1 月第 5 次印刷
定　　价:69.80 元

产品编号:087876-02

第2版前言

《管理信息系统原理与应用》第1版自发行以来受到广大读者的欢迎与好评。本版是在第1版基础上进行的修订，同时本书是"普通高等教育经管类专业'十三五'规划教材"及"上海市属高校应用型本科试点专业教材"。

第2版保留了第1版的特色和风格——可读性、系统性、实用性、前瞻性较强，同时吸收了第1版发行至今管理理论和信息技术的新知识，并对第1版中的所有引例进行了更新。另外，更新了第2章中数据处理的内容，在保持知识连贯性的基础上对第5章的内容进行了删减，根据电子商务行业近年来的发展变化在第6章电子商务部分增加了主流电商平台的数据分析。

本书由李少颖、陈群编著。李少颖负责大纲的起草、初稿的审核与修改，以及全书的总纂与统稿，陈群负责各章引例的审定。第2版各章节的修订分工如下：李少颖对第1、2、6章进行了修订，陈群对第3、4、7、8、9、10章进行了修订，顾夏对第5章进行了修订。

由于编者水平有限，书中难免有不当和疏漏之处，敬请广大读者和专家学者批评指正。

本书提供对应教学大纲和课件，读者可扫描下方二维码获取。

教学大纲

课件

编　者

2020 年 4 月

第1版前言

阿尔文·托夫勒在其著名的经典《第三次浪潮》中，明确地将人类社会的进程划分为三个阶段：第一阶段为农业阶段，从约1万年前开始；第二阶段为工业阶段，从17世纪末开始；第三阶段为信息化阶段，从20世纪50年代后期开始。信息文明是这个时代的特征，人们把当今时代称作"信息时代"，或者被更确切地称作"信息爆炸"的时代。一个组织在运行过程中不断产生大量信息，同时也处于浩如烟海的信息洪流中。信息技术拓展了人们的信息处理能力，如何有效地管理、应用这些信息，使它们为组织运行和决策管理服务，管理信息系统在其中扮演着极为重要的角色。任何组织要在当今社会保持优势和做强做大，必须有效地管理组织和对不断变化的环境及时做出正确的反应，管理信息系统可以有效地提供信息管理支持。

过去，对于一个组织来说，管理信息系统只是辅助管理，以解决现行问题为主要目标。现在，管理信息系统已不只是辅助，它可以引导组织变革，实施新的业务模式、管理模式，全面提升组织的竞争力。斯坦福大学经济学教授兼高级研究员保罗·大卫形容信息技术是一种"弥漫性技术"，它弥漫、渗透于经济、社会各个层面，全方位推动社会发展。

管理信息系统是一门多学科交叉的综合性学科，综合运用了管理学、计算机科学、系统科学、数学、通信技术等多学科知识，是一门理论性和应用性都很强的学科。理论研究指导管理信息系统的应用与开发，在应用与开发的实践中又形成新的理论，一直成为组织应对新的信息环境和提高企业竞争力的有力工具。

本书力求在阐述管理信息系统基础知识的同时，吸收管理信息系统领域最新的管理理念与技术创新。内容涵盖管理信息系统的基本概念、技术基础、开发过程以及系统的应用和管理。

在教材体例上，本书吸收了国外教材的优点，每章通过引导案例引发学生思考和参与讨论，各章节在讲解重点或难点时，配有直观的图示或脉络清晰的表格便于读者理解。每章均列出了重要的知识点，课后备有本章小结、关键术语的中英文对照以及思考与练习，供教师组织教学时选用或学生自主学习时复习参考。

本书以信息技术对组织管理的影响为主线，力求全面、系统地阐述管理信息系统的基本原理、方法和技术，描述管理信息系统的典型应用，并按照结构化方法讨论系统开发过程。

本书主要具有以下几方面的特点。

第一，可读性。管理信息系统是交叉学科，其理论基础主要来源于管理理论、信息理论与系统理论，同时也在这些理论的基础上交叉结合发展。本书在阐述理论时避免了大量篇幅叙述国内外不同表述或陷入不厌其烦地介绍学派之争，而是吸收国内外学者的优秀成果，将有代表性的、普适的理论列出，并进行详细阐述和透彻分析。在阐述应用时，吸收了国内外的优秀案例并根据中国读者的思维习惯和方式表达出来。

　　第二，系统性。本书在编写过程中，注重管理信息系统理论知识的系统性。本书的理论知识围绕信息系统对组织管理的影响展开，涵盖了管理信息系统的核心内容，对管理信息系统的相关知识、技术做了较为全面的阐述，有助于读者对管理信息系统整体的认识和全面的把握。

　　第三，实用性。本书注重信息系统理论在商业领域的实际应用，突出内容的实用性。通过案例及理论讲解分析将企业案例和系统知识结合在一起，不仅增加了可读性，而且保持了一定的深度，使读者能够在学习信息系统理论的同时，联系实际，领悟市场环境下管理者和信息技术专家的思考方式和解决问题的方法，满足对应用型人才培养的基本要求。

　　第四，前瞻性。管理信息系统作为一门相对新兴的学科，其学科内容被不断地充实和发展。该学科的研究者们从计算机技术、通信技术、管理理论、决策理论、系统科学等多门学科中吸取相应知识，融合到管理信息系统的学科内容中。本书在编写过程中，除了讲解传统的理论，还对近年来信息系统发展的热点进行介绍，各章节都对本领域的发展趋势有所介绍，如云计算、虚拟组织、数据仓库等，为读者了解管理信息系统的基本知识和最新发展提供参考。

　　本书由李少颖、陈群担任主编。李少颖负责大纲的起草与初稿的审核、修改及全书的总纂，陈群负责章节案例的审定。本书各章节的编写分工如下：第 1 章、第 2 章由李少颖编写；第 3 章、第 7 章、第 8 章由陈群编写；第 4 章、第 9 章、第 10 章由芮廷先编写；第 5 章由顾夏编写；第 6 章由张峰编写。

　　本书在编写过程中，参考了大量的国内外文献和著作，并尽量在参考文献中列出，在此对这些参考资料的作者表示由衷的感谢。

　　我们力图编写适合应用型高等院校的管理信息系统教材，编写过程中付出了很大的努力，但由于水平所限，难免有不妥之处，恳请读者批评指正。

编　者

2016 年 5 月

教 学 建 议

　　"管理信息系统原理与应用"课程通过讲授管理信息系统的理论、技术基础、具体应用、开发过程各阶段的任务与技术，培养学生对管理信息系统的整体认识，并从应用视角掌握完整的管理信息系统的建设过程，了解组织如何使信息系统与组织战略、管理控制及业务流程有效结合在一起，获得竞争优势。

教学方式建议

　　为使教学达到预期的效果，建议在课堂讲授的基础上，结合引例并根据需要利用上机操作进行教学。引例讨论可以帮助学生更好地理解各章的理论知识，可以让学生针对具体对象进行完整的信息系统各阶段任务的实施，引导学生利用管理信息系统的基本理论、基本方法和技术来解决企业和组织的管理问题；通过上机操作增强对信息系统的具体认识并提高实践操作的能力。以上多种教学方式结合，使学生成为理论知识扎实、应用能力较强的应用型人才。

学时分配建议(供参考)

章节	教学内容	学习要点	学时安排
第 1 章	管理信息系统理论基础	信息与管理信息	6
		系统与系统集成	
		信息技术与组织管理	
		管理信息系统	
第 2 章	管理信息系统技术基础	企业信息系统的基础设施	6
		计算机网络	
		数据处理	
		信息系统安全	
第 3 章	企业资源计划	ERP 的内涵与外延	4
		ERP 的发展过程	
		ERP 的 5 个计划层次	
		ERP 系统	

(续表)

章节	教学内容	学习要点	学时安排
第 4 章	供应链管理	供应链管理系统概述	4
		供应链管理系统的信息流	
		供应链管理系统实施问题分析	
		供应链管理系统产品及发展趋势	
第 5 章	决策支持与商务智能	决策理论和决策问题	2
		决策支持系统概述	
		决策制定与信息系统支持	
第 6 章	电子商务	电子商务的起源与发展	4
		电子商务概述	
		电子商务的商业模式	
		电子商务的行业应用	
		电子商务的实施	
		电子商务的展望	
第 7 章	信息系统开发与战略规划	信息系统的开发方法	6
		信息系统的开发方式	
		信息系统规划	
		信息系统规划案例	
第 8 章	信息系统分析	信息系统分析概述	8
		系统初步调查与可行性分析	
		系统详细调查	
		建立信息系统逻辑模型	
		系统分析报告	
		信息系统分析案例	
第 9 章	信息系统设计	信息系统设计概述	6
		总体设计阶段的图形工具	
		结构化设计方法	
		信息系统详细设计	
		代码设计和数据库设计	
		人机界面设计	
		系统安全设计与数据完整性设计	
		信息系统设计案例	
第 10 章	信息系统实施、评价与运行管理	信息系统实施	4
		信息系统评价	
		信息系统运行管理	
合　计			50

目　　录

第1章

管理信息系统理论基础

在管理信息系统的应用已经渗透到当今社会各行各业的今天，能否成功应用管理信息系统，对企业管理、公司运营甚至对整个人类社会的发展都有深远的影响，而信息本身作为一种新的战略资源也发挥着越来越重要的作用。

本章主要介绍管理信息系统的理论基础，阐述管理信息系统中信息管理系统的内涵，管理信息系统的概念，以及管理信息系统与企业运营管理的关系。

学习目标

1. 正确理解信息、系统、管理信息系统的概念。
2. 理解数据、信息、知识三者之间的关系。
3. 了解信息技术的发展给组织、管理带来的具体影响。
4. 熟悉组织中不同的信息系统及其作用。
5. 熟悉管理信息系统的结构。

引例：聚焦未来零售——打造休闲食品行业标杆

湖北周黑鸭食品工业园有限公司(以下简称"周黑鸭")是一家专门从事生产、营销及零售休闲熟卤制品的企业。作为中国领先的休闲熟卤制品品牌，周黑鸭通过提供优质的产品及服务，成功地将传统卤制食品零售模式转型升级为品牌形象鲜明、质量保证有力的品牌连锁经营模式。

自2002年创立至2017年，周黑鸭直营门店数量已突破千家，并且一直在扩张，截至2020年年初，已覆盖中国17个省份及直辖市、90个城市。现有湖北武汉、河北沧州、广东东莞三大现代化工厂，正在稳步推进全国五大区工厂布局，以辐射全国门店。线上覆盖了22个国内主要电商平台。经营规模的扩大，对公司的质量安全、稳定、可追溯方面提出了更高的要求；同时，公司全渠道生态细分趋势明显且周期、频率各不相同，会员规模也迅速扩大。随着各项拓展计划的稳步展开，相应地对供应链网络化协同管理、生产质量精细化管理、渠道管理、成本与资产管理提出了新的需求。因此，集团提出了信息化战略转型的构想。

这次信息化战略转型对周黑鸭原前后台系统进行了全新塑造，主要体现在三个方面：一是建立端到端可追溯质量管理体系、集团化运营体系、高效供应链协同体系；二是建立营销创新与客户交互平台，助力周黑鸭在新一个发展阶段中打造更灵活的全渠道市场及数字化门店；三是建立集团数字化管理体系与流程体系，提高快速响应市场变化的能力及创新能力，推动企业整体数字化转型。

在集团管理与运营层面，周黑鸭全国市场及供应链网络战略布局基于 SAP S/4 HANA，实现采购、生产、质量、库存、物流、财务成本等各业务体系间的信息共享、数据可溯、权责明晰的流程协同与管理。同时兼顾休闲食品行业的特点，构建点对点式无边界的高效供应链体系、全程可追溯质量体系、精细化可扩展的集团管理体系，这三大体系是周黑鸭快速发展及创新最为重要的三大基石。

在以客户为中心的市场及渠道层面，周黑鸭坚持打造快乐、年轻、时尚的一致体验，逐步建立三方线上、自有线上、外卖口碑、千家门店等多样消费生态，在开展多元化市场策略精准覆盖不同客户需求的同时，打造一致性品牌文化，兼顾供应链端高效运营，提高盈利能力，是实现未来战略落地的重中之重。因此，周黑鸭制定了符合自身企业特点的"聚合、赋能、创新"三大渠道策略，基于 SAP C/4 HANA 整合客户资源、成立八大中心，跨渠道灵活响应并与后台供应链等职能体系协同，在提供一致性服务的同时充分提高资源利用率。

在人才培养层面，借助集团信息化整体战略转型项目，引入最新企业管理理念和平台技术，培养出一支既懂管理又懂信息化的内部顾问和业务骨干团队，驱动周黑鸭在工作流程、工作方式、工作方法上的全面数字化转型。

一期项目历时 7 个月，基于 SAP 成熟的实施方法论和行业经验，周黑鸭团队完成了中台全渠道管理平台、后台企业管理平台的替换及周边系统集成，同步完成门店 POS 升级项目，业务平滑切换并顺利上线。下一阶段，周黑鸭将继续深化数字化转型成果，基于大数据分析及预测，不断进行市场及消费体验的创新、产品研发与服务的持续升级，致力于将周黑鸭品牌打造成为年轻、时尚、活力，兼具文化底蕴和生活品味的中国民族品牌。

(资料来源：亚太劳动力效能研究院)

讨论题

1. 你认为周黑鸭信息化战略转型构想的提出与企业需要处理的数据量的变化有什么联系？

2. 你认为在周黑鸭下一阶段的数字化转型过程中，信息系统可以为市场、产品、服务提供哪些创新？

1.1 信息与管理信息

人们常用最具代表性的生产工具来代表一个历史时期，例如石器时代、青铜时代、铁器时代、蒸汽时代、电气时代，而如今我们所处的时代被称为信息时代，也就是说，当前所处的时代，信息产生重要价值。信息技术拓展了人的信息处理能力，改变了社会生活、企业管理的方式，我们可以认为，信息技术的发展历史就是当今时代人类社会进步与人类文明的发展史。

以计算机技术、通信技术、网络技术为代表的信息技术的飞速发展，推动了管理信息系统的发展，管理信息系统已经成为一个独立的学科体系。作为一门学科，同时又作为一种应用工具，管理信息系统被广泛地应用于各种经济活动的信息管理过程中，成为企业的神经系统，可以从每天产生的大量数据中提取有效的信息。

1.1.1 数据、信息和知识

现实世界是一个不断发展和变化的世界，充满物质的运动与能量的转换，也无处不存在着信息。当前所处的时代，信息无所不在，它与物质、能源共同构成了人类赖以生存和发展的三大资源。在日常生活中，人们可以从报纸、电视、网络等各个渠道获取信息，并且每天接触大量的数据，例如当天的气温、交通的费用等，那么数据、信息和知识三者有哪些区别与联系，又分别有哪些特征呢？

1. 数据

数据是对客观世界的符号记录，是用于表示客观世界未经加工的原始事实。数据可以用数字、字母、文字、符号、语音、图形等可鉴别的符号表示，是构成信息和知识的原始材料。例如，学生的考试成绩为 85 分、某天的气温为 20℃、时钟显示的具体时间、汽车仪表盘上的速度值等都是数据。可见，数据既有数值型的，它们是可直接进行科学计算的数字或字母；也有非数值型的，它们是数值型数据以外的数据类型，可表现为表单、声音、图像等。

国外的研究材料常用 raw fact 来描述数据，其中 raw 表明数据是未经组织和加工的，是反映外部环境原貌的记录。当数据经过加工和处理，能够为人们所用时，数据就转换成了信息，如图 1-1 所示。处理工作可以是自动化的或手工的，由数据转化为信息是由信息处理者完成的。

图 1-1　数据与信息的转化

2. 信息

信息是指对数据经过解释或处理之后，能对人的行为产生影响并被赋予一定意义的数据。信息论的创始人香农(Claude E. Shannon)认为，信息是使不肯定程度减少的量，是一种"消除不确定性"的东西。因此，信息与数据是两个不同的概念：数据只是原始记录，不一定能"消除不确定性"；而信息是经过加工的数据，判断数据是否是信息的标准就是看其是否能对人的行为产生影响。例如，某一天的气温是数据，但不一定是信息，只有当它经过人们的分析处理，根据这个气温决定应该穿多厚的衣服时，这一表示气温的数据才成为信息。

对于香农提出的"不确定性"，于信息而言，所消除的不确定程度大，则信息量大；反之，则信息量小。如果事先就确切地知道信息的内容，则信息量为零。

由此可见，数据是信息的载体，信息是加工后的数据。数据和信息的关系也可解释为原材料和制成品的关系，数据是原材料，信息是制成品。数据随介质表现形式的不同而不同，信息却不因表现形式不同而有所差异。比如，同样的数据可以是刻在石头上的、写在纸上的、存储在计算机里的，对不同载体上的相同数据进行分析或解释后得到的是同样的信息。

信息可以从不同角度进行分类：按内容，可以分为自然信息与社会信息；按表现形式，可以分为文献型信息、数据型信息、声像型信息、多媒体信息；按空间状态，可以分为宏观信息(如国家的)、中观信息(如部门的)、微观信息(如企业的)；按应用领域，可以分为管理信息、社会信息、科技信息等。

信息具有以下性质。

(1) 事实性。信息必须符合客观事实才有价值，虚假信息不仅没有价值，甚至会造成决策的失误。事实性是信息的第一属性，为防止 GIGO(garbage in garbage out，垃圾进垃圾出)，要保证信息准确反映客观事实。一条有价值的、客观反映外部市场的真实信息，可以带来一个企业的振兴。相反，如果信息失真，例如产品销量被虚假扩大，于是生产部门加大生产力度，造成库存积压，随之会出现一系列影响企业运营的问题。

(2) 等级性。由于组织内的管理活动是分等级的，不同级别的管理需要不同的信息，因此信息也是分级别的。通常把信息分为战略级(高层决策)、战术级(中层控制)、作业级(基层运作)，不同级别的信息具有不同的属性，如表 1-1 所示。

表 1-1 不同级别信息的属性

级别	属性					
	来源	频率	保密要求	精度	信息量	规范性
战略级信息	企业外部为主	低	高	低	小	非规范化
战术级信息	企业内部和外部	中	中	中	中	一般
作业级信息	企业内部为主	高	低	高	大	规范化

① 战略级信息。战略级信息是关系到企业长远命运和全局的信息，例如企业的十年规划、经营方针、并购计划、投产计划、停产计划等。战略级信息一般是经过分类、压缩和过滤的，信息精度低，概括性、综合性强，信息内容不定型，信息处理方法艺术性强，信息多来自企业外部。

② 战术级信息。战术级信息也称为管理级信息、策略级信息，是企业运营管理或者管理控制的信息，例如产品的市场开发策略、月度生产计划等。战术级信息一般是对日常执行部门的信息进行汇总、统计与综合的结果，信息内容不完全定型，信息来源于企业内部和外部。

③ 作业级信息。作业级信息是企业业务运作的信息，例如每天统计的产量和质量数据、考勤记录、领料信息等。这类信息一般定期、重复产生，内容具体，形式规范，信息处理方法很有规律，信息多来源于企业内部。作业级信息由低层管理人员管理，对信息精度的要求是最高的，例如会计每天结账要求分文不差，考勤信息也不能有差错，否则就影响员工奖金数额。

(3) 价值性。信息是经过加工的、有意义的数据，具有使用价值和交换价值。信息的价值和价格取决于其质量和市场供求关系。在信息化社会中，信息作为商品的情况已越来越普遍。查询文献资料须付费、网络课程有偿学习、市场调研报告有偿提供等，都是信息价值性的体现。

(4) 可压缩性。信息可以被浓缩、集中、概括及综合，而不丢失信息的本质。例如，有关牛顿第二定律的论述可以概括为一个简单的公式 $F=ma$，大量的实验数据可以压缩成一个经验公式，复杂的业务也可概括成流程图，这些都体现了信息的可压缩性。需要注意的是，在信息压缩过程中经常会丢失一些信息，但丢失的应当是干扰信息或冗余信息。

(5) 扩散性。扩散性是信息的本性，一般情况下，信息力图冲破保密的非自然约束，通过各种渠道和手段向四面八方传播。信息的扩散一方面有利于知识的传播，另一方面可能造成信息的贬值。例如，盗版软件通过各种途径流入市场，不利于软件产业的发展，因此人们制定各种法律，保护信息不被非法扩散。

(6) 传输性。信息可以通过各种媒体和传输介质传输，其传输成本远远低于物质和能源的传输成本，因此应尽可能用信息的传输代替物质的传输，利用更多的信息流代替物流。人们利用电话传输声音，利用卫星传输图像，利用语言传输文化，信息传输的形式已越来越多元化，数字、文字、声音、图像等都可以用来传输信息。

(7) 共享性。与实物不同，信息可以由多方共有，可以被共同接收、共同享有。交换信息的双方都不会失去原有的信息，反而会增加一些信息。物质的交换是零和的，你的所得必为我的所失。我给你一瓶水，你得到一瓶水，我就失去一瓶水，加一与减一的和为零。信息共享却截然不同，例如企业内的信息共享，减少了管理层次，提高了管理效率。萧伯纳对信息的共享性有一个形象的比喻：你有一个苹果，我有一个苹果，彼此交换一下，我们仍然是各有一个苹果；如果你有一种思想，我也有一种思想，我们相互交流，我们就都有了两种思想，甚至更多。信息共享的非零和性造成信息共享的复杂性，因而信息的共享有时能如萧伯纳所说增加价值，有时却会造成损失。例如，A 企业员工告诉 B 企业员工 A 公司产品的核心技术，B 企业利用此信息生产出更具竞争力的产品，使 A 企业产品失去市场。因此，企业应对共享与传输的信息进行有效的计划与控制，以利于企业目标的实现。

(8) 增值性。一般认为，时间间隔越短，使用信息越及时，信息的价值越高，随着时间的推移，其价值可能耗尽。但对于同样的信息，如果将其用于另一种目的，价值却有可能增加。例如，天气预报的信息，预报期一过，对指导生产就不再有用，但将它和各年同期天气比较，总结变化规律、验证模型时，其价值却又增加了。

(9) 转换性。物质为人类提供材料，能源为人类提供动力，信息为人类提供知识和智慧，信息、物质、能源已成为人类赖以生存和发展的三大重要资源，三者有机地联系在一起，可以相互转化。例如，利用信息技术在国际上选择合适的材料源，在国内生产价廉质优的材料，信息都转化为材料，即物质。信息并不是人类对客观事物感知的最高层次，人们通过归纳、演绎、比较等手段对信息进行挖掘和分析，使有价值的部分沉淀下来，并与已存在的知识体系相结合，这部分有价值的信息就转变成知识。

3. 知识

知识是把一个或多个信息关联在一起的信息结构，是对客观世界规律性的总结。知识可以用来决策和指导行动。比如，人们根据清明时节的气候特点，总结出"清明时节雨纷纷"的规律，这就是知识。根据这一知识，人们在清明期间出游时就会带好雨具，不安排露天的市场推广活动等，这就是用知识来指导决策和行动。

对信息的分类、筛选、判别、分析和研究形成了知识，因此，知识是在对信息再加工的基础上形成的。知识可以共享和重复使用，作为判断和决策的依据。

4. 数据、信息和知识三者的关系

信息管理主要是对数据的管理，而知识管理则是对思维的管理。数据、信息和知识三者的关系如图 1-2 所示。管理信息系统通过对数据的处理得到大量的信息流，这些信息也是数据转变为知识的基础，用来指导人们进行科学管理的决策和行动。沃尔玛很早就使用了管理信息系统来运营其连锁超市，例如通过对销售量的分析，发现啤酒和尿布的销量常常同时增长，造成这一现象的原因是美国的太太们常叮嘱她们的丈夫下班后为小孩买尿布，30%～40%的年轻爸爸们在买尿布后又带回了他们喜欢的啤酒。这样看来，如果将这两样东西放在一起，那么那些因为尿布和啤酒的货架间距离远而没有随手购买啤酒的顾客，就可能因此增加随手购买啤酒的机会。于是，沃尔玛在一些门店将尿布与啤酒并排摆放在一起，结果尿布与啤酒的销售量都大大增加。沃尔玛正是通过从信息管理中发现知识(尿布与啤酒放在一起会使被购买的机会增加)，用知识来指导决策，从而获得商业上的成功。

图 1-2 数据、信息和知识三者的关系

1.1.2 管理信息

1. 管理信息的概念

管理信息是组织在管理活动中产生的，经过加工处理后对组织的决策产生影响的各种数

据的总称。

传统的企业管理是对人力、财力、物力、方法和机器(men、money、material、method、machine，5M)这 5 种基本资源的管理。事实上，传统企业对 5M 的管理都是通过组织这些资源的信息来实现的。在现代企业中，信息已成为一项极为重要的基础资源，是企业决策的基础。忽视了对信息的管理，就难以维持企业的高效管理和持续的竞争力。

控制论的观点认为，管理过程就是信息的收集、传递、加工、判断和决策的过程。著名的美国管理学家赫伯特·西蒙(Herbert A. Simon)在 20 世纪 50 年代提出"管理依赖于信息和决策"。以一个发展迅速的食品零售企业为例，从存货信息到原材料、生产信息，一直到市场供求信息，每隔几分钟就需要更新一次，而不是每隔几周或是几天。因为如果原材料供应紧张，生产可能会遇阻，此时竞争对手很可能迅速改变价格，缺货就意味着顾客将转向其他企业。美国零售业中发展速度最快的企业 Big Y Foods 的财务经理 Jim 说："我们不可能依靠几天前的信息来做决策，使用了新的信息系统软件后，减少了报表生成时间，意味着组织中重要的人员能够得到更多及时的信息，这是不能用金钱来衡量的。"事实上，对现代企业而言，不论是生产活动还是管理活动，有效地组织和利用管理信息是企业生存与竞争的基本需求。

2. 管理信息的特点

管理信息除了具有信息的特性，还具有以下特点。

(1) 原始数据来源的离散性。数据的来源为所反映的对象和过程的所在地，即企业各生产环节和有关职能部门；信息的收集、整理、传递、存储和加工具有不同的频率和周期；企业的产品、原料、设备、工具、劳动力等都是用离散数值来计算的。

(2) 信息资源的非消耗性。管理信息一经收集，就可以多次使用，供有关部门共享而不影响其本身的内容。信息的用户越多，使用越广泛，花费在收集、检查、存储、加工数据上的费用就可分摊到大量的输出信息单位上，从而降低信息的单位费用。

(3) 信息处理方法的多样性。信息处理的方法有算术运算、逻辑处理和模型法等。算术运算包括产值及产品产量完成情况计算、产品成本计算等。逻辑处理主要有检索、核对、分类、合并、总计、转录等。随着企业管理水平的提高，企业进行信息处理时，必然要应用现代数学方法，采用一些比较复杂的优化模型，如网络优化模型、线性规划模型、系统仿真模型等。

(4) 信息量大。企业产品或商品的种类、数量，生产用的物资、设备、工具，企业职工情况，财务、供应、销售、协作单位状况等，都是管理部门必需的信息。管理活动中要接触、处理的信息十分庞杂。

(5) 信息处理工作的复杂性。在企业中，产品生产的信息发生在车间工段，信息的加工一般在职能科室或信息处理中心完成，而使用信息的则是职能科室、相关部门领导或上级机关。同时，信息的发生与收集、传递的次数、加工的次数和周期、使用的频率等都有所不同。管理信息的发生、加工和使用在时间和空间上的不一致，使信息处理工作变得复杂。

3. 信息处理的过程

信息处理的质量和效率直接影响管理活动的水平和效果。信息的收集、传输、加工、存储、维护、使用、反馈的过程构成了信息处理的过程，如图 1-3 所示。在信息处理过程中，计算机的长处在于：能够保存大量的历史数据，并进行筛选、分析；能够仿真应用环境和真实的管理系统；能够产生各种方案的可行解，自动淘汰非优解。人在信息处理方面的长处在于：能够根据经验和大量知识进行模糊推理；善于处理各种与人有关的问题。因此，我们在对信息进行处理时，应把计算机与人有机地结合起来，充分发挥两者的长处。

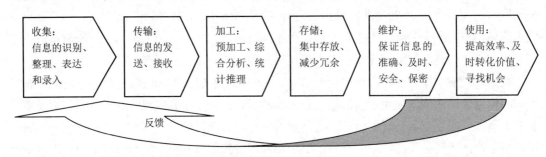

图 1-3　信息处理的过程

1) 信息收集

信息收集是信息处理的第一个环节，通常包括信息的识别、整理、表达和录入。识别是指从大量数据中选择有价值、能正确描述事件的数据；整理是对识别获得的数据进行分类加工，以便对数据进一步开发利用；表达是对整理后的数据通过一定的表示形式传达给使用者，如数字或编码、文字或符号、图形或声音等；录入是将数据输入系统中，要求避免差错。

2) 信息传输

信息传输是指采用一定的方法和装置，实现信息从发送方到接收方的流动。信息传输通常包括管理系统内部各子系统间的信息共享与交换，以及管理系统与外界的信息交流。在信息传输过程中，要求解决快速、安全、准确等问题。

3) 信息加工

信息加工是信息处理的中心环节。它的任务是根据要求对信息进行鉴别、选择、排序、合并、更新、计算，生成满足应用需要的形式。在信息加工过程中，可以使用诸如数据结构、计算数学、运筹学等方法和模型。

按是否经过加工划分，信息可分为一次信息和二次信息。未经过加工的信息叫作一次信息；经过加工，不管是经过多少次加工，均叫作二次信息。对于这些加工操作，按处理功能的深浅可分为预加工、业务处理和决策处理。预加工是对信息进行滤波和简单整理，加工生成的是预信息，但已是二次信息。业务处理是对信息进行分析、概括和综合，产生辅助决策的信息。决策处理通过应用数学模型统计、推断可以产生决策的信息。

4) 信息存储

信息存储是将信息保存起来，以备将来应用。一般需要确定存储哪些信息，存储多长时间，采用的存储方式，使用何种存储介质，以及决策可能产生的效果等。

5) 信息维护

信息维护是指保持信息处于合用状态。从狭义上说，信息维护包括经常更新存储器中的数据，使数据均保持合用状态。从广义上说，信息维护包括系统建成后的全部数据管理工作。

信息维护的主要目的在于保证信息的准确、及时、安全和保密。

(1) 保证信息的准确，首先要保证数据状态最新和数据的唯一性；其次要保证数据在合理的误差范围内。例如，通过数据库的合理数据结构保证数据的唯一性，将数据输入系统时加强校验(如采用双人工互校、增加校验码等)，对数据范围设定界限来检验。

(2) 保证信息的及时，是指信息的维护应考虑能及时提供信息，常用的信息放在易获得的地方，各种设备状态完好，各种操作规程健全，操作人员技术熟练，信息目录清楚。

(3) 保证信息的安全，是指要防止信息由于各种原因而受到破坏，同时应采取一些安全措施，在遇到信息被破坏的情况后，能较容易地恢复数据。

(4) 保证信息的保密。信息的保密性是近年来受关注程度越来越高的问题。随着信息作为企业资源的作用越来越大，企业对信息的价值越来越关注，因而被盗的情况也越来越多。盗窃信息的方式很多，如通过电缆窃听、非法查阅数据库等。

6) 信息使用

信息使用包括技术和价值转化两个方面。技术方面主要解决如何高效率地把信息提供给使用者的问题。价值转化方面主要解决如何提高信息内容使用深度的问题。提高信息内容使用深度一般分为三个阶段：提高效率阶段、及时转化价值阶段和寻找机会阶段。

7) 信息反馈

信息反馈可以核查和纠正可能产生的某些偏差。信息处理的过程是一个循环往复的过程，信息反馈既是上一过程的终结又是下一过程的开始。在企业经营管理活动中，管理人员对企业内部各职能部门、各环节进行有计划、有组织、有管理的闭环控制，信息不仅有完整的输出通道，而且有完整的反馈回路，信息总是进行输出、反馈、再输出的往复循环，形成信息流。因此，只有通过信息反馈实现信息处理过程的再循环，才能不断提高信息的价值，达到管理的最终目的。

1.2 系统与系统集成

系统是客观世界中的一种普遍现象。"系统"一词最早出现于古希腊语中，原意是指事物中的共性部分和每一个事物应该占据的位置，也就是部分组成整体。系统集成的各个分离部分原本也是一个个独立的系统。要想了解一个系统，需要先理解系统的特点，然后分析系统集成包含的内容。

1.2.1 系统与信息系统

1. 系统的概念

一般而言，系统是为了实现某种目标而相互联系、相互作用的若干事物(元素)的有机整体。这一定义表明，系统由两个或两个以上元素组成，而且往往是大量的元素；元素之间存在着相互影响、相互制约的有机联系，保持某种功能；系统本身可以作为"若干事物"，从属于一个更大的系统。比如，计算机系统包含硬件系统和软件系统，软件系统又包含系统软件和应用软件这两个子系统，而 Windows 操作系统是系统软件的子系统，同时，Windows 操作系统又是其他软件的环境。可见，系统存在于环境中，但同时又包含若干子系统，基于物质的无限性，系统也是无限可分的。

系统理论强调系统具有整体性、关联性、层次性、动态平衡性等特点，系统必须在其所处的环境中运行，与环境相互交流、相互影响。从环境向系统的流动称为输入，从系统向环境的流动称为输出。

2. 信息系统的概念

信息系统是一个进行信息处理的系统，是一系列相互关联的可以收集(输入)、操作和存储(处理)、传播(输出)数据与信息，并提供反馈，以实现其目的元素或组成部分的集合，如图 1-4 所示。

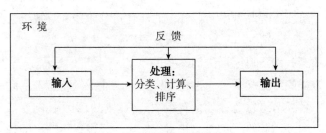

图 1-4　信息系统的 3 类基本活动

输入是从环境中获取和收集原始数据。可以通过键盘、鼠标、触摸屏、扫描仪、数码相机等进行数据输入。处理是将数据通过分类、排序、计算、比较、分析等转换为有利于应用的信息。输出是将处理之后的信息传送给需要的用户或用于生产活动，可以通过打印机、显示屏、语音、短信等进行数据输出，信息系统的输出通常是以文档或报告的形式出现。在某些情况下，一个系统的输出是另一个系统的输入。除此之外，信息系统还需要反馈。事实上，反馈也是一种输出，它对系统的成功运行非常重要。决策者根据反馈的信息评价和修正输入、处理和输出，采取相应的变更措施，完成组织的目标。

信息系统既可以是手工的系统，也可以是计算机化的系统。早期的组织同样存在为计划、控制、决策提供支持的信息系统，只是这些信息的收集、处理、传递是由人工完成的，例如手工会计信息系统就是一种以人工处理为主的数据处理系统。在手工会计信息系统阶段，财务人员使用纸、笔、算盘等工具，对会计数据进行记录、计算、分类、汇总。许多信息系统的早期都是手工系统，只是随着信息技术的发展，逐步发展成为计算机化的信息系统。

　　信息系统比管理信息系统有更宽泛的概念范围，用于管理方面的信息系统就是管理信息系统。国外很多场合把信息系统作为管理信息系统的同义词，国内由于信息系统的概念被首先用于技术领域(硬件、软件)，所以在有些场合两者并不是同义词。如无特殊说明，本书中后文所有的"信息系统"均指"管理信息系统"。

3. 信息系统的特点

　　信息系统具有整体性、目的性、环境适应性等特点。

　　(1) 整体性。整体性是系统最基本的特性，也是系统理论的核心思想。系统要素之间相互关联，构成了一个不可分割的整体。正如系统论的先驱贝塔朗菲强调的那样，任何系统都是一个有机的整体，它不是各个部分的机械组合或简单相加，系统的整体功能是各要素在孤立状态下所没有的。贝塔朗菲曾用亚里士多德的"整体大于部分之和"的名言来说明系统的整体性，也就是说，系统的效能应比构成系统的各要素独立存在时的效能之和更大(1+1>2)。这就像某些化学反应里，反应物中只加入一种催化剂，化学反应速度却能成倍加快一样，各要素带来的组合效应使系统得到元素单独存在时所没有的性能。

　　贝塔朗菲同时指出，认为要素性能好，则整体性能一定好，以局部说明整体的机械论的观点也是错误的。这一观点与管理学中的木桶原理不谋而合：木桶的盛水量不取决于最长的木条，而是取决于最短的木条，所以要想尽可能多地装水，就必须增加短木条的长度。因此在设计管理信息系统时，追求的是整体最优而不是某子系统最优，必须找出制约信息系统建设的瓶颈，解决某些突出的薄弱环节，系统性能才能有较大提高。

　　(2) 目的性。每个人造系统都有其要达到的目标和应完成的任务或功能。信息系统属于人造系统，人们建立它必然存在预期目标，表现为系统所要实现的各项功能，系统功能决定系统各要素的组成和结构。例如，邮政系统是为了寄送各类信件或物品等建立的，这个目的决定了邮局的数据应依据人口规模和密度来配置。

　　(3) 环境适应性。信息系统存在于组织环境中，与环境相互交流、相互影响，进行物质、能量、信息的交换，属于开放系统。信息系统的生存和发展受到环境的影响和制约，为了实现预定的目标或功能，必须能够适应环境的变化。因此，在建立信息系统时，要根据内、外部环境的变化做出及时、有效的反应。

4. 信息系统的成长阶段模型——诺兰模型

　　信息系统本身的发展有其规律性，必然会从初级阶段过渡到高级阶段，逐步走向成熟。美国管理信息系统专家理查德·诺兰(Richard L. Nolan)将信息系统的进化划分为 6 个阶段，称为成长阶段模型，即诺兰模型。

　　诺兰模型的 6 个阶段分别是初始阶段、扩展阶段、控制阶段、集成阶段、数据管理阶段和成熟阶段。

　　诺兰模型反映了企业计算机应用发展的规律性，前 3 个阶段具有计算机时代的特征，后 3 个阶段具有信息时代的特征，其转折点处是进行信息资源规划的时机，如图 1-5 所示。

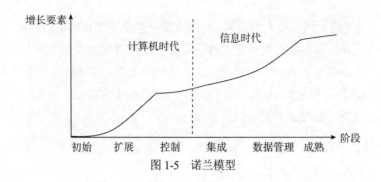

图 1-5　诺兰模型

(1) 初始阶段：在这一阶段，信息系统需求只被作为简单的办公设施改善的需求来对待，采购量少，应用少，通常用来完成一些报表统计工作。

(2) 扩展阶段：企业发现信息系统优势后对信息系统应用开始产生兴趣，想利用信息技术解决更多的问题，如进行更多的数据处理，于是其应用开始扩散，企业对开发软件热情高涨，投入开始大幅度增加。此时很容易出现盲目购机、盲目定制开发软件的现象，缺少计划和规划，因而应用水平不高，信息系统的整体效用无法突显。此阶段数据处理能力得到迅速发展，但出现许多新问题(如数据冗余、数据不一致、数据难以共享等)，信息系统使用效率不高。

(3) 控制阶段：在前一阶段盲目购机、盲目定制开发软件之后，企业管理者意识到计算机的使用超出控制，信息系统投资增长快，但效益不理想，于是开始从整体上控制计算机信息系统的发展，在客观上要求组织协调，解决数据共享问题。此时，企业信息系统建设更加务实，对信息系统的利用有了更明确的认识和目标，企业对系统的投资进行控制。

(4) 集成阶段：在控制的基础上，企业开始重新进行规划设计，建成统一的系统。企业的信息系统建设开始由分散和单点发展到成体系，把过去分散的系统变成相互内聚的一体化系统。

(5) 数据管理阶段：在这一阶段，企业统一了数据库平台、数据管理体系和信息管理平台。统一数据的管理和使用，使各部门、各系统基本实现资源整合、信息共享。

(6) 成熟阶段：到了这一阶段，信息系统已经可以满足企业各个层次的需求，从简单的事务处理到支持高效管理的决策，企业真正把信息系统与管理过程结合起来，充分整合和利用组织内部、外部的资源，提升企业的竞争力和发展潜力。

诺兰认为，这种阶段划分方式对任何组织、任何类型的信息系统均适用，这是一个客观的发展规律，任何一个信息系统的发展要想跳跃某个阶段或几个阶段是很难的。

1.2.2　系统集成

系统集成是指根据应用需要，将不同的系统有机地组合成一个一体化的、功能更加强大的新型系统的过程和方法。系统集成并不是简单连接，而是有效组织各类资源，使资源达到充分共享，实现集中、高效、便利的管理。系统集成的结果是将小系统连接成大系统。

系统集成并非只是简单地连通，而是有效地组织。有效地组织意味着系统中每个部件都得到有效的利用，或者说为了达到系统的目标所耗的资源少，总效益高。

有不少企业曾在信息系统的建设中投入了大量精力和经费，却没有达到预期的效果。这是因为很多企业虽然购买了各种硬件和软件，却没有将软硬件尤其是各软件有效集成，发挥系统的作用。正如在信息系统的整体性特点中所述，各要素(这里指子系统)的性能好并不代表系统整体性能好，如果各子系统间没有实现数据充分共享，或者接口定义得不清楚，或者存在其他的连接问题，都会影响系统集成的效果。

信息孤岛是指相互之间在功能上不关联互助、信息不共享互换，以及信息与业务流程、应用相互脱节的计算机应用系统。信息孤岛在技术上给企业带来很多不良影响，比如无法保证数据一致性，数据中存在大量冗余，信息难以及时共享和反馈。为了消除信息孤岛的问题，企业必须将各个子系统、各个业务流程、各种资源进行整合，提升系统价值。

企业信息化是一个逐步发展的过程，信息化的实施和应用都不是一步到位，而是通过循序渐进的过程逐步建立起来的。企业每一次开发的局部的信息系统应用都可能与以前的应用不配套，也可能与以后的"更高级"的应用不兼容。所以，在开发与利用信息资源时要整理常用的信息，规范信息获取和流通渠道，消除各业务部门间的信息孤岛，提高系统间信息共享水平，从企业的海量数据中挖掘潜在的、有效的、高价值的信息，这也是系统集成时要考虑和解决的问题。

系统集成是一个多厂商、多协议和面向各种应用的体系结构，系统集成实现的关键在于解决系统之间的互联和互操作性问题。系统集成需要解决各类设备、子系统间的接口、协议、系统平台、应用软件等，以及与子系统、建筑环境、施工配合、组织管理和人员配备相关的一切面向集成的问题。

信息系统集成主要包括以下几个部分的集成。

(1) 技术集成：解决技术上的问题。技术集成包括硬件、软件、网络等一系列技术相关问题的集成。通过硬件集成将各个子系统连接起来，例如使用路由器连接广域网等；通过软件集成解决异构软件的相互接口，使子系统间的接口定义明确，系统和外部连接的接口清晰；通过网络集成将网络应用、网络管理、网络安全等经过优选的各种技术和产品连接成一个完整、可靠、经济和有效的系统。

(2) 信息集成：解决数据的问题。信息集成建立在技术集成的基础之上，通常要实现的主要功能包括：合理规划数据和信息；减少数据冗余；更有效地实现信息共享；确保数据完整性和信息安全；解决数据上的问题，如不正确性、过时、没有索引、数据难以获得等，避免出现信息孤岛。

(3) 组织人员集成：解决人的问题，包括帮助终端用户克服对使用新系统的抗拒心理，帮助用户熟练使用新系统等，通过培训和充分沟通使开发者与用户在思想及行为上达成共识，使各部门和各子系统协调一致地工作，提高系统效率，降低企业运营成本。

(4) 管理集成：涉及的问题很多，比如系统对企业管理观念的改变、对业务流程的重组。通过流程把所有应用、数据管理起来，使之贯穿众多应用系统、数据、用户和合作伙伴，使各部分的功能都得到充分利用、发展和实现,与企业的管理和发展充分融合。

事实上,要建立一个紧密的集成,以致达到系统的最优集成,是非常困难的,而且随着时间的推移和环境的改变,原来是最优的系统也会偏离最优,甚至有时在设计时它是最优的,建成后已不是最优。所以,希望建成最优系统是相对的,但追求最优的努力应该一直继续下去。就目前各国管理信息系统的建设情况来看,系统之间的集成是一个长期过程,管理者应结合企业的现实情况来决定从事经营所需的集成化程度。

1.3 信息技术与组织管理

20 世纪 80 年代以来,信息逐步成为企业的重要财富和战略性资源,不少企业使用管理信息系统的应用目标是辅助管理和决策,因此要将信息技术与组织管理有机地结合起来,理解其对生产方式、思维方式、管理决策产生的重大影响,并利用管理信息系统继续推动当代企业管理环境的重大变革。

1.3.1 组织和管理的概念

所谓组织,是指人们为了实现共同目标而组成的群体和关系。例如,企业、医院、学校等都是组织,它们都具有一定的形式和结构,并完成特定的功能。德国社会学家马克思·韦伯指出了现代组织共同具有的特征:具有职权等级、专业化分工、规范化、集中化。组织本身遵从效率原则,用有限的输入产生最大的输出。

所有组织,小到公司的一个部门,大到国家的联盟,都需要管理。在人类历史上,自从有了组织的活动,就有了管理活动。管理对象不同、内外部环境不同、分析问题的角度不同,使人们对管理产生了不同的理解和认识,不同的学者对管理的概念也有不同的论述。亨利·法约尔认为,"管理就是实行计划、组织、指挥、协调和控制";路易斯·布恩和戴维·客茨认为,"管理就是使用人力及其他资源实现目标";赫伯特·A. 西蒙认为,"决策贯穿于管理的全过程和所有方面,组织是由一些决策者构成的系统,决策正确与否直接关系到组织工作的成败,因此管理就是决策";约瑟夫·梅西认为,"管理就是通过其他人来完成工作"。上述所有的定义在不同的角度上都是正确的,综合以上观点,本书认为,管理是在一定的环境下,对组织所拥有的各种资源(人、财、物、信息、技术)进行有效利用和配置来实现组织既定目标的过程。

1.3.2 信息技术与组织管理的关系

信息技术与组织、管理有着相互影响、相互支持的密切关系,它们之间的联系可以归纳如下。

1. 信息系统支持组织的管理职能

一个组织的管理职能主要包括计划、组织、领导和控制，这也是组织中所有管理者需要履行的基本管理职能，其中的每个职能都离不开信息系统的支持。

计划是对未来做出安排和部署，它是一切管理活动的前提。计划包含确定目标、实现方法和确定时间。信息系统对计划的支持包含以下几方面的内容：支持计划编制中的反复测算；支持对计划数据的快速、准确存取；支持计划的基础——预测；支持计划的优化。

信息技术是现阶段对企业组织进行改革的有效技术基础，信息技术的发展促使企业组织结构的重新设计、企业工作的重新分工和企业职权的重新划分，从而进一步提高企业的管理水平。

领导者在信息方面的职责是作为信息汇合点和神经中枢，对内、对外建立并维持一个信息网络，以沟通信息、及时处理矛盾和解决问题，这必须要有信息系统的辅助和支持。

控制是对管理业务进行计量和纠正，确保组织计划的实现。为了实现控制职能，就应随时掌握反映管理运行动态的系统监测信息和调控所必要的反馈信息。信息系统对控制职能的支持包括行为控制、人员素质控制、质量控制、库存控制、生产进度控制、成本控制和财务预算控制(产量、成本与利润的综合控制，资金运用控制和收支平衡控制等)。

2. 信息技术加速企业组织结构的变化

1) 扁平化组织

组织结构扁平化是指组织通过减少管理层次、压缩职能机构及裁减人员，使组织的决策层和操作层之间的中间管理层变少，将决策权下放，从而提高企业效率，如图 1-6 所示。扁平化是针对传统组织的金字塔式结构而言的。金字塔式的组织结构层次多、上下沟通中间环节多、管理幅度小、控制严格，但随着组织的不断扩大，这种组织结构显示出组织结构庞大、不灵活，信息传递出现延时和误差等缺点。

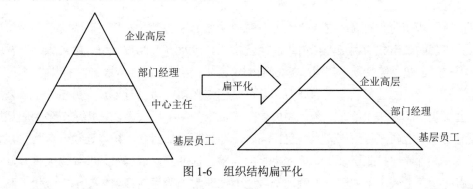

图 1-6　组织结构扁平化

信息技术和信息系统的应用，使严格意义上的多层级、层层汇报的垂直管理不再有效，加速了企业组织机构扁平化的趋势，减少了管理的层级，降低了组织内部信息交流的成本，缩短了决策层和执行层之间的距离，扁平化组织结构的灵活性能够较好地适应环境的变化。

通用电气的首席执行官杰克·韦尔奇将"组织结构扁平化"管理思想成功地付诸实践的案例已成为商界经典。当时，通用电气公司从董事长到现场管理员之间的管理层多达 24～26

层,韦尔奇上任后,顶住压力,通过采取"无边界行动""零管理层"等管理措施,使公司管理层锐减至5～6层,彻底瓦解了自20世纪60年代就深植于组织内部的官僚系统,不但节省了大笔开支,而且极大地提高了管理效率,使企业的经济效益大幅提高。韦尔奇通过组织结构扁平化的变革,充分授权,缩短了决策点与信息源之间的距离,使改革大获成功。通用电气组织结构改革成功之后,无数的组织(如丰田、中国银行等)都通过信息技术的支持进行组织结构扁平化改革,推动了企业的快速发展。

需要注意的是,扁平化组织的管理幅度增加,指数级增长的信息量和复杂的人际关系增加了管理难度,因此组织结构扁平化前需要建立有效的授权机制和解决管理层管理人员事务性管理工作强度大的问题,这些问题的解决正是通过建立科学、高效的管理信息系统来实现的。

综上所述,信息技术能够促进组织结构向扁平化方向发展,有利于组织提高管理效率,增强快速反应的能力,适应新的发展环境。

2) 虚拟组织

虚拟组织也叫动态联盟,是由不同企业或同一企业的不同部门在市场出现新机遇时,利用各自的资源优势组成的临时性组织。虚拟组织没有固定的组织层次和内部命令系统,是一种开放式的、灵活的组织结构。

虚拟组织中的成员可以分布在世界各地,这些成员可以是供应商、顾客甚至是同行业的竞争对手,他们彼此也许并不存在产权上的联系。不同于一般的跨国公司,虚拟组织成员之间的合作关系是动态的,完全突破了以内部组织制度为基础的传统的管理方法。

虚拟组织存在的时间可长可短。当一项任务来临时(如产品开发、生产、销售等),各企业组成联盟,分别提供自己的优势技术、资源与信息,这些企业通过信息技术加以连接,打破了传统组织的界限,当任务完成时该虚拟组织自动解散,但一般都仍然保持相互沟通,以备以后再次联盟。虚拟组织正是以这种动态的结构、灵活的方式来快速重组社会资源,适应市场的快速变化,是建立在信息技术基础上的企业合作。

美特斯·邦威的老板周成建在接受上海财经频道的采访时,非常明确地说自己能将这个品牌做到现在的规模靠的就是虚拟组织的经营模式。1995年,当过裁缝、做过服装批发商的温州人周成建创建了美特斯·邦威品牌,将市场定位为年轻人的休闲服饰,推出T恤、夹克,生意非常好,当年的销售额超过500万元。可是创立之初公司只有十几个员工,工厂完全没有能力生产众多品种和大量的服装,周成建干脆把唯一的工厂关闭,选择了众多的服装厂作为邦威的品牌制造商,将生产完全外包。同时,通过吸引加盟商,拓展连锁专卖网络,解决了当时品牌进行异地扩张资金和管理跟不上的问题。这期间,信息系统的使用大大降低了各个加盟店的库存,减少了加盟商的流动资金压力。通常加盟商的订单先交给上级代理商,汇总到各区域分公司,然后传到总部,最后由代工企业生产、发货。一款服装在哪个城市畅销,每家专卖店卖了多少件,哪些产品要补货,哪些产品要赶快打折促销,这些信息均可以实时反馈回公司;而加盟商则可以通过信息系统了解公司的最新产品,订单也可以瞬间被传递到代工企业以组织生产,整个过程只要两分钟,从订货到交货也只要2～4天。这家没有车间和厂房的企业,却能做到30多亿元的年销售额,这就是依靠虚拟组织创造的中国服装品牌神话。

事实上，正是放弃了传统的前店后厂模式，把耗资最大的生产和销售环节全部外包，与生产商和加盟商组成虚拟组织，整合了生产、销售等多方面的优势，各环节通过信息系统支持，准确预测、按需生产和备货，而企业本身将资金专注于附加值更高的品牌塑造和产品设计，才使得众多采用虚拟组织经营模式的企业成功扩张和迅速发展。美特斯·邦威在业务模式上与世界知名服装品牌相差无几，但是知名的国外品牌具有更强的整合全球资源的能力，先进的信息技术的支持使它们在地理上的界限变得模糊，企业内与企业间的信息流畅，市场反应速度非常快，因此这些虚拟组织在范围上更大，在资源上更充沛，在品牌上更有影响力。

3. 信息技术催生新型的管理方式

自泰勒提出科学管理原理以来，新的管理理论不断涌现。组织管理学派、行为科学学派、管理科学学派等管理理论丰富了管理学的内涵，并从不同角度促进了管理理论的发展与应用。人类进入知识经济时代以来，企业赖以生存和发展的外界环境正在发生激烈的变化，信息技术的迅猛发展，让信息变得无处不在，不仅改变了企业内部的业务流程和组织管理流程，而且使企业外部交易、合作、竞争等多个方面发生了改变，推动企业运营方式发生根本性的变革。信息技术催生的新型管理方式主要体现在即时管理、柔性制造、敏捷制造、协同商务、企业资源计划等方面。

1) 即时管理

即时管理(just in time，Jit)也叫即时制，是日本丰田公司在 20 世纪中叶开始实行的。即时管理综合了单件生产和批量生产的优点，是在多品种、小批量混合生产条件下实现高质量、低消耗的一种生产方式。即时管理是指以恰当数量的物料，在正好需要的时间生产所需产品，追求最小库存的生产管理方式。例如，一些企业要求生产物料必须在生产的前一刻到达生产单位，而不必预先闲置在仓库，以争取最低库存，这就是即时管理。

JIT 可以为企业减少库存，缩短生产周期，降低成本和提高生产效率。它具有以下特点。

(1) 追求零库存。库存管理是对物流过程中商品数量的管理。过去认为仓库里的商品多，表明企业发达、兴隆，现在则认为零库存是最好的库存管理。人工管理直接导致了仓储和库存成本居高不下，因此无论是国外还是国内，库存管理都趋向于信息化和集成化。JIT 力图通过追求最小库存减少物料及货物的仓储成本及闲置时间，通过信息技术的支持实时了解在制品有多少、产品的库存有多少等信息，合理控制和组织物流、生产、制造、供应，有效减少物料、半成品、成品的数量，降低企业运营成本。

(2) 小批量、适量生产。从市场的大环境来看，20 世纪下半叶起，市场需求趋于多样化，传统的大生产、按批量生产的方式不再适合新的市场环境，生产过剩引起的人员、设备、库存费用等一系列的浪费使企业不堪重负。JIT 正是组织多品种、小批量生产的有效途径。JIT 将必要的零件以必要的数量在必要的时间送到生产线，并且只将所需要的零件以所需要的数量在正好需要的时间送到生产线。它将传统生产过程中"前道工序向后道工序送货"改为"后道工序向前道工序取货"，管理人员可随时在任意一台计算机上了解相关部门的生产、库存情况，并根据实际情况对生产进行调控。JIT 所倡导的这种小批量、多品种的适量生产，减少了生产过量引起的一系列浪费，并且适时满足了个性化的市场需求。

(3) 强调持续改善。JIT 提出了一个很高的标准——零库存。实际生产可以无限地接近这个标准，但绝对的零库存是永远不可能达到的。因此，JIT 的生产形成了一个循环的过程，即降低库存—暴露问题—解决问题—降低库存—暴露问题……通过不断降低库存，进行持续的循环式的改进。例如，一箱产品生产完成后，马上贴上对应的条形码标签，利用扫描设备将条形码读入计算机，记录其产量、发料情况；管理人员通过计算机，可以动态查询各单位的生产、发料情况，随时发现问题出现在哪个环节，并做出相应的决策，在追求新的质量或库存指标时，不断反省目前的情况可以通过哪些方面改善。

2) 柔性制造

柔性制造系统(flexible manufacturing system，FMS)由数字控制加工设备、物料储运系统和信息系统组成，是能适应加工对象变换的自动化机械制造系统。数字控制加工设备主要采用加工中心和数控车床；物料储运系统是由传送带、轨道、转盘及机械手等多种运输装置构成的，可以完成工件、刀具等的供给与传送的系统；信息系统主要对加工和运输过程中所需的各种信息进行收集、处理、反馈，并通过电子计算机或其他控制装置(液压、气压装置等)对机床或运输设备实行分级控制。

高柔性是指企业的生产组织形式灵活多变，能适应市场需求多样化的要求，及时组织多品种生产，以提高企业的竞争能力。柔性制造系统能够适应中小批量、多品种的柔性生产方式，并将手工操作量降到最低，具有很高的自动化特征。

柔性制造系统是一种技术复杂、高度自动化的系统，它将微电子学、计算机和系统工程等技术有机地结合起来，理想和圆满地解决了机械制造高自动化与高柔性化之间的矛盾。

3) 敏捷制造

美国的敏捷制造(agile manufacturing，AM)研究组织 Agility Forum 认为，敏捷制造是指能在不可预测的持续变化的竞争环境中使企业繁荣和成长，并具有面对由顾客需求驱动的市场做出迅速响应的能力。

敏捷制造是在具有创新精神的组织和管理结构、先进的制造技术(以信息技术和柔性智能技术为主导)、有技术和知识的管理人员 3 大资源支柱支撑下得以实施的，也就是将柔性生产技术、有技术和知识的劳动力与能够促进企业内部和企业之间合作的灵活管理集中在一起，通过所建立的共同基础结构，对迅速改变的市场需求和市场进度做出快速响应。敏捷制造具有比其他制造方式更灵敏、更快捷的反应能力。

敏捷制造依赖各种现代化的技术和方法，最具代表性的是敏捷虚拟企业(简称虚拟企业)的组织方式和虚拟设计制造的开发手段。虚拟组织已在本节的前文讨论过，这里说的虚拟企业也属于虚拟组织，不再赘述。此处讨论敏捷制造的另一种方式——虚拟设计制造。虚拟设计制造也称虚拟产品开发(virtual product development，VPD)，是指在不实际生产产品实物的情况下，综合运用仿真、建模、虚拟现实等计算机技术，对产品构思、设计、制造、测试和分析全过程进行模拟实现，以有效解决反映在时间、成本、质量等诸方面的问题。虚拟设计制造的概念一经提出就受到企业界的广泛关注，一些企业立即着手局部性实施和应用。例如，美国福特汽车公司采用网络并行设计技术设计制造的新型 SS1 型赛车，从开始设计到上道测试仅用了 9 个月时间。又如，波音公司采用虚拟设计制造技术成功地研制出世界上第一架"无纸的客机"——波音 777 双喷机型。其组织方式是由从事产品设计、分析、仿真、制造和支持等的人员组成虚拟产品设计小组，通过网络合作并行工作；其应用过程是采用数字形式"虚拟"地创造产品，即完全在计算机上建立产品数字模型，并在计算机上对这一模型的各方面进行评审和修改，对虚拟模型进行无数次改进和完善后，再制作最终的实物原型。虚拟设计制造技术不仅节约成本和缩短产品生产周期，而且由于尝试了多个虚拟模型和经过了多次改善，很大程度上提高了产品质量。

4) 协同商务

协同商务(collaborative business，CB)的基本思想最早是由 Gartner Group 在 1999 年提出的。该公司认为，协同商务是将具有共同商业利益的合作伙伴整合起来的一种商业战略，主要是通过对商业周期所有阶段的信息共享来实现。协同商务的目标是在满足不断增长的顾客需求的同时增强获利能力。

"协同"有两层含义：一层含义是指企业内部资源的合作共享，包括各部门之间的业务协同、不同的业务指标和目标之间的协同，以及各种资源约束的协同，如库存、生产、销售、财务间的协同，这些都需要一些工具来进行协调和统一；另一层含义是指企业内外资源的协同，即整个供应链内及跨供应链的各种业务合作，如客户的需求、供应、生产、采购、交易间的协同。

协同商务强调信息共享和同步作业，将现有的管理理论和技术综合使用(如对现有的供链管理、企业资源计划、客户关系管理等应用软件进行集成)，借助信息技术建立企业间的协同环境，扩大企业的接触范围和接入渠道，提高整个供应链的柔性。在将任何新的技术用于管理时都要明白：没有先进的技术，现代化的作业活动和管理活动就无法有效地开展；同样，没有高水平的管理，再先进的技术也难以充分发挥其作用。

5) 企业资源计划

过去的 20 多年，企业所处的环境发生了巨大的变化——全球化市场迅速形成、顾客需求日益个性化、技术创新不断加速、产品生命周期不断缩短、市场竞争日趋激烈，这一切构成了影响现代企业生存与发展的三股力量：顾客(customer)、竞争(competition)和变化(change)，简称 3C。面临 3C 的挑战，企业从企业流程重组(business process reengineering，BPR)发展到企业资源计划(enterprise resource planning，ERP)，进行了从管理思想到技术手段的深刻变革。

企业流程重组的思想最早由美国麻省理工学院的教授 Michael Hammer 和 CSC 管理顾问公司董事长 James Champy 提出。该思想认为，为了飞跃性地改善成本、质量、服务、速度等现代企业的主要运营基础，必须对工作流程进行根本性的重新思考并彻底改革，重新设计和安排企业的整个生产、服务和经营过程，使之合理化，并对企业原来生产经营过程的各个方面、每个环节进行全面的调查研究和细致分析，对其中不合理、不必要的环节进行彻底的变革。

企业资源计划是现代制造业运营的基础，事实上已经超越制造业的范畴，成为具有广泛适应性的全面集成企业所有资源信息的企业管理信息系统。它是建立在信息技术基础上，利用先进管理思想，为企业提供决策、计划、控制与经营业绩评估的全方位和系统化的管理平台。企业资源计划的具体内容将在第 3 章详细介绍。

1.4 管理信息系统

管理信息系统，顾名思义，就是用于管理的处理信息的系统，或者说用系统的方式，通过信息媒介控制，达到管理的目的。前文已经介绍了管理信息系统包含的三个要素管理、信息、系统的概念，接下来介绍管理信息系统的定义、特点与结构。

1.4.1 管理信息系统的定义

信息技术的飞速发展及管理需求的不断变化，使管理信息系统(management information system，MIS)被广泛应用于人们工作、生活的各个方面及当今社会的各个领域。管理信息系统的成功应用案例不胜枚举，表 1-2 列出了人们学习、生活、工作中的管理信息系统。

表 1-2 人们学习、生活、工作中的管理信息系统

场景	应用举例	提供的信息化服务
学习	学籍管理系统、成绩系统	自助查询学籍状态、选课信息、各科成绩、学校公告等
	图书馆图书借阅系统	系统自动记录所借阅图书的图书名、价格、借阅时间等
生活	银行个人账户管理系统	个人信息管理，存款、取款、查询、转账、信贷等
	超市 POS 系统	收银员将所购物品的条形码扫描进系统，服务器将商品名称、单价、金额、折扣等分析完毕后，将信息发送至收银员的计算机终端，并通过终端打印清单
	医院管理信息系统	门诊、急诊管理，电子病历，开药、取药、付费，手术及住院预约，医疗统计等
工作	办公自动化系统	收发邮件、查看公司公告、公文审批流转等
	财务管理系统	总账管理、应收应付管理、工资管理、预决算管理、财务分析等
	物流管理系统	订单处理、货运管理、仓储管理、采购管理等

表 1-2 只是列出了部分管理信息系统的应用实例。随着信息技术的不断发展和社会分工的日益精细，管理信息系统的应用范围不断扩大，专业化程度不断提高。不同时期的研究者从不同角度对管理信息系统做了不同的定义，在此仅介绍其中较有代表性的定义。

(1) "管理信息系统是一个利用计算机硬件和软件，手工作业，分析、计划、控制和决策

模型，以及数据库的用户-机器系统。它能提供信息，支持企业或组织的运行、管理和决策功能。"这是 1985 年管理信息系统的创始人、明尼苏达大学教授高登·戴维斯(Gordon B. Davis)提出的定义，该定义较完整地说明了管理信息系统的目标、功能和组成。

(2) 美国劳登夫妇(Kenneth C. Laudon 和 Jane P. Laudon)在其著作中从技术和经营两个方面对管理信息系统进行了定义，他们认为："从技术角度来看，管理信息系统可以定义为一组相互关联的能够收集、处理、存储和传播信息来支持组织内部决策和控制的部件的集合。从经营角度来看，管理信息系统是一个基于信息技术的，为了应对环境造成的挑战而生成的组织和管理的解决方案。"

(3) 根据中国的实际情况，《中国企业管理百科全书》提出了如下定义："管理信息系统是一个由人、计算机等组成的能进行信息的收集、传递、存储、加工、维护和使用的系统。管理信息系统能实测企业的各种运行情况，利用过去的数据预测未来，从企业全局出发辅助企业进行决策，利用信息控制企业的行为，帮助企业实现其规划目标。"

(4) "管理信息系统是一个以人为主导，利用计算机硬件、软件、网络通信设备及其他办公设备，进行信息的收集、传输、加工、存储、更新和维护，以企业战略竞优、提高效率为目的，支持企业高层决策、中层控制、基层运作的集成化人机系统。"这是清华大学博士生导师薛华成教授的总结，也是本书的定义。该定义清晰地说明了管理信息系统的组成、信息的处理过程以及管理信息系统的目标，即为企业提供高(决策层)、中(管理层)、低(运行层)3 个层次的管理活动支持。

从以上对管理信息系统的定义中可以看出，管理信息系统由硬件系统、软件系统、数据及存储介质、通信系统、人与管理制度组成。管理信息系统不仅是一个技术系统，而且是一个管理系统、社会系统，还是一个社会技术系统。

1.4.2 管理信息系统的特点

管理信息系统具有以下特点。

(1) 面向管理决策。管理信息系统是信息系统在管理领域应用发展起来的为管理决策服务的信息系统。它是继管理学的思想方法、管理与决策的行为理论之后的一个重要发展，能够根据管理的需要及时提供所需要的信息，帮助决策者做出决策。

(2) 综合性。从广义上说，管理信息系统是一个对组织乃至整个供应链进行全面管理的综合系统。一个组织在建设管理信息系统时，可根据需要逐步应用个别领域的子系统，然后进行综合，最终达到应用管理信息系统进行综合管理的目标。管理信息系统综合的意义在于产生更高层次的管理信息，为管理决策服务。

(3) 人机系统。计算机技术是管理信息系统的一个重要组成部分，但绝不是全部。管理涉及的主要因素是人，人是决策的主体，而计算机是辅助决策的工具，因此管理信息系统是一个人机结合的系统。在管理信息系统中，各级管理人员既是系统的使用者，又是系统的组成部分。在管理信息系统的开发过程中，要根据这一特点，正确界定人和计算机在系统中的地位和作用，充分发挥人和计算机各自的长处，使系统的整体性能达到最优。

(4) 与现代管理方法和手段相结合。管理信息系统应与先进的管理方法和手段相结合，而非单纯地改进技术。如果只是简单地采用计算机技术提高处理速度，而不采用先进的管理方法，那么管理信息系统的应用仅仅是用计算机系统仿真手工管理系统，充其量只是减少了管理人员的工作量，其发挥的作用十分有限。因此在开发管理信息系统时，必须要融入现代化的管理思想与方法。

(5) 多学科交叉的边缘学科。管理信息系统是一门综合了管理科学、系统科学、计算机科学、应用数学、运筹学、统计学和现代通信技术等学科的研究成果而形成的综合性的边缘学科，它是这些学科思想、方法和技术的综合应用。通过广泛学习与利用其他相关学科的研究成果，用系统的观点、数学的方法和计算机的应用解决管理中的实际问题。

1.4.3 管理信息系统的结构

如果对管理信息系统各组成部分的相互关系进行分析，可以看到不同的组成方式构成了不同的系统结构，本小节主要介绍管理信息系统的基本结构、基于管理层级的结构、基于组织职能的结构和三维总体结构。

1. 管理信息系统的基本结构

管理信息系统的基本结构也称为概念结构，是指从概念上看，管理信息系统由 4 大部分组成，即信息源、信息处理器、信息用户和信息管理者，如图 1-7 所示。

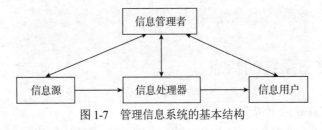

图 1-7　管理信息系统的基本结构

信息源指信息的来源，是信息的产生地；信息处理器担负信息的传输、加工、保存等任务，并将数据转变为信息或将加工后的信息提供给信息用户和信息管理者；信息用户是企业的各级管理人员，利用管理信息系统提供的各种信息辅助决策；信息管理者负责管理信息系统的分析、设计与实施，以及系统各部分的组织和协调。

2. 基于管理层级的结构

一般的组织管理都是分层次的，人们通常将管理活动从低到高分为 3 个层次：作业层、管理控制层和战略管理层。基于管理层级的信息系统如图 1-8 所示。

1) 作业层

作业层的主要工作是业务处理和运行控制，负责日常业务活动或监督指导作业人员，保证组织正常运转。作业层处理的事务是组织中基本的和重复性的活动，具有数据量大、处理步骤固定、精确性要求高、结构化程度高的特点，如考勤记录、车间生产记录、订单预处理等。

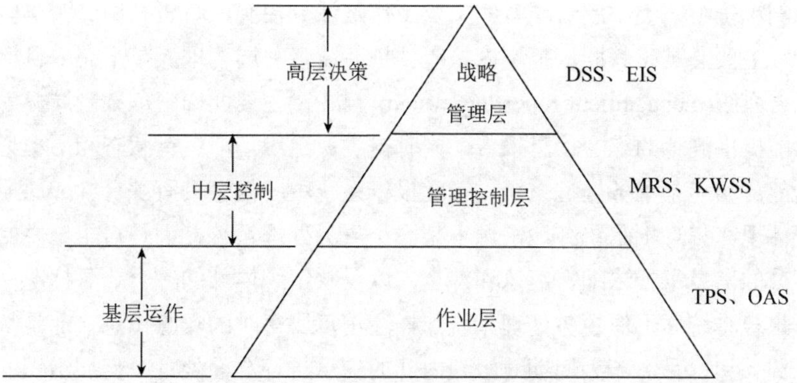

图 1-8 基于管理层级的信息系统

事务处理系统(transaction processing system，TPS)是支持作业层操作的主要系统，它的主要任务是进行日常业务的记录、汇总、综合和分类，一般输入的是原始单据，输出的是分类或汇总的报表。典型的事务处理系统有销售订单处理系统、生产进度报告系统、库存管理系统、账务处理系统、学生选课与成绩系统、航空公司票务系统等。如果没有 TPS，现代企业将无法正常运行。TPS 的故障可能使银行、超市、证券所、航空公司等大型企业处于瘫痪状态，并且造成极大的损失。因为日常的事务是企业最频繁和最基本的作业，面向这些作业的 TPS 也是企业最基本的信息系统。在计算机的支持下，TPS 能提高事务处理的速度、效率和准确度，改进客户服务的质量和响应度等。根据事务性工作的特点，TPS 主要以自动化的形式出现，因此在节省人力和时间、降低成本和误差等方面能产生很好的效果。

尽管当前流行的信息系统的能力已远远超出了 TPS，但 TPS 在作业层起着无法替代的重要作用，对于作业层的业务操作人员来说，TPS 至今仍是最主要的自动化工具之一。由于 TPS 是企业内部基础数据的主要来源，那些后来产生的上层的或高级的管理信息系统离不开 TPS 的数据支持，它们或直接包含 TPS 的部分功能，或建立在 TPS 基础之上，与 TPS 有密不可分的协作关系。

办公自动化系统(office automation system，OAS)是支持较低层次的脑力工作者工作的系统，它利用信息技术支持办公人员处理和管理办公事务，实现文案工作的自动化或半自动化。一般在行政机关中，办公自动化被称为电子政务。OAS 的典型终端用户主要包括秘书、会计、文档管理员及其他管理人员，他们的工作不是创造信息，而是应用和处理数据，因此这些用户也称作数据工作者(data worker，DW)。OAS 的主要目的是通过应用信息技术，支持办公室的各项信息处理工作，协调不同地理分布区域之间、各职能之间和各类工作者之间的信息联系，提高办公活动的工作效率和质量。典型的 OAS 主要通过文字处理、桌面印刷和电子化文档进行文件管理；通过数字化日历、备忘录进行计划和日程安排；通过桌面型数据库(desktop database，DD)软件进行数据管理；通过基于计算机网络的电子邮件、语音信箱、数字化传真和电视会议等进行信息联络与沟通。

2) 管理控制层

管理控制层是组织的中层管理者，主要工作是计划控制，负责利用资源实现高层管理者确立的目标，主要通过在其职权范围内执行计划并监督基层管理人员来完成目标。

管理报告系统(management reporting system，MRS)主要面向管理控制层，为计划、控制和决策等职能提供规范的综合信息报告，同时提供对组织当前运行状态和历史记录信息的检索与查询功能。相对于事务处理系统，管理报告系统中的信息具有综合性和周期性的特征。综合性特征体现在信息不是单纯地来源于某一个事务处理系统，而是对组织内的各个职能或所有运行环节的信息进行浓缩、汇总和综合，以反映组织内部的综合业务情况；周期性特征体现在管理报告系统并不像事务处理系统那样注重每日每时的实时信息，而是从管理控制目标出发，以周、旬、月、年为周期对组织内部的信息进行全面处理，把握组织的基本运行状况，为业务分析和管理控制提供服务，这类信息的基本表现形式是周期性数据报表或分析报告。典型的管理报告系统包括销售统计分析系统、库存控制系统、年度预算系统、投资分析评价系统等。

知识工作支持系统(knowledge work support system，KWSS)是支持知识工作者工作的系统，如支持工程师、建筑师、科学家、律师、咨询专家等人员的工作，这类人员的工作具有知识密集型的特征。知识工作者的工作主要是创造新的信息和知识，如产品创新与设计、各项科学研究、公关创意等。虽然知识工作者也使用办公自动化系统，但是知识工作复杂度和专业化程度高，还需要特殊的管理信息系统来支持其工作，并将新知识与技术集成到组织的产品服务或管理中去。KWSS就是专门针对组织中知识工作者对信息系统的特殊需求，建立和集成新知识的信息系统。它促进新知识的创造，确保新的知识和技术与企业经营恰当结合，提供强大的数据、图形、图像及多媒体处理能力，能够在网络化条件下广泛应用多方面的信息和情报资源，为知识工作者提供多方面的知识创造工具和手段。例如，计算机辅助设计系统(computer aided design system，CADS)能协助设计出新产品；协同工作计算机系统(computer system for collaboration work，CSCW)允许企业各部门如市场部、财务部和生产部人员在系统中协同工作，然后制作一份策划或计划报告。另外，还有计算机辅助教学系统、虚拟现实系统等，都大大提高了知识工作的效率，缩短了设计时间，改善了输出产品的质量。

3) 战略管理层

战略管理层是组织的高级管理者，负责确立组织的宗旨和目标，制订长期计划、规定职责和提供资源。一般而言，高层的系统信息处理量小，基层的系统信息处理量大，形成了组织管理的金字塔结构。

决策者是信息的用户，企业决策问题的范围很广，从生产调度、产品定价到人员招聘、规则制定都是企业决策的内容。获得信息后，在一定的人力、设备、材料、技术、资金和时间等因素的制约下，人们为了实现特定目标，可从多种策略中做出决断，以求得最优或者较好效果的过程就是决策过程。根据决策科学先驱西蒙的决策模型理论，可以把决策过程分为4个步骤(见图1-9)，这4个步骤也是解决管理信息系统相关问题的一个通用方法。

(1) 问题识别：解决问题之前，必须了解问题所在，收集和处理数据，研究决策环境，分析和确定影响决策的因素或条件。

(2) 方案设计：根据现有条件，设计出可能的行动方案。一般情况下，实现目标的方案不应是一个，而是两个或更多个。

(3) 方案选择：从可行方案中选择一个最合适的方案，对它进行评价与审核，并最终确定下来，以便下一步付诸实施。通常，这个阶段包含方案论证和决策形成两个步骤。方案论证是对被选择的方案进行定量和定性的分析、比较和择优研究，并把经过优化的可行方案提供给决策者。决策形成是决策者对经过论证的方案进行最后的抉择。

(4) 实施改进：将选定的方案付诸实施，并在实施过程中收集有关实施情况的信息，根据这些信息做出继续实施、停止实施或修改后继续实施的决定。通常，管理信息系统的实施包括物理系统的实施、数据库实现、程序设计与调试、系统试运行与系统切换，以及其他与实施相关的准备工作(编写系统使用手册、人员组织与培训等)。

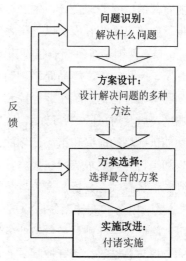

图 1-9　决策过程的 4 个步骤

决策支持系统(decision support system，DSS)是辅助决策者利用数据、模型和知识，以人机交互方式进行半结构化或非结构化决策的计算机应用系统。用户可以针对管理决策的问题，建立一个模型以考察一些变量的变化对决策结果的影响。例如，用户可以观察利率的变化对一个新建制造厂投资的影响。DSS 为决策者提供分析问题、建立模型、模拟决策过程和方案的环境，调用各种信息资源和分析工具，帮助决策者提高决策水平和质量。有关 DSS 的详细内容将在第 5 章具体介绍。

主管信息系统(executive information system，EIS)也是面向组织的战略管理层的管理信息系统，它不同于其他类型的管理信息系统专为解决某类或某个特定的问题，而是为组织的高级主管人员建立一个通用的信息应用平台，借助功能强大的数据通信能力和综合性的信息检索、处理能力，为高级行政主管人员提供一个面向随机性、非规范性、非结构化信息需求和决策问题的支持手段。EIS 既能从组织内部的各系统中提取综合性数据，也能从组织外部的各种信息渠道获得所需的数据，然后对这些数据进行组合、筛选和聚合操作，并运用先进的通信技术和多媒体技术，将数据处理结果迅速、准确地展示在企业高层会议中或高级主管的办公桌上。同时，对于数据处理结果中的任何一项综合性数据信息，系统都可以按照用户的要求对其进行"追溯"，通过与其他管理信息系统或信息源相连的通信网络，跟踪展示该项数据的处理过程、产生根源和收集渠道，从而满足用户追究数据信息细节的要求。由于高级主管人员对信息的需求常常带有很强的随机性，因此系统对人机交互界面和交互方式的要求更高，往往采用图形用户界面、图形化数据信息表达或更为先进和简单的命令输入方式。

3. 基于组织职能的结构

企业的管理活动一般是按职能划分的。一般来说，企业尤以制造业企业为代表的主要职能有营销、财务和会计、生产、后勤、人事等。按照管理信息系统所承担的不同职能,可以将管理信息系统看成由以下子系统组成的系统。

(1) 营销系统:一般包括市场开发与销售管理两方面的功能,主要进行市场研究、产品开发、产品定价、产品促销、销售统计,以及协助管理者进行销售分析与预测,制定销售规划和策略。营销系统在运行控制方面提供的功能包括雇佣和训练销售人员、销售人员的日常调度,以及对按区域、产品、顾客汇总的销售数量进行定期分析等;在管理控制方面提供的功能包括总的成果和市场计划的比较,所用到的信息有顾客分析、竞争者分析、竞争产品分析和销售力量要求等;在战略计划方面提供的功能包括新市场的开发和新市场的战略,所用到的信息有顾客分析、竞争者分析、顾客评价、收入预测、人口预测和技术预测等。

(2) 财务和会计系统:财务的目标是保证企业的财务要求得到满足,并使企业的花费尽可能降低。会计则是把财务业务进行分类、总结,填写标准财务报告,准备预算、成本数据的分析与总结等。运行控制关心每天的差错和异常情况的报告、延迟处理的报告和未处理业务的报告等;管理控制包括预算和成本数据的分析、比较(如财务资源的实际成本),处理会计数据的成本和差错率等;战略计划关心的是财务保证的长期计划、减少税收影响的长期计划、成本会计和预算系统的计划等。

(3) 生产系统:主要提供产品设计、生产设备计划、生产设备的调度和运行、生产人员的雇佣和训练、质量控制和检查等功能。典型的业务处理是生产订货(即将成品订货分解成部件需求)、装配订货等。运行控制要求把实际进度与计划相比较,发现瓶颈环节;管理控制要求进行总进度、单位成本和单位工时消耗的计划比较;战略计划要考虑加工方法和自动化的方法。

(4) 后勤系统:主要提供采购、收货、库存控制和分发等功能。典型的业务包括采购的征收、采购订货、制造订货、收货报告、脱库项目、超库项目、库营业额报告、供应商性能总结、运输单位性能分析等;管理控制包括每一项后勤工作的实际与计划的比较,如库存水平、采购成本、出库项目和库存营业额等;战略计划包括新的分配战略分析、对供应商的新政策、新技术信息、分配方案等。

(5) 人事系统:主要提供雇佣、培训、考核、工资和解雇等功能。典型的业务有雇佣需求的说明、工作岗位责任说明、培训说明、人员基本情况数据(学历、技术专长、经历等)、工资变化、工作小时和离职说明等。运行控制关心的是雇佣、培训、终止、变化工资率、产生效果;管理控制主要进行实情与计划的比较,包括雇佣数、招募费用、技术库存成分、培训费用、支付工资、工资率的分配和政府要求符合的情况;战略计划包括雇佣战略和方案评价、工资、培训、收益、对留用人员的分析,把本国的人员流动、工资率、教育情况与其他国家或地区的情况进行比较。

以上的各个职能系统都支持增值的商业过程。例如,营销系统从研究、开发到服务的最终分销,为企业提供更及时的信息、更好的产品和更优质的服务,为顾客提供购买决策向导等。企业通过管理信息系统改善服务、质量或者生产力,并转化成外在的市场价值,为企业获得更高的利润和更强的竞争力。

4. 三维总体结构

我国系统工程与管理科学专家王众托教授在 1994 年出版的《计算机在经营管理中的应用——新系统构成》中提出了企业信息系统的总体结构——企业集成信息系统(enterprise integrated information system，EIIS)，这是一个三维总体结构，其模型如图 1-10 所示。

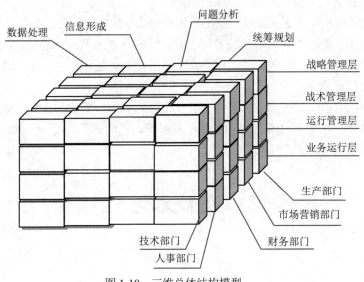

图 1-10　三维总体结构模型

第一维是管理与运行层次，自上而下为战略管理层、战术管理层、运行管理层、业务运行层。

第二维是职能部门的划分，例如生产部门、市场营销部门、财务部门、人事部门、技术部门等，这些部门的最上层领导是统一的。

第三维是信息的处理功能，有 4 个层次：数据处理，包括数据的采集、整理、处理和存储，是最接近生产现场、业务活动和外界环境的；信息形成，利用数据处理结果，经过汇总、分析，形成有用的信息；问题分析，对比原定目标、计划与任务，对生产、销售业务活动现状进行分析，发现问题，分析方案，进行评价选择；统筹规划，制定企业长远发展目标、战略措施和宏观计划。

三维总体结构各部分之间的信息流很复杂，自下而上的信息流较多，自上而下的控制指挥信息流较少；各管理部门之间的信息流(如生产部门与市场营销部门、技术部门)较多。此外，各层次、各部门都有来自外界或与外界交换的信息。

本章小结

管理信息系统改变着企业内部的运作方式、企业外部的合作方式和人类的生活、工作、学习的各个方面。数据、信息和知识是对客观事物感知的 3 个不同阶段。数据表示的是原始事实；信息是经过加工的数据，具有事实性、等级性、价值性、可压缩性、扩散性、传输性、共享性、增值性、转换性的特点；对信息的分析、推理、关系连接形成知识。传统企业对人力、财力、物力、方法和机器 5 种基本资源进行管理，现代企业还要管理信息，并且对信息的管理是企业决策的基础。一般情况下，人们通过问题识别、方案设计、方案选择、实施改进这 4 个步骤解决管理信息系统的相关问题。

管理信息系统是一个人机系统，它的作用是收集、传输、加工、存储、更新和维护信息，支持组织的职能和辅助决策。信息技术与组织、管理有着密不可分的关系，它加速企业组织结构的变化，催生新型的管理方式。信息系统通过输入、处理、输出 3 个基本活动，把原始数据转变为有意义的信息。

组织中存在着不同的管理信息系统，如作业层的 TPS、管理控制层的 MRS、战略管理层的 DSS。同时，也可以将 MIS 看成由承担不同组织职能的子系统构成，如营销子系统、生产子系统、人事子系统等。

关键术语

数据	data
信息	information
知识	knowledge
管理信息	management information
信息系统	information system
系统集成	system integration
业务流程重组	business process reengineering，BPR
事务处理系统	transaction processing system，TPS
管理信息系统	management information system，MIS

思考与练习

1. 什么是信息？数据和信息有什么区别与联系？如何将信息转换成知识？
2. 信息有哪些基本属性？
3. 信息处理的过程包括哪些环节？
4. 信息系统对现代企业为什么这么重要？
5. 与传统的实体组织相比，虚拟组织的优势有哪些？
6. 有人说管理信息系统是"三分靠技术，七分靠管理"，你是否认同这种观点？
7. 什么是管理信息系统？你知道哪些管理信息系统？

第 2 章

管理信息系统技术基础

计算机软件和硬件资源是管理信息系统运行的基础，在网络与数据库的支持下，整个管理信息系统得以正常运行。本章主要介绍计算机硬件、软件、网络、数据库技术，以及信息系统安全的相关知识。通过本章的学习，读者可以了解和回顾一些计算机基础知识，并初步了解各个领域的新概念和新技术。

学习目标

1. 熟悉计算机的组成以及各部件的功能。
2. 了解计算机硬件及软件的发展趋势。
3. 理解不同网络的特点。
4. 理解数据库管理的相关概念。
5. 了解信息系统安全涉及的方面。

引例：华为透露成长秘诀　信息化建设铸就发展奇迹

全球化时代、互联网浪潮带来的竞争要求企业必须在转变思维和观念的基础上，对现有业务流程和管理进行数字化重构，而这是以强大的 ICT(信息和通信技术)基础设施转型为支撑的。信息化正在成为现代企业的核心竞争力之一，改变着企业的生产运作模式、管理模式，甚至是商业模式。

华为从 1998 年开始启动战略规划和流程变革，十几年时间里，参照业界标杆并结合华为自身情况，公司 15 大主干流程都在做持续的变革和优化，覆盖了研发、市场、财经、服务、供应链、人力资源等所有的环节，走出了一条从集中化到国际化、全球化的创新之路。

第一阶段(2002 年之前)，信息化主要以支撑业务运作、降低成本、提高效率为主。重点进行集成产品开发流程变革、产品数据管理、引入 ERP、集成供应链流程变革、HR 管理系统上线，开展了大规模办公自动化系统建设、IT 基础设施建设整合，建设了全球 MPLS 网络和世界级数据中心。

集成产品开发流程的实施解决了早期研发产品和规划的匹配度低、客户满意度低、产品方向决策失误频繁、版本混乱、开发效率低等诸多问题，实现了由技术驱动向客户需求驱动的转变。从 2003 年到 2008 年，产品开发周期缩短 50%，产品缺陷率降低 95%，客户满意度逐年提升，产品开发成本逐年下降。

集成供应链流程大幅提高了供应链运作效率和交付能力。从 2002 年到 2004 年，市场预测周期从半年提升到一年，采购订单处理周期从 8 天缩短到 2 天，销售订单处理周期缩短 35%，供应商管理库存下降 30%，库存准确率达到 98%，BOM 归一化管理准确率达到 99.8%。

第二阶段(2003—2007 年)，信息化支撑全球化战略布局。全球 IT 平台建设和 Web 应用、海外 ERP、全球技术支持和呼叫中心、信息安全、全球计划集成 APS、全球物流管理等一系列项目快速实施。

通过 IP 电话系统、全球电话会议系统，实现实时、跨越时空的沟通，为企业装上顺风耳；通过视讯、智真系统，实现实时、身临其境的远程沟通，为企业擦亮全球眼；通过 Notes、E-mail 系统，实现非实时、大数据量沟通，联通企业神经网络；通过 Web 网站应用系统，为企业打开信息"大脑"的智慧门。全球信息化的部署使每年差旅费用节省 30%，信息资源利用率超过 40%。截至 2007 年年底，海外销售额已超过 70%，连续三年海外超国内，完成了全球化战略的重要转型。

第三阶段(2008 年至今)，信息化支撑公司创新和卓越经营，以及全球化资源配置和流程变革。公司系列化地展开了 IFS 集成财务变革、CRM 变革、LTC 从线索到回款端到端打通，实现了全球 IT 装备与协同、企业统一文档管理、企业集成 ESB 推广、主数据管治，建立了"云—管—端"的 IT 安全体系和容灾机制，部署了云战略。通过实施全球资源配置战略，可以规避人口老龄化、资源耗尽、地缘政治等风险，并且可以充分利用全球资源，提高经营运作能力，降低运作成本，实现卓越经营。

LTC 创新和变革实践，解决了以下问题：财经数据不准确且不易获取，无法通过多维度的、客户化的财务分析支持业务决策，重要财务与账务流程手工操作、周期过长且不规范，业务控制、政策、流程与授权规范性差，某些财经相关流程的角色和职责定义不清晰，财经知识、技术与能力不能满足业务快速发展的需求；IFS 建立了标准统一的流程，并自动化这些流程，利用有效的系统来支持这些流程，剔除没有附加价值的步骤，利用工具和技术精简工作流程，以保证数据的准确，从有效的系统中提取必须及可信的数据，支撑业务决策，通过变革实现了采购订单端到端打通，回款周期从平均 25 天缩短到 5 天。

作为全球最大的桌面云业界最佳实践，华为十万员工正在使用桌面云办公。部署桌面云解决了信息安全、IT 系统运维管理等一系列问题，使工作效率、绿色节能、维护管理等方面得到很大的改善。相比传统 PC 办公系统，桌面云为华为节省了 30% 的投资，降低电力消耗 73%，设备的 CPU 利用率从 5% 提高到了 60%，部署周期从原来的 3 个月缩短到不到 1 周，每位 IT 人员能管理超过 1000 台虚拟桌面，而此前只能管理 100 台左右 PC。云计算技术使 IT 应用资源的全动态负载均衡成为现实，采用云计算的分布式计算、虚拟化等技术后，同一个数据中心，白天将大部分资源分配给办公和开发，晚上将大部分资源分配给自动化测试，使资源利用率大大提高。

如今，信息化已经成为华为的核心竞争力，支撑公司方方面面的流程建设和业务发展，承载公司创新和流程变革落地，见证着公司卓越发展过程中的一个又一个奇迹。

(资料来源：企业 D1Net)

讨论题

1. 你认为文中提到的"IT 基础设施建设整合"包含哪些内容？

2. 你认为华为现有的产品和流程应如何改善以应对快速变化的客户需求？

2.1 企业信息系统的基础设施

企业信息系统的基础设施是企业管理信息系统运行的基础，包含保障系统运行的所有软件和硬件设施。也就是说，企业要建设管理信息系统，必须考虑这些设施的建设，一般而言，主要包括计算机硬件、计算机软件、计算机网络、数据处理、系统安全这几个方面。

2.1.1 计算机硬件

1. 计算机的基本机构

迄今为止，世界上各类计算机的基本结构都建立在冯·诺依曼(John von Neumann)计算机模型的基础之上。冯·诺依曼带领的研究小组于 1946 年正式提出并论证了"存储程序原理"，这是计算机自动连续工作的基础，其基本思想如下。

(1) 采用二进制形式表示数据和指令。

(2) 将程序事先存入内存储器中，使计算机在工作时能够自动从内存中取出指令并加以执行。

(3) 由运算器、控制器、存储器、输入设备、输出设备 5 大基本部件组成计算机系统，如图 2-1 所示。

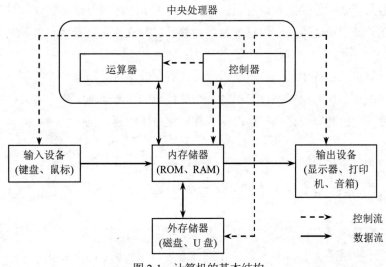

图 2-1 计算机的基本结构

2. 计算机硬件的概念

计算机硬件是计算机的"看得见、摸得着"的物理装置，由电子、机械和光电元件等组成，是计算机完成各项工作的物理载体，如图2-2所示。例如，中央处理器(central processing unit，CPU)进行算术与逻辑运算，显示器显示程序和运算结果等。

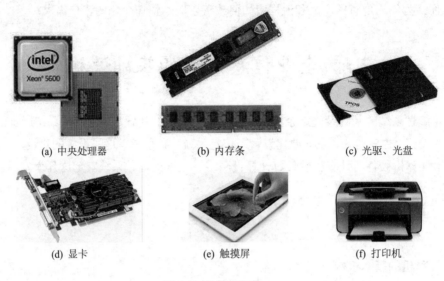

(a) 中央处理器　　　　　(b) 内存条　　　　　(c) 光驱、光盘

(d) 显卡　　　　　(e) 触摸屏　　　　　(f) 打印机

图 2-2　计算机硬件

3. 计算机的基本硬件及其功能

1) 运算器

运算器是对数据进行处理和运算的部件，主要进行算术和逻辑运算，称为算术逻辑单元(arithmetic logical unit，ALU)。ALU可以进行加、减、乘、除的算术运算，也可以进行与、或、非的逻辑运算。计算机最主要的工作就是运算，大量的数据运算任务是在运算器中完成的。但是运算器只能做简单的运算，复杂运算必须通过基本运算一步步实现。进行运算的数据取自内存，运算结果也送回内存，运算器对内存的读写操作是在控制器的控制下进行的。

2) 控制器

控制器是计算机的指挥中心，负责从内存中按顺序取出各条指令，并对指令进行译码分析后产生一系列的控制信号，指挥计算机的各个部件自动、持续地工作；各部件执行完控制器发来的指令后，向控制器反馈执行情况，计算机就是这样逐一执行程序中的指令来完成各项任务的。

运算器和控制器集成在一个芯片上，共同组成中央处理器。中央处理器是计算机的核心部件，被称为计算机的"心脏"，其性能很大程度上决定了计算机的速度和性能。

3) 存储器

存储器的主要功能是存放程序和数据，通常分为内存储器(简称内存)和外存储器(简称外存)。内存储器又称为主存，与计算机的各个部件进行数据传输。与外存相比，内存的特点是容量小、速度快。内存储器又分为只读存储器 ROM(read only memory)和随机存储器 RAM(random access memory)。RAM 是可读可写存储器，用于保存信息。外存储器不属于主机内设备，其存储容量往往比内存大很多，但存取速度慢。常用的外存储器有磁盘、光盘、U 盘等。

一个二进制数字被称为 1 位，最小的数据存储单位就是位，也称比特，记为 bit 或 b，1b 存放一位二进制数，即一个 0 或 1。8 bit 为 1 个字节，记为 Byte 或 B，即 1B=8b。其他常用的存储单位还有千字节(KiloByte，KB)、兆字节(MegaByte，MB)、吉字节(GigaByte，GB)、太字节(TeraByte，TB)、拍字节 (PetaByte，PB)等，它们的换算关系如下：

$$1KB=1024B，\quad 1MB=1024KB，\quad 1GB=1024MB，\quad 1TB=1024GB，\quad 1PB=1024TB$$

4) 输入设备

输入设备用来向计算机输入数据和程序。计算机接收的输入内容既可以是数值型数据，也可以是各种非数值型数据，如图形、图像、声音等。常用的输入设备有键盘、鼠标、扫描仪、摄像头、光笔、游戏杆、语音输入装置等。

输入设备的一个重要发展方向是数据输入的自动化。例如，超市 POS 系统使用的光学条码扫描或者 RFID 技术等，都是为了实现源数据自动化(即在数据刚一建立时就以计算机可以识别的方式读取数据)输入。主要的源数据自动化技术除光学条码外，还有磁墨水字符识别技术、光学字符识别技术、数字扫描仪、声音输入和传感器等。

5) 输出设备

输出设备用来输出计算机的处理结果，它将计算机输出的二进制数字信号转换成人们可以识别的文字和图形。常用的输出设备有显示器、打印机、绘图仪、音箱等。输入/输出设备起着人与计算机、设备与计算机、计算机与计算机之间的连接和沟通作用。

不论是输入设备还是输出设备，发展趋势都是脱离没有终端或者仅设置处理能力较低的哑终端，向智能终端发展。这些智能终端自身就拥有处理器和存储线路。许多智能终端实际上就是微型计算机，往往作为大型计算机的通信终端，可以独立进行数据输入和信息处理任务。

6) 其他设备

除了 5 大基本部件外，计算机中还安装声卡、视频卡、通信设备(网卡、调制解调器)等外部设备。例如，安装独立显卡使计算机具有更高性能的显示功能等。

4. 计算机硬件的发展趋势

作为信息系统的最终用户，认识到计算机系统的发展速度是必要的，在人类科技史上还没有一种学科可以与计算机科学的发展速度相提并论。除此之外，计算机硬件的主要发展方向是体积更小，性能更强、更可靠，性价比更高，智能化程度更高。

(1) 体积更小：计算机从 20 世纪 40 年代体积大、耗电大的"庞然大物"发展到现在的微型计算机和掌上电脑，整体趋势是大部分硬件的集成度越来越高，在发展过程中不断被"瘦身"。体积上的优势使得计算机更灵活、更便携，未来的计算机将可以被内置在手表、衣物或者皮肤里。虽然硬件整体的发展趋向小型化，但某些设备也存在例外，例如显示器。早期的 CRT(阴极射线管)显示器发展成了轻薄的 LCD(liquid crystal display，液晶显示器)之后，目前的趋势是向大屏幕液晶显示器方向发展。

(2) 性能更强、更可靠：硬件将变得处理速度更快，支持功能更多，性能更强、更可靠，例如目前的 CPU 都具有很高的多任务处理能力。又如外部设备方面，双层 DVD 刻录、HDTV、MediaCenter、8.1 声道音响……现在和未来的计算机将不再局限于做科学计算，它可以成为一个家庭办公、影音娱乐的多媒体中心。

(3) 性价比更高：计算机处理速度和能力不断提升，新产品不断推向市场，科技的不断发展使人们可以用更少的钱购买性能更高的产品。不论是外观还是配置，计算机硬件的不断升级给人们带来的是性价比更高的产品。一旦新的硬件产品在市场上取得了主流地位，人们可以用同样甚至更少的钱买到比以前技术含量更高的产品。

(4) 智能化程度更高：计算机会变得越来越"聪明"。据说，比尔·盖茨的豪宅就是一个高智能的计算机系统，安装了多种高端硬件，比如了解树木湿度的传感器、高性能的计算机硬件和控制系统等。早期的计算机由计算机专业人员用各种机器语言与其交互，现代的计算机却能更快地读懂普通人的各种操作(如用户在图形用户界面下的操作)。随着语音识别技术的发展，计算机已经开始理解人类的语言。目前，各个国家都在研究具有人工智能的计算机，这些计算机可以模拟高智商人类的理解、推理、判断与分析等能力。需要注意的是，在"智能化"这一点上，硬件必须有软件资源的配合，才能验证其先进的设计并实现高度智能。

2.1.2　计算机软件

1. 计算机软件的概念

计算机软件是计算机程序、数据及有关文档资料的集合。信息系统依靠软件资源帮助终端用户使用计算机硬件，将数据资源转换成各类信息产品，软件用于完成数据的输入、处理、输出、存储及控制信息系统的活动。

2. 计算机软件的分类

计算机软件一般分为两类：系统软件和应用软件，如图 2-3 所示。

系统软件是指管理、监督和维护计算机资源的软件，是计算机硬件和应用程序间重要的软件接口。系统软件包括操作系统软件和工具软件。操作系统软件如 Windows 10、UNIX 等，是控制用户应用软件并协调硬件设备工作的系统软件。工具软件是一种能为用户操作系统提供附加功能的软件，包括防病毒软件(如诺顿、360 等)、语言处理系统(如

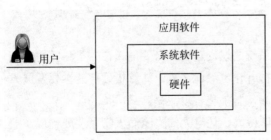

图 2-3　计算机软件的分类

C++、Pascal 等)、系统管理软件(如屏幕保护软件、磁盘优化软件、程序卸载软件等)。

应用软件是为解决用户的某种特定问题编写的、直接完成某种具体应用的软件。例如，Word 是为帮助用户进行文字处理的应用软件，Photoshop 是帮助用户进行图像处理的应用软件。此外，从简单的工资管理程序到库存管理软件，再到管理信息系统，都属于应用软件的范畴。

3. 计算机软件的发展趋势

随着计算机技术的发展，程序设计语言向着对话式语言方向发展，应用软件向着更易于使用的多目标应用软件包方向发展。在程序设计语言方面，逐步脱离采用独立语句和算法表达式的过程设计语言进行程序设计，取而代之的是采用人-机对话的非过程化自然语言进行程序设计，如第四代程序设计语言，它只需要告诉计算机做什么，而不必告诉怎么做。这种语言有用户图形界面，使软件的编写和应用更加方便。软件开发逐步脱离由用户独立开发应用程序，而转由软件供应商提供用户需要的软件包，如微软的 Office 组件等；专家系统模型及其他人工智能技术的出现，使程序设计语言正向着新一代的专家辅助软件包方向发展。这两种趋势的结合，将促进第五代采用自然语言的、功能更强的、多用途的专家辅助软件包。

2.1.3　云计算：交付使用的基础设施

近年来，云计算技术迅速发展，并且已经在谷歌、亚马逊、微软、阿里巴巴等企业进行了初步的应用，收到了显著的成效，已越来越受到政府、企业、研究机构及广大用户的重视。

1. 云计算的概念

1961 年，约翰·麦卡锡(John McCarthy)首次提出了将计算资源转换为公共服务的思想，这是当今云计算的核心思想之一。此后，云计算的概念被多个机构和著名企业定义，现阶段广为接受的是美国国家标准与技术研究院(NIST)的定义：云计算是一种按使用量付费的模式，这种模式提供可用的、便捷的、按需的网络访问，进入可配置的计算资源共享池(资源包括网络、服务器、存储、应用软件、服务)，这些资源能够被快速提供，只需投入很少的管理工作，或与服务供应商进行很少的交互。

云计算是 IT 基础设施(或服务)的交付和使用模式，是一种基于互联网的计算方式，共享的软硬件资源和信息可以通过按需、易扩展的方式提供给计算机和其他设备。云计算使企业可以按需购买应用和服务，而不是搭建完整的管理信息系统。

云计算是分布式计算、并行计算、网格计算、网络存储、虚拟化等传统计算机和网络技术发展、融合背景下的产物，因此也可以认为云计算是这些技术的商业实现。比如，Google 搜索引擎从分布于世界各地的远端数据中心(每个数据中心有 4.6 万平方米那么大，建造一个数据中心要花费约 6 亿美元)在不到 1 秒的响应时间内为用户寻找相关数据并进行排序，而用户端只要有一个联网的计算机就可以。正如百度董事长兼 CEO 李彦宏所说：搜索天生就是云计算。

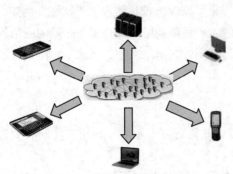

图 2-4　云资源与用户终端示意

专业的信息技术公司搭建计算机存储、运算中心，这个提供资源的网络被称为"云"，通常是一些大型服务器集群，用户把"云"作为资料存储以及应用服务的中心。计算机只要有浏览器、能够上网，就可以使用"云"提供的资源和服务，云资源与用户终端示意如图 2-4 所示。李开复对云计算做过这样一个比喻：最早人们只是把钱放在枕头底下，后来有了钱庄，虽然安全但兑现比较麻烦，现在发展到银行，可以在任何一个银行网点取钱，甚至可以通过 ATM 或者国外的渠道取钱，就像用电不需要家家装备发电机，可以直接从电力公司购买一样。

一般情况下，用户通过互联网使用第三方提供商的云服务，这种方式常被称为公有云。相应地，私有云是一个企业独立构建的、为企业内部提供服务的云计算方式。私有云用户更少担心企业数据泄露问题，更容易进行服务质量控制。有时也把为一个行业或一个企业联盟提供服务的云计算方式称为社区云。

大型企业可以构建私有云，集约化建设企业的计算机基础设施，共享企业内部的信息处理能力，统一管理企业的产品设计、订单、物流、结算、配送和顾客服务等各种业务数据和信息系统应用；中小企业可以更多地使用公有云或社区云，利用公共基础设施、公共平台和公共服务共享企业外部的信息处理能力，快速搭建或使用应用系统，并保持应用系统的灵活性。

2. 云计算的特点

美国的 7 所顶尖高校在美国国家科学基金会(NSF)的支持下于 2003 年正式启动了云计算的研发工作，之后亚马逊、谷歌、雅虎、微软、IBM 等公司陆续推出了相关云产品。与美国相比，国内的云计算发展处于起步阶段，各大通信运营商对"云"表现出了浓厚的兴趣：中国移动推出了"大云"云计算基础服务平台，中国电信推出了"e 云"云计算平台，中国联通则是推出了"互联云"云计算平台。云计算究竟有什么特点让这些企业和运营商都对它兴致勃勃呢？一般认为云计算具有以下特点。

(1) 超大规模。"云"具有相当的规模，谷歌云计算已经拥有 100 多万台服务器，亚马逊、IBM、微软和雅虎等公司的"云"均拥有几十万台服务器。"云"能赋予用户前所未有的计算能力。

(2) 虚拟化。云计算支持用户在任意位置使用各种终端获取服务，所请求的资源来自"云"，而不是固定的、有形的实体。应用在"云"中某处运行，但实际上用户无须了解应用运行的具体位置，只需要一台笔记本电脑或一个 PDA，就可以通过网络服务来获取各种能力超强的服务。

(3) 高可靠性。"云"使用了数据多副本容错、计算节点同构可互换等措施来保障服务的高可靠性，使用云计算比使用本地计算机更加可靠。

(4) 通用性。云计算不针对特定的应用，在"云"的支撑下可以构造出千变万化的应用，同一片"云"可以同时支撑不同的应用运行。

(5) 高可伸缩性。"云"的规模可以动态伸缩，满足应用和用户规模增长的需要。云计算根据业务规模自动进行扩展和剪裁，这种可变成本的运营模式降低了经济风险。

(6) 按需服务。"云"是一个庞大的资源池，用户按需购买，像自来水、电和煤气那样计费。

(7) 极其廉价。"云"的特殊容错措施使节点的成本可以极其低廉；"云"的自动化管理，使数据中心的管理成本大幅降低；"云"的公用性和通用性，使资源的利用率大幅提升；"云"设施可以建在电力资源丰富的地区，从而大幅降低能源成本。

综上所述，云计算平台是一个强大的"云"网络，连接了大量并发的网络计算和服务，可利用虚拟化技术扩展每一个服务器的能力，将各自的资源通过云计算平台结合起来，提供超级计算和存储能力。云计算真正实现了按需计算，从而有效地提高了对软硬件资源的利用效率。云计算的出现使高性能并行计算不再是科学家和专业人士的专利，普通的用户也能通过云计算享受高性能并行计算所带来的便利，使人人都有机会使用并行机，从而大大提高了工作效率和计算资源的利用率。云计算模式中，用户不需要了解服务器在哪里，不用关心内部如何运作，用户只需按需购买或租用软件、硬件、平台资源，通过高速互联网就可以透明地使用各种资源。

3. 云计算服务的分层

云计算主要包括以下几个层次的服务：将软件作为服务(SaaS)、将平台作为服务(PaaS)、将基础设施作为服务(IaaS)，如图 2-5 所示。

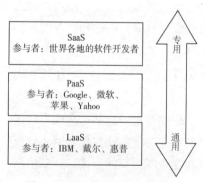

图 2-5　云计算服务的 3 级分层

(1) SaaS(Software-as-a-Service)：软件即服务。SaaS 提供在线软件的按需使用和购买。与传统购买软件后安装在个人计算机上的方式不同，SaaS 方式下，软件厂商将应用软件统一部署在服务器或服务器集群上，通过互联网提供软件给用户，或者用户根据自己的实际需要向软件厂商定制或租用适合自己的应用软件。用户无须购买软件，而是向提供商租用基于 Web 的软件来管理企业经营活动，软件则由服务提供商负责管理和维护。许多类型的软件都适合 SaaS 方式，例如会计、财务、客户关系管理、人力资源管理、电子邮件、IT 安全、IT 服务管理、Web 分析、Web 内容管理等。

(2) PaaS(Platform-as-a-Service)：平台即服务。SaaS的快速发展带来了一个迫切的问题，就是要引入一个完整的应用开发平台，该平台必须能够支持各行业、各企业、各业务模式的各种应用要求。此时 PaaS 模式应运而生，它扩展了按需服务，并实现了客户可根据需要自定制应用程序，成为改变应用程序开发的一个途径，延续 SaaS，继续对应用程序交付方式进行变革。PaaS 通过平台来建立和运行自定义的基于 Web 的应用,用户或者厂商基于 PaaS 平台可以快速开发自己所需要的应用和产品。同时,PaaS 平台开发的应用能更好地搭建基于 SOA 架构的企业应用。

(3) IaaS(Infrastructure-as-a-Service):基础设施即服务,是指将计算机基础设施(通常是一个平台的虚拟化环境)作为服务提供给用户。IaaS 提供给消费者的服务是对所有设施的利用,包括处理、存储、网络和其他基本的计算资源,用户能够部署和运行任意软件,包括操作系统和应用程序。

目前,云计算已在制造、金融、医疗、教育、物流、商务、政府等领域有着越来越广泛的应用。例如云制造支持制造企业利用广泛的网络资源环境,为产品提供高附加值、低成本和全球化制造的服务;利用云资源将各类制造资源和制造能力虚拟化,并对虚拟的制造资源和制造能力进行智能化管理;能够提供质优价廉的制造论证、产品设计、生产加工、仿真实验、经营管理等制造全生命周期服务;实现制造资源和制造能力的高效共享和协同,实现多方共赢。

2.2 计算机网络

近年来,计算机技术和通信技术的相互渗透与结合推动信息化的技术革命。计算机网络是管理信息系统的基本技术,人们通过连接各个部门、地区、国家甚至全世界的计算机网络来获取、存储、传输和处理信息。

2.2.1 计算机网络的概念与分类

通信是把信息从一个地方传送到另一个地方的过程。计算机网络是把地理上分散的多台具有独立功能的计算机,用通信设备和线路连接起来,在网络软件和通信协议的管理与协调下实现资源共享的系统。计算机网络是现代计算机技术和通信技术密切结合的产物,是随着社会对信息共享和信息传递的需求而发展起来的。

过去,企业使用电话网和计算机网络两种不同网络,电话网用来传输语音信号,计算机网络用来传输数据信号。20 世纪 80 年代以来,计算机技术和通信技术的融合,使得计算机数据处理和通信的界限日益模糊,计算机网络已可以传输和处理多种形式的数据和信息,提供互联网基础设施建设和互联网接入服务的厂商(Internet Service Provider, ISP)也都是可以同时提供语音通信和数据通信的。目前,国内主要有 3 大运营商提供互联网基础服务:中国电信、中国移动、中国联通。

计算机网络有多种不同的分类方式,按覆盖面积可分为局域网(local area network,LAN)、城域网(metropolitan area network,MAN)、广域网(wide area network,WAN),这 3 种网络的对比如表 2-1 所示。

表 2-1 局域网、城域网、广域网的对比

项目	网络类型		
	局域网	城域网	广域网
地理范围	最小。同一建筑、同一校园或者几千米地域范围内的专用网络，很少有超过 10 千米的	中等。建筑物之间、城区内，一般几十千米到 100 千米	最大。覆盖省、市、国家，可遍及全球
传输速率	最高。目前一般为 10Mb/s～10Gb/s	中等	较低
误码率	最低	中等	较大
传播延迟	最小	中等	较大
主要应用	特定范围内的网络连接，分布式数据处理	同一区域内的多个局域网互联，综合语音、视频、数据的多业务网络	交互终端与主机的连接，远程数据传输

2.2.2 传输介质

无论哪种网络，都必须通过传输介质的连接才能进行通信。计算机网络的传输介质可以分为有线和无线两大类。

1. 有线传输介质

常用的有线传输介质有双绞线、同轴电缆和光纤，如图 2-6 所示。

(a) 双绞线   (b) 同轴电缆   (c) 光纤

图 2-6 有线传输介质

(1) 双绞线。双绞线由两根绞在一起的具有绝缘保护的铜导线组成。把两根绝缘的铜导线按一定密度互相绞在一起，可降低信号干扰，每一根导线在传输中辐射出来的电波会被另一根导线上辐射出的电波抵消。

双绞线既可以传输模拟信号也可以传输数字信号，常用于近距离的点对点连接，分为非屏蔽双绞线(unshielded twisted pair，UTP)和屏蔽双绞线(shielded twisted pair，STP)。

(2) 同轴电缆。同轴电缆从里至外共 4 层，分别是铜芯、绝缘层、屏蔽铜网和外护套。其中的内、外两个导体按"同轴"(以内导体为轴)的形式组成电缆。同轴电缆分为基带同轴

电缆和宽带同轴电缆。基带同轴电缆用于直接传输数字信号；宽带同轴电缆主要用于传输模拟信号，也可以用于传输不使用频分多路复用的高速数字信号。宽带同轴电缆由于其通信频带宽，因此能在一条电缆上同时传输语音、图像、图形、数据信号。

(3) 光纤。光纤是光导纤维的简称。光纤的最里层是能传导光波的石英玻璃纤维，折射率很高；其次是塑料屏蔽层，折射率很低，这样就能保证光被限制在玻璃纤维内；次外层是加固材料，用来保护玻璃纤维；最外层为保护套。一根或多根光纤组合在一起就形成光缆，光缆还包括能吸引光线的外壳。光缆具有传输频带宽、通信容量大、抗干扰性能好、数据保密性高、误码率低等优点，缺点是衔接和分支比较困难。

光纤可分为单模光纤和多模光纤。所谓"模"，是指以一定角速度进入光纤的一束光。单模光纤采用固体激光器作为光源，多模光纤则采用发光二极管作为光源。多模光纤允许多束光在光纤中同时传播，这样会形成模分散，从而限制了多模光纤的带宽和距离。因此，多模光纤的芯线粗，传输速度低、距离短，整体的传输性能差，但其成本比较低，一般用于建筑物内或地理位置相邻的环境下。单模光纤只允许一束光传播，所以单模光纤没有模分散特性。因此，单模光纤的纤芯相应较细，传输频带宽、容量大，传输距离长(远远大于多模光纤)，但因其需要激光源、成本较高，通常在建筑物之间或地域分散时使用。

2. 无线传输介质

无线传输介质包括微波、红外线、无线电波、激光、蓝牙等。

(1) 微波。微波是指频率为 300M～300GHz 的电磁波，微波的波长(1mm～1m，不含 1m)介于红外线和特高频之间，在空间中主要进行直线传播。微波有两种主要的通信方式：地面微波通信和卫星微波通信。利用微波进行通信具有容量大、质量好、传输距离远的特点，因此是国家通信网的一种重要通信手段，也普遍适用于各种专用通信网。

(2) 红外线。红外线是太阳光中众多不可见光线中的一种。红外线通信是一种廉价、近距离、无线、低功耗、保密性强的通信方式。红外线技术一般适用于低成本、跨平台、点对点的高速数据连接，尤其是嵌入式系统。

(3) 蓝牙。蓝牙是一种短距离的无线通信技术，它在有效通信半径范围内实现单点对多点的无线数据和声音传输。蓝牙作为一种低成本、低功率、小范围的无线通信技术，可以使移动电话、个人计算机、PDA、便携式计算机、打印机及其他计算机设备、各种数字数据系统，甚至家用电器在短距离内无线互联。

蓝牙是无线数据和语音传输的开放式标准，它的传输距离(在有一定的障碍的情况下)一般为 10m 以内，如果增加功率或者增加某些外部设备，传输距离可以超过几百米。整个蓝牙协议结构简单，使用重传机制来保证链路的可靠性，在基带、链路管理和应用层中还可实行分级的多种安全机制，并且可以通过调频技术消除网络环境中来自其他无线设备的干扰。蓝牙具有很强的移植性，应用简单、容易实现，适用于多种场合，如移动办公、汽车工业、信息家电、医疗设备、电子商务、Internet 接入服务等。

无线技术改变了信息系统必须架设在人为铺设介质的基础上才能通信的传统，与有线电缆连接相比具有很多天然优势，近年来结合移动商务有了快速的发展，有关移动商务的内容将在 2.2.6 节介绍。

2.2.3　网络设备

为了实现网络互联，除了传输介质，还需要相应的网络连接设备，目前主要的网络设备有中继器、集线器、交换机、路由器、网关等，如图 2-7 所示。

图 2-7　网络设备

(1) 中继器，是用来延长网络距离、实现网络互连最简单的设备，其作用是将弱信号再生，并将再生信号发送到网络的其他分支上，以实现较长距离的传输。中继器只是将一端的信号转发到另一端，或是将来自一个端口的信号转发到多个端口。

(2) 集线器，是一种特殊的中继器(区别在于集线器能够提供多端口服务，也称为多口中继器)，它可以转接多个网络电缆，把多个网络段连接起来。使用集线器的优点是当网络上的某条线路或节点出现故障时，不会影响网络上的其他节点。

(3) 交换机，通常是指将多协议路由嵌入到硅片中，能提供桥接功能，并能在现存网络上增加带宽的互连设备。交换机也称交换式集线器，但和集线器在性能上有所区别。交换机是一种基于网卡的硬件地址，能提供封装、转发数据包功能的网络设备。交换技术最常用于减少以太网上的冲突和改善带宽，使数据发送更有效率。

(4) 路由器，主要工作就是为经过路由器的每个数据帧寻找一条最佳传输路径，并将该数据有效地传送到目的站点。路由器是根据数据包中的逻辑地址(IP 地址)而不是硬件地址来转发数据包的，主要用于连接不同类型的网络。

(5) 网关，又称协议转换器，作用是使通信网上采用不同高层协议的主机互相合作，完成各种分布式应用。因为网关主要用于连接不同体系结构的网络或局域网与主机的连接，所以在所有的互连设备中最为复杂。网关可以是一台设备，也可以是主机中实现协议转换的软件。

2.2.4　拓扑结构

计算机网络的拓扑结构指的是网络上各个节点的物理连接形式。最基本的网络拓扑结构如图 2-8 所示。

1. 总线型

总线型拓扑结构中，所有的终端设备都连接到一条公共传输的主干电缆——总线。最著名的总线型拓扑结构是以太网。

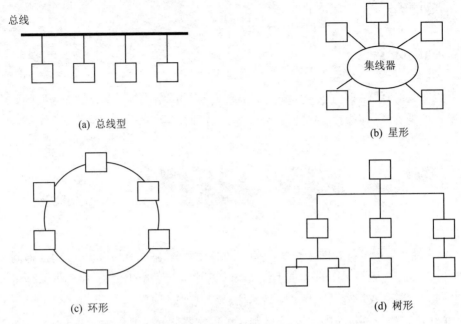

图 2-8 最基本的网络拓扑结构

总线型拓扑结构的优点是简单灵活,便于扩充,价格低廉,可靠性高,网络响应速度快;缺点是出现故障后查错困难,总线一旦断开则网络不可使用。

2. 星形

如果所有计算机都连接在一个中央的连接设备上,那么这种结构是星形拓扑结构。这个中央连接设备通常是集线器或交换机,中央设备对全网的通信实行集中控制,任何两个节点之间的通信都必须通过中央设备来实现。

星形拓扑结构的优点是结构简单,访问协议简单,单机故障不会影响网络运行;缺点是对中央节点的依赖性太高,对中央设备的可靠性要求较高。

3. 环形

从物理结构上看,环形拓扑结构就是将总线型拓扑结构的总线两端连接在一起。环形拓扑结构的网络上各个节点连接形成一个回路,信息在通信链路上单向传输。

环形拓扑结构是一种高吞吐量的拓扑结构。优点是结构简单,传输延时确定,路径选择控制简单;缺点是任何一个节点发生故障都会导致整个网络瘫痪,且不便于扩充(节点的增减都较困难,网络响应时间会随着环上节点的增加而变慢)。

4. 树形

树形拓扑结构是星形拓扑结构的扩展,形状像一颗倒置的树,各节点按层次进行连接。优点是易于扩充,可靠性高,比较容易检测和隔离故障;缺点是结构复杂,数据传输中要经过多条链路，时延较大。

总线型、星形和环形拓扑结构在局域网中有广泛应用，树形拓扑结构以及更复杂的网形拓扑结构、混合型拓扑结构更多地应用在广域网上。

2.2.5 因特网

从覆盖范围来看，因特网(Internet)是覆盖范围最广的广域网，是一个建立在网络互连基础上的、开放性的全球网络，它起源于 1969 年由美国国防部高级研究计划署(ARPA)创办的一个实验性网络 ARPANET。1983 年，正式命名为 Internet。世界上的每一台计算机都可以通过 ISP 与 Internet 连接。ISP 是向广大用户综合提供互联网接入业务、信息业务和增值业务的电信运营商。

1. 网络地址

为了实现网络中的数据通信，规定 Internet 中每一台主机在子网内都有唯一的网络地址。Internet 地址主要涉及 3 种网络地址：物理地址、IP 地址和域名。

1) 物理地址

物理地址就是网卡上的地址码，也叫介质访问控制(media access control，MAC)地址、网卡地址。它在存储器里以字节为单位存储信息，为正确地存放或取得信息，每一个字节单元被给予一个唯一的存储器地址。

2) IP 地址

IP 地址是指互联网协议地址(Internet protocol address)，又译为网际协议地址，是为了保证 Internet 中主机地址的唯一性，而对所有主机进行统一的编码。IP 地址是 IP 协议提供的一种统一的地址格式，它为互联网上的每一个网络和每一台主机分配一个逻辑地址，以此来避免物理地址的差异。IP 地址与物理地址可以根据协议对应转换。

3) 域名(URL)

域名是用字符来表示的网络地址。在域名服务器(DNS)中建立域名与 IP 地址的对应表，从而实现两者的转换。例如，新浪网的域名为 www.sina.com。

域名中最右边的词称为顶级域名，如新浪网域名中的 com。顶级域名又分为两类：一是国家和地区顶级域名(country code Top-Level Domains，ccTLDs)，目前 200 多个国家都按照 ISO 3166 国家代码分配了顶级域名，例如中国为.cn，日本为.jp 等；二是国际顶级域名(generic Top-Level Domains，gTLDs)，例如.edu 表示教育机构，.com 表示商业机构，.net 表示网络提供商，.org 表示非营利组织等。

国际互联网信息中心(InterNIC)负责将顶级域名的管理权授予指定管理机构，各管理机构再为它们所管理的下级管理机构分配二级域名，层层细分。

2. 通信协议

任何信息在因特网上进行正常传输都必须遵循通信协议。通信协议指计算机在传送信息时所要遵循的一系列规则。最广泛使用的因特网协议有 TCP/IP、HTTP、FTP。

1) TCP/IP

TCP/IP(Transmission Control Protocol/ Internet Protocol)即传输控制协议/互联网协议，也称网际协议。该协议被认为是 Internet 最基本的协议，可以实现远程登录、文件传输和电子邮件等功能。TCP/IP 是一组协议，包含了上百个各种功能的协议，其中的 TCP 和 IP 是最基本的两个协议，是保证数据完整传输的重要协议。

TCP/IP 协议的基本传输单位是数据包。TCP 协议负责把数据分成若干个数据包，并给每个数据包加上包头，包头上有相应的编号，以保证数据接收端能将数据还原为原来的格式；IP 协议在每个包头上再加上接收端主机地址，这样数据会找到自己要去的地方。如果传输过程中出现数据丢失、数据失真等情况，TCP 协议会自动要求数据重新传输，并重新组包。总之，IP 协议保证数据的传输，TCP 协议保证数据传输的质量。TCP/IP 协议数据的传输基于 TCP/IP 协议的 4 层结构：应用层、传输层、网络层、接口层。数据在传输时每通过一层就要在数据上加个包头，其中的数据供接收端同一层协议使用；而在接收端，每经过一层要把用过的包头去掉，这样来保证传输数据的格式完全一致。

IPv4 是 IP 协议的第 4 版，也是第一个被广泛使用的构成当前互联网技术基础的协议。IPv4 有非常辉煌的应用业绩，但目前正面临地址资源枯竭等问题，因此人们希望新一代的 IPv6 能解决 IPv4 的问题。与 IPv4 相比，IPv6 具有更大的地址空间(增加了 2^{96} 倍)，且在安全性、网络管理、移动性、灵活性及服务质量等方面有明显的改进。

2) HTTP

HTTP(Hypertext Transport Protocol)即超文本传输协议，它定义了浏览器发送到服务器的请求格式与服务器返回的应答格式。

以"http://"开头的 URL，表明浏览器应使用 HTTP 协议来访问项。由于 HTTP 协议的广泛应用，很多浏览器软件(如 IE)默认使用 HTTP 协议加载网页文件及缓存信息，所以用户在地址栏输入地址时无须输入"http://"。

所有的 WWW 文件都必须遵守 HTTP 协议。WWW(world wide web)是一个大规模、支持交互式访问的分布式超媒体系统。超媒体系统直接扩充了传统的超文本系统。与超文本的文档相比，超媒体的文档内容除了文本信息以外，还包括数字图片或图形等其他信息表示方式。WWW 通过巨大的计算机集群将信息分布开来，由于存储 WWW 文档的计算机是独立管理的，所以文档之间的链接是无效的。

3) FTP

FTP(File Transfer Protocol)即文件传输协议，是用于在网络上进行文件传输的一套标准协议。FTP 是一个通用的协议，能够在计算机之间对任意文件进行复制。普通的 FTP 服务要求用户在登录到远程计算机时提供相应的用户名和口令。许多信息服务机构为了方便用户通过网络获取其发布的信息，提供一种称为匿名 FTP(anonymous FTP)的服务。如果远程系统提供匿名 FTP 服务，用户可以 anonymous 为用户名，一般用自己的电子邮件地址作为口令登录。

3. OSI 参考模型

Internet 已经是全球最大的互联网络。为了实现网络互连，在不同网络之间进行通信，国际标准化组织(ISO)提出了开放系统互连(Open System Interconnection，OSI)参考模型。现有的网络互连协议或多或少地遵循了 OSI 的模式。

OSI 参考模型是一个逻辑结构，并非一个具体的计算机设备或网络，任何两个遵守协议标准的系统都可以互连通信，这正是"开放"的实际意义。

OSI 参考模型的逻辑结构由 7 个协议层组成：物理层、数据链路层、网络层、传输层、会话层、表示层和应用层，如图 2-9 所示。

(1) 物理(physical)层：定义了通信线路的一些规范，主要规定了线路电压、电压变换的频率、数据传输速率、最大传输距离、物理连接方法等特性。

(2) 数据链路(data link)层：规定了物理地址、网络拓扑结构、错误警告机制、所传输数据帧的排序和流量控制等。

(3) 网络(network)层：为不同位置的两个设备提供连接并选择一条最佳路径(路由)。

应用层
表示层
会话层
传输层
网络层
数据链路层
物理层

图 2-9　OSI 参考模型

(4) 传输(transport)层：保证数据的可靠传输，主要功能包括流量控制、多路复用、虚电路管理和纠错及恢复等。

(5) 会话(session)层：建立、管理和终止应用程序间的会话。

(6) 表示(presentation)层：提供多种数据格式之间的转换。表示层以下的各层只关心可靠地传输比特流，而表示层关心的是传输信息的语法和语义。

(7) 应用(application)层：为用户提供相关的服务，如 E-mail、WWW、FTP 服务等。

2.2.6　移动商务

移动商务是信息时代移动互联网和通信技术高速发展的产物，用户可以通过移动终端随时随地接入互联网享受各种服务。

全球化、信息化时代的到来，使员工的工作环境发生巨大的变革，员工的移动性显著增加，移动商务可辅助企业进行移动商务。例如，通过无线网络进行广告宣传、处理订单、查询当前库存、回复邮件、安排会议等。

同时，移动商务使企业建立移动信息化平台成为可能。通过建立在移动信息化平台上的移动电子商务应用，可以在货场、运输过程、商场随时获取产品信息(产品数量、库存、销售情况等)。这些信息通过移动设备传送到管理中心，进行数据存储和分析，并与企业的其他系统(如 ERP、CRM、MIS、SCM 等)进行数据交换(见图 2-10)。随着各种新的移动商务服务内容的不断充实，新的服务形式也将不断涌现，移动商务对企业运作的商务支持的重要性也将日益增加。

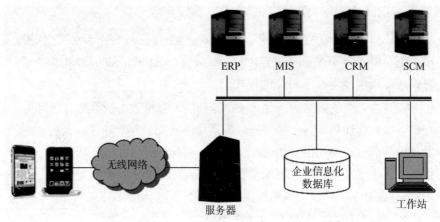

图 2-10　企业移动信息化平台

2.3　数　据　处　理

数据是重要的组织资源,企业无论是内部运作还是与外部环境交互,都要进行数据处理。数据处理指把来自科学研究、生产实践和社会经济活动等领域中的原始数据,用一定的设备和手段,按一定的使用要求,加工成另一种形式的数据的过程。

2.3.1　计算机数据处理阶段

数据处理是信息系统的基本功能。企业为了更好地存储、组织和利用数据,需要进行数据库管理。通常所说的数据库是以一定的组织方式存储在一起的相关数据的集合。数据库本身可被看作一种电子文件柜,文件柜里包含大量的数据文件,用户可以对这些文件进行一系列的操作,如插入、更改、删除等。

计算机数据处理技术经历了 4 个阶段:人工管理阶段、文件管理阶段、数据库系统阶段和分布式数据库系统阶段。

1. 人工管理阶段(20 世纪 50 年代中期以前)

人工管理阶段是计算机数据处理的初级阶段,计算机主要用于科学计算。在硬件上,外存只有磁带、卡片和纸带等;在软件上,数据处理无操作系统和数据管理软件,只有汇编语言。数据管理基本是手工的、分散的,数据处理方式只有批处理。

人工管理数据的主要特点如下。

(1) 数据的物理结构与逻辑结构完全一致。计算机仅提供基本输入/输出,程序员要非常了解物理细节,除了考虑应用程序、数据的逻辑定义和组织外,还必须考虑数据在存储设备内的存储方式和地址。

(2) 数据不保存在存储器中。数据随程序一起存入内存，运算处理结果数据输出。计算任务完成后，数据随程序一起从内存中释放。

(3) 数据不具有独立性。数据的独立性是指数据与应用程序间相互依赖的程度。人工管理阶段，数据和程序相互依赖，是一个不可分割的整体，数据只为某个程序所使用。当数据的类型、格式或输入/输出方式等逻辑结构或物理结构发生变化时，必须对应用程序做相应的修改。

(4) 数据不共享。人工管理阶段，一组数据对应一个程序，数据是分散的，多个程序不能共享数据。当多个应用程序对某些相同的数据进行不同处理时，必须对同一批数据各自定义，数据被重复存储，程序间存在大量的数据冗余，如图 2-11 所示。

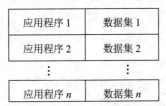

图 2-11 人工管理阶段程序与数据紧密耦合为一个整体

2. 文件管理阶段(20 世纪 50 年代中期至 60 年代中期)

文件管理阶段，计算机不仅用于科学计算，还大量用于数据管理。在硬件上，有了磁盘、磁鼓等直接存取数据的存储设备；在软件上，有了高级语言和操作系统以及专门负责对数据进行管理的文件系统。文件系统不仅可以进行批处理，也可以进行联机处理。与人工管理阶段相比，文件管理阶段在数据的管理手段与方法上有了很大的改进，但仍是数据库系统发展的初级阶段。

文件管理数据主要有以下特点。

(1) 数据以文件的形式长期保存在外存储器上。文件的形式多样，主要有索引文件、链接文件、直接存取文件、倒排文件。计算机系统支持对文件的基本操作，如增加、删除、修改、查找等。数据的存取基本上以记录为单位。

(2) 数据的物理结构与逻辑结构有区别。文件的逻辑结构与存储结构由系统进行转换，用户通过文件系统对物理文件进行存取，数据在存储上的改变不一定反映在程序上。数据与程序有一定的独立性。

(3) 数据冗余度大、共享性差。文件系统中，数据文件与应用程序是相对应的，不能实现对记录和数据项的访问和共享。不同的应用程序需要的数据有部分相同时，也必须建立各自的文件，因此造成数据冗余度大。同时，由于相同的数据重复存储在不同的文件中，使得数据的修改和维护困难，容易造成数据的不一致。

(4) 数据独立性差。程序和数据之间有较强的依赖关系，当数据的逻辑结构改变时，必须修改它的应用程序和文件结构定义；同样，当应用程序改变时，也将引起文件数据结构的改变，如图 2-12 所示。这也造成了这一阶段应用程序编制比较困难和烦琐。

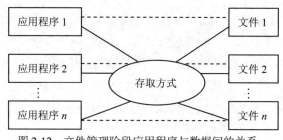

图2-12 文件管理阶段应用程序与数据间的关系

3. 数据库系统阶段(20世纪60年代后期至80年代)

数据库系统阶段,计算机在管理领域的应用越来越广泛,数据量急剧增长,关系复杂,人们对共享性的需求越来越大。硬件价格下降,有了大容量磁盘;同时,软件价格上升,为编制和维护软件所需的成本增加,文件系统已无法满足应用的需求。为了解决多用户、多应用共享数据的需求,使数据尽可能多地为应用程序服务,人们对文件系统进行了扩充,研制了一种结构化的数据组织和处理技术,对数据进行统一、集中的管理,于是出现了数据库技术,产生了数据库管理系统。该阶段应用程序与数据间的对应关系如图2-13所示。

图2-13 数据库系统阶段应用程序与数据间的对应关系

数据库管理系统(database management system,DBMS)是帮助用户建立、使用和管理数据库的软件系统。它可以为数据库提供数据的定义、创建、维护、查询和汇总等操作功能,并能够对数据库进行统一控制,以保证数据的安全性、完整性,同时保证多用户对数据的并发使用以及发生故障后的数据恢复。

数据库系统(database system,DBS)是一个具有管理数据库功能的计算机系统,一般由应用软件、数据库(DB)、数据库管理系统、数据库管理员(DBA)和用户构成。通常把数据库系统简称为数据库。

与文件系统相比,数据库系统具有以下特点。

(1) 数据的集中控制管理。数据库中各个应用程序所使用的数据由数据库管理系统统一规定,按照一定的数据模型组织和建立,进行统一管理和集中控制。

(2) 数据结构化。文件系统中,尽管其记录内部已有了结构,但记录之间没有联系。数据库系统则实现了整体数据的结构化,这是数据库的主要特征之一,也是数据库系统与文件系统的本质区别。

(3) 数据共享性高、冗余度低。数据库系统中的数据不再只是面向某个应用,而是面向整个系统,数据可以被多个用户、多个应用程序共享使用,可以大大减少数据冗余,节约存储空间，避免数据之间的不相容性与不一致性。

(4) 数据独立性高。数据独立性包括数据的物理独立性和逻辑独立性。物理独立性是指数据在磁盘上的数据库中如何存储是由数据库管理系统管理的，用户或应用程序不需要关心，应用程序要处理的只是数据的逻辑结构，因此当数据的物理存储结构改变时，用户的程序不用改变。逻辑独立性是指用户的应用程序与数据库的逻辑结构是相互独立的，也就是说，用户程序不必因为数据的逻辑结构改变而改变。

4. 分布式数据库系统阶段(20 世纪 80 年代以后)

数据库技术的日趋成熟、计算机网络及通信技术的飞速发展及其应用范围的扩大，使异机、异地的数据库共享需求变得更为强烈。分布式数据库就是数据库技术以及网络和通信技术结合的产物，所处理的数据分散在各个节点(每个被连接起来的数据库单元称为站点或节点)上，每个节点的数据由本地数据库管理系统管理，各节点间通过网络实现数据共享。根据 C. J. Date 的定义，可以认为分布式数据库系统(distributed database system，DDBS)是独立场地上的独立数据库管理系统之间形成的一种合作关系而共同组成的一个完整的、全局的大型数据库系统，如图 2-14 所示。由位于每个场地上的一个新的软件模块(该模块在逻辑上是本地数据库管理系统的扩展)来提供所需的合作功能，这个新模块与已经存在的数据库管理系统一起构成分布式数据库管理系统。

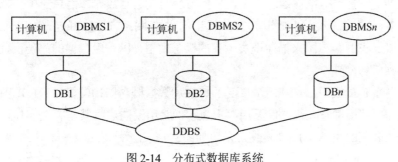

图 2-14　分布式数据库系统

分布式数据库系统具有以下基本特点。

(1) 物理分布性。数据存储在多个场地上(不是存储在一个场地上)，每个场地自身都有一个数据库系统。

(2) 逻辑整体性。一个分布式数据库在逻辑上是一个统一的整体，它们被所有用户(全局用户)共享，并由一个分布式数据库管理系统统一管理，一个应用程序通过网络可以访问分布在不同地理位置的数据库。

(3) 站点自治性。各场地上的数据由本地的数据库管理系统管理，具有自治处理能力，完成本场地的应用(局部应用)。

分布式数据库系统由于具备这些基本特点，还衍生出以下优点：具有灵活的体系结构、可靠性高、可用性好、可扩展性好等。

2.3.2 数据模型

在数据库技术中，用"模型"的概念描述数据库的结构和语义，对现实世界进行抽象。数据处理的过程就是从现实世界抽象到信息世界，再转换到计算机世界的过程，如图 2-15 所示。

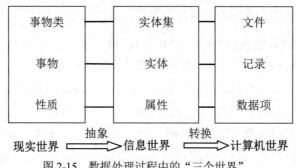

图 2-15 数据处理过程中的"三个世界"

1. 概念模型

由于计算机不能直接处理现实世界中的具体事物，所以必须将这些事物转换成计算机能够处理的数据。概念模型也称信息模型，是按用户的观点对数据和信息建模。概念模型的表示方法有很多，其中由 Peter Chen 于 1976 年提出的实体-联系方法(entity- relationship approach)最为常用。该方法用 E-R 图来描述现实世界的概念模型，以实现数据的第一次抽象，即把现实世界抽象到信息世界。

E-R 图也称 E-R 模型，是使用最广泛的、描述数据概念结构的模型。E-R 图中，实体集用矩形表示，属性用椭圆表示，联系用菱形表示，并用无向边将其与有关实体连接，同时在无向边旁注明联系的类型(1:1、1:n 或 m:n)，如图 2-16 所示。

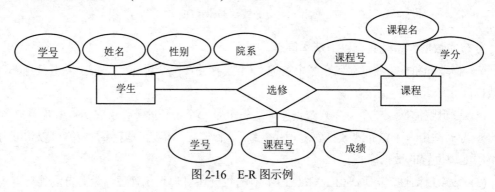

图 2-16 E-R 图示例

1) 基本术语

(1) 实体(entity)：实体是指客观存在的、可以相互区别的对象。实体可以是具体的事物，如某位学生、某个商品；也可以是抽象的概念，如课程。

(2) 属性(attribute)：属性指的是实体具有的特性，如学生的学号、姓名、性别、出生日期等。

(3) 联系(relation)：联系是指实体集之间的对应关系，反映了现实世界中事物间的相互关联。联系既包括实体内部各属性之间的联系，如学生的学号和身份证号具有一一对应的关系；也包括实体之间的联系，如一位教师能教多名学生，一名学生能上多位教师的课。

(4) 关键字(key)：又称码，是能够唯一标识一个实体的属性或属性的组合，如学生的学号。

(5) 域(domain)：属性的取值范围称为域，如性别的域为("男"，"女")。

(6) 实体集(entity set)：同型实体的集合称为实体集。例如，所有的学生实体(可以是 1000 个、10 000 个或更多)组成一个学生实体集。

(7) 实体型(entity type)：实体型指的是用实体名及其各属性名来描述的全部同质实体的共同特征和性质，如学生(学号，姓名，性别，出生日期，籍贯)。

2) 实体间的联系

实体间的联系可分为 3 种，如图 2-17 所示。

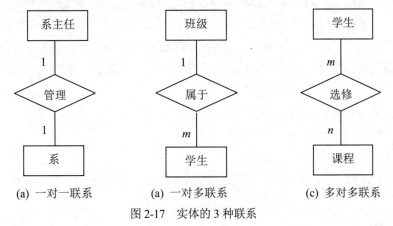

(a) 一对一联系　　(a) 一对多联系　　(c) 多对多联系

图 2-17　实体的 3 种联系

(1) 一对一联系(one-to-one relationship)：如果实体集 A 中的每一个实体至多与实体集 B 中的一个实体相对应，反之亦然，则称 A 与 B 为一对一联系，记为 1:1。例如，班长与班级之间就是 1:1 联系。

(2) 一对多联系(one-to-many relationship)：如果实体集 A 中的每个实体都可以与实体集 B 中的任意个(零个或多个)实体相对应，而 B 中的实体至多与 A 中的一个实体相对应，则称 A 与 B 为一对多联系，记为 $1:n$。例如，学生与班级、公司与职员之间都是 $1:n$ 联系。

(3) 多对多联系(many-to-many relationship)：如果实体集 A 中的一个实体与实体集 B 中的多个实体相对应，反之亦然，则称 A 与 B 为多对多联系，记为 $m:n$。例如，学生与课程、供应商与零部件之间的联系就是 $m:n$ 联系。

3) 实体内部的联系

除了实体之间，实体内部也存在 1:1、$1:n$、$m:n$ 联系。例如，学生实体中学号与身份证号的联系是 1:1，学号与性别的联系是 $1:n$，班级与籍贯的联系是 $m:n$。

4) 将实体和联系转换为关系

数据库设计原则有两条：一是将所有的实体转化为关系；二是根据不同的联系方式，将联系反映在关系中或将联系转换成关系。图 2-16 的 E-R 图关系模型表达如下。

学生(<u>学号</u>，姓名，性别，院系)

课程(<u>课程号</u>，课程名，学分)

选修(<u>学号</u>，<u>课程号</u>，成绩)

带下划线的是关键字，在"选修"关系模型中，两个实体的关键字"学号"和"课程号"的组合才能唯一标识元组，称为组合关键字。

2. 数据模型

数据模型是对现实世界的第二层抽象，主要包括层次模型、网状模型、关系模型和面向对象模型等。

层次模型用树型结构表示实体及其之间的联系；网状模型用网状结构表示实体及其之间的联系；关系模型用规则的二维表表示实体及其之间的联系；面向对象模型是将面向对象的程序设计方法与数据库技术相结合而产生的数据模型。这些模型中，关系模型已成为目前主流信息系统使用最广泛的数据模型，如 Oracle、DB2、SQL Server、Sybase、Informix 等都是基于关系模型的数据库管理系统。所有的关系模型都必须满足以下约束条件：

(1) 表中的每一项都是不可再分的；

(2) 表中每一列数据都有相同的类型；

(3) 表中每行、每列的顺序是任意的；

(4) 表中不允许有完全相同的两行。

根据数据模型研究的一般规律，可以从数据结构、数据操作和完整性约束三个方面来描述关系模型。

1) 数据结构

数据结构用来描述系统的静态特性。关系数据模型的逻辑结构就是一张二维表，由行和列组成，例如表 2-2 所示的学生基本信息表就是一个关系模型。

表 2-2　学生基本信息表

学号	姓名	性别	出生日期	籍贯
F12021101	赵一一	女	1992 年 1 月 25 日	浙江
F12021102	钱二二	女	1992 年 5 月 16 日	江苏
……	……	……	……	……
F12021120	杨二十	男	1991 年 12 月 1 日	天津

关系模型的主要术语如下。

(1) 关系(relation)：就是一个二维表格，每个关系有一个关系名，在计算机中一个关系可以存为一个文件，例如表 2-2 所示的学生基本信息表。

(2) 属性(attribute)：也称字段，二维表中的一列即为一个属性，每个属性都有一个属性名。例如表 2-2 中的学号、姓名、性别、出生日期、籍贯。

(3) 元组(tuple)：也称记录，二维表中的一行即为一个元组。

(4) 关键字(primary key)：也称主码，能唯一标识一个元组的属性或属性集。例如学生基本信息表中的学号可以唯一确定一个学生，学号就是这个关系的主码。又如，图 2-16 的"选修"关系中，属性集(学号，课程号)为主码。

(5) 外关键字(foreign key)：如果关系 1 的属性 A 与关系 2 的关键字 K 相对应，则称 K 为关系 1 的外关键字，例如教师信息表中的部门号(因为部门号不是教师信息表的关键字，而是部门表的关键字)。

(6) 域(domain)：即属性的取值范围。例如，表 2-2 中姓名的域是该校所有学生的名字。

(7) 分量(element)：即元组中的一个属性值(字段值)，每一个分量都是不可再分的最小数据项。

(8) 关系模式(relational schema)：对关系的描述，一般表示为"关系名(属性名 1，属性名 2，…，属性名 n)"。一个关系模式对应一个关系文件的结构。关系中的主码在关系中用下划线指明。例如表 2-2 的关系可描述为"学生表(学号，姓名，性别，出生日期，籍贯)"。

2) 数据操作

数据操作用于描述系统的动态特性，是指对数据库中各对象允许执行的操作集合，包括操作及有关的操作规则。数据库中的数据操作主要分为数据检索和数据更新(插入、删除、修改)两大类。

关系模型中，数据操作的基本运算有两类：一类是传统的集合运算，包括并、交、差等；另一类是专门的关系运算，包括选择、投影、连接等。

(1) 选择(select)运算：是指从关系中找出满足给定条件的元组的运算，运算结果形成了一个新的关系，它是原关系的一个子集。选择运算的一般表示形式为"Select 关系名 Where 条件"。其中，条件是逻辑表达式，使逻辑表达式为真的元组被选择出来成为一个新的关系。

(2) 投影(project)运算：是指从关系中挑选若干属性组成新关系的运算，运算结果也是一个关系，此时的属性组是原来属性组的子集。投影运算的一般表示形式为"Project 关系名(属性名 1，属性名 2，…)"。

(3) 连接(join)运算：是指将两个关系的属性名拼接成一个关系模式，生成的新关系中包含满足连接条件的元组。连接运算的一般表示形式为"Join 关系 1 and 关系 2 Where 条件"。其中，条件是逻辑表达式，且在表达式中必须出现不同关系的公共属性名，或具有相同语义、可比的属性。

关系操作的特点是集合操作，无论是操作对象还是操作的结果都是集合，被称为一次一集合(set-at-a-time)，与非关系型的一次一记录(record-at-a-time)的方式相对照。

3) 完整性约束

数据完整性约束是一组完整性规则的集合。完整性规则是指数据模型中的数据及其联系所具有的制约和依存规则。数据完整性约束条件用来限定数据模型的数据库状态以及状态的变化，以保证数据库中数据的正确性、有效性和相容性。

所有关系模型都必须满足实体完整性和参照完整性两个基本条件。此外，每个数据模型还提供用户自定义的完整性约束条件的机制，以满足具体应用中的数据必须遵守的特定语义约束条件。

(1) 实体完整性：关系中元组的关键字值不能为空且取值唯一。在表 2-2 中，关键字是"学号"，为保证每个实体有唯一的标识符，不能取空值(NULL)。空值不是 0，也不是空字符串，而是没有值，是不确定的值，空值无法标识表中的一行。

(2) 参照完整性：也称引用完整性，主要用于多个关系访问，不可引用不存在的元组。例如要引用一个学生某门课的考试成绩，如果这门课的课程号在课程信息表中根本找不到，则认为是引用了不存在的元组。又如在"选修"关系中，属性"学号"定义为外码，它参照"学生"关系中的"学号"，那么"选修"关系中的"学号"的取值必须已经存在于"学生"关系的"学号"中。

(3) 用户定义的完整性：这是由应用环境决定的针对某一具体数据的约束条件。例如，教务管理数据库中规定学生的身份证号必须是一个 18 位长度的字符串等。用户定义的完整性反映具体应用所涉及的数据必须满足的语义要求。系统应提供定义和检验这类完整性的机制，以使用统一的系统方法处理它们，不再由应用程序承担这项工作。

2.3.3 数据仓库

数据库是由存储在计算机中的数据组成的，目的是便于检索和使用。数据仓库是在信息系统数据库资源的基础上，出于决策的需求而从大量积累的数据资源中进一步挖掘信息产生的，它为用户提供改进的数据资源，使用户能以比较直观的方式操作和使用数据。

数据仓库是一种特殊的数据库，根据数据仓库研究的先驱 W. H. Inmon 在 *Building the Data Warehouse* 一书中的定义，数据仓库是一个面向主题的、集成的、相对稳定的、反映历史变化的数据集合，用于支持管理决策。

与数据库相比，数据仓库具有以下特点。

(1) 多维性。在关系数据模型中，信息是用一系列的二维表表示的，而数据仓库却不同，大多数的数据仓库是多维的，一般一家企业的数据仓库是包含多个业务数据库的多维数据库。

(2) 支持决策而非事务处理。多数数据库是面向业务的，而数据仓库是支持决策的。数据仓库支持的是联机分析处理 OLAP(on-line analytical processing)而非联机事务处理 OLTP(on-line transaction processing)。非联机事务处理是传统的关系型数据库的主要应用，是面向应用的，主要是基本的、日常的事务处理。联机分析处理系统是数据仓库系统最主要的应用，专门用于支持复杂的分析操作，侧重对决策人员和高层管理人员的决策支持，可以根据分析人员的要求快速、灵活地进行大数据量的复杂查询处理，并且以一种直观易懂的形式将查询结果提供给决策人员，以便他们准确掌握企业(公司)的经营状况，了解对象的需求，制定正确的方案。由于数据仓库支持联机分析处理，可以比数据库更好地支持商务智能。例如，某企业利用它的数据仓库来预测和制定销售策略。他们发现当顾客点了甜点时，有 65% 的概率会再点一杯咖啡；如果将甜点作为促销品推出时，加点咖啡的概率会上升为 85%。因此，该企业推出更多的甜点促销，从而实现咖啡销量的增长，得到更高的总利润。

数据仓库从组织的系统中筛选现在与历史的数据，并与外部的数据结合形成中央数据库，为管理者分析与决策提供数据支持。企业除了可以建立企业整体数据仓库来服务全体组织，也可以发展一种较小的、分布式的数据仓库，称为数据集市，它是数据仓库的子集。数据集市中存放已汇总的数据或特定的数据，这些数据被存储在单独的数据库中，通常关注单一的主题，供特定的使用者使用。例如，企业可以开发营销与业务数据集市来进行客户关系管理，也可以建立财务数据集市获得重要的财务信息。

2.3.4　数据挖掘

随着信息系统的应用，各组织内部存在大量数据，并且迫切需要将这些数据转换成有用的信息和知识。数据挖掘就是从大量数据中发现有用信息的过程。数据挖掘通常与计算机科学有关，并通过统计、在线分析处理、情报检索、机器学习、专家系统和模式识别等诸多方法来实现挖掘出"宝藏"的目标。

数据挖掘可以帮助企业了解客户的需求偏好和趋势，可利用获取的信息进行市场分析、欺诈检测、产品控制、科学探索等。美国超市有这样的系统——当顾客采购商品后结账时，收银员扫描完商品会友好地问顾客："我们有一种一次性纸杯正在促销，您需要购买吗？"收银员的这个提问并非针对每位顾客，之所以这么问是因为系统了解当你的购物车中有餐巾纸、大瓶可乐和沙拉时，则有86%的可能购买一次性纸杯。这就是数据挖掘可以产生的直接效果。数据挖掘发现的信息包括行为模式、数据关联、变化趋势、异常情况和有意义的数据等。联机分析处理和数据挖掘都是处理数据仓库数据的工具，联机分析处理主要是展现数据，启发数据分析人员找出规律，得出结论；而数据挖掘可以不用人工参与，主要靠计算机自动发现规律。

数据挖掘的主要方式有以下几种。

(1) 分类(classification)：从大量数据中找出不同类别对象的特征，从而对新加入对象进行自动分类。分类时首先从数据中选出已经分好类的训练集，在该训练集上运用数据挖掘分类的技术，建立分类模型，对没有分类的数据进行分类。例如，银行可通过数据挖掘找出各类客户的特征，快速判断一个新客户的信用类别。

(2) 聚类(clustering)：根据数据特征对数据对象进行自动归类。与分类不同的是，"分类"预先知道应该分成哪几类，而"聚类"在操作之前并不知道数据可以分成哪些类别。例如，要回答"哪一类的促销对客户响应最好"的问题，首先对整个客户做聚集，将客户分到各自的聚集里，然后对每个不同的聚集回答问题。

(3) 关联规则发现(association rule discovery)：在大量数据中找出有关联的数据，或者找出同时发生的事件。收银员询问买饮料的顾客是否要购买一次性纸杯，就是关联规则的典型应用。发现这样的关联规则，可以应用于货架设计、存货安排，以及根据购买模式对用户进行分类等。

(4) 时序模式发现(sequential pattern discovery)：主要寻找事件发生的时序关系。例如，如果 A 股票在某一天上涨 10%，而且当天股市加权指数下降，则 B 股票在两天之内上涨的概率是 60%。

2.4 信息系统安全

信息系统安全是指信息系统的硬件、软件、数据受到保护，不因偶然的或者恶意的原因而遭受破坏、更改、泄露，系统能连续、可靠地正常运行。信息系统安全、稳定地运行是个人工作生活、组织开展业务活动、国家保障经济军事机密的基础。企业利用信息系统进行现代化的管理，提高了效率和效益，但是所有的业务都通过数据形式传输和存储，使得信息系统具有脆弱性，主要体现为信息的高密度存储、数据的易访问性、信息的聚集性、电磁的泄露性和通信网络的弱点。信息系统的脆弱性可能给人们带来巨大损失和风险，因此需要通过人、技术和管理三道防线来防范这些安全风险。

2.4.1 第一道防线：人

信息系统的开发者和用户都是人，人既是信息系统建设和应用的主体，同时也是管理和被管理的对象，是最为活跃和能动的主体。因此要确保信息系统安全，应首先加强对人员的安全管理。根据人对信息系统安全的威胁，本书总结出以下几个特别需要注意的方面。

1. 员工行为

数据安全公司 Cyber-Ark 公布的数据显示，40%的办公室员工表示曾经窃取过公司敏感信息。FBI 和 CSI 进行的网络安全专项调查结果显示，超过 85%的安全威胁来自公司内部。事实情况也是如此，来自内部的安全损害和攻击带来的后果往往比外部威胁更严重。一切正如美国作家唐·台普斯科特所预言的，如今的企业都将变成"赤裸公司"，互联网时代，企业的信息围墙正在被推倒，破坏力的主角是内部员工和外部黑客，技术的进步所带来的破坏力反而退居次席。

除了以上所说员工故意制造的安全威胁，员工行为所产生的安全问题还有可能来自误操作和工作失误。比如，2011 年某银行广东分行因该行系统参数设置有误，造成误扣客户账户内资金，部分客户账户资金余额变为零。银行方面对此事的回应：纯属操作性失误。虽然该事件中所有误扣资金全部全额返还，但银行客户账户清零造成的不良影响无法挽回。现实情况中，更多的系统操作失误造成的往往是无法控制的局面。

因此，安全管理的第一道防线首先需要的是内部人员良好的职业道德和业务素质。作为企业内部人员，应具备高度的责任心和职业道德并且熟悉业务，遵循规章制度和操作流程避免失误；作为企业，应招聘具备一定专业技能的人员并对员工进行必要的岗位技能培训。

2. 恶意攻击

2011 年 12 月，超过 1 亿个来自人人网、天涯、开心网、多玩、世纪佳缘、珍爱网、百合网、178、7K7K 等知名网站的账户和密码被人在网上公开。2012 年 1 月，两家著名的杀毒软件公司赛门铁克和诺顿的部分版本的源代码被印度黑客组织"宗教之王"(Lords of Dharmaraja)在网上公布。同年 2 月，中国台湾的苹果供应商富士康遭到了自称 Swagg Security 的黑客组织的攻击。黑客公布了用户名和密码，允许所有的黑客以微软、苹果、IBM、英特尔和戴尔等其他公司的名义下假订单。2012 年 7 月，雅虎声称约 40 万账户的密码因黑客入侵而泄露。互联网快速发展以来的每一年，安全事件都层出不穷，每一次大规模的恶意攻击都带来巨大的损失。2011 年度网络犯罪调查报告显示，全球每天有 100 万人成为网络犯罪的受害者，因此造成的直接损失每年达 1140 亿美元。

以上实例都是对信息的人为威胁，通常称之为攻击。攻击可分为主动攻击和被动攻击。主动攻击是指破坏信息的攻击，如修改、删除、伪造、添加、制造病毒等；被动攻击是在不干扰系统正常工作的情况下的窃密攻击，如进行侦收、截获、盗取、破译和业务流量分析等。黑客是常见的攻击主体，他们具有高超的技术，对计算机硬件和软件系统的安全漏洞非常了解。早期"黑客"(hacker)一词带有褒义，代表反权威的网络英雄，他们热衷于挑战、崇尚自由并主张信息共享，而那些专门进行恶意破坏的人被称为"骇客"(cracker)。如今，黑客泛指利用计算机进行破坏和恶作剧或者挑战计算机技术的系统攻击者。

企业安全管理人员在构筑安全防线时，要力图找到系统的所有弱点进行安全防御，学会"像黑客一样思考"，全面了解系统的安全漏洞并构筑安全防御屏障。

3. 知识产权

权利人对其所创作的智力劳动成果所享有的专有权利称为知识产权。软件知识产权是指自然人、法人或其他机构对自己在计算机软件开发过程中创造出来的智力成果所享有的专有权利。软件知识产权主要包括著作权、专利权与商标权。著作权指软件的表达，如程序代码、用户界面、相关文档等方面的权利。专利权包括软件的技术设计，如程序设计方案、处理问题的方法、各项有关技术信息等方面的权利。商标权则是指软件的名称标识方面的权利。

对于软件知识产权的侵犯，主要包括以下两个方面。

(1) 软件的非法复制，直接造成软件的失密，同时给犯罪人员提供分析、入侵系统的机会。因此，企业本身要管理好自身的系统软件。

(2) 不少企业经历过突然收到某软件公司的律师函，主张企业正使用的某款软件未经授权许可，构成侵权。依据《中华人民共和国著作权法》第 47 条第 1 项、《计算机软件保护条例》第 24 条第 1 项和《最高人民法院关于审理著作权民事纠纷案件适用法律若干问题的解释》第 21 条的规定，计算机软件用户未经许可或者超过许可范围商业使用计算机软件的构成侵权，要根据不同的情况承担相应的民事责任。

国内软件知识产权保护起步较晚，普通用户(甚至一些企业)习惯性地使用各种侵权软件，软件公司间也存在侵犯知识产权的现象。相关调查结果显示,我国软件盗版率每增长 10 个百分点,就会造成软件销售直接损失近 40 亿元人民币,造成软件产业综合经济损失近 70 亿元人民币。对于这些侵犯软件知识产权的现象,我国在保护知识产权方面做了大量的工作,先后颁布实施了《中华人民共和国著作权法》《计算机软件保护条例》《计算机软件著作权登记办法》《实施国际著作权条约的规定》《中华人民共和国商标法》《中华人民共和国反不正当竞争法》等一系列相关法律法规。因此企业在使用软件时,应注意软件的版权问题,合法地使用正版软件,避免造成不必要的法律纠纷,影响企业形象。

2.4.2 第二道防线:技术

信息系统不可避免地面临威胁和攻击,通过技术手段可以有效地为信息系统建立一道安全屏障,采用技术措施也是所有企业都会考虑的安全保护措施。

1. 物理安全

物理安全主要考虑对于自然因素和接触信息系统的人员可采用的技术控制手段。

自然因素包含自然灾害(如火灾、雷击等)、自然损坏(如元器件失效、设备故障等)、环境干扰(如高低温冲击、电磁波干扰、辐射干扰等)。企业应对放置计算机系统的空间进行周密、细致的规划,对计算机系统加以物理上的严密保护,并对可能发生的灾害建立合适的检测方法和制定一套完善的应对措施。

对于接触信息系统的人员,可以按照信息系统的安全需求实施不同控制强度的技术(如门禁系统等)。这些控制技术还包含人员访问控制、检测监视系统、保安系统、智能卡访问控制技术、生物访问控制技术和审计访问记录等。

2. 数据安全

数据安全包括两方面的含义:一是数据本身的安全(不被非法盗用等),二是数据存储载体的安全(备份、容灾等)。这里主要讨论前者,在保护数据本身的安全方面,可以通过以下方式来实现。

1) 身份认证

系统对用户身份进行识别可以防止入侵者或者未授权的用户进入系统,是一种常用的确认用户权限的方法。目前,实现用户身份识别的方法主要有基于用户名和密码进行识别、基于用户生物特征的身份识别和基于所持证件的身份鉴别。

(1) 基于用户名和密码进行识别:这种利用密码识别的方式与其他方法相比成本低、易实现,因此是目前使用最广泛的方法之一。信息系统将所有用户的身份标识和相应的密码存入一张密码表中,用户要进入系统必须提交用户名和密码。系统根据用户名检索密码表,如果一致,则认为是合法用户,系统接受该用户根据自己相应的权限访问系统,否则系统拒绝该用户的访问。为了密码的安全可靠,一般应遵循以下原则:密码的设置应不便于他人猜测;密码只能供一人使用,不要告诉他人;不要写下密码,更不要随手写在终端设备旁;不要频繁更换密码以免难以记忆；不要长期使用一个密码。

(2) **基于用户生物特征的身份识别**：用户生物特征包括指纹、人脸、笔迹、语音、虹膜等。在所有生物识别技术中，指纹识别是发展最成熟的也是目前继密码之后最广泛使用的一种识别方式。指纹在相对性和稳定性方面均非常符合生物识别的要求，从胎儿在 6 个月时指纹完全形成到人死后尸体腐烂，指纹的纹线类型、结构、统计特征的总体分布等始终没有明显变化，而且至今还找不出两个完全相同的指纹。指纹识别主要包括指纹图像采集、指纹图像处理、特征提取、特征值的比对与匹配等过程。在进行指纹识别时，使用者把单指放在棱镜面或玻璃板上，通过 CCD 传感器件进行扫描。指纹识别系统通过特殊的光电转换设备和计算机图像处理技术，可以对活体指纹进行采集、分析和比对，获得的指纹图像被数字化和处理分析，并被最终提取为可以接受的指纹数字特征信息，存储在存储器或存储卡上，作为参照样板。使用时，通过指纹读取器即时扫入的信息与样板信息进行比对，即可确认来访者身份，如图 2-18 所示。其他生物识别技术，如虹膜识别技术，也得到了广泛使用。虹膜识别摄像机如图 2-19 所示。

图 2-18　笔记本电脑上的指纹识别部件

图 2-19　虹膜识别摄像机

(3) **基于所持证件的身份鉴别**：系统还可基于信用卡、智能卡等进行身份识别。信用卡一般是长 85.60mm、宽 53.98mm、厚 1mm 的塑料卡片，银行系统常用此来确认用户身份。智能卡是一种和信用卡一样大小的、内嵌微芯片的塑料卡，使用内嵌技术存储信息和少量软件来执行一些特定的流程。智能卡可作为身份认证装置、电子付费卡或存储医疗记录的数据存储设备。一些智能卡包含一个 RFID 芯片，不需要与读写器有任何物理接触就能够识别持卡人。智能卡配备 CPU 和 RAM，可自行处理数量较多的数据，而不会干扰到主机 CPU 的工作。智能卡还可过滤错误的数据，以减轻主机 CPU 的负担，适用于端口数目较多且通信速度需求较快的场合。

2) 访问控制

身份认证只能用来鉴别用户，不能限制进入系统的用户所做的操作。通过访问控制，可以防止非法用户进入系统及合法用户对系统资源的非法使用，保证主体(如用户、进程、服务等)对客体(如文件、目录、记录、程序、网络节点等)的访问都是经过授权的。

访问控制实质上是对资源使用的限制，它决定主体是否被授权对客体执行某种操作。访问权限的控制主要通过存取控制实现，主要包括读取(read)、写入(write)、删除(delete)、添加(add)、运行(execute)等。

访问控制可分为自主访问控制、强制访问控制和基于角色的访问控制。

(1) 自主访问控制(discretionary access control，DAC)：是指用户有权对自身所创建的访问对象(文件、数据表等)进行访问，并可将对这些对象的访问权授予其他用户和从授予权限的用户收回其访问权限。自主访问控制策略已经在流行操作系统(如 UNIX、Windows NT 等)和许多数据库系统中得到广泛使用。但自主访问控制策略的资源管理权比较分散，信息容易泄漏，难以抵御特洛伊木马的攻击。

(2) 强制访问控制(mandatory access control，MAC)：是指由系统(通过专门设置的系统安全员)对用户所创建的对象进行统一的强制性控制，按照规定的规则决定哪些用户可以对哪些对象进行什么操作的访问。即使是创建者用户，在创建一个对象后，也可能无权访问该对象。强制访问控制策略对特洛伊木马攻击有一定的抵御作用，即使某用户进程被特洛伊木马非法控制，也不能随意扩散机密信息。

(3) 基于角色的访问控制(role based access control，RBAC)：从传统的自主访问控制和强制访问控制发展而来，利用"角色"来实现用户和权限的逻辑隔离，即用户与角色相关联、角色与权限相关联，通过给用户分配角色而使用户获得相应的权限。这里的"角色"是一种访问权限的集合，或者说是一个组织结构内的一个岗位或职务。对于一个存在大量用户和权限分配的系统来说，从大量的权限管理转到管理、操纵少量的角色，简化了权限分配管理，提高了安全管理的效率和质量，更加有利于安全策略的实施。

3) 内容过滤

内容过滤就是在网络的不同地点部署访问策略，根据对内容的合法性判断拒绝访问不良内容。家长不希望孩子沉溺于网络游戏，企业不希望雇员浏览购物网站，政府不允许任何人传播反动、色情和暴力信息，这些都可以通过内容过滤来控制。对内容的合法性判断可以通过关键词匹配、网址过滤、图像特征提取、模板过滤和智能过滤等技术来实现。市场上的防火墙、路由器、交换机、邮件网关、代理服务器等网络产品，几乎无一例外地加入了内容过滤的功能。

企业出于保障系统安全的需要进行内容过滤，可以防止未经许可的信息传输。例如，垃圾邮件泛滥严重影响中小企业邮件系统的运行效率，企业可以通过内容过滤工具限制垃圾邮件进入，同时通过内容过滤可以防止雇员发送带有公司敏感信息的 E-mail。企业可以在每一个互联网访问的网络边缘(企业/学校网络边缘、网吧网络出口)部署内容过滤工具，这些工具一般是分析网络数据流中包含的 HTTP 数据包，对数据包头中的 IP 地址、URL、文件名、HTTP 方法进行访问控制。

网络边缘的内容过滤产品有两种表现方式：旁路式和穿透式。旁路式内容过滤产品是独立的，它监听网络上所有信息，并有选择地对基于 TCP 的连接进行阻断。穿透式内容过滤产品依赖于其他网络边缘处的基础平台，它根据网络边缘接入基础平台的访问请求，做出允许或禁止的判断，然后由这些平台执行过滤的动作。

4) 加密技术

加密就是把明文(即信息的原文，又称报文)根据加密算法变换成密文的过程。之所以称为密文，是因为密文是经明文转换而成的信息，一般很难识别，必须经过解密后，将密文还原成明文，才能被识别。加密与解密是两个互逆的过程。控制或参与密码变换的可变参数称为密钥，可分为加密密钥和解密密钥。传统的密码操作模型如图 2-20 所示。

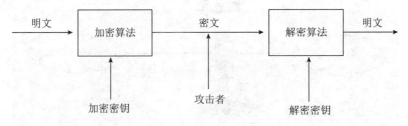

图 2-20　传统的密码操作模型

在加密和解密过程中，密钥可以是相同的，也可以是不同的。使用相同密钥进行加密和解密的算法称为对称加密，也称私钥加密；使用不同密钥进行加密和解密的算法称为非对称加密，也称公开密钥加密，简称公钥加密。与公钥加密算法相比，私钥加密算法非常快，特别适合对较大的数据流执行加密转换。但是由于私钥加密的发送方和接收方使用相同的密钥，当双方需要为消息内容承担责任或对消息的来源产生争议的时候，对称的密钥无法让第三方客观地确认消息的来源方，并且由于双方使用相同的密钥，实现需要协商，这使密钥管理问题更具挑战。公钥密码技术对私钥加密算法的局限性做了很好的补充，在通信安全方面比私钥加密有更良好的表现(数字签名一般也采用公钥加密技术，如 RSA)。

在实际应用中，人们通常将对称密码技术与公钥密码技术结合在一起使用。例如，发送方可以使用一个对称密钥将原文加密，然后用自己的私钥将密文签名，同时使用接收方的公钥加密对称密钥，最后将这 3 个内容(用对称密钥加密的原文、用私钥产生的数字签名、用公钥加密的对称密钥)发送至接收方。接收方收到后，使用自己的私钥将对称密钥解密，然后使用发送方的公钥来验证密文的来源，同时使用解密好的对称密钥将密文还原成明文。

5) 防火墙

防火墙是设置在不同网络或网络安全域之间的一系列部件的组合。它是一种特殊的访问控制机制，通常是完成相应安全策略的一组硬件和软件的集合，可将内部网与外部网逻辑地隔离起来，根据不同的业务需求，定义不同的过滤规则来控制两个网络间的数据的交换传递，是所有信息出入的必由之路，仅允许符合过滤规则的数据包通过，否则数据包将被拦截。同时，防火墙也可以在未经许可的情况下，检测计算机与网络之间的数据流。因此，防火墙的作用可以是分离器、限制器，也可以是分析器，企业用它来监控局域网和互联网之间的任意活动，从而保证内部网络的安全，如图 2-21 所示。

在网络应用环境中，防火墙是整个网络的组成部分，也可以看成一个设备，主要部署在两个不同安全要求的安全域之间。早期的防火墙采用简单的包过滤技术，目前已发展成具有检查多层网络活动内容的系统，其安全性和复杂性都大大增加。当前的网络环境下，安全需求更加紧迫，对防火墙的要求也更高。可以看到的是，防火墙技术在不断成熟，单个防火墙既可以与其他防火墙协同工作，也可以配合入侵检测系统完成网络系统安全防护工作，还可以扫描电子邮件或网页中存在的病毒和部分恶意代码。防火墙已经成为所有组织机构网络安全体系结构的标准组成部分。

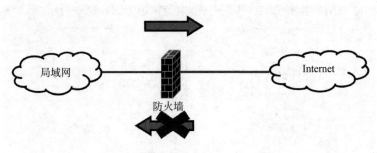

根据规则判断是否允许通过

图 2-21 防火墙

在认识到防火墙是保证网络内部安全性的标准设备的同时，也应该客观地认识到防火墙无法解决所有的安全问题。防火墙也有"防"不了的危害，比如防火墙本身没有杀病毒的功能，不能防范不经过防火墙的攻击(如拨号上网)，也不能解决来自内部网络的攻击，仅以防火墙无法检测和防御拒绝服务攻击(DoS)的攻击。

2.4.3 第三道防线：管理

2012 年 5 月，安永会计师事务所在北京发布的调查报告显示，多数企业已意识到新兴技术的应用导致企业面临的信息安全风险上升，但企业应对这些风险的能力与需求之间的差距越来越大。企业应该通过多种渠道来强化内部安全机制，特别是可以通过风险管理、信息安全策略和 ISO 安全管理标准来为信息系统构筑一道安全屏障。

1. 风险管理

风险管理是管理者权衡保护措施的成本与获得的收益之间关系的一个过程。风险管理的目的就是要在这种平衡关系下，将风险最小化。

信息系统安全风险管理的过程包括 4 个步骤：对象确立、风险评估、风险控制、审核批准。

(1) 对象确立：明确信息系统安全管理的范围和对象，以及对象的特性和安全要求。在对象确立过程中，产生的相关文档有《风险管理计划书》(描述目的、经费、进度等)、《信息系统描述报告》(描述业务特性、技术特性等)、《信息系统分析报告》(描述体系结构等)、《信息系统安全需求报告》(描述安全环境和要求)。

(2) 风险评估：确立了风险管理对象之后，应针对确立的风险管理对象所面临的风险进行识别、分析和评价。专业的风险评估过程产生的相关文档很多，常见的有《风险评估程序》《已有安全措施分析报告》《威胁源分析报告》《威胁行为分析报告》《资产价值分析报告》《影响程度分析报告》《脆弱性等级列表》等，当然这些内容也可能被完整地包含在企业《风险评估报告》之中，汇总说明分析报告和等级列表，综合评价风险的等级。

(3) 风险控制：依据风险评估的结果，选择和实施合适的安全措施。风险控制方式主要有规避、转移和降低3种。风险控制的主要工作包括现存风险判断、控制目标确立、控制措施选择、控制措施实施，相关文档有《风险接受等级划分表》《现存风险接受判断书》《风险控制需求分析报告》《风险控制目标列表》《入选风险控制方式说明报告》《入选风险控制措施说明报告》《风险控制实施计划书》《风险控制实时记录》。

(4) 审核批准：审核是指通过审查、测试、评审等手段，检验风险评估和风险控制的结果是否满足信息系统的安全要求；批准是指决策层依据审核的结果，做出是否认可的决定。审核既可以由机构内部部门完成，也可以委托外部专业机构完成。批准由机构内部部门或更高层的主管机构的决策层来进行。审核批准过程中产生的文档有《审核申请》《审核结果报告》《批准决定书》《机构变化因素的描述报告》等。

2. 信息安全策略

信息安全策略是指有关管理、保护和发布敏感信息的法律、规定和实施细则。信息安全策略是花费最少的实施控制方式，同时也是最难实施的。策略花费的仅仅是创建、批准、交流所用的时间和精力，以及员工把策略整合形成日常行为规范所用的时间和精力。即使是雇佣外部顾问来辅助制定策略，与其他控制方法(特别是技术控制)相比，其花费也是较小的。策略的制定需要达成下述目标：减少风险，遵从法律和规则，确保组织运作的连续性、信息完整性和机密性。

在制定策略前，需要对企业现状进行彻底调研。信息安全策略一般在信息系统体系结构确立以后制定，因此，策略应支持已有的信息系统结构，并且必须包含数据备份及突发事件处理等信息系统安全政策。

企业信息安全策略应包含《设备管理制度》《机房出入守则》《系统安全管理守则》《系统安全配置明细》《网络安全管理守则》《网络安全配置明细》《应用安全管理守则》《应用安全配置明细》《应急响应计划》《安全事件处理准则》《信息保密政策》等，企业通过健全各种与信息系统安全相关的规章制度和操作细则，提高信息系统的安全性能。

3. ISO 安全管理标准

早在1990年，国际标准化组织(International Organization for Standardization，ISO)及美国国家安全局(National Security Agency，NSA)联合 ITSEC(Information Technology Security Evaluation Criteria)的起草国(英、法、德、荷兰)组成 CC 工作组，将各自独立的准则集合成一系列单一的、能被广泛接受的 IT 安全准则。

信息安全体系发展至今，由 ISO 和 IEC(International Electrotechnical Commission，国际电工委员会)联合推出的 ISO 27000 是目前国际上具有代表性和被广泛采纳的信息安全管理标准。它要求通过以下过程来建立信息安全管理体系(Information Security Management System，ISMS)框架：首先确定体系范围；然后制定信息安全策略，明确管理职责；接着通过风险评估确定控制目标和控制方式；最后，体系一旦建立后，组织应实施、维护和持续改进 ISMS，从而保持体系运作的有效性。此外，ISO 27001 非常强调信息安全管理过程中文件化的工作。

根据 ISO 27000 的要求在组织内部建立并运行信息安全管理体系框架，强化信息安全管理体系的运行审核和管理评审，不断改进、优化组织的信息安全管理体系，是处理组织信息安全问题的有效手段之一。当一个组织通过了 ISO 27000 体系的认证，就意味着它达到了国际认可的信息安全管理标准要求。

本章小结

计算机已经广泛应用到各行各业中，其主要特点是：计算速度快、精度高、通用性强、自动化程度高，并具有很强的记忆能力和逻辑判断能力，能持续、稳定地工作。计算机系统包括硬件系统和软件系统。现代计算机的硬件仍遵循冯·诺依曼体系结构，软件分为系统软件和应用软件。云计算使企业可以按需购买应用和服务，而不是搭建完整的信息管理系统。

计算机网络是计算机技术与通信技术相结合的产物，是利用传输介质、网络连接设备实现自主式计算机互连，按照网络协议进行通信，实现资源共享并为用户提供各种应用服务的系统。网络是管理信息系统运作的神经系统，一旦瘫痪会给企业造成巨大的损失。企业的信息系统离不开数据库的支持，数据管理的发展已经历了多个阶段，目前应用最广泛的数据库是关系数据库。

信息系统安全是一个重要而复杂的问题，为了解决信息系统安全问题，应全面地考虑信息系统的安全性设计，可以从人、技术、管理 3 个方面来有效地进行防范。

关键术语

计算机硬件	computer hardware
计算机软件	computer software
云计算	cloud computing
拓扑结构	topology
数据库	database
数据库管理系统	database management system，DBMS
数据仓库	data warehouse
联机分析处理	on-line analytical processing，OLAP
数据挖掘	data mining
加密	encryption
防火墙	firewall

思考与练习

1. 计算机硬件由哪些部件组成，它们的主要功能是什么？
2. 系统软件与应用软件有什么区别？
3. 为什么网络中要有协议？请介绍几种常用的 Internet 协议。
4. 数据管理经历了哪几个发展阶段？
5. 作为个人计算机用户，你认为可以采取哪些手段来保障本机系统的安全性？
6. 你是否认同"信息系统安全问题就是 IT 部门的问题"这一说法，简述原因。

第3章

企业资源计划

高质量、低成本、个性化的国际市场环境需要各企业从物料采购、产品销售、生产管理、仓库管理、财务管理、成本管理等方面全面实现信息化规范操作。企业资源计划 ERP 正是这样一个能帮助企业进行现代管理的技术工具，是具有现代化先进管理理念的管理模式。

从客户订单、需求预测到物料需求计划、能力需求计划、物料采购计划、零件加工作业计划和产品装配计划等整个过程，ERP 管理模式均体现了正确、合理、优化、均衡和完整等理性思想。可以说，ERP 管理模式有助于推动企业管理观念的更新，促进企业经营机制的转换，提高企业管理水平，促进现代企业制度的完善。

ERP 管理模式是以 ERP 系统为核心，ERP 系统是基于计算机技术的管理信息系统，它不仅仅是一个软件，同时也是 ERP 管理理念的体现。

学习目标

1. 理解 ERP 中 E、R、P 的内容。
2. 正确理解 ERP 的概念。
3. 熟悉 ERP 的演变过程。
4. 了解 ERP 系统的基本功能模块。

引例：ANC 电子有限公司的 ERP 系统建设

ANC 电子有限公司是一家集研究、开发、生产、经营、服务为一体的不间断电源专业厂商。公司刚创建时只有几台计算机，现在建成了企业内部网环境下的企业信息管理系统，还根据市场状况和企业的自身实际情况引入了金蝶财务系统和文惠管理系统，实现了财务管理和库存管理软件化的目标。但是，这两个系统只能孤立地进行运行，无法实现对企业成本的控制。为了降低生产成本，公司决定引入一套 ERP 系统，提供采购、库存、生产销售、质量控制、售后服务和财务等管理功能。

ANC 电子有限公司推行 ERP 建设时遇到了一系列的问题。实施 ERP 系统前，企业根据当时的市场状况和自身的实际情况，引入了对财务进行管理的金蝶财务系统和对库存进行管理的文惠管理系统，但由于销售、市场、售后服务等环节没有引入信息系统，后期公司组建的小型企业网也没有将集成信息利用起来，模块之间相对独立，相互之间缺乏衔接，没有起到实质的信息集成的作用。ANC 电子有限公司在技术上处于行业中等偏上水平，但规模始终处于行业中等水平，无论规模还是成本与行业领先者相比都有一定的差距。公司成立了成本中心、利益中心，但是这些中心孤立运行，仅仅通过领导口头发布命令起不到作用，竞争力提高效果不明显。公司总经理意识到必须要通过更有效的办法来帮助公司全面控制成本，快速响应市场。公司目前面临的主要问题有：严抓产品质量，从而在差异化不明显的情况下提高产品竞争力；全面控制成本，企业存在过度控制产品结构成本的问题，因此还应从缩短生产周期、降低管理成本、销售成本等方面入手全面控制成本；加强信息沟通，为此，公司建议引入 ERP 系统。公司引入 ERP 系统之后，财务部、采购部等部门都遇到了一些困难，整个信息流没有按照规范的流程方向传递，没有保证信息通畅。有些员工没有经过培训，不熟悉系统操作，使得整个系统没有按照正常的流程传递，影响了工作效率。

为了保持生产的稳定并兼顾已经开发的系统，公司领导认为对 ERP 进行修改的做法不合理。因为系统开发完成并投入使用以后，员工的抵制情绪与不熟练的操作，使得系统没有得到正常的运行，所以必须对员工进行软件知识的培训，使员工的操作技能与自己所做的工作相衔接。

（资料来源：中国管理案例共享中心，http://www.cmcc-dut.cn/Cases/Detail/167）

讨论题

1. 分析 ANC 电子有限公司推行 ERP 建设的项目小组结构及其合理性。
2. 分析这种组织结构对 ERP 的实施产生了什么影响？

3.1　ERP 的内涵与外延

为了更好地理解 ERP，我们不妨先从字面上来理解 ERP 的实质。ERP 中的 3 个字母分别代表 enterprise(企业)、resource(资源)、planning(计划)。那么，什么企业需要使用 ERP？ERP 管理的资源有哪些？ERP 计划的是什么内容？

3.1.1　E：什么企业需要使用 ERP

ERP 中的第一个字母 E 代表 enterprise，即企业，而不是公司(company)。从这一点可以看出，ERP 服务的对象是企业，而非公司。

企业是指把人的要素和物的要素结合起来的，自主地从事生产、流通、服务等经济活动的，具有营利性的经济组织。这一定义包括 4 个基本含义：①企业是经济组织；②企业是人的要素和物的要素的结合；③企业具有经营自主权；④企业具有营利性。

公司是指为营利、从事商业经营活动或某些目的而成立的组织。我国法律规定，公司是指有限责任公司和股份有限责任公司，它具有企业的所有属性。

按照财产组织方式的不同，企业在法律上可以分为以下3种类型。

(1) 独资企业：由单个主体出资兴办、经营、管理、收益和承担风险的企业。

(2) 合伙企业：由两个或者两个以上的出资人共同出资兴办、经营、管理、收益和承担风险的企业。

(3) 公司企业：依照《中华人民共和国公司法》设立的企业。

可见，公司与企业是种属关系，凡公司均为企业，但企业未必都是公司。公司只是企业的一种组织形态。企业是一个大概念，ERP服务的对象除了公司外，还包含独资企业和合伙企业。

什么企业需要使用ERP呢？如果企业存在以下问题，则需要ERP来帮助解决。

(1) 需要插单赶活或订单具有不确定性，时常打乱企业的生产计划安排。

(2) 制造车间经常赶活，主管们天天忙着做没完没了的产销协调工作。

(3) 采购部门的效率过高，仓库里囤积的某些材料10年都用不完，仓库库位饱和，资金周转很慢。

(4) 计划体系不协调，采购、生产各自为政，无法对销售订单进行追踪，销售交付及时性差。

(5) 频繁、盲目地追加紧急订单，造成企业计划混乱，成本投入较大，削减了利润。

(6) 账务不清，造成客户应收账款与账龄超标，同时也易造成对供应商无法及时付款的周转惯性，损害企业信用。

(7) 销售接单时无法向客户提供准确的交货与价格承诺，面对紧急订单，要么是盲目接单，要么就是放弃商机，客户服务水平低下。

(8) 销售经理想知道某订单的执行情况，找遍所有信息，问遍了采购、生产、仓库所有相关人员，结果得到的信息却是不全面的，甚至是相矛盾的。

(9) 采购计划、生产计划、委外计划匹配性差，给生产排产带来困难，生产资源冲突，造成物料积压和断料情况同步上升。

(10) 生产车间用料、领料情况无法统一监管，物料浪费现象严重，责任人无法追溯。

这些都是企业常见的问题，如何解决？对于存在以上问题的企业来说，一个以计算机为工具的有效的计划与控制系统是绝对必要的——ERP正是这样一个计划与控制系统。

3.1.2　R：ERP管理的资源有哪些

ERP中的第二个字母R代表resource，即资源。企业管理理念的核心就是优化并合理配置企业资源。

企业资源是企业进行正常生产经营活动必不可少的物质因素。一切形成企业竞争优势的因素都可以看成资源。企业资源的内涵非常广泛，它涵盖了企业所有物质实体(如人、财、物、组织机构、设备、材料、能源等)和虚拟事物(如时间、品牌、信息等)。ERP 系统的管理对象便是上述各种资源，通过 ERP 的使用，企业能及时、高质地完成客户的订单，最大限度地发挥这些资源的作用，并根据客户订单及生产状况做出调整资源的决策。

ERP 所关注的资源主要是能够通过有效管理而增加其时间价值、技术价值、资金价值的资源，如零部件、设备产能、客户关系等。也就是说，ERP 中所指的资源更特指现代企业中可以形成竞争优势的、可以量化管理的一系列相关因素，即可以形成竞争优势的资源才是 ERP 关注的资源。企业资源是通过数据的形式表现在 ERP 系统中的，ERP 系统对数据的加工处理过程实际上就是对企业资源进行管理和配置的过程。

3.1.3　P：ERP 计划的是什么内容

计划是指为达到一定的目标而制订的行动方案。在 ERP 中，计划是由粗到细，由长期、中期到短期，由一般到具体的过程。参与计划的角色包括从高级决策层到普通操作层的相关人员。

ERP 中有 5 个层次的计划，从上至下依次为企业经营计划、生产计划大纲、主生产计划、物料需求计划和能力需求计划、车间作业计划和采购作业计划，如图 3-1 所示。在 ERP 中，上层计划是下层计划的依据，下层计划不能偏离上层计划的目标，从而实现整个企业遵循一个统一的计划。

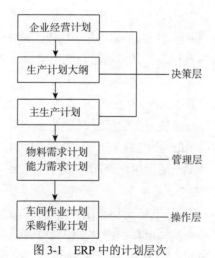

图 3-1　ERP 中的计划层次

决策层的活动包括制订企业经营计划、生产计划大纲及主生产计划。企业经营计划是企业的总体目标，是企业的战略规则。它是为实现长期的经营目标，为适应多变的外部环境而制订的指导企业运营活动的总计划。企业经营计划的内容包括企业的产品研发、市场占有率、质量标准、技术改进、员工培训、销售收入和利润等，特别是要在财务和经济效益方面做出规划。这个规划是在企业高层领导的主持下，会同销售、市场、技术、生产、物料、财务等各部门负责人共同制订的，是其他计划的依据。生产计划大纲是企业经营规划中的产品规划大纲,它通过下一层次的主生产计划调节将要生产、采购的物料量和在制品量。主生产计划是对上一层次的生产计划大纲的细化,是由宏观向微观过渡的一个计划,它将确定每一个具体产品在每一个具体时间段的生产计划。主生产计划的对象一般是最终产品,即企业的销售产品。

管理层的活动包括制订物料需求计划和能力需求计划。物料需求计划对主生产计划进一步具体化,计划的对象不再是最终产品,而是构成最终产品的各种物料。能力需求计划是把对物料的需求转化为对能力的需求,通过对各生产阶段和各工作中心、各道工序所需的各种资源进行精确计算,得出人力负荷、设备负荷等资源负荷情况,并做好生产能力与生产负荷的平衡工作。能力需求计划是检验物料需求计划是否可行的工具。

车间作业计划和采购作业计划是操作层的活动。车间作业是指借助工装、工具和设备等手段对物料进行加工、表面处理和装配等操作的活动,是改变物料形态和属性的过程,是实现产品设计、工艺设计以及向客户提交产成品的关键环节。采购作业是为了向企业提供满足生产和管理所需要的各种物料而必须采取的各种管理性的和事务性的活动。制订车间作业计划和采购作业计划是对物料需求计划和能力需求计划的执行。

3.1.4 什么是 ERP

目前,学术界对 ERP 的定义有不同的认识。下面分别从管理思想、软件产品、管理系统 3 个角度给出它的定义。

(1) 从管理思想的角度:ERP 是由美国著名的计算机技术咨询和评估集团 Gartner Group 提出的一整套企业管理系统体系标准,其实质是在制造资源计划基础上进一步发展而成的面向供应链的管理思想。

(2) 从软件产品的角度:ERP 系统是一种商业软件包,允许企业自动化和集成主要的业务流程、共享通用的数据且分布在整个企业范围内,并且提供了生成和访问业务信息的实时环境。从该角度来看,典型的 ERP 系统定义如下:ERP 是综合应用了客户机/服务器体系、关系数据库结构、面向对象技术、图形用户界面、第四代语言、网络通信等信息产业成果,以 ERP 管理思想为灵魂的软件产品。

(3) 从管理系统的角度:美国运营管理协会(APICS)在《APICS 字典(第 8 版)》中对 ERP 进行了如下定义:"ERP 是一个面向财务的信息系统,用于组织、计划、管理整个企业范围内的资源来满足客户订单的需要。"ERP 系统是一种集成了所有制造应用程序和与制造应用程序相关的其他应用程序,用于整个企业的信息系统,是一种集企业管理理念、业务流程、基础数据、人力物力、计算机硬件和软件于一体的企业资源管理系统。

另外,还有一种比较完整地描述 ERP 系统的典型定义:ERP 系统是一种商业战略,它集成了制造、财务和分销职能,以便实现企业资源的动态平衡和优化;ERP 系统是一种集成的应用软件包,可以用于平衡制造、分销和财务功能;ERP 系统是通过利用关系型数据库管理系统(relational database management system,RDBMS)、计算机辅助软件工程(computer-aided software engineering，CASE)、第四代语言开发工具和客户机/服务器体系架构而从制造资源计划演变过来的。当成功实施了完整的 ERP 系统之后，ERP 系统允许企业优化业务流程、执行各项必要的管理分析以及快速、有效地提供决策支持。随着技术的不断进步，ERP 系统不断增强了应对市场变化的能力。

综合上述定义，本书认为 ERP 不仅是信息系统，更是一种管理理论和思想，同时也是一种商业战略。ERP 有助于实现企业内部各职能领域业务活动的自动化，包括产品计划、零部件采购、库存管理、产品分销、订单跟踪、财务管理和人力资源管理等职能。它充分利用企业的所有资源，包括内部资源和外部的市场资源，为企业制造产品和提供服务提供最优的解决方案，最终达到企业的经营目标。

3.1.5　从生活中领悟 ERP

在生活中，一顿再普通不过的饭局就能映射出 ERP 的整个应用流程，如表 3-1 所示。从饭局的全过程可以看出，针对企业内部，ERP 的内容包括进行主生产计划(确定晚饭做什么菜、做多少量、什么时间做)、物料需求计划(确定需要哪些原材料、检查家里有多少原材料及还需购买多少)、采购(买菜)、生产制造(做菜)和财务管理(现金支出记账、得失分析)等基本内容。

表 3-1　饭局映射出的企业 ERP 流程

饭局中的系列场景	对应的企业 ERP 系列流程(以生产折叠车为例)
同事关系往来	客户关系管理
(请客背景)丈夫注重与同事间的关系往来	企业中的客户关系管理，为满足每个客户的特殊需求，与每个客户建立联系，以了解客户的不同需求，进行个性化服务
请客计划	订单处理
一天下午，丈夫在外给家里打电话："夫人，晚上我想带几个同事回家吃饭可以吗？"	订货意向：接到客户需要购买折叠车的意向
妻子："当然可以，来几个人，几点来，想吃什么菜？"	商务沟通：详细了解客户对折叠车的具体要求，如型号、颜色、交货日期等信息
丈夫："3 个人，我们 6 点左右回来，准备烤鸭、凉菜、番茄炒蛋、蛋花汤，你看可以吗？" 妻子："没问题。"	订单确认
安排晚饭计划	主生产计划
妻子开始安排晚饭，确定三个热菜：烤鸭、红烧鱼块和番茄炒蛋，一个汤。5 点开始做烤鸭，再做……	描述企业生产什么、生产多少以及什么时段完成的生产计划

饭局中的系列场景	对应的企业 ERP 系列流程(以生产折叠车为例)
确定需要哪些原材料	**物料需求计划**
妻子确定菜谱: 晚餐 ├─ 烤鸭 ├─ 红烧鱼 ├─ 番茄炒蛋 └─ 蛋花汤 　　烤鸭 → 鸭子 　　红烧鱼 → 鱼 　　番茄炒蛋 → 番茄、鸡蛋、葱花 　　蛋花汤 → 鸡蛋 发现需要原材料:1 只鸭、1 条鱼、4 个番茄、10 个鸡蛋(共用件,炒蛋要 6 个鸡蛋,蛋花汤需要 4 个鸡蛋)…… 打开冰箱一看,只剩下 2 个鸡蛋	在主生产计划的基础上,协调生产的物料需求和库存之间的差距。主要回答以下 3 个问题: 1) 要用到什么? 用到多少? 何时用到? 2) 已经有了什么? 有多少? 何时使用? 3) 还缺少什么? 缺少多少? 何时需要? 左边的菜谱对应企业中的物料清单,物料清单是定义产品结构的技术文件,也被称为产品结构表或产品明细表
买菜	**采购**
• 列出购货清单:1 只鸭、1 条鱼、4 个番茄…… • 鸡蛋是街对面小卖部的最好…… • 来到街对面小卖部,妻子:"请问鸡蛋怎么卖?" • 小贩:"1 元 1 个,8 元 10 个。" • 妻子:"我只需要 8 个,但这次买 10 个。" • 妻子:"这有一个坏的,换一个。" • 妻子将买回来的原料放入冰箱	• 采购计划 • 供应商管理 • 采购询价 • 报价 • 经济批量采购 • 验收、退货换货 • 入库
烧菜、买现成的烤鸭	**生产、委外加工**
• 回到家中,妻子制订做菜计划:几点几分做哪道菜,每道菜烧多长时间。 • 妻子立即开始洗、切、 炒、煮 • 厨房中有燃气灶、微波炉、电饭煲等 • 妻子打电话给卖鱼的小贩,要求 5:15 送鱼到家,来了直接红烧,不需要使用冰箱,而且做出来的鱼非常新鲜 • 妻子发现拔鸭毛最费时间 • 用微波炉自己做烤鸭来不及了 • 决定在餐厅里买现成的烤鸭 • 烤鸭还没送来,急忙打电话询问:"我订的烤鸭怎么还没送来?" • 门铃响了,"您好,这是您要的烤鸭。请在订单上签字。"	• 生产调度,依据产品提前期合理安排工序 • 确定产品的工艺路线 • 安排工作中心 • SCM 供应链:生产计划与外部物流集成,高效 • 确定关键工序 • 产能不足 • 委外加工 • 催单 • 验收入库、转应付账款

（续表）

饭局中的系列场景	对应的企业 ERP 系列流程(以生产折叠车为例)
现金支出记账，得失分析	**财务分析**
• 送走了客人，妻子把花的钱一笔一笔地做账，统计出采购金额、原料成本	• 成本核算
• 把结果念给丈夫听	• 做报表给领导过目
• 丈夫说道："值得，花了 80 元，请了好几个朋友，获得了感情收益。"	• 经济效益分析
• 妻子："今天的晚餐使我们的现金超支，5 天后将出现现金缺口。"	• 应收货款的催要
讨论将来请客吃饭相关事宜	**预测发展，增加产能**
• 妻子对丈夫说："我们的烤箱太小了，是否可以换一个更大一点的？"	• 采购设备，增加产能
• 妻子："最好能再雇个保姆。"	• 人力资源缺口
• 丈夫："今后这样的感情投资饭局还会经常举办，这些事可以考虑，你就全权处理吧！"	• 通过领导审核

通过分析饭局的流程，不难理解 ERP 能为企业带来下面 4 个方面的帮助。

1. ERP 能为企业解决既有物料短缺又有库存积压的库存管理难题

安排晚饭时，妻子打电话给卖鱼的小贩，要求 5：15 送鱼到家，鱼送到了可以直接红烧，这样不需要使用冰箱了，根本不占库存。如果鱼与鸡蛋、番茄等其他原材料一块采购进冰箱，一方面容易造成库存积压(因为鱼可能并不是回到家做的第一道菜)；另一方面，鱼买得早了，本来是活着的，结果到了做菜的时候已死了一段时间，这样鱼就不新鲜了。

因此，需要依据产品的提前期来确定各物料的需求量及需求时间。提前期是指作业开始到作业结束花费的时间，物料需求计划恰好能帮助企业解决这个问题。物料需求计划所追求的状态正是既要满足生产对物料的需求，又要确保没有库存积压，即要在正确的时间以正确的数量得到正确的物料。可见，ERP 能为企业解决既有物料短缺又有库存积压的库存管理难题。

2. ERP 帮助企业对客户的供货承诺做得更好

假设在准备晚饭的过程中，妻子接到了女儿的电话："妈妈，我想现在带几个朋友回家吃饭可以吗？"(对应企业收到的紧急订购意向，要求现货)而妻子并没有做好详细的做菜计划，也不清楚当前家里原材料的"库存"情况，则会出现无法回答女儿请求的情况。

对企业而言，其对应的问题就是企业面对随时可能发生的变化，很难及时对客户做出准确的供货承诺。由于市场销售和生产制造环节协调配合力度不够，导致销售人员在做出供货承诺时，无法做到心中有数，只能凭经验做出供货承诺，按时供货率得不到保证，这在激烈的市场竞争中是非常不利的。

3. ERP 可以帮助企业提高产品的质量

假设妻子没有做好详细的做菜计划,有的热菜早早做好了,等到客人来了上的却是凉菜;有的菜上得太晚了,为了等最后一道菜,客人们空坐半天,这样可能直接导致大部分客人下次不敢再来家中吃饭了。

借助 ERP,企业经营计划和生产计划这样的高层管理计划可以转换成各种明细计划,使企业员工的工作更加有序,而不必忙于对突发情况做出紧急反应。这种情况下,企业的生产率提高了,工作质量也相应提高了。所以说,ERP 可以帮助企业提高产品质量。

4. ERP 能够解决多变市场与均衡生产之间的矛盾

假设丈夫这个星期每天都要在家中安排请客,而下一个星期却没有安排饭局,那么妻子这个星期就会非常忙碌,而下个星期则非常空闲。对于企业而言,其对应的问题就是:在市场需求多的时候,可能全体员工 24 小时加班加点工作也生产不出足够数量的产品;而在市场需求少的时候,就会出现设备闲置、工人没活干的局面。

由于市场需求是多变的,因此企业的销售预测和客户订单必定是不稳定、不均衡的。若企业直接根据销售预测和客户订单来安排生产,将会导致企业出现时而加班加点时而资源闲置的现象,这必将给企业带来灾难性的后果。

因此,企业必须通过人工干预来均衡安排并制订主生产计划,使一段时间内的主生产计划量与销售预测、客户订单匹配,而不追求每个具体时刻的主生产计划均与销售预测、客户订单相匹配,从而得到一份稳定、均衡的计划,解决多变的市场与均衡生产之间的矛盾。

3.2 ERP 的发展过程

ERP 是在物料需求计划(material requirement planning,MRP)和制造资源计划(manufacturing resource planning,MRPII)的基础上发展起来的。

MRP 是一种分时段的优先计划管理方式,它将企业最终销售产品分解,按物料提前期的先后,分时段计划各物料的需求量,能够帮助企业解决既存在库存积压又存在物料短缺的情况。

20 世纪 70 年代末,一些企业又提出了新的课题,要求 MRP 在处理物料计划信息的同时,能够同步处理财务信息,因此 MRPII 出现了。以生产计划为主线,实现物流、信息流、资金流的集成,是 MRPII 区别于 MRP 的一个重要标志。

但是,MRPII 系统仅仅将企业内部的物料、设备、资金、人员等看作企业的资源,以面向企业内部信息集成为主的 MRPII 系统,已不能满足瞬息万变的全球市场,也不能迅速响应并组织供应来满足全球市场的需求。20 世纪 90 年代,MRPII 发展到了一个新的阶段——ERP,它把供应商、分销网络和客户等整个供应链看作企业的资源,扩展了管理的功能和范围,把原来的 MRPII 系统扩展为围绕市场需求而建立的企业内、外部资源计划系统,满足了企业对资源全面管理的需求。

具体来说，ERP 的发展前后经历了 5 个时期，如图 3-2 所示。

| 订货点法 | 基本MRP | 闭环MRP | MRPII | ERP |
| 20 世纪 40 年代 | 20 世纪 60 年代 | 20 世纪 70 年代 | 20 世纪 80 年代 | 20 世纪 90 年代 |

图 3-2　ERP 的发展过程

3.2.1　订货点法

在 20 世纪 40 年代，计算机出现之前，企业确定对物料的真实需求是依靠缺料表，缺料表上所列的是马上要用但发现没有库存的物料。为了改变这种被动状况，西方经济学家提出一种按照过去经验值来预测未来物料需求的方法——订货点法。

订货点法是指对于某种物料，当库存量低于订货点时，便开始发出订货单来补充库存，直至库存量降低到安全库存时，发出的订单所订购的物料刚好送达仓库，补充前一时期的消耗。

订货点法考虑安全库存和订货提前期，对各种物料根据生产需求量及其供应和储存条件，规定一个安全库存储备量和订货点库存量。随着物料的耗用，一旦库存低于预先规定的订货点，就要进行订货来补充库存，以保证物料供应的连续性，从而避免缺货。订货提前期是指从发出订货单到收到所订货物的这段时间。订货点的计算方法依据以下公式：

订货点=单位时间的需求量×订货提前期+安全库存

订货点法的处理逻辑如图 3-3 所示。

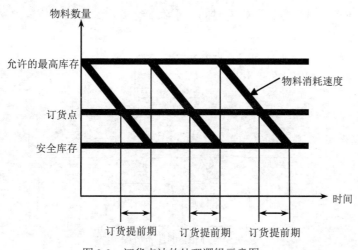

图 3-3　订货点法的处理逻辑示意图

假设某物料的需求量为每周 200 件，提前期为 1 个星期，安全库存为 100 件，那么，此物料的订货点按公式计算可得：200×1+100=300。因此，当此物料的现有库存和已发出的订货量之和低于 300 时，则必须进行新的订货，否则将出现缺料现象。

订货点法库存控制模型是基于以下 4 个假设成立的。

(1) 假设物料需求相互独立。订货点法对各物料独立地进行预测和订货，这就难免会发生在装配时出现各项物料数量不匹配的情况，可见是不合理的。

(2) 假设物料需求具有连续性。在制造业中，对产品零部件的需求恰恰是不稳定的、间断的。需求的不连续现象使企业面临如何确定物料需求时间的问题。而订货点法只能根据平均消耗量来确定"何时订货"，而不知道"何时需要物料"。

(3) 假设物料的提前期已知且固定。在订货点法中，假设的物料提前期是对物料进行估算的平均提前期。但在现实中，由于各种因素的影响，物料的订货提前期很难是固定不变的。把这样一个未知数作为已知数来假设，显然是不合理的。

(4) 假设库存一旦消耗后应被重新填满。在对某物料的需求是连续的前提下，这种假设是合理的。但如果需求是非连续的、间断的，则很可能出现库存积压的现象。例如，某物料在某个时段明明没有需求，却也被假设是连续需求，当计算出其物料量低于订货点时，则被立即填满库存，从而造成了库存积压。

可见，订货点法存在的问题颇多，已不具有重要的实用价值。20 世纪 60 年代，人们提出了一种全新的分时段优先计划物料管理方法——MRP。

3.2.2 MRP

20 世纪 60 年代中期，美国 IBM 公司的奥里奇博士提出了物料需求计划 MRP。MRP 能帮助企业摆脱旧的生产管理方式，并提供给企业一套全新的、科学的管理方式。MRP 将企业的最终销售产品进行分解，按物料提前期的先后分时段计划各物料的需求量，解决了库存积压的问题。MRP 的目标是在正确的时间、正确的地点，到达正确数量的物料。MRP 的逻辑流程如图 3-4 所示。

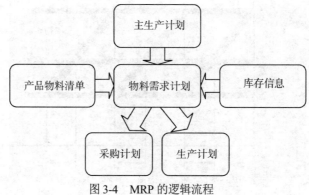

图 3-4　MRP 的逻辑流程

在图 3-4 中，主生产计划(main production schedule，MPS)是把企业战略、企业生产计划大纲等宏观计划转化为生产作业和采购作业等微观作业计划的工具。它可以帮助企业回答 3 个问题：企业要生产什么、生产多少，以及什么时段完成。通过产品的物料清单(bill of material，BOM)，来确定生产产品的物料；再结合当前的库存信息，企业可以了解到已经有了哪些物料，以及有多少物料。有了这些信息，企业就可以知道还缺什么物料、缺多少，以及什么时段需要这些物料，进而编制出企业在各个时段的各种物料的采购计划和生产计划。

虽然与订货点法相比，MRP 有了质的进步，但也存在一定的问题：它未考虑能力的约束，假定了无限能力计划。

(1) 假定已有 MPS，生产能力可行，有足够的人力设备。

(2) 假设在采购计划可行、供货能力和运输能力可行的前提之下，有足够的设备和人力来保证生产计划和物料采购计划的实现。

而实际情况并非一定如此。MRP 能确定各项物料需求的准备时间与数量，但是没有解决如何保证生产计划成功实施的问题，不清楚企业是否有足够的产能来完成这一计划。20 世纪70 年代初，人们对 MRP 做了改进，提出了一个结构完整的生产资源计划及执行控制系统——闭环 MRP。

3.2.3 闭环 MRP

20 世纪 70 年代，MRP 发展成为闭环的 MRP。闭环 MRP 理论认为要考虑生产能力的约束，在主生产计划及物料需求计划的过程中都需要运行能力需求计划，通过粗能力计划(rough-cut capacity planning，RCCP)验证主生产计划的可行性，进一步通过能力需求计划(capacity requirement planning，CRP)来验证物料需求计划的可行性，从而使企业生产计划的各个子系统都得到协调、统一。

RCCP 与 CRP 的区别在于：RCCP 只对主生产计划所需的关键生产能力进行估算，给出能力需求的概貌，用于评估主生产计划的可行性；而 CRP 是对生产阶段中各工作中心、各工序所需的各种资源进行精确计算，得出生产能力和生产负荷的情况，并做好生产能力与生产负荷的平衡工作。

闭环 MRP 的工作流程如图 3-5 所示。

主生产计划做好之后，须通过 RCCP 来验证主生产计划的可行性。RCCP 是判定 MPS 是否可行的工具。在这一阶段，RCCP 仅对企业中的关键资源进行能力和负荷的计算，如果计算出的生产能力大于或等于生产负荷，则说明 MPS 是可行的；否则说明 MPS 不可行，须对 MPS 进行修改。只有经过 RCCP 判定的 MPS 才是可靠的。

进入物料需求计划，这一过程须结合产品的物料清单及当前的库存信息，了解还缺什么物料、缺多少，以及什么时段需要这些物料，进而编制出企业在各个时段的各种物料的采购计划和生产计划。MRP 与 MPS 不同，MPS 的对象是独立需求物料，而 MRP 的对象是相关需求物料。例如，一个生产自行车的企业，MPS 的对象是最终产品自行车，MRP 的对象则是构成最终产品自行车的各种零部件。MRP 是否可行须经过 CRP 的判定，检验 MRP 是否可行，并且对生产作业过程中的能力和负荷进行平衡。若判定 MRP 可行，则可以执行能力需求计划和物料需求计划。

闭环 MRP 虽然解决了物料的计划与控制问题，但是没有说明计划执行的结果带来的效益是否符合企业的整体目标。20 世纪 70 年代末，在 MRP 已推行近 10 年时，企业又提出了新的需求，要求系统在处理物料计划信息的同时，能够同步地处理财务信息。把财务子系统与生产子系统结合在一起，形成一个系统的整体——MRPII。

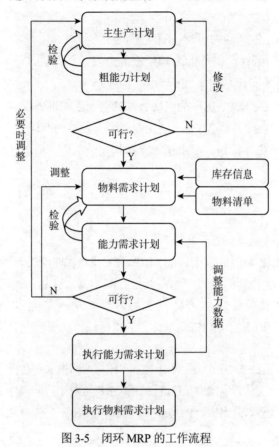

图 3-5 闭环 MRP 的工作流程

3.2.4 MRPII

MRPII 由闭环 MRP 系统发展而来，在闭环 MRP 的基础上添加了财务管理功能，把生产、财务、销售、采购等各个子系统集成为一个一体化的系统，称为制造资源计划系统，其缩写还是 MRP。为了与物料需求计划区别，将制造资源计划记为 MRPII。以生产计划为主线，实现物流、信息流、资金流的集成，是 MRPII 区别于 MRP 的一个重要标志。

MRPII 的逻辑流程如图 3-6 所示。财务系统里只列出了应收账、总账和应付账，各条连线表明信息的流向及相互之间的集成关系。基础数据除了物料清单、库存信息、工艺路线和工作中心等数据之外，还包括会计科目和成本中心的数据。这些数据以数据库的形式储存在计算机数据库管理系统中，以便各部门沟通和共享，达到信息的集成。计划与控制系统包括决策层、计划层和执行层，这些功能系统构成了企业的经营计划管理流程。

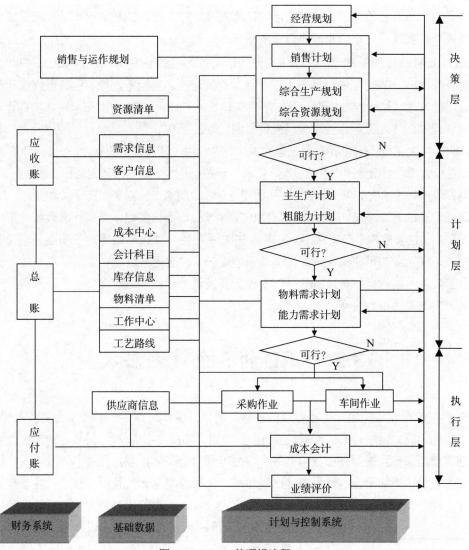

图 3-6　MRPII 的逻辑流程

3.2.5　ERP

20 世纪 90 年代，随着新兴的管理思想和方法的出现，企业间跨地区、跨国家的合作和生产模式的出现，以及信息技术的发展，企业之间的竞争明显加剧，竞争已经不再限于单一地区，跨国界竞争成为主题，企业间的重组兼并也日益频繁，竞争的内容也由工业时代的比规模、比产量发展为比速度、比创新。

现代企业的竞争已经不是单一企业之间的竞争，而是一个企业的供应链与另一个企业的供应链之间的竞争，即企业不仅要依靠自己的资源，还必须把经营过程中的有关各方(如供应商、制造工厂、分销网络、客户等)纳入一个紧密的供应链中，才能在市场上获得竞争优势。在供应链中，企业再也不能凭借单独的优势取得综合优势，整个供应链的反应速度和能力决定了链条上所有企业的竞争力,供应链管理成为时代的主题。ERP系统正是适应了这一市场竞争的需要,实现了对整个企业供应链的管理。

ERP在MRPII的基础上,实现了企业内部与外部信息的集成。除了MRPII的制造、供销、财务外,ERP的功能还包括多工厂管理、质量管理、实验室管理、设备维修管理、仓库管理、运输管理、过程控制接口、数据采集接口、电子通信(EDI、电子邮件)、项目管理、市场信息管理等,体现了对企业整个供应链资源管理的思想。

ERP的核心在于充分利用现代信息技术,将企业供应链流程中的物流、资金流和信息流统一起来进行管理,对企业所拥有的资金、物料、设备、技术、人力等资源进行合理调配,科学、有效地管理企业的各项生产经营活动,从而使企业在激烈的市场竞争中获得强大的竞争力。

纵观企业的管理系统在半个多世纪内的发展过程,不难发现,企业管理系统的集成化程度越来越高,包含的内容越来越多。现在的ERP系统将企业供应链上的各项业务流程全面优化与集成,使企业与供应商、客户能够真正集成起来,进而通过客户需求信息来拉动企业的决策和管理。可以肯定的是,ERP并没有停止其发展的步伐,随着现代信息技术和管理技术的发展,ERP将不断地完善。

3.3 ERP的5个计划层次

ERP有5个计划层次,即企业经营规划、销售与运作规划(生产规划)、主生产计划、物料需求计划和能力需求计划、车间(生产)作业计划,如图3-7所示。划分计划层次是为了体现计划管理由宏观到微观、由战略到战术、由粗到细的深化过程。在对市场需求的估计和预测成分占较大比重的阶段,计划内容比较粗略,计划跨度也比较长;一旦进入客观需求比较具体的阶段,计划内容比较详细,计划跨度也比较短,处理的信息量大幅度增加,计划方法与传统手工管理的区别也比较大。划分层次的另一个目的是明确责任,不同层次计划的制订或实施由不同的管理层负责。在5个层次中,企业经营规划和销售与运作规划带有宏观规划的性质。主生产计划是销售和运作规划的具体化计划,是可以直接对企业经营管理活动进行指导的计划;主生产计划是企业ERP系统运行的起点,是MRP运算的重要输入数据,同时也是企业各部门协调运作的平台;主生产计划主要解决企业计划生产什么产品、什么时候生产、生产多少的问题,是ERP系统中的一个重要计划层次;主生产计划是宏观向微观过渡的层次。物料需求计划和能力需求计划是微观计划的开始,是具体的详细计划;而车间(生产)作业计划是执行或控制计划的阶段开始的标志。

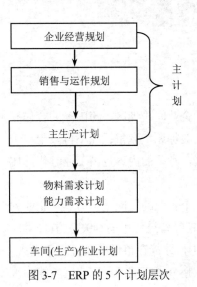

图3-7 ERP的5个计划层次

3.3.1 企业经营规划

企业的计划是从长远规划开始的，这个战略规划层次在 ERP 系统中称为经营规划。经营规划要确定企业的经营目标和策略，为企业长远发展做出规划，主要包括：①产品开发方向、市场定位及预期的市场占有率；②营业额、销售收入与利润、资金周转次数、销售利润率和资金利润率(ROI)；③长远能力规划、技术改造、企业扩建或基本建设；④员工培训及职工队伍建设。企业经营规划的目标通常是以货币或金额来表达，是企业的总体目标。企业经营规划是 ERP 系统其他各层次计划的依据，所有层次的计划只是对经营规划进一步具体细化，而不允许偏离经营规划。经营规划是在企业高层领导主持下，会同市场、生产、计划、物料、技术与财务各部门的负责人共同制订。如果执行过程中有意外情况发生，执行计划的人员只有反馈信息的义务，没有变动规划的权限；变更经营规划只能由企业高层领导决策。

3.3.2 销售与运作规划

销售与运作规划是 ERP 系统的第二个计划层次。在早期的 MRPII 流程中，具有销售规划与生产规划(或产品规划)两个层次，由于它们之间有不可分割的联系，后来合并为一个层次。销售与运作规划是为了体现企业经营规划而制定的产品系列生产大纲，按 ERP 标准系统要求，软件应包括这个计划层次，但由于它主要是由人工方式进行决策并录入数据，不是由系统运算得出的结果，因此并非所有的软件都包括这层计划功能。销售与运作规划的作用是：①把企业经营规划中用货币表达的目标转换为用产品系列的产量来表达；②制订一个均衡的月产率，以便均衡地利用资源，保持稳定生产；③控制订货生产类型的产品的拖欠量或现货生产类型的产品的库存量；④作为编制主生产计划的依据。销售规划不一定和生产规划完全一致。例如，销售规划要反映季节性需求，而生产规划要考虑均衡生产。在不同的销售环境下，生产规划的侧重点也不同。对现货生产(MTS)类型的产品，生产规划在确定月产率时，要考虑已有库存量。如果要提高成品库存资金周转次数，年末库存水准要低于年初，那么，生产规划的月产量就低于销售规划的预测值，不足部分用消耗库存量来弥补。对订货生产(MTO)类型的产品，生产规划要考虑未交付的拖欠订单量。如果要减少拖欠量，那么，生产规划的月产量要大于销售规划的预计销售量。

3.3.3 主生产计划

主生产计划是指确定每个具体的最终产品在每个具体时间段内生产数量的计划。这一定义包括 3 个基本含义：①计划的对象是具体到某一个型号的最终产品——独立需求物料(相对相关需求物料而言)；②具体时间段，通常是以周为单位，在有些情况下，也可以日、旬、月为单位；③生产数量由客户合同和销售预测驱动。

主生产计划根据客户合同和市场预测，把销售与运作规划中的产品系列具体化，确定出厂产品，使之成为展开物料需求计划的主要依据，它起着承上启下、从宏观计划向微观计划过渡的作用。

主生产计划是一个重要的计划层次，可以说 ERP 计划的真正运行是从主生产计划开始的。主生产计划的确定过程伴随粗能力计划的运行，即要对关键资源进行平衡。企业的物料需求计划、车间作业计划等均来源于主生产计划，即先由主生产计划生成物料需求计划，再由物料需求计划生成车间作业计划。所以，主生产计划在 ERP 中起着承上启下的作用，实现从宏观计划到微观计划的过渡与连接。同时，主生产计划又是联系客户与企业销售部门的桥梁，所处的位置非常重要。主生产计划的逻辑模型如图 3-8 所示。

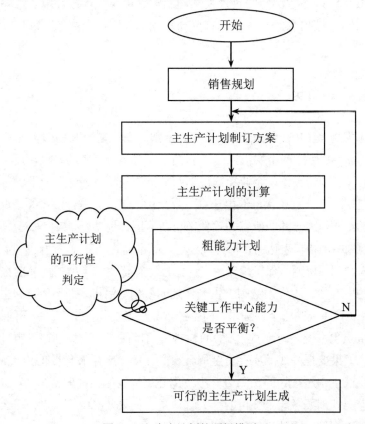

图 3-8　主生产计划的逻辑模型

主生产计划的编制是 ERP 的主要工作内容。主生产计划的质量将大大影响企业的生产组织工作和资源的利用。主生产计划的编制涉及各种数量的计算，下面对有关概念和计算方法加以说明。

1. 计划展望期

计划展望期是主生产计划所覆盖的时间范围，即计划的时间跨度。ERP 中不同层次的计划，其时间跨度是不尽相同的。一般来说，计划的层次越高，其时间跨度越长；计划的层次越低，其时间跨度越短。计划展望期应大于产品的总提前期，一般应为 3～18 个月。

2. 时段

时段是主生产计划的时间周期单位，即把计划展望期进一步细分为不同的时间段。主生产计划的时段可以每天、每周、每月或每季度表示。划分时段是为了说明在各个时间跨度内的计划量、产出量和需求量，以固定时间间隔汇总计划量、产出量和需求量，便于对比计划，从而区分计划需求的优先级别。时段越短，生产计划越详细，就越能体现各个计划的批次的优先级，便于控制计划和有效地利用企业的资源。

3. 时区与时界

产品从计划、采购、投入到产出需要经历一个时间段，即产品的生产存在提前期。计划的下达、修改会受到这个时间的约束，而且随着时间的推移，各个时间点对计划的影响力各有不同。因此，ERP 引入了时区与时界的概念。

时区是说明某一计划的产品在某时刻处于该产品的计划跨度内的时间位置。一般根据需要将计划展望期按顺序分为 3 个时区，每个时区包含若干个时段。不同时区的分割点称为时界或时间栏。

下面简要说明各时区与时界的概念。

(1) 需求时区(时区 1)：是指产品的总装提前期的时间跨度，即从产品投入加工开始到产品装配完工的时间跨度。

(2) 计划时区(时区 2)：是指产品的累计提前期的时间跨度内，超过时区 1 以外的时间跨度。

(3) 预测时区(时区 3)：是指计划展望期的时间跨度内，超过累计提前期以外的时间跨度。

(4) 需求时界：时区 1 和时区 2 的分界点。

(5) 计划时界(也称为计划确认时界)：时区 2 和时区 3 的分界点。产品在累计提前期内的计划一般都已经确认，如果没有确认，则可用生产时间很可能小于产品的累计提前期，会造成计划拖期。

下面从两个不同的角度来描述时区与时界的概念和关系。

A 产品单次生产计划在时间上的时区分布关系如图 3-9 所示，横坐标为时间，时间单位用时段表示(可以是天、周或月等)。假设当前时间是时段 1，A 产品的总装配的提前期是 5 个时段，采购提前期为 6 个时段。现订单要求 A 产品在时段 20 完工(图 3-9 中"计划完工"的标示处)，那么时段 1～9 这个时段范围处于时区 3，而时段 10～15 这 6 个时段范围处于时区 2，时段 16～20 这 5 个时段范围处于时区 1。随着时间的推移，A 产品所处的时区会从时区 3 移至时区 2，在时区 2 完成采购任务，最后到达时区 1，在时区 1 完成生产加工与组装，于时段 20 完工入库。

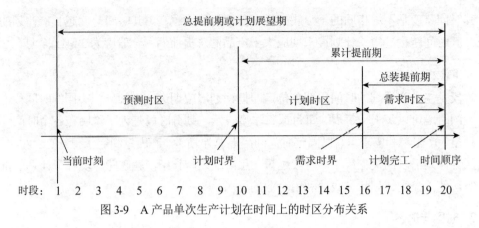

图 3-9　A 产品单次生产计划在时间上的时区分布关系

A 产品多个订单计划在时间上的时区分布关系如图 3-10 所示。假设图 3-10 中，当前时间为时段 1，坐标的下方是不同时段的交货订单，那么时段 1～4 的订单，目前已经到了生产总装的阶段，处于时区 1；时段 5～10 的订单，目前还未到总装阶段，但已经进入采购过程中，处于时区 2；而时段 11～20 的订单。

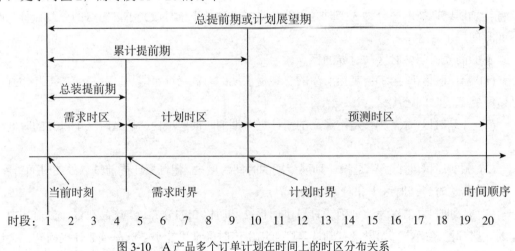

图 3-10　A 产品多个订单计划在时间上的时区分布关系

时界和时区是主生产计划的计划员管理和控制计划变动、确保计划稳定的重要手段。在表 3-2 中，产品型号是 26AF-2 自行车，该产品的总装提前期是 3 个时段，累计提前期是 7 个时段(其中，采购提前期是 4 个时段)，总提前期是 12 个时段。当前时段是 1 时段，这时，120 辆、110 辆和 130 辆 26AF-2 自行车的订单都处于生产总装阶段，位于时区 1。位于时区 1 的自行车订单一般不能调整。100 辆、150 辆、160 辆和 180 辆 26AF-2 自行车的订单处于原材料、毛坯件的采购阶段，这些订单不能由 ERP 系统自动调整，主生产计划的计划员可以根据需要进行手工调整。200 辆、220 辆、210 辆、250 辆和 280 辆 26AF-2 自行车的订单处于预测状态，这些订单的数据可以由 ERP 系统根据情况变化自动调整。

表 3-2 时区与时界关系示意表

时区	时区 1			时区 2				时区 3				
时段	1	2	3	4	5	6	7	8	9	10	11	12
26AF-2	120	110	130	100	150	160	180	200	220	210	250	280
提前期	总装提前期											
	累计提前期(采购+加工)											
	总提前期或计划展望期											
时界	当前			DTF			PTF					

4. 时区对计划的影响

(1) 需求时区：计划已下达及执行，产品已经投入生产，装配已在进行，所以计划变动代价极大，很难变动，应该尽量避免更改。这意味着在需求时区内，订单已经确定，此时区内产品生产数量和交货期一般是不能变动的。

(2) 计划时区：计划已确认及下达，产品还没有处于加工和装配阶段，但已进入采购阶段，所以计划变动有一定的代价，产品生产数量和交货期一般也不能由 ERP 系统自动改变，需要变动时应由高层领导人员批准。

(3) 预测时区：由于对客户的需求知道得很少，只能充分利用预测信息，产品数量和交货期可由系统根据实际情况进行变更。此时区内计划没有下达，允许变动，计划变动无代价，系统可自动更改。

5. 主生产计划计算流程

在主生产计划计算过程中，经常用到 9 个基本的数量概念，分别是预测量、订单量、毛需求量、计划接收量、预计可用库存量、净需求量、计划产出量、计划投入量和可供销售量，下面主要介绍其中 7 个。

(1) 毛需求量(gross requirement)：根据预测量和订单量计算得到的初步需求量。毛需求量的计算与时区的确定、企业的生产政策有关。在主生产计划中，毛需求量是除了预测量和订单量之外的其他量的计算基础。

(2) 计划接收量(scheduled receipts)：是指正在执行的订单量。在制订主生产计划时，往往把制订计划日期之前已经发出的、将要在本计划期内到达的订单数量作为计划接收量来处理。如果希望手工修改主生产计划，也可以把手工添加的接收量作为计划接收量来处理。

(3) 预计可用库存量(projected available balance，PAB)：是指现有库存中扣除了预留给其他用途的已分配量之后，可以用于需求计算的那部分库存量，其计算公式为

PAB=前一时段末的 PAB+本时段计划接收量-本时段毛需求量+本时段计划产出量

式中，如果前 3 项的计算结果是负值，表示如果不补充库存，将会出现缺料。因此需要借助第 4 项，即本时段计划产出量，用于库存的补充。

(4) 净需求量(net requirement，NR)：是指根据毛需求量、安全库存量、本期计划产出量

和期初结余计算得到的数量，其计算公式为

净需求量=本时段毛需求量-前一时段末的 PAB-本时段的计划接收量+安全库存量

(5) 计划产出量(planned order receipts)：是指在计算预计可用库存量时，如果出现负值，表示需求不能被满足，需要根据批量政策计算得到的供应数量。计划产出量只是一个计算过程中的数据，并不是真正的计划投入数据

(6) 计划投入量(planned order releases)：是根据计划产出量、提前期等数据计算得到的计划投入数量。

(7) 可供销售量(available to promise，ATP)：是指销售部门可以销售的产品数量，其计算公式为

ATP=本时段计划产出量+本时段计划接收量-下一次出现计划产出量之前各时段订单量之和

6. 主生产计划的计算过程

(1) 计算毛需求量，见表 3-3。毛需求量即由产品预测量和订单量确定的初步需求数量。在计算主生产计划项目的毛需求量时，要充分考虑该项目所在的时区(需求时区、计划时区和预测时区)。

表 3-3　毛需求量计算举例

时区		需求时区			计划时区				预测时区		
时段		1	2	3	4	5	6	7	8	9	10
预测量		15	30	10	30^*	18	30^*	32	25^*	30^*	20^*
订单量		20^*	25^*	20	25^*	20^*	16	35^*	20	28	25
毛需求量		20	25	20	30	20	30	35	25	20	20

注：*表示当前时段毛需求量的参照数据。

① 在需求时区内，订单已经确定，客户需求便取代了预测值，此时毛需求量为客户订单数量。

② 在计划时区内，需要将预测需求和实际需求加以合并，此时毛需求量通常为实际需求或预测数值中较大者。

③ 在预测时区内，毛需求量为预测值。

(2) 计算计划接收量与过去的库存数，见表 3-4。

表3-4　计划接收量与过去的库存数计算举例

时区		需求时区			计划时区				预测时区		
时段		1	2	3	4	5	6	7	8	9	10
预测量		15	30	10	30^*	18	30^*	32	25^*	30^*	20^*
订单量		20^*	25^*	20^*	25	20^*	16	35^*	20	28	25

(续表)

时区		需求时区			计划时区				预测时区		
时段		1	2	3	4	5	6	7	8	9	10
毛需求量		20	25	20	30	20	30	35	25	30	20
计划接收量		10									
预计可用库存量	16										

注: *表示当前时段毛需求量的参照数据。

(3) 用分步法逐步计算出净需求量、计划产出量和预计可用库存量,见表3-5。

表3-5　净需求量、计划产出量和预计可用库存量计算举例

时区		需求时区			计划时区				预测时区		
时段		1	2	3	4	5	6	7	8	9	10
预测量		15	30	10	30*	18	30*	32	25*	30*	20*
时段		1	2	3	4	5	6	7	8	9	10
订单量		20*	25*	20*	25*	20*	16	35*	20	28	25
毛需求量		20	25	20	30	20	30	35	25	30	20
计划接收量		10									
预计可用库存量	16	6	11	11	11	11	11	6	11	11	11
净需求量		0	24	14	24	14	24	29	24	24	14
计划产出量			30	20	30	20	30	30	30	30	20

注: *采用固定批量法,批量为 10,安全库存量为 5。*表示当前时段毛需求量的参照数据。

① 净需求量=本时段毛需求量-本时段计划接收量-上一时段预计库存数量+安全库存量。

② 计划产出量:根据净需求量及批量政策确定。

③ 预计可用库存量=上一时段预计可用库存量+本时段计划接收量-本时段毛需求量+本时段计划产出量。

(4) 根据提前期计算计划投入量,见表 3-6。

表3-6　计划投入量计算举例

时区		需求时区			计划时区				预测时区		
时段		1	2	3	4	5	6	7	8	9	10
预测量		15	30	10	30*	18	30*	32	25*	30*	20*
订单量		20*	25*	20*	25	20*	16	35*	20	28	25
毛需求量		20	25	20	30	20	30	35	25	30	20
计划接收量		10									

(续表)

时区		需求时区			计划时区				预测时区		
时段		1	2	3	4	5	6	7	8	9	10
预计可用库存量	16	6	11	11	11	11	11	6	11	11	11
净需求量		0	24	14	24	14	24	29	24	24	14
计划产出量			30	20	30	20	30	30	30	30	20
计划投入量		30	20	30	20	30	30	30	30	20	

注：提前期为 7 天，即 1 个时段。*表示当前时段毛需求量的参照数据。

(5) 计算可供销售量，见表 3-7。可供销售量是指供销售部门可以随时向客户出售的数量，这个信息主要是供销售部门决策用的，是销售人员与临时来的客户洽商供货条件时的重要依据。

表3-7 可供销售量计算举例

时区		需求时区			计划时区				预测时区		
时段		1	2	3	4	5	6	7	8	9	10
预测量		15	30	10	30*	18	30*	32	25*	30*	20*
订单量		20*	25*	20*	25	20*	16	35*	20	28	25
毛需求量		20	25	20	30	20	30	35	25	30	20
计划接收量		10									
预计可用库存量	16	6	11	11	11	11	11	6	11	11	11
净需求量		0	24	14	24	14	24	29	24	24	14
计划产出量			30	20	30	20	30	30	30	30	20
计划投入量		30	20	30	20	30	30	30	30	20	
可供销售量		6	5	0	5	0	14	-5	10	2	−5

注：*表示当前时段毛需求量的参照数据。

3.3.4 物料需求计划

物料需求计划是根据主生产计划、主产品的结构文件和库存文件而形成的，其主要内容包括客户需求管理、产品生产计划、原材料计划以及库存记录。物料需求计划适用于多级加工装配制造企业，根据产品计划计算出物料需求量和需求时间，以达到"在所需的时间、所需的地方、取得生产所需的物料，做到准确无误"的目的。

1. 物料需求计划的定义

物料需求计划是指在产品生产中对构成产品的各种物料的需求量与需求时间所做的计划。在企业的生产计划管理体系中，它一般被排在主生产计划之后，属于实际作业层面上的计划决策。

物料需求计划主要解决 5 个问题：①要生产什么，生产多少(来源于主生产计划)；②要用到什么(根据物料清单展开)；③已经有了什么(根据物品库存信息、即将到货或产出信息获得)；④还缺什么；⑤何时安排。

物料需求计划的基本指导思想是在有需求的时候，向有需求的部门，按需求的数量，提供该部门所需的物料。

物料需求计划的逻辑模型如图 3-11 所示。

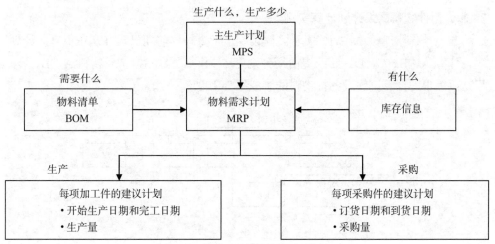

图 3-11　物料需求计划的逻辑模型

由图 3-11 可以看出，制订物料需求计划依据的关键信息有主生产计划、物料清单、库存信息。

(1) 主生产计划：物料需求计划由主生产计划推动。

(2) 物料清单：由于最终产品结构中的各个子件加工周期不同，即对同一产品的物料清单中的物料需求时间不同，因此，物料需求计划要根据产品的物料清单对主生产计划进行需求展开(数量与提前期)。

(3) 库存信息：依据物料库存信息确定各个物料的需求量。

2. 物料需求计划的计算步骤

(1) 推算物料毛需求。考虑相关需求和低层码推算计划期的全部毛需求(由主生产计划决定)。

(2) 计算当期预计可用库存量。

$$当期预计可用库存量=现有量-已分配量$$

(3) 推算 PAB。考虑毛需求，推算特定时段的预计库存量。

$$PAB 初值=上期末预计可用库存量+计划接收量-毛需求量$$

(4) 推算净需求量。考虑安全库存量，推算特定时段的净需求量。若 PAB 初值≥安全库存量，则 NR=0；否则，NR=安全库存量-PAB 初值。

(5) 推算计划产出量。若 NR>0，则计划产出量=N×批量(N 为批量的倍数)。满足：

$$计划产出量 \geq 净需求量 > (N-1) \times 批量$$

(6) 推算预计可用库存量。

$$预计可用库存量 = 计划产出量 + PAB\ 初值$$

(7) 递增一个时段，重复进行第(3)～(6)步。

(8) 推算计划投入量。考虑提前期与制成率。

3. 非通用件物料需求计划计算实例

产品 X 的物料清单如图 3-12 所示。假设制造批量与提前期已定好，在主生产计划给定的情况下计算 A、B、C、D、H 的提前期分别为 1、1、2、2、3，试对物料 A、B、C、D、H 进行物料需求的计算。假设各种物料的制成率为 100%。

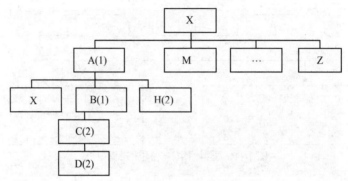

图 3-12　产品 X 的物料清单

产品 X 的产出计划(来源于主生产计划)如表 3-8 所示。

表 3-8　产品 X 的产出计划

主生产计划	期初	时段									
		1	2	3	4	5	6	7	8	9	…
X 产品计划产出量				200	100		150		150	200	…

逐层展开，输出各物料的物料需求运算结果，如表 3-9～表 3-13 所示。

表 3-9　物料 A 的运算结果

物料号：A　　LT：1　　安全库量：0　　批量=净需求量

物料需求计划项目指标	期初	时段									
		1	2	3	4	5	6	7	8	9	…
毛需求量			200	100		150		150	200		…
计划接收量											
PAB 初值	20	20	-180	-100		-150		-150	-200		

(续表)

物料需求计划项目指标	期初	时段									
		1	2	3	4	5	6	7	8	9	…
预计可用库存量	20	20										
净需求量			180	100		150		150	200		
计划产出量			180	100		150		150	200		
计划投入量		180	100		150		150	200			

表 3-10 物料 B 的运算结果

物料号：B　LT：1　安全库存量：0　批量=净需求量

物料需求计划项目指标	期初	时段									
		1	2	3	4	5	6	7	8	9	…
毛需求量		180	100		150		150	200			
计划接收量		140									
PAB 初值	90	50	−50		−150		−150	−200			
预计可用库存量	90	50									
净需求量			50		150		150	200			
计划产出量			50		150		150	200			
计划投入量		50		150		150	200				

表 3-11 物料 C 的运算结果

物料号：C　批量=200　LT：2　安全库存量：0　批量=净需求量

物料需求计划项目指标	期初	时段									
		1	2	3	4	5	6	7	8	9	…
毛需求量		50		150		150	200				
计划接收量											
PAB 初值	60	10	10	−140	60	−90	−90				
预计可用库存量				60	60	110	110				
净需求量				140		90	90				

表 3-12 物料 D 的运算结果

物料号：D　批量=200　LT：2　安全库存量：0　批量=净需求量

物料需求计划项目指标	期初	时段									
		1	2	3	4	5	6	7	8	9	…
毛需求量		200		200	200						
计划接收量		200									

(续表)

物料需求计划项目指标	期初	时段									
		1	2	3	4	5	6	7	8	9	...
PAB 初值				−200	−200						
预计可用库存量				0							
净需求量				200	200						
计划产出量				200	200						
计划投入量		200	200								

表 3-13　物料 H 的运算结果

物料号：H　　　批量=400　　　LT：3　　　安全库存量：0　　　批量=400

物料需求计划项目指标	期初	时段									
		1	2	3	4	5	6	7	8	9	...
毛需求量		360	200		300		300	400			
计划接收量		400									
PAB 初值	200	600	40	40	−260		−160	−160			
预计可用库存量		240		40	140	140	240	240			
净需求量					260		160	160			
计划产出量					400		400	400			
计划投入量		400		400	400						

4. 通用件物料需求计划计算实例

在企业产品 X、Y、Z 的物料清单中，多个母项物料品目共用同一种物料，如图 3-13 中三种产品 X、Y、Z 的物料 F，假设 X、Y、Z、F、P、G、K、N 的提前期分别为 1、1、1、1、4、2、2、2，计算各种物料的投入量(假设各子物料的制成率为 100%，主生产计划批量=净需求量，期初可用库存量为 0，安全库存量为 0，计划接收量为 0)。

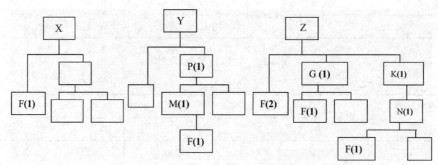

图 3-13　产品 X、Y、Z 的物料清单

产品 X、Y、Z 的产出计划(来源于主生产计划)如表 3-14 所示。

表 3-14　产品 X、Y、Z 的产出计划

主生产计划	期初	时段									
		1	2	3	4	5	6	7	8	9	10
X 产品计划产出量	0								100		
Y 产品计划产出量	0									100	
Z 产品计划产出量	0										200

逐层展开，输出各物料的物料需求运算结果，如表 3-15～表 3-19 所示。

表 3-15　物料 P 的运算结果

物料号：P　　LT：4　　安全库存量：0　　批量=净需求量

物料需求计划 项目指标	期初	时段									
		1	2	3	4	5	6	7	8	9	10
毛需求量									100		
计划接收量											
PAB 初值									-100		
预计可用库存量											
净需求量									100		
计划产出量									100		
计划投入量					100						

表 3-16　物料 M 的运算结果

物料号：M　　LT：2　　安全库存量：0　　批量=净需求量

物料需求计划 项目指标	期初	时段									
		1	2	3	4	5	6	7	8	9	10
毛需求量					100						
计划接收量											
PAB 初值	20	20	20	20	-80						
预计可用库存量	20	20	20	20							
净需求量					80						
计划产出量					80						
计划投入量			80								

表 3-17　物料 G 的运算结果

物料号：G　　LT：2　　安全库存量：0　　　批量=净需求量

物料需求计划 项目指标	期初	时段									
		1	2	3	4	5	6	7	8	9	10
毛需求量										200	
计划接收量											
PAB 初值	100	100	100	100	100	100	100	100	100	−100	
预计可用库存量	100	100	100	100	100	100	100	100	100		
净需求量										100	
计划产出量										100	
计划投入量								100			

表 3-18　物料 K 的运算结果

物料号：K　　LT：2　　安全库存量：0　　　批量=净需求量

物料需求计划 项目指标	期初	时段									
		1	2	3	4	5	6	7	8	9	…
毛需求量										200	
计划接收量											
PAB 初值	10	10	10	10	10	10	10	10	10	−190	
预计可用库存量	10	10	10	10	10	10	10	10	10		
净需求量										190	
计划产出量										190	
计划投入量								190			

表 3-19　物料 N 的运算结果

物料号：N　　LT：2　　安全库存量：0　　　批量=200

物料需求计划 项目指标	期初	时段									
		1	2	3	4	5	6	7	8	9	…
毛需求量								190			
计划接收量											
PAB 初值	50	50	50	50	50	50	50	−140	60	60	
预计可用库存量	50	50	50	50	50	50	50	60	60	60	
净需求量								140			
计划产出量								200			
计划投入量						200					

计算通用件物料 F，合并毛需求量，如表 3-20 所示。

表 3-20　物料 F 的运算结果

物料号：F　　　LT：2　　　安全库存量：0　　　批量=200

物料需求计划 项目指标	期初	时段									
		1	2	3	4	5	6	7	8	9	10
毛需求量			80			200		200		400	
计划接收量		100									
PAB 初值	50	150	70	70	70	-130	70	-130	70	-330	70
预计可用库存量		150	70	70	70	70	70	70	70	70	70
净需求量						130		130		330	
计划产出量						200				400	
计划投入量				200			200		400		

3.3.5　能力需求计划

能力需求计划是帮助企业在分析物料需求计划后产生一个切实可行的能力执行计划的功能模块。该模块帮助企业在现有生产能力的基础上，及早发现能力的瓶颈所在，提出切实可行的解决方案，从而为企业实现生产任务提供能力方面的保证。

1. 能力需求计划的定义

能力需求计划也称细能力需求计划，是对各生产阶段、各工作中心(工序)所需的各种资源进行精确计算，得出人力负荷、设备负荷等资源负荷情况，并做好生产能力与生产负荷的平衡工作，制订出能力需求计划。

能力需求计划的作用主要是检验物料需求计划是否可行，为了平衡工作中心的能力与负荷，保障生产计划的可执行性与其他相关计划的可靠性，主要解决以下 4 个问题：①在一定计划时段，各个物料经过哪些工作中心进行加工？②这些工作中心的可用能力是多少？③这些工作中心的负荷是多少？④工作中心的各个时段的可用能力与负荷分别是多少？

2. 能力需求计划的分类

从能力需求计划的编制方式来看，可分为两类：无限能力计划和有限能力计划。

无限能力计划是指在做物料需求计划时不考虑生产能力的限制，而后对各个工作中心的能力、负荷进行计算得出工作中心的负荷情况，产生能力报告。当负荷大于能力时，对超负荷的工作中心进行负荷调整。

有限能力计划是认为工作中心的能力是不变的，计划的安排按照优先级进行，先把能力分配给优先级高的物料，当工作中心负荷已满时，优先级别低的物料被推迟加工，即订单被推迟。制订有限能力计划时可以不进行负荷与能力平衡。

3. 能力需求计划的平衡

1) 数据输入

数据输入是能力需求计划计算过程的首要环节。备选的输入数据包括：①已经下达的生产订单；②物料需求计划结果；③工作中心资料文档；④工艺路线；⑤企业自定的工厂日历。

2) 计算步骤

(1) 分析工艺路线，如表3-21所示。

表3-21 工艺路线

加工次序	工作中心	准备时间/小时	加工时间/(小时/件)	排队和传送时间/天
工序1	1	6	1	4
工序2	2	18	3	2
工序3	3	12	2	1

(2) 按工序计算加工时间(工作中心负荷)。假设数量为120件，具体运算过程如下：

$$工作中心1负荷=120×1+6=126(小时)$$
$$工作中心2负荷=120×3+18=378(小时)$$
$$工作中心3负荷=120×2+12=252(小时)$$

(3) 计算开工日期。在实际工作中，企业往往还会涉及另外两个重要的计算参数：利用率和效率。假设该企业所有工作中心均按每天8小时进行排产，产品利用率是0.9375，工作效率是0.8，那么实际得到的标准工时应是8×0.9375×0.8=6(小时/天)，那么对应的准备和加工时间也应做如下换算：

$$工作中心1加工时间=120×1/6=20(天)$$
$$工作中心1准备时间=6/6=1(天)$$
$$工作中心2加工时间=120×3/6=60(天)$$
$$工作中心2准备时间=18/6=3(天)$$
$$工作中心3加工时间=120×2/6=40(天)$$
$$工作中心3准备时间=12/6=2(天)$$

工作中心排产时限计划如表3-22所示。

表3-22 工作中心排产时限计划

工序	工作中心	到达工作中心日期	排队、传送天数	准备天数	加工天数	完工日期
1	1	227	4	1	20	252
2	2	252	2	3	60	317
3	3	317	1	2	40	360

(4) 累计负荷计算。当所有订单部件的工序排产计划完成后，能力需求计划就可以生成基于全部工作中心的负荷情况报告了，该负荷情况主要显示：在一定时期内，计划生产订单和已下达生产订单在生产能力方面的对应需求。为了计算某工作中心的累计负荷，应将在该工作中心加工的所有已下达生产订单量和计划订单量按照统一单位、统一时段换算，然后相加，进而得到最终的负荷报告，报告中的总负荷工时应等于已下达负荷工时与计划负荷工时的总和。

有了某工作中心的累计负荷，也有了该工作中心的生产能力，得到相应的能力负荷差异值和能力利用率便不是难事了，具体公式如下：

$$能力负荷差异=可用生产能力-总负荷$$
$$能力利用率=(总负荷/可用生产能力)\times100\%$$

粗细能力计划对比如表 3-23 所示。

表 3-23 粗细能力计划对比表

项目	粗能力计划	细能力计划
研究主体	物料需求计划	能力需求计划
计算依据	关键工作中心	全部工作中心
计算依据	独立需求	相关需求
订单类型	计划单	计划及实际生产单
物料涵盖范围	关键工作中心所用物料	产品部件所用的全部物料
计划精确度	较高	非常高

4. 能力需求计划平衡调整方案

对能力需求计划的实施情况进行度量，当发现当前工作中心现存的能力问题或预见其潜在问题时，需要变"失衡"为"平衡"，使"平衡"更"精确"。

(1) 调整能力的方法：加班；增加人员、设备；提高工作效率；更改工艺路线；增加外协处理等。

(2) 调整负荷的方法：修改计划；调整生产批量；推迟交货期；撤销订单；交叉作业等。

3.3.6 车间(生产)作业计划

生产车间是制造企业的主战场，产品质量、生产效益、成本损耗等基本源于生产车间管理。车间作业计划是企业经营计划实施的主体，管理过程的顺利与否直接关系到企业目标能否顺利实现。车间作业计划的主要任务：确认和接收上级的生产计划，统计生产完成情况和主要经济技术指标，以及车间内部的人员管理、设备和物料管理。

车间作业计划处于 ERP 的计划执行与控制层，其管理目标是按照物料需求计划的要求，按时、按质、按量并低成本地完成加工制造的任务。

车间管理工作的主要内容如下。

(1) 按物料需求计划或最终装配计划生成车间任务。物料需求计划提供的是各种物料的计划需求日期(也可以有开工日期),有的物料可由多条加工路线、多个车间完成。车间接收的物料需求计划订单是生产计划员根据理想状态的资料制订的,所以在投放前要仔细地核实车间的实际情况,要检查工作中心、工具、物料及生产提前期等的有效性,解决计划中存在的问题,最后建立和落实车间任务,做出各物料加工的车间进度计划(加工单),并根据物料短缺报告说明物料在任务单上的短缺量,帮助管理人员及时掌握有关情况,采取相应措施,并及时加以解决。

(2) 生成各工作中心的加工任务,进行作业排序。工作中心的加工任务也称为工作中心进度表,是根据工作中心的正在加工情况、已经进入该工作中心(排队等候)的情况、上工序的加工情况(即将到达的加工任务),做出工作中心的任务计划,以控制生产过程中任务的流动和优先级。工作中心进度表说明了在某个工作中心将要或正在生产什么订单的物品,已完成的数量和未完成的数量,计划生产准备和加工时间与订单的优先级。

(3) 下达生产指令,进行生产调度、生产进度控制与生产作业控制。常见的生产指令如生产工单或生产工票。每个任务可以下达一张工票,也可以分为多张工票分别下达,可以对应一个工序或多个工序。通常是一个任务对应一张工票,再流经多道工序。进度控制的主要对象是客户需求产品的最终完工进度,但完整的进度控制包括投入进度控制、工序在制进度控制和产出进度控制。生产控制的主要内容是进度控制、质量控制、车间物流控制与成本控制。

(4) 能力的投入/产出控制。调度与控制投入/产出的工作量,平衡与充分发挥各工序能力,同时控制投入/产出的物品流动,控制在制品(work in product,WIP)库存量,保持物流平衡、有序。投入/产出控制又称输入/输出控制,是衡量能力执行情况的一种方法。投入/产出报告是一个计划与实际投入以及计划与实际产出的控制报告,主要包括某一时间段内各工作中心的计划、实际投入工时,计划、实际产出工时等其他信息。投入/产出报告分析:计划投入>实际投入,加工件推迟到达;计划投入=实际投入,加工件按计划到达;计划投入<实际投入,加工件提前到达;实际投入>实际产出,在制品增加;实际投入=实际产出,在制品维持不变;实际投入<实际产出,在制品减少。计划产出>实际产出,工作中心落后计划;计划产出=实际产出,工作中心按计划进行;计划产出<实际产出,工作中心超前计划。

(5) 登记加工信息。根据加工任务、工票记录加工的信息,一般加工工票记录并说明了任务单在工艺路线中每道工序的情况:发放到工序上的数量、在工序上加工的数量、已经加工完成的数量、已转下道工序的数量、在工序中报废的数量、工序计划开始与结束的时间、实际加工的开始与结束时间、物料的计划和实际发放量,以及加工工作中心、加工人员或班组、加工工时、台时、完工数量、完工时间、废品数量和费用等。收集车间数据有助于计划和控制生产活动,保证产品质量,记录实际生产成本。车间数据包括人工数据、生产数据、质量控制数据和物料移动数据。

(6) 在制品管理。在制品管理也是车间管理的一项重要的工作内容,由于物料占用了企业的大量资金，是生产成本的主要构成部分，车间必须对车间原材料、半成品及成品加以严格的管理。对车间物料要定期组织盘点，对盘盈或盘亏的物料和在制品在得到有关部门确认后要及时进行调整，并要总结分析加以预防控制。

(7) 统计分析。对车间生产过程中的各种信息进行统计与分析，用于改进车间管理的工作。统计分析的内容有进度分析、在制物流分析、投入产出分析、工作效率分析、车间成本分析及车间人员考勤分析等。

3.4 ERP 系统

目前市场上 ERP 系统产品众多，不同产品的功能差距也较大。本节主要介绍目前市场上主流的 mySAP ERP 系统、用友 U8 软件系统和金蝶 K/3 软件系统这三个典型 ERP 系统的功能框架。

3.4.1 mySAP ERP 系统

SAP 公司成立于 1972 年，总部位于德国沃尔多夫市，是全球最大的企业管理和协同化电子商务解决方案供应商、全球第三大独立软件供应商。目前，SAP 在 130 多个国家或地区拥有 7 万多名员工。SAP 在 190 多个国家或地区拥有 293 500 多家客户，世界 500 强中 80%以上的公司都在使用 SAP 的管理解决方案。1988 年，SAP 陆续在多家证交所上市，包括法兰克福和纽约证券交易所。

协同电子商务解决方案基于强大的 mySAP.com 技术架构，主要包括 mySAP ERP 系统(企业资源计划)、mySAP SCM(供应链管理)、mySAP BI (商业智能)、mySAP PLM(产品生命周期管理)、mySAP CRM(客户关系管理)、mySAP SRM(供应商关系管理)、Portals(企业门户)和 Exchanges(交易)，是一个能使客户、合作伙伴、供应商和员工随时随地顺利进行业务交易的电子商务平台。

SAP 为 21 个行业提供融合了各行业“最佳业务实践”的行业解决方案，这些行业包括航空与国防、汽车、金融服务、化工、消费品、工程与建筑、医疗卫生、高等教育、高科技、保险、媒体、石油与天然气、煤矿、医药、公用事业、零售业、电信、电力、钢铁冶金、交通运输及公共设施等。SAP 在每个行业都有行业解决方案，充分展示各行业特殊业务处理要求，并将其融入 SAP 解决方案和合作伙伴补充方案中，完成包括基于网络的端到端的业务流程。

mySAP ERP 是一个基于客户机/服务器结构和开放系统的、集成的企业资源计划系统软件，其功能涵盖企业的财务、后勤(工程设计、采购、库存、生产销售和质量等)和人力资源管理等各个方面。

mySAP ERP 的主要功能包括生产计划系统、销售与分销、物料管理、财务会计、管理会计、财产管理和人事管理，如图 3-14 所示。

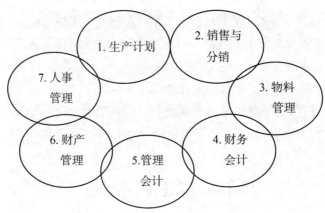

图 3-14　mySAP ERP 的系统功能框架

(1) 生产计划。mySAP ERP 生产计划系统是一个综合性的企业资源计划系统,包括制造执行系统的全部功能。它完整地集成各种应用领域的所有业务功能,支持客户订单快速处理。用 mySAP ERP 业务模块的组织实体可以与任何现有的企业组织结构对应起来。mySAP ERP 支持跨越多个公司的事务办理,以及同一企业各组织实体之间的分销需求计划。

(2) 销售与分销。mySAP ERP 销售与分销系统是处理订单任务的可靠工具。一旦输入销售订单,销售与分销系统便立即更新所有相关的部分。

(3) 物料管理。物料管理系统覆盖了一个集成的供应链中(物料需求计划,采购、库存和库房管理)所有与物料管理有关的任务。

(4) 财务会计。财务会计系统是一个集成的高效商务管理系统,可以适应企业瞬息万变的财务状况。作为一个现代化、国际化的会计软件,此系统将各个会计组件的数据有机结合,提供全面、系统的报告,可以从中得到所有想要了解的内容。财务会计系统的数据透明性和用户友好性使制定财务决策的工作变得非常简单。

(5) 管理会计。mySAP ERP 的控制应用程序提供了一个用于公司控制的高级而复杂的系统,可以根据用户特定的需求进行组织与修改。所有的管理会计应用程序公用同一数据源并使用一个标准化的报告系统,该系统包容了各个国家的具体要求,适用于控制跨国的业务活动。mySAP ERP 的管理会计使用户密切地监控所有成本、收入、资源及期限,对计划成本和实际成本进行全面的比较。管理会计数据被完全集成到 mySAP ERP 的后勤、销售和财务会计的活动中。

(6) 财产管理。mySAP ERP 的财产管理系统使用户能电子化监控固定资产和商品。它与mySAP ERP 的其他系统相集成,提供大量的功能,使公司的资产得到最佳使用。

(7) 人事管理。mySAP ERP 的人事管理系统可以提供人事管理、招聘、时间管理、薪金核算、差旅费核算、组织管理、人事发展、培训和事件管理、人事成本规划、轮班规划等功能。

mySAP ERP 软件具有功能性强、集成化高、灵活性大、更开放、国际适用等特点。mySAP ERP 的体系结构符合国际标准,使客户得以突破专用硬件平台及专用系统技术的局限。同时,SAP提供的开放性接口,可以方便地将第三方软件产品有效地集成到 mySAP ERP 系统中来。

mySAP ERP的模块结构便于用户逐个选用新的应用程序,也可以使应用程序完全转入一个新的组织结构体系。mySAP ERP 支持多种语言,而且是为跨国界操作而设计的,可以灵活地支持各国的货币及税务要求。

3.4.2 用友 U8 软件

用友 U8 企业应用套件(简称用友 ERP-U8)是中国ERP 普及旗舰产品,是中国用户量最大、应用最全面、行业实践最丰富的 ERP,并与中国企业最佳业务实践相结合,形成了中国企业最佳经营管理平台。它充分适应中国企业高速成长且逐渐规范发展的状态,为广大大、中、小企业提供世界级管理模式,体现各行业业务最佳实践,是有效支持中国企业国际化战略的信息化经营平台。今天,用友 ERP-U8 不仅成为管理者进行企业运营与管理的桌面工具,更是企业实现精细管理、敏捷经营的利器。

用友 ERP-U8 主要提供 15 个功能,如图 3-15 所示。

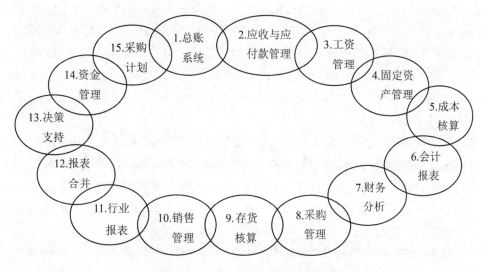

图 3-15 用友 ERP-U8 的功能框架

(1) 总账系统。总账系统可与其他模块同时使用,也可以单独使用。总账系统主要用于建账、凭证输入和审核、记账和结账、账簿输出、出纳管理、辅助管理和月末处理等。其中,辅助管理一般包括个人借款管理、部门管理、项目管理和现金银行管理等。

(2) 应收与应付款管理。应收与应付款管理是对企业发生的业务往来账款进行核算与管理。它以发票、费用单、其他应收应付单等原始单据为依据,记录采购业务、销售业务及其他业务形成的往来款项,处理应收应付款项的收回与支付,坏账,转账等情况,同时提供票据处理功能,实现对承兑汇票的管理,提供详细的客户和产品的统计分析。

(3) 工资管理。工资管理模块具有工资项目和计算公式定义、职工个人工资数据编辑、工资计算、工资汇总、工资发放、输出各种工资表、自动编制工资费用转账凭证等功能。此外还具有工资分析和管理功能,如单位工资增长情况分析、部门工资构成分析、考勤管理、个人所得税扣缴、银行代发工资等。

(4) 固定资产管理。固定资产管理模块具有固定资产卡片格式定义、固定资产卡片输入、固定资产增减变动信息输入、计提折旧和部门分配、输出固定资产明细账和各种报表、自动编制费用分配转账凭证等功能。

(5) 成本核算。成本核算模块提供成本核算、成本分析、成本预测功能。成本核算是指通过对成本核算对象、成本核算方法和各种费用分配方法的定义,自动对从其他模块传递的数据或手工输入的数据进行汇总,输出成本核算结果和其他统计信息。成本分析可以对分批核算的产品进行追踪分析,计算部门的内部利润,对历史数据对比分析,分析计划成本与实际成本的差异。成本预测是指运用移动平均、年度平均增长率,对部门总成本和任意产量的产品成本进行预测,满足企业经营决策的需要。

(6) 会计报表。会计报表模块具有报表格式设置、公式定义、报表生成、报表审核、报表汇总、输出各种内部报表和外部报表等功能。

(7) 财务分析。财务分析模块具有指标分析、报表分析、计划分析、现金收支分析、因素分析等功能。性能实用、功能全、适应面广,企业单位和行政事业单位都可以使用。

(8) 采购管理。采购管理模块根据企业采购业务管理和采购成本核算的实际需要,对采购订单、采购到货及入库状况进行全程管理,为采购部门和财务部门提供准确、及时的信息,辅助管理决策。采购管理模块具有采购订单管理、供应商管理、日常业务、采购结算、采购分析和库存管理等功能。

(9) 存货核算。存货核算模块用于工业企业的材料和产成品核算及商业的商品核算。它主要针对企业存货的收发存业务进行核算,帮助企业掌握存货的耗用情况,及时、准确地把各类存货成本归集到各成本项目和成本对象上,为企业的成本核算提供基础数据,并可动态反映存货资金的增减变动,进行存货资金周转和占用的分析,为降低库存、减少资金积压、加速资金周转提供决策依据。

(10) 销售管理。销售管理模块以销售业务为主线,兼顾辅助业务管理,实现销售业务管理与核算一体化。它具有销售订货、开票、委托代销、销售调拨、零售、定价、调价、物价管理、代垫费用处理、销售支出处理、包装物租借处理、销售计划、单据追踪、数据导入/导出、支持外币、销售分析、综合查询统计分析等功能。

(11) 行业报表。行业报表模块是利用现代通信技术,为行业型、集团型使用者提供远程报表的汇总和分析功能,集数据传输、检索查询和分析处理为一体。系统改变了传统的手工或磁盘报送的方式,采用内置的传输功能,支持局域网、电子邮件、点对点传输。系统既可用于主管单位又可用于基层单位,支持多级单位逐级上报和汇总。

(12) 报表合并。报表合并模块包括母公司和子公司两个子系统。

① 母公司系统:设计合并报表格式,定义抵消分录项目及抵冲分录数据;调整各公司个别报表数据及抵消分录数据;报表数据实现透视、排序、汇总等操作,自动审核报表数据及内部交易数据的平衡关系;自动抵消合并项目,自动生成合并工作底稿,最终生成合并报

表；进行以往报表的查询和图形分析。

② 子公司系统：接收母公司下发的数据；生成本公司个别报表数据及抵冲数据；报表数据实现透视、排序、汇总等操作；生成上报数据；重新组织本公司各会计期报表；进行报表图形分析。

(13) 决策支持。决策支持模块是利用现代计算机、通信技术和决策分析方法，通过建立数据库和分析模型，向企业的决策者提供及时、可靠的财务和业务信息，帮助决策者对未来经营方向和目标进行量化的分析，从而对企业生产经营活动做出科学的决策。可以挂接用友财务及业务数据库，全面提供整个单位的生产、经营、财务、人事等各方面的汇总、明细信息，辅助企业经营决策。

(14) 资金管理。资金管理模块具有存款处理、贷款处理、内部拆借处理、结算、日记账、利息计算、报表项目定义和账表查询等功能。

(15) 采购计划。采购计划模块具有录入生产计划、生成相关需求、录入独立需求、按周期汇总生成物料需求、生成采购计划、建立采购计划与入库单的关联关系和采购计划执行情况查询等功能。

用友 ERP-U8 支持企业应用开发、部署和管理的全过程，支持企业内部、外部信息和应用系统的集成，支持企业内部以及企业与客户、供应商、合作伙伴的集中管理和协同工作，涉及业务的范围包括从后端到前端、从内部到外部、从信息处理到商业智能。

用友 ERP-U8 的特色功能有：①主生产计划与物料需求计划展开可设置定时计算，方便、灵活；②时格、时栅设置分为日、周、月等方便灵活；③BPR 展开计算规划毛需求量简化物料需求计算，提高计算速度和工作效率。

3.4.3 金蝶 K/3 软件

金蝶 K/3 集供应链管理、财务管理、人力资源管理、客户关系管理、办公自动化、商业分析、移动商务、集成接口及行业插件等业务管理组件为一体，以成本管理为目标，计划与流程控制为主线，通过对成本目标及责任进行考核激励，推动管理者应用 ERP 等先进的管理模式和工具，建立集合企业人、财、物、产、供、销的科学、完整的管理体系。

金蝶 K/3 主要包括 8 个功能模块，如图 3-16 所示。

(1) 财务管理系统。财务管理系统面向企业财务核算及管理人员，对企业的财务进行全面管理，在完全满足财务基础核算的基础上，实现集团层面的财务集中、全面预算、资金管理、财务报告的全面统一，帮助企业财务管理从会计核算型向经营决策型转变，最终实现企业价值最大化。财务管理系统的各模块可独立使用，同时可与业务系统无缝集成，构成财务与业务集成化的企业应用解决方案。

(2) 供应链管理系统。供应链管理系统面向企业采购、销售、库存和质量管理人员，提供采购管理、销售管理、仓库管理、质量管理、存货核算、进口管理、出口管理等业务管理功能，帮助企业全面管理供应链业务。该系统既可独立运行，又可与生产、财务系统结合使用，构成更完整、更全面的一体化企业应用解决方案。

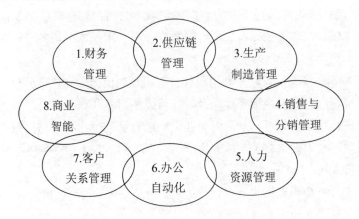

图 3-16 金蝶 K/3 的功能模块

(3) 生产制造管理系统。生产制造管理系统面向企业计划、生产管理人员，对企业的物料清单、生产计划、能力计划和车间业务等业务进行全面的管理，帮助企业实现物料清单的建立与变更、多方案的生产计划、精细的车间工序管理等生产制造相关业务管理。该系统与物流、财务系统结合使用，构成更完整、更全面的一体化企业应用解决方案。

(4) 销售与分销管理系统。销售与分销管理系统面向企业分销渠道，以销售计划为源头，以信息数据的聚合为基础，以资源的集中控制为手段，通过分销管理、门店管理、前台管理的高效运作，帮助企业建立基于销售网络的信息化系统，打造分销核心竞争力。该系统不可独立运行，可与K/3供应链管理、财务管理集成，构建更为完整、更为全面的企业应用解决方案。

(5) 人力资源管理系统。人力资源管理系统是基于战略人力资源管理思想进行设计和开发，适用于国内大中型集团企业，同时兼容中小型企业的应用需求，帮助企业实现基础人事管理、专业人力资源管理和员工自助等三个层面的应用。该系统采用 Web 应用，既可独立运行，又可与K/3其他系统无缝集成，为企业提供更完整、更全面的企业应用解决方案。

(6) 办公自动化系统。办公自动化系统是实现企业基础管理协作平台的知识办公系统，主要面向企事业单位部门、群组和个人，及时、高效、有序、可控地进行事务、流程和信息协同业务处理，创建企业电子化的工作环境，通过可视化的工作流系统和知识挖掘机制建立企业知识门户。该系统既可独立运行，又可与金蝶 K/3 其他系统无缝集成，为企业提供更完整、更全面的企业应用解决方案。

(7) 客户关系管理系统。客户关系管理系统是一套以营运型为主、分析型为辅的客户关系管理系统，主要面向企业市场、销售、服务及管理人员，能够帮助企业对客户资源进行全生命周期的管理，同时支持关系营销与项目过程管理等多种业务模式。该系统既可独立运行，又可与 K/3 主系统集成，为企业提供更完整、更全面的企业应用解决方案。

(8) 商业智能系统。商业智能系统面向中高级企业管理者，结合企业管理的关键绩效指标体系，提供灵活的指标监控、报表查询和集团综合分析等功能，同时通过多维图形展示等信息工具和多种预警方式，帮助企业管理者及时、直观地了解企业各环节的运行状况，实时发现企业经营中的异常，快速做出决策，把握企业未来增长和盈利的机会。该系统基于K/3 财务、供应链、制造等系统，为企业提供更完整、更全面的企业应用解决方案。

金蝶 K/3 强调应用架构的全面性和集成与独立的共存性两点。应用架构的全面性，体现在方案分别针对企业资本市场、供应链、客户价值、知识市场及价值管理、财务管理、物流管理、企业资源计划、办公自动化、人力资源、客户关系、知识管理、企业电子商务门户等多个方向、多个层面规划的应用内容；集成与独立的共存性，体现在对不同发展阶段的企业客户可以有选择地启动某个方向或某个层面的信息化，也可以采取全面规划、分步实施的办法完成全面信息化的进程。

金蝶 K/3 的特色功能有：①设有主生产计划日志，方便对主生产计划计算结果进行查询与管理；②项目物料需求计划功能方便对客户专项订单展开计算和进行物料管理；③具有销售订单成本估算功能，可为销售价格的制定提供依据。

本章小结

ERP 服务的对象是企业，ERP 所关注的资源主要是能够通过有效管理而增加其时间价值、技术价值、资金价值的资源，特指现代企业中可以形成竞争优势的、可以量化管理的一系列相关因素。ERP 中有 5 个层次的计划，即企业经营计划、生产计划大纲、主生产计划、物料需求计划和能力需求计划、车间(生产)作业计划。

ERP 的发展经历了 5 个时期：订货点法、MRP、闭环 MRP、MRPII、ERP。MRP 是一种分时段的优先计划物料管理方法，能够帮助企业解决既存在库存积压，又存在物料短缺的情况。MRPII 在处理物料计划信息的同时，能够同步处理财务信息。以生产计划为主线，实现物流、信息流、资金流的集成，是 MRPII 区别于 MRP 的一个重要标志。MRPII 仅仅将企业内部的物料、设备、资金、人员等看作企业的资源，以面向企业内部信息集成为主的 MRPII 系统，已不能满足瞬息万变的全球市场，也不能迅速响应并组织供应来满足全球市场的需求。ERP 把供应商、分销网络和客户等整个供应链都看作企业的资源，扩展了管理的功能和范围，把原来的 MRPII 系统扩展为围绕市场需求而建立的企业内、外部资源计划系统，满足了企业对资源全面管理的需求。

关键术语

企业资源计划	enterprise resource planning，ERP
物料需求计划	material requirement planning，MRP
制造资源计划	manufacturing resource planning，MRPII

最终装配计划	final assemble schedule，FAS
毛需求量	gross requirement，GR
计划接收量	scheduled receipt，SR
预计可用库存量	projected available balance，PAB
净需求量	net requirement，NR
可供销售量	available to promise，ATP

思考与练习

1. 什么是 ERP?

2. 简述 ERP 的发展历程。

3. MRP 系统的原理是什么? 它解决了订货点法的哪些缺陷?

4. 简述闭环 MRP 的结构和特点。

5. MRPII 与 MRP 有何区别和联系?

6. 收集资料，分组讨论 ERP 系统应该包括哪些基本功能模块。

7. 收集资料，分组讨论 ERP 系统的未来发展趋势如何。

8. 已知某产品的期初库存为 160，安全库存为 20，主生产计划批量为 200，销售预测第 3~12 周均为 80，第 1~12 周实际需求依次为 75、100、90、45、68、110、0、18、0、60、0、10，编制该产品的主生产计划表(见表 3-24)。

表 3-24 产品的主生产计划表

时区	需求时区			计划时区				预测时区				
周	1	2	3	4	5	6	7	8	9	10	11	12
预测												
实际需求												
毛需求量												
净需求量												
主生产计划初步计划												
预计库存量												

第 4 章

供应链管理

计算机网络的发展进一步推动了制造业的全球化、网络化过程。虚拟制造、动态联盟等制造模式的出现，更加迫切地需要新的管理模式与之相适应。传统企业组织中的采购(物资供应)、加工制造(生产)、销售等看似是一个整体，但是缺乏系统性和综合性的企业运作模式，已经无法适应新的制造模式发展的需要，大而全或小而全的企业自我封闭的管理体制更无法适应网络化竞争的社会发展需要。因此，供应链跨越了企业界限，从建立合作制造或战略伙伴关系的新思维出发，从产品生命线的源头开始到产品消费市场，从全局和整体的角度考虑产品的竞争力。使供应链从一种运作性的竞争工具上升为一种管理性的方法体系，这就是供应链管理的实际背景。供应链是由供应商、制造商、仓库、配送中心和渠道商等构成的物流网络。供应链管理的目标是在满足客户需要的前提下，对整个供应链(从供货商、制造商、分销商到消费者)的各个环节进行综合管理。

本章主要介绍供应链管理的基本知识，阐述供应链管理模式、供应链中信息管理的基本知识、供应链管理中的信息技术与信息系统，以及供应链管理的基本理论和方法。

学习目标

1. 正确理解供应链、供应链管理的概念。
2. 理解供应链管理模式与信息处理的关系。
3. 了解信息技术对供应链管理的影响。
4. 熟悉供应链管理系统的信息输入技术和信息处理。
5. 了解供应链管理系统的产品及发展趋势。

引例：联合利华的供应链

消费者从超市货架上取走一瓶清扬洗发水时意味着什么?对联合利华来说，答案是 1500 家供应商、25.3 万平方米的生产基地、9 个区域分仓、300 个超市和经销商都因此而受到牵动。这是构成这家公司供应链体系的一些基本节点。如果让它的全貌更明晰一些，将看到它的一头连接来自全球的 1500 家供应商,另一头则连接包括沃尔玛、乐购、屈臣氏和麦德龙等在内的约 300 个零售商与经销商所提供的超过 8 万个销售终端。但仅凭这条单一的供应链,还不足以支撑它复杂和庞大的体系,这个体系还包括另外两个维度:清扬洗发水、力士香皂、中华牙膏、奥妙洗衣粉等 16 个品牌将近 3000 多种规格的产品,以及这家公司在中国超过 100 亿元的年销售额。如何让这个体量庞大的组织灵活运转起来?事实上,每当你从超市货架上取走一瓶清扬洗发水时,这个极为平常的、每天每时都有可能发生的小行为便开始对联合利华整个供应链组织的运转造成影响。

一、深度数据挖掘与需求分析

与家电、汽车等耐用消费品能够比较容易预测消费的趋势和周期性不同,快消行业的预测有点麻烦,因为消费者的购买频次更高,消费结构也更为复杂,同时还充满许多不确定性。如果让一个联合利华的销售人员列举他最头疼的情况,大客户采购一定是其中之一,因为超市的现有库存可能顷刻间被耗尽,货架上随即贴出的明黄色的"暂时无货"标签会在一堆价签牌中发出一个不和谐的信号,告知推着购物车前来的顾客无须靠近,而销售人员手头的工作内容会立即变为去解决这个棘手的问题。

为了避免类似的令人手忙脚乱的事情发生,或者说得更商业一些——如果不想产生多余的库存,继而带来更多的成本,也不想丢掉生意,联合利华需要准确地预测自己未来的销售情况。这份工作的第一步看上去更像是一个需要精力和耐力的体力活:千方百计去捕捉消费者们随时产生的购买行为。每一天,分散在全国各地的联合利华销售人员在巡店后会将数据输入一个类似手机的手持终端,源源不断地把销售情况汇总到公司数据库中心的主机里,再加上直接对接着的诸如沃尔玛 POS 机系统和经销商的库存系统等,联合利华的管理人员不管是在上海的中国总部办公室还是在伦敦的全球总部办公室里,都可以了解到任何一天内中国超过 1 万家零售门店的销售情况。其余还有 7 万多个销售终端,数据更新以周为单位。

联合利华的市场部门对特定一款洗发水制定了是降价还是买赠的促销方案、在多长时间段内投入了多少宣传力度、覆盖了多少区域或渠道等,都会影响这款洗发水最终的销量。因此,制订需求计划的经理也同时要懂营销、懂生产,需要常常去和销售、财务、市场等团队进行沟通。

二、全球协同采购

按照联合利华实行的全球化范围的采购与生产体系,消费者购买行为对采购与生产的影响甚至是全球性的。目前,联合利华公司旗下 400 多个品牌的产品在六大洲 270 个生产基地生产,所有涉及原料和包装材料的采购问题,包括采购地和供应商的选择,以及采购规模及频次的安排,都由全球统一调配。这种全球化的操作将在成本集约上体现规模效应,但也对公司的供应商管理水平提出了挑战。

一些在内部被评定为 A 级的供应商被视作公司的战略合作伙伴,它们会为联合利华生产定制化的材料,而联合利华自己的设计人员、研发人员往往也对供应商的设备、流程等很熟悉,双方会在一款新产品的研发初期就开始合作,联合利华会从技术方面对供应商提供指导。

三、高效协同生产

生产部门也将和计划部门对接，对从货架上拿走的清扬洗发水做出响应。

根据消费者所购买的洗发水的具体类型，生产计划经理将做出决策。他必须通过采购团队掌握所有供应商的交货能力，通过工厂负责人了解目前生产线上的实际产能，通过需求计划经理得到销售预测，这个销售预测来自对消费者最初购买行为的灵敏捕捉。之后，生产计划经理将这三类信息汇聚在一起，统筹得出下一段时期内(例如13周至1年)的产能供应水平，最终的生产安排将被制定出，去指挥一个年产值为140亿元的生产基地具体在每一周、每一天里如何动用它的每一家工厂、每一条生产线。按照速度和专长不同，安排十来条洗发水生产线，去生产联合利华旗下300多个规格的洗发水，以尽可能达到产能最大化，才便让分散在全国甚至全世界各地区不断增长的购买需求得到满足。

四、渠道供应链管理，赢在货架

联合利华在全国设有9个销售大区，合肥生产基地制造出的成品将首先从总仓被发往上海、广州、北京、沈阳、成都等9个城市的区域分仓中。为了保证这瓶洗发水能够准时到达最终的货架上，分销资源计划员既要规划路线，又要考虑库存成本和各条运输线上波动的运输能力。最终，这瓶洗发水在从工厂出发的路途上经历诸如交付和收货的环节后，被联合利华的供应链团队移交给了超市或经销商的供应链团队，到达超市货架。

联合利华还要努力确保消费者在货架上取下的那瓶洗发水恰好来自联合利华，而不是竞争对手——那些和自己做着类似的广告、把产品摆进类似超市的其他品牌供应商，这又取决于品牌影响力、市场营销策略。这家公司庞大的供应链条还会为消费者在货架前那个小小的行为做些什么?事实上，联合利华并不直接和超市货架前的消费者产生联系，普通消费者和联合利华的中间隔着诸如乐购、沃尔玛这样的大型连锁超市。因此，为了让消费者更愿意帮助自己卖出产品，联合利华的做法是把供应链一直延伸到货架前，站在消费者的角度提供服务。

货架上的缺货标签代表供应链的某个环节出现了偏差，而缺货将导致一堆合作伙伴的生意受到影响。当很多供应商都把改善缺货现象的努力集中在满足订单这个环节时，联合利华则走得稍微靠前一些，它为自己设置了一个"货架有货率"(on-shelf availability，OSA)的指标。

五、全员增值服务

在联合利华内部，这种对客户提供增值服务的理念最早要追溯到5年前。当时，联合利华被一些大客户批评服务水平低下，为了改变留给客户的这种印象，联合利华的销售部、市场部、财务部、物流部、客服部在一起研究后，在公司内部建立了一个名为Winning With Customer的项目，之后实施了很多改进措施。这一过程中，整个公司层面也为之投入了相应的支持，例如升级信息系统，投入大量人员培训，从总部借鉴好的做法和经验等，并且公司管理层开时也总是会花大量时间去讨论如何进一步提高效率和客户的投资回报率。

在联合利华和乐购供应链部门的商业合作计划里，双方启动了回程车项目，在联合利华合肥总仓、乐购嘉善总仓、乐购合肥门店之间，把双方的取货、发货和运输线路放在一起进行设计，减少返程时的空车率。有关负责人告诉记者，回程车项目可以节约10%左右的物流成本，同时也满足了公司对碳排放降低的要求。类似的合作还在双方的冷链车上进行。当联合利华的客户服务团队在通过诸如 OSA 这样的项目想办法把更多的产品摆上货架时，客户发展团队(即销售团队)则在想办法帮助乐购利用同样的货架空间卖出更多的产品。这时候，关于一款清扬洗发水该如何在乐购超市货架上陈列的讨论就可能会在一个 270°的大屏幕前展开。这个屏幕是联合利华客户洞察力及创新中心的一部分，它以实景模拟的方式显示顾客在货架前的行为，包括走路的路线和目光的移转。

现在，联合利华的客服人员已经被编入一个个小组，直接对应某一个特定的连锁零售商。过去，他们只需要待在上海联合利华总部，如今这些团队则分散在深圳、广州、北京等 5 个不同的城市工作，与客户发展团队一起驻扎在连锁零售商中国总部所在地，方便进行更多面对面的拜访、会议，其中的一些人甚至成为在场客服，每周花两天时间到客户的办公室去上班。组织结构调整后，对客服人员的考核也不再是简单地在什么岗位该完成什么，而是在多大程度上全面协助那些零售商在采购、库存、物流等方面提高效率，给双方的业务带来经济回报。

(资料来源：贸易金融网，http://www.sinotf.com/GB/136/SupplyChain/2018-09-23/3NMDAwMDMyNDA3Ng.html，有删改)

讨论题
1. 联合利华利用深度数据挖掘能够为其供应链管理获得哪些信息？
2. 企业开展供应链管理的最佳途径是什么？

4.1　供应链管理系统概述

现代企业的竞争已经不再是单个企业之间的竞争，而是供应链与供应链之间的竞争，即以核心企业为首的企业群与企业群之间的竞争。

供应链定义为相互间通过提供原材料、零部件、产品、服务的厂家、供货商、零售商等组成的网络。

供应链是围绕核心企业，通过对信息流、物流、资金流的控制，从采购原材料开始，制成中间产品以及最终产品，最后由销售网络把产品送到消费者手中，将供应商、制造商、分销商、零售商直到最终用户连成一个整体的网络链。网络链结构的供应链如图 4-1 所示。

由图 4-1 可以看出，供应链是由原材料、零部件供应商、制造商、批发商、零售商等一系列企业组成。原材料、零部件依次通过"链"中的每个企业，逐步变成产品，产品再通过一系列流通配送环节，最后交到最终用户手中，这一系列的活动就是一个完整供应链的全部活动。任何一个企业都是由多个企业形成的相互联系、相互作用的"链"或"网"中的一分子。

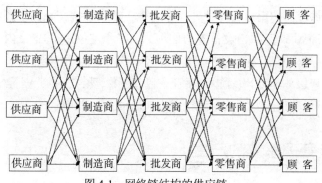

图4-1 网络链结构的供应链

供应链管理(supply chain management，SCM)是把整条"链"看作一个集成组织，把"链"上的各个企业都看作合作伙伴，对整条"链"进行计划、协调、执行、控制和优化的各种活动和过程。其目标是通过对供应商、制造商、物流商和分销商等的各种经济活动开展有效的集成管理，以正确的数量和质量，在正确的地点、正确的时间，进行产品制造和分销，提高系统效率，促进系统成本最小化，并提高消费者的满意度和服务水准。供应链管理的目标是以更完整的产品组合，满足不断增长的需求；面对市场需求多样化的趋势，不断缩短供应链完成周期；积极面对市场需求的不确定性，缩短供给与消费的市场距离，实现市场需求的快速与有效反应；不断降低整个供应链的成本。供应链管理致力于整个"链"上物流、信息流和资金流的合理化和优化，从而提高整条"链"的竞争能力。

供应链管理作为一种集成的管理思想和方法，它执行供应链中从供应商到最终用户的物流的计划和控制等职能，通过前馈的信息流和反馈的物料流及信息流，将供应商、制造商、分销商、零售商，直到最终用户连成一个整体。供应链管理是一种新的管理策略，它把不同企业集成起来以提高整个供应链的效率，注重企业之间的合作。人们最早把供应链管理的重点放在管理库存上，作为平衡有限的生产能力和适应用户需求变化的缓冲手段，通过各种协调手段，寻找把产品迅速、可靠地送到用户手中所需要的费用与生产、库存管理费用之间的平衡点，从而确定最佳的库存投资额。因此，供应链管理主要的工作任务是管理库存和运输。现在的供应链管理则把供应链上的各个企业作为一个不可分割的整体，使供应链上各企业分担的采购、生产、分销和销售的职能成为一个协调发展的有机体。

供应链管理主要涉及4个领域：供应、生产计划、物流、需求。供应链管理是以同步化、集成化生产计划为指导，以各种技术为支持，围绕供应、生产作业、物流(主要指制造过程)、满足需求来实施的。供应链管理的主要工作是计划、合作、控制从供应商到用户的物料(零部件和成品等)和信息。供应链管理的目标在于提高用户服务水平和降低总交易成本，并且寻求两个目标之间的平衡(这两个目标往往有冲突)。在以上4个领域的基础上，可以将供应链管理细分为职能领域和辅助领域。职能领域主要包括产品工程、产品技术保证、采购、生产控制、库存控制、仓储管理、分销管理。而辅助领域主要包括客户服务、制造、设计工程、会计核算、人力资源、市场营销。由此可见，供应链管理关心的并不仅仅是物料实体在供应链中的流动，除了企业内部与企业之间的运输问题和实物分销以外，供应链管理还包括以下主要内容：①战略性供应商和用户合作伙伴关系管理；②供应链产品需求预测和计划；③供应链的设计(全球节点企业、资源、设备等的评价、选择和定位)；④企业内部与企业之间物料供应与需求管理；⑤基于供应链管理的产品设计与制造管理、生产集成化计划、跟踪和控制；⑥基于供应链的用户服务和物流(运输、库存、包装等)管理；⑦企业间资金流管理(汇率、成本等问题)；⑧基于供应链的交互信息管理等。

4.1.1　供应链管理系统的产生

供应链管理起源于后勤学管理。后勤学首先使用在军事方面。"二战"中，后勤学受到高度重视，得到广泛研究并且应用在军需物品采购和运输等方面。"二战"以后，美国公司为了高效地进行材料采购、储藏、交通管理和设施地点规划，首先将后勤学引进工业领域。最流行的后勤学定义为：正确的产品，正确的数量，正确的状况，正确的地方，在正确的时间，为正确的顾客和正确的价格(Ross, 1998a)。后勤学管理委员会(CLM)将后勤学定义为有效计划、实现和控制商品、服务和信息流的过程，包括从起源点到消费点为满足顾客要求的全部过程。1999 年，CLM 将后勤学定义为供应链管理的一部分。

在传统的管理思想指导下，各组织和部门通常只追求本部门的利益，而且各部门、组织之间缺少有效的信息沟通与集成，其后果是通常会出现 Forrester 教授在 20 世纪 60 年代首先发现的一种现象，即微小的市场波动会造成制造商在进行生产计划时遇到巨大的不确定性。许多实证研究与企业调查发现，这种现象存在于包括汽车制造、计算机制造、日用品制造等行业在内的供应链中。现代管理科学家将这种现象称为"牛鞭效应(bullwhip effect)"，即向供应商订货量的波动程度(方差)会大于向其顾客销售量的波动程度(方差)，而且这种波动程度沿着供应链向上游不断扩大。这种现象会给企业造成严重的后果：产品库存积压严重、供货周期偏长、服务水平不高、产品成本过高及质量低劣等。

供应链管理也是欧美企业在面临日本等东亚企业在国际市场上的竞争力日益强大的情况下提出的。东亚企业，尤其是日本企业，取得成功的一个主要原因在于将供应链中的各环节进行协调、集成。比如，在企业内部，采用全面质量管理(TQM)和准时制管理(JIT)，强调各部门合作来降低成本、提高质量。在企业外部，采用外包制并减少零部件供应商数目，与它们建立合作伙伴关系以达到共同提高质量、降低成本。另外，将顾客需求纳入企业管理系统内部，采用柔性制造系统(FMS)，提高企业应变能力和服务水平。欧美企业为了应对这种国际化竞争，及时引入供应链管理理念，比较典型的例子便是克莱斯勒公司(Chrysler Corporation)。克莱斯勒公司在为 Dodge Intrepid、Eagle Vision、Chrysler Concorde 等新型汽车设计生产线时，将至少 70%的零部件外包给少数几个供应商，并邀请供应商参与早期的关键研究开发阶段。结果，新产品开发周期(从零部件开发到总装成功)由通常情况下的 5～6 年减少到 39 个月。

另外一个推动供应链管理发展的关键因素是近 20 年来科学技术尤其是信息技术的飞速发展。科学技术的发展使各国之间在地理上的距离和文化上的差异大大缩小，各国的工商组织能够在全球范围内获取资源并销售产品，加上产品生命周期在不断缩短，供应链管理的作用就更加突出，范围更加广泛的全球性供应链也迫切需要更加有效的管理理念和协调技术，而电子数据交换(EDI)、产品数据交换(PDI)、因特网、企业内部网及各种信息系统应用的发展，极大地促进了现代供应链管理理念的实现及组织结构的转变。同时，20世纪80年代中后期许多企业所开展的业务流程重构也极大地促进了供应链管理的发展。业务流程重构强调的是对职能部门进行横向集成，形成一个管理良好的业务流程，以创造更多的顾客的价值。许多企业认识到，仅仅进行内部业务流程重构其效果十分有限，所以还需要促进供应链中其他成员的业务流程的改进，以增强企业竞争优势。从某种程度上，供应链管理实际上是将业务流程重构的思想在企业网络之间进行推广。其实，企业为最终顾客提供的服务，除本企业的各个不同的增值活动之外，还应包括相关的其他企业组织(如原材料供应商、零部件供应商、产品分销商等)的各增值活动。

4.1.2　供应链管理模式

供应链管理有两种模式：推式供应链管理和拉式供应链管理。推式供应链管理是从原材料推到产成品、市场，一直推至客户端；拉式供应链管理是以客户及客户满意度为中心，以客户需求为原动力，如图4-2和图4-3所示。

图4-2　推式供应链管理模式

图4-3　拉式供应链管理模式

推式供应链管理是指企业以企业资源计划为核心的管理，要求企业按计划来配置资源。制造商领导推式供应链，要求高度多样化和庞大的备用存货，几乎未一体化。拉式供应链管理是指根据市场需求决定生产什么、何时生产、生产多少。顾客领导拉式供应链，低存货，迅速反应，高度一体化。

1. 推式供应链与拉式供应链的特点

现实生活中完全采取推式供应链模式或者完全采取拉式供应链模式的并不多见，这是因为单纯的推式或拉式供应链模式虽然各有优点，但也存在缺陷。

1) 推式供应链的特点

在一个推式供应链中，生产和分销的决策都是根据长期预测的结果做出的。准确地说，制造商是利用从零售商处获得的订单进行需求预测。事实上，企业从零售商和仓库那里获取订单的变动性要比顾客实际需求的变动大得多，这就是通常所说的牛鞭效应，这种现象会使企业的计划和管理工作变得很困难。例如，制造商不清楚应当如何确定它的生产能力，如果根据最大需求确定，就意味着大多数时间里制造商必须承担高昂的资源闲置成本；如果根据平均需求确定生产能力，在需求高峰时期就需要寻找昂贵的补充资源。同样，对运输能力的确定也面临这样的问题：是以最高需求为准还是以平均需求为准呢?因此在一个推式供应链中，经常会发现由于紧急的生产转换引起的运输成本增加、库存水平变高或生产成本上升等情况。

推式供应链对市场变化做出反应需要较长的时间，可能会导致一系列不良反应。比如在需求高峰时期，难以满足顾客需求，导致服务水平下降；当某些产品需求消失时，会使供应链产生大量的过时库存，甚至出现产品过时等现象。

2) 拉式供应链的特点

在拉式供应链中，生产和分销是由需求驱动的，这样生产和分销就能与真正的顾客需求而不是预测需求相协调。在一个真正的拉式供应链中，企业不需要持有太多库存，只需要对订单做出反应。拉式供应链有以下优点：①通过更好地预测零售商订单的到达情况，可以缩短提前期；②由于提前期缩短，零售商的库存可以相应减少；③由于提前期缩短，系统的变动性减小，尤其是制造商面临的变动性变小了；④由于变动性减小，制造商的库存水平将降低；⑤系统的库存水平有了很大的下降，从而提高了资源利用率。当然，拉式供应链也有缺陷，最突出的表现是由于拉式供应链系统不可能提前较长一段时间做计划，因此生产和运输的规模优势也难以体现。

拉式供应链虽然具有许多优势，但要获得成功并非易事，需要具备以下相关条件：其一，必须有快速的信息传递机制，能够将顾客的需求信息(如销售点数据)及时传递给不同的供应链参与企业；其二，能够通过各种途径缩短提前期。如果提前期不太可能随着需求信息缩短时，拉式供应链管理模式是很难实现的。

2. 推式供应链与拉式供应链的选择

对一个特定的产品而言，应当采用什么样的供应链管理模式呢？企业是应该采用推式还是拉式供应链管理模式，前面主要从市场需求变化的角度出发，考虑的是供应链如何处理需求不确定的运作问题。在实际的供应链管理过程中，不仅要考虑来自需求端的不确定性问题，而且还要考虑企业自身生产和分销规模经济的重要性。

在其他条件相同的情况下，需求不确定性越高，就越应当采用根据实际需求管理供应链的模式——拉动式供应链管理模式；相反，需求不确定性越低，就越应该采用根据长期预测管理供应链的模式——推式供应链管理模式。同样，在其他条件相同的情况下，如果规模效益对降低成本起着重要的作用，组合需求的价值越高，就越应当采用推式供应链管理模式，根据长期需求预测管理供应链；如果规模经济不那么重要，组合需求也不能降低成本，就应当采用拉式供应链管理模式。

4.1.3　供应链管理系统带来的影响

业务流程重构通常强调的是企业内部各职能活动的协调与集成，而供应链管理则强调了在此基础之上对组织与组织之间业务流程的重新设计与集成，具体体现在以下几个方面。

(1) 供应链管理能减少从原材料供应到销售点的物流流通时间。供应链上的企业通过对消费者需求做出快速反应，实现供应链各环节即时出售、即时生产、即时供应，将消费者需求的消费前置时间降低到最低限度。要实现这一点，必须通过供应链的企业共享信息，全方位对上下游市场信息做出快速反应，共同对外营造一种群体氛围，将消费者所需的产品按需求生产出来，并及时送到消费者手中。

(2) 供应链管理可减少社会库存，降低成本。供应链通过整体合作和协调，在加快物流速度的同时，也减少了各个环节上的库存量，避免了许多不必要的库存成本的消耗。如果没有供应链上的集成化管理，链上的企业就会只管理自己的库存，以这种方式来防备由于链中其他组织的独立行动而给本组织带来的不确定性。例如，一个零售商会需要安全库存来防止分销商货物脱销情况的出现，而分销商也会需要安全库存以防止生产商出现供货不足的情况。由于一条供应链上的各个环节都存在不确定因素，企业又缺乏必要的沟通和合作，所以需要重复的库存。而在供应链的集成化管理中，链中的全部库存管理可通过供应链所有成员之间的信息沟通、责任分配和相互合作来协调，以减少链上每个成员的不确定性和安全库存量。较少的库存可以带来减少资金占用量、削减库存管理费用的结果，从而降低成本。另外，供应链的形成消除了非供应链合作关系中上下游之间的成本转嫁，从整体意义上降低了各自的成本，使企业将更多的周转资金用于产品的研制和市场开发等，以保证企业获得长期发展。

(3) 供应链管理可提高产品质量。供应链中每一个被选择的伙伴对某项技术和某种产品拥有核心能力，其产品设计、生产工艺、质量处于同行业领先地位。供应链管理就是借助网络技术，使分布在不同地区的供应链合作伙伴，在较大区域范围内进行组装集成制造或系统集成，使制造出质量近乎完美的产品成为可能。如果构成产品的零部件由一个厂家生产，或由一些专业化程度不高的厂家生产，则产品总体质量很难得到保证。

(4) 供应链管理可使企业组织简化，提高管理效率。供应链管理的实施需要Intranet/Extranet 的技术作为支撑，才能保证供应链中的企业实时获取和处理外界信息及链上信息，企业最高领导人可以通过供应链中的企业内部网络随时了解下情，而基层人员也可以通过网络了解企业有关指令和公司情况。因此，企业的许多中间协调、传送指令管理机构就可削减，企业管理组织机构可由金字塔型向扁平型方向发展。组织结构简化，层次减少，使企业对信息反应更快，管理更为有效，有效地避免传统企业机构臃肿、人浮于事的现象，适应现代企业管理的发展趋势。

(5) 供应链可以从经营战略上加强企业的竞争优势。当今的市场竞争日益激烈，企业面临的竞争对手可能不只是一个经营单位，而是一些相互关联的群体，仅靠企业自身的资源不可能有效地参与市场竞争，还必须把经营过程中的有关各方如供应商、制造商、分销网络、客户纳入一个紧密的供应链中，才能有效地安排企业的产、供、销活动，满足企业利用当今社会一切市场资源进行生产经营的需求，以期进一步提高效率和在市场上获得竞争优势。在一个企业遇到多方竞争时，它必须跳出企业，从更广阔的角度来看待自己的对手，因为竞争优势的获得取决于更广泛的因素——供应链。

4.1.4 供应链管理系统的体系结构

1. 供应链管理模式分类

目前供应链管理模式可大致划分为三种，如图 4-4～图 4-6 所示。

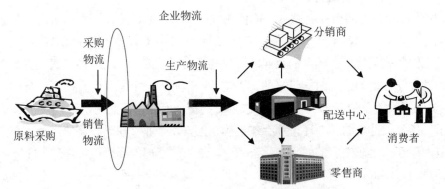

图 4-4 供应链模式之一：以制造企业为主导的供应链

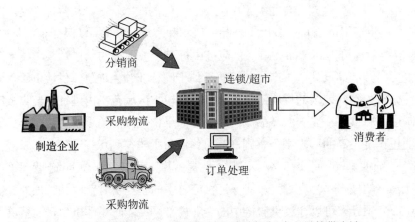

图 4-5 供应链模式之二：以零售企业(连锁超市)为主导的供应链

我国学者马士华对供应链的定义是：供应链是围绕核心企业，通过对信息流、物流、资金流的控制，从采购原材料开始，制成中间产品以及最终产品，最后由销售网络把产品送到消费者手中，将供应商、制造商、分销商直到最终用户连成一个整体的功能网链。供应链的网络结构如图 4-7 所示。

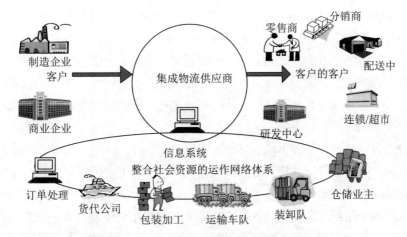

图 4-6 供应链模式之三：以集成物流供应商为主导的物流服务供应链

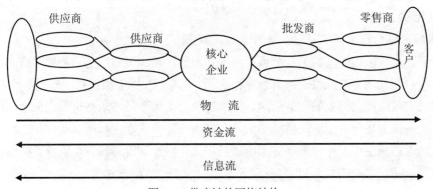

图 4-7 供应链的网络结构

供应链是一个网络结构，其组成特点如下。

(1) 供应链由许多节点企业组成，一般有一个核心企业；

(2) 供应链上企业各自分担了采购、生产、销售的职能；

(3) 每一个节点企业可以是多个供应链的成员；

(4) 相邻节点企业之间的关系是供需关系；

(5) 供应链加盟企业之间是一种长期合作、相互依赖、互补互利的双赢关系；

(6) 供应链节点企业可以分布在世界各地；

(7) 供应链把企业内部和节点之间的供应、制造、销售看作一个整体功能。

2. 供应链管理模块

为了使供应链上所有的企业同步、协调运行、共同受益，便产生了供应链管理的问题。供应链管理的对象是供应链，供应链管理涉及为共同目标而结成联盟的一个企业群体，是一个范围更广的企业结构模式。供应链中具体包括以下几个模块。

1) 供应链需求管理模块

当前，市场环境正在改变，从以前由生产制造商支配与引导市场和客户选择商品，转变为由零售商和最终客户来引导市场，由客户向生产制造商发出他们何时需要何种商品的指令，制造商按此指令去生产完全符合客户的产品。这说明市场已从由生产制造商"推动"环境变为由零售商/客户"拉动"环境。这种趋势已显示了"大规模定制"的经营方式将更加符合市场和客户的需求。需求管理就是以供应链的末端和生产需求为核心，运用各种市场工具去影响需求并对需求进行有效的管理，从而使企业及供应链的价值最大化，实现供应链上供需平衡的业务活动。

需求管理包括认真地选择市场工具和紧密地关注客户，以使企业与供应链整体引入的需求能够提高相关各方的价值并使其达到最大化。需求管理主要包括两方面的内容：一方面是用于影响需求的各种工具，如定价、促销(打折、回扣等)、产品分类、货架管理等；另一方面涉及在供应链中运用市场工具时各供应链成员间的相互合作。

进行需求管理最主要的是做好需求预测和需求计划。精确的需求预测是提高整个供应链效率的关键；需求计划主要对客户需求制订计划和实施监控，提供一个多维的环境，使企业及时了解市场需求。

2) 供应链供给管理模块

供给管理是供应链管理的另一个重要内容和功能，是满足供应链上的各种需求的前提。它有效地整合和利用企业或供应链上的各种资源，并与已知的需求进行匹配，实现供需平衡，进而实现最大限度满足需求的业务活动。供给管理是沟通市场需求与资源供应之间的纽带。为了保证供应链的运作真正实现供需平衡，并使供应链快速反应和高效动作，必须加强供给管理。供给管理的主要工作包括制订供应计划和执行供给调度。图4-8所示为需求管理、供给管理与需求满足之间的关系。

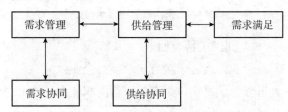

图4-8　需求管理、供给管理与需求满足之间的关系

供给管理的目的是根据供应链上的需求来确定供给什么，何时供给，如何最有效地分配供给量，将现有的供应资源与需求管理过程确定的、已划分次序的需求进行匹配，确定生产多少产品，以及何时、何处生产等。供给管理可以跨越供应链中的多个工厂或多个货物储运中心、配送中心，确定将通过哪些工厂、货物储运中心或配送中心和向哪些需求提供供给，以及确定在哪里存储和特定的库存数量。供给管理还可以对制造和运输资源进行分析，对粗略的生产能力做出计划，会首先将短缺的资源分配给优先级高的需求，从而对分配过程进行优化。

3) 供应链库存管理模块

库存是一种闲置资源，像存放在蓄水池中的水一样，是暂时派不上用场的备用品，不仅不会在生产经营中创造价值，反而会因占用资金而增加企业的成本。但是，在实际的生产经营过程中，库存又是不可避免和十分必要的，即"库存是一个必要的恶魔"。企业要有效地缓解供需矛盾，尽可能均匀地保持生产，甚至参与投机，都必须持有一定的库存。因此在供应链上，从供应商、制造商、批发商到零售商，每个环节都存在库存。从库存的功能可知，库存是用于应付各种各样的不确定性，如需求变化、订货期提前、货物运输受阻、生产时间变更等。为了保证供应链的正常运行，必须保有一定数量的库存。但库存常常掩盖生产能力不足等诸多问题，因此必须尽力减少库存来暴露上述潜在问题，从而提高企业的经营管理水平和快速应变能力。

库存管理就是企业用于减少库存、暴露上述潜在问题的经营手段，是供应链管理的重要内容之一。在全球经济一体化和信息技术飞速发展的供应链环境下，如何降低成本、提高客户满意度，以及对库存进行有效的控制，成为提高供应链企业核心竞争力的重要内容。库存管理与供应链的其他环节有千丝万缕的联系，是以控制库存为目的的方法、手段、技术和操作过程的集合，是对库存进行计划、协调和控制的工作。

4) 供应链物流管理模块

1962 年 4 月，美国管理学家 Peter Drucker 在 *Fortune* 杂志上发表的《经济领域的黑暗大陆》文章中首次提出了"物流"的概念。虽然 Drucker 提出的物流(distribution)仅仅是针对产成品来讨论的，但很快就引起了企业界的巨大关注，真正的企业物流(logistics)理念迅速波及原材料领域，进而形成综合物流(integrated logistics)。1998 年，美国物流管理协会又在 1992 年提出的物流概念的基础上引入了"供应链"的概念，2001 年，美国物流管理协会对物流概念进一步充实、完善，提出"物流是在供应运作中，以满足客户要求为目的，对货物、服务和相关信息在产出地和销售地之间实现高效率和低成本的正向和反向的流动和储存所进行的计划、执行和控制的过程"。

简单地说，物流是关于在需求的时候，在指定的地点，得到所需的物品。物流可用 7R 表达法表示，即 7 个"恰当"：恰当的产品(right product)、恰当的数量(right quantity)、恰当的条件(right condition)、恰当的地点(right place)、恰当的时间(right time)、恰当的客户(right customer)、恰当的成本(right cost)。7 个"恰当"描述了物流的基本活动，强调了空间和时间的重要性，也强调了成本与服务的重要性。

供应链物流管理是指在社会再生产过程中，根据物质资料实体流动的规律，应用供应链管理的基本原理和科学方法，对物流活动进行计划、组织、指挥、协调、控制和监督，使各项物流活动实现最佳的协调与配合，以降低物流成本、提高物流效率和经济效益。作为一种共生型物流管理模式，供应链物流管理强调供应链成员组织不再孤立地优化自身的物流活动，而是通过协作、协调与协同提高供应链物流的整体效率。

4.2　供应链管理系统的信息流

供应链管理系统的信息流以一种虚拟形态存在，包括供应链上的需求信息、供应信息和共享信息，它伴随物流的运作而不断产生。有效的供应链管理系统信息流的主要作用在于在供应链中及时传递需求和供给信息，提供准确的管理信息，从而使供应链成员都能得到实时信息，以形成统一的计划并执行，从而更好地为最终顾客提供服务。

4.2.1 信息流

信息总是在一定的时间与空间里运动，这种运动形成信息流。供应链信息流是指整个供应链上信息的流动，是一种虚拟形态。

供应链管理系统中的供应、生产、销售、储存、运输等都产生信息流，并且在系统中传递与交流。在信息交流中，一方处于主导地位，是交流的发起者；另一方处于被动地位，是交流的承受者。发起者一般属于信息创造者或拥有者，承受者一般为信息的使用者或需求者，这种模式的信息交流称为单向交流，即信息从一方流向另一方。但是，在许多情况下以及供应链系统中，交流双方互为使用者和拥有者，他们所进行的活动是一种双向信息交流活动。

需求信息的方向是从用户到零售商，再从零售商到分销商，再往上游到达制造商和制造商的供应商；方向反之，为供应信息。供应链管理的实质就是信息共享，信息共享不应该只局限于交易数据，战略信息的共享也是同样重要的，因为它更利于企业共同计划最佳的方法和采用更有效的手段来满足彼此和用户的需求。共享信息既有各节点企业之间通过网络交换的信息，也有单个企业内部共享的与研发、采购、库存、销售等有关的信息。

供应链信息流具有以下特点。

(1) 覆盖范围广。供应链中的信息流覆盖了从供应商、制造商到分销商，再到零售商等供应链中的所有环节。其信息流分为需求信息流和供应信息流，这是两个不同流向的信息流。当需求信息(如客户订单、生产计划、采购合同等)从需方向供方流动时，便引发物流。同时，供应信息(如入库单、完工报告单、库存记录、可供销售量、提货发运单等)又同物料一起沿着供应链从供方向需方流动。单个企业中的信息流则主要限定为企业内部的进销存记录。

(2) 获取途径多。由于供应链中的企业是一种协作关系和利益共同体，因而供应链中的信息获取渠道众多，对于需求信息来说既有来自顾客的，也有来自分销商和零售商的；供应信息则来自各供应商，这些信息通过供应链信息系统在所有的企业里流动与分享。对于单个企业来说，由于没有与上下游企业形成利益共同体，上下游企业也就没有为它提供信息的责任和动力，因此单个企业的信息获取途径则完全依靠自己收集。

(3) 信息质量高。由于存在专业分工，供应链中的信息质量要强于单个企业的信息质量，例如分销商和零售商可以专门负责收集需求信息，供应商则收集供应信息，生产厂商收集产品信息等。

4.2.2 输入信息

在供应链管理中，需要输入的信息主要包括以下几方面。

(1) 库存信息。库存信息是供应链成员间最常用的协作方式，通过获取供应链的库存信息可以降低整个供应链的库存水平。

(2) 营销信息。例如销售数据一般来源于销售点数据，供应链成员可以通过共享销售数据来分析销售趋势、顾客偏好和顾客分布等，实现对客户的个性化、差异化服务，最大限度地满足不同类型客户的需求。

(3) 订单信息。一般情况下，下游企业很难掌握上游企业的订单执行情况，当上游企业的订单执行延迟时，会造成下游企业的损失。所以，及时得知订单的生产状态，可以对供应链运作过程中出现的问题做出快速反应，提高供应链企业的决策效率。

(4) 产品信息。产品信息是供应链存在的基础，是上下游企业建立供需关系的桥梁。只有建立顺畅的产品信息共享渠道和良好的信息共享机制，才能使供应链上的企业得到最大限度的满足并建立密切的合作关系。

(5) 物流信息。高效率物流是供应链运作的重要因素之一，将物流信息纳入供应链管理中，可以使物流环节的企业与供应商、销售商和客户等共同构成供应链的主体。物流信息具体包括以下几个方面。

① 采购信息。采购信息伴随企业的采购活动产生，由制造商或配送中心向供应商发出。采购活动为后续各项物流活动的开展提供了可能。采购单及相应的反馈信息构成采购信息，是基本的物流信息。

② 进货信息。下达采购订单之后，发生商品实物的真实流动，伴随商品的入库，产生进货信息。进货信息与采购信息关联密切，它详细记载到达物品的品种、数量、重量、规格、金额及供应商等情况。进货信息是制订采购计划的重要参考依据。

③ 库存信息。库存信息是表示库存商品的数量、结构、状态的信息。库存商品是商品供应链资源的组成部分。库存信息是制订采购计划、确定经济订货批量的重要依据。

④ 订货信息。订货信息是由市场或销售部门得出的，它详细反映了市场对所订购商品的品种、规格、数量等需求。订货信息触发了制造企业或物流企业的物流运转过程，没有订货，就没有采购、加工、配送等其他物流环节。

⑤ 物流加工信息。流通加工过程产生相应的信息，这些信息反映商品再加工的情况。流通加工活动是由销售需求得出的。

⑥ 分拣配货信息。分拣配货信息往往由订货信息汇总而来，用于事前控制分拣配货活动并反馈活动的完成情况，有助于实现准确、高效的配送服务。

⑦ 发货信息。发货信息是商品实物流动的信号，标志着配送活动的开始，反映了物流的形态、方向、规模，以及与之相适应的各种运输手段。发货信息与分拣配货信息内容有重叠。

⑧ 搬运信息。搬动信息由物料装卸信息和物料搬运信息组成，具体包括货物在存储设备间的转进和转出信息，以及在存储设备内的传递信息。管理搬动信息的目标是尽可能多地利用空间，使仓储的运营费用最小化，减少货物的处理时间。

⑨ 运输信息。运输信息反映了运输人员、运输车辆及运输路线优化等方面的详细情况。它常常夹杂在其他信息中，反映物流的具体运动形式。

⑩ 物流总控信息和物流决策信息。物流活动中，控制是必不可少的管理手段。物流作业信息经汇总、分析、提炼，形成有关物流活动的各种控制和管理信息，用于指导、协调物流活动，保证物流的正常高效运作。企业进一步把物流总控信息进行统计分析，结合大量外部信息，分析客户需求，形成物流决策信息，以提高客户服务水平。

⑪ 逆向物流信息。物流信息的流动是双向的，有正向和逆向之分。①～⑩的信息都是在正向物流活动中产生的，而逆向物流信息也是很重要的物流信息。一部分逆向物流信息出现在物流的控制反馈活动中，采购信息、库存信息、发货信息、服务信息等经过经理人员的汇总、分析，可以产生物流总控信息及合理的物流决策信息；而将物流总控信息反馈给采购、库存、发货等有关部门，又能很好地控制各物流作业的实施效果。另一部分逆向物流信息来自客户返回的退货物流，指物品从正向物流终点返回到起点，进行材料的回收处理和掩埋处理。不同于正向物流的订货模式，逆向物流中返回的是消费者不再使用或产品有质量问题等信息，需求有很大的不确定性。因此，逆向物流信息具有相当的分散性，包括在制物品信息、可再用零件或原材料信息及废弃物处理信息等。

(6) 其他信息，如部分与财务相关的信息(如价格等)。

4.2.3　信息输入技术

在信息输入技术中，自动识别技术的种类有很多。本节介绍主流的条形码技术、电子数据交换技术、无线射频技术、地理信息系统和全球定位系统5种。

1. 条形码技术

条形码技术是在计算机应用和实践中产生并发展起来的一种广泛应用于商业、邮政、图书管理、仓储、工业生产过程控制、交通等领域的自动识别技术，具有输入速度快、准确度高、成本低、可靠性强等优点，在当今的自动识别技术中占有重要的地位。

1) 条形码的概念

条形码是由一组规则排列的条、空以及对应的字符组成的标记，条指对光线反射率较低的部分，空指对光线反射率较高的部分，这些条和空组成的数据表达一定的信息，并能够用特定的设备识读，转换成与计算机兼容的二进制和十进制信息。对于每一种物品，它的编码是唯一的。对于普通的一维条形码来说，还要通过数据库建立条形码与商品信息的对应关系，当条形码的数据传到计算机上时，由计算机上的应用程序对数据进行操作和处理。因此，普通的一维条形码在使用过程中仅作为识别信息，它的意义是通过在计算机系统的数据库中提取相应的信息而实现的。条形码如图4-9所示。

图4-9　条形码

条形码系统是由条形码符号设计、制作及扫描仪组成的自动识别系统。条形码扫描仪如图4-10所示。

图 4-10　条形码扫描仪

2) 条形码技术的优点

条形码技术是迄今为止最经济、实用的一种自动识别技术，具有以下几个方面的优点。

(1) 输入速度快。与键盘输入相比，条形码输入的速度是键盘输入的 5 倍，并且能实现即时数据输入。

(2) 可靠性高。键盘输入数据的出错率为三百分之一，光学字符识别技术的出错率为万分之一，而条形码技术的误码率低于百万分之一。

(3) 采集信息量大。传统的一维条形码一次可携带几十个字符的信息，二维条形码更可以携带数千个字符的信息，并有一定的自动纠错能力。

(4) 灵活实用。条形码标识既可以作为一种识别手段单独使用，也可以和有关识别设备组成一个系统实现自动化识别，还可以和其他控制设备连接起来实现自动化管理。

(5) 条形码标签易于制作，对设备和材料没有特殊要求，识别设备操作容易，不需要特殊培训，且设备也相对便宜。

3) 条形码扫描仪识别条形码的原理

由于不同颜色的物体，其反射的可见光的波长不同，白色物体能反射各种波长的可见光，黑色物体则吸收各种波长的可见光，所以当条形码扫描仪光源发出的光经光阑及凸透镜 1 后，照射到黑白相间的条形码上时，反射光经凸透镜 2 聚焦后，照射到条形码扫描仪的光电转换器上，于是光电转换器接收到与白条和黑条相应的强弱不同的反射光信号，并转换成相应的电信号输出到条形码扫描仪的放大整形电路上。白条、黑条的宽度不同，相应的电信号持续时间长短也不同。但是，由光电转换器输出的与条形码的条和空相应的电信号一般仅 10mV 左右，不能直接使用，因而先要将光电转换器输出的电信号送放大器放大。放大后的电信号仍然是一个模拟电信号，为了避免由条形码中的疵点和污点而导致的错误信号，放大电路后需加一个整形电路，把模拟信号转换成数字电信号，以便计算机系统能准确判读。整形电路的脉冲数字信号经译码器译成数字、字符信息。它通过识别起始、终止字符来判断条形码符号的码制及扫描方向；通过测量脉冲数字电信号 0、1 的数目来判断条和空的数目。通过测量 0、1 信号持续的时间来判别条和空的宽度。这样便得到了被辨读的条形码符号的条和空的数目及相应的宽度和所用码制，根据码制所对应的编码规则，条形码扫描仪便可将条形符号转换成相应的数字、字符信息，通过接口电路传给计算机系统进行数据处理与管理，便完成了条形码辨读的全过程。

4) 条形码在供应链管理中的应用

利用条形码技术对企业的物流信息进行采集跟踪的管理信息系统，可以通过对生产制造业的物流跟踪，满足企业对于物料管理、生产管理、仓储管理、市场销售链管理、产品售后跟踪服务、质量控制等方面的信息管理需求。

(1) 物料管理：现代化生产物料配套是否协调极大地影响了产品生产效率，杂乱无序的物料仓库、复杂的生产备料及采购计划的执行几乎是每个企业所遇到的难题。

① 通过对物料编码并粘贴条形码标签，不仅便于物料跟踪管理，而且也有助于做到合理准备物料库存，提高生产效率，便于企业资金的合理运用。对采购的生产物料按照行业及企业规则建立统一的物料编码，从而杜绝因物料无序而导致的损失和混乱。

② 对需要进行标识的物料粘贴条形码标签，以便于在生产管理中对物料进行单件跟踪，从而建立完整的产品档案。

③ 利用条形码技术，对仓库进行基本的进、销、存管理，有效地降低库存成本。

④ 通过产品编码，建立物料质量检验档案，产生质量检验报告，与采购订单挂钩实施对供应商的评价。

(2) 生产管理：条形码生产管理是产品条形码应用的基础，采用条形码技术建立产品识别码体系。在生产中应用产品识别码监控生产，采集生产测试数据和生产质量检查数据，进行产品完工检查，建立产品识别码和产品档案，从而有序地安排生产计划，监控生产及流向，提高产品下线合格率。

① 制定产品识别码格式。根据企业规则和行业规则制定产品识别码的编码规则，保证产品规则化、标识唯一化。

② 建立产品档案。通过产品识别码在生产线上对产品生产进行跟踪，并采集产品的生产、检验等数据作为产品信息，生产批次计划审核通过后建立产品档案。

③ 通过生产线上的信息采集点来控制生产的信息。

④ 通过产品标识码在生产线上采集质量检测数据，以产品质量标准为准绳判定产品是否合格，从而控制产品在生产线上的流向及是否建立产品档案，打印合格证。

(3) 仓库管理。

① 货物库存管理。仓库管理系统根据货物的品名、型号、规格、产地、牌名、包装等划分货物品种，并且分配唯一的编码，也就是货号。利用货号管理货物库存，并且将货号应用于仓库的各种操作。

② 仓库库位管理是对存货空间的管理。仓库分为若干个库房，每一个库房包含若干个库位。库房是仓库中独立和封闭的存货空间，库房内的空间被细划为库位，以便更加明确地定义存货空间。仓库管理系统是按仓库的库位记录仓库货物库存，在产品入库时将库位识别码与产品识别码一一对应，在出库时按照库位货物的库存时间实现先进先出或批次管理。

③ 条形码仓库管理不仅管理货物各品种的库存，而且还管理货物库存的具体每一个单件。采用产品识别码记录单件产品所经过的状态，从而实现对单件产品的跟踪管理。

④ 仓库业务管理包括出库、入库、盘库、月盘库、移库，不同业务以各自的方式完成仓库的进、销、存管理。

⑤ 更加准确地完成仓库出入库操作。仓库利用条形码采集货物单件信息，处理采集数

据，生成仓库的入库、出库、移库、盘库数据，使仓库操作更加准确。货物单件库存信息可以为仓库货物出库提供库位信息，使仓库货物库存更加准确。

⑥　一般仓库管理只能完成仓库运输差错处理(根据人机交互输入信息)，而条形码仓库管理根据采集的信息，生成仓库运输信息，直接处理实际运输差错，同时能够根据采集的单件信息及时发现出入库的货物单件差错(如入库重号、出库无货)，并且提供差错处理。

(4)　市场销售链管理：为了占领市场、扩大销售，企业根据各地的消费水平，制订了不同的产品批发价格，并规定只能在此地销售。但是，有些违规的批发商以较低的地域价格名义取得产品后，将产品在地域价格高的地方低价倾销，扰乱了市场，使企业的整体利益受到了极大的损害。由于缺乏真实、全面、可靠、快速的事实数据，企业虽然知道这种现象存在，但对违规的批发商也无能为力。为保证价格政策有效实施，必须能够跟踪向批发商销售的产品品种或产品单件信息。通过在销售、配送过程中采集产品的单品条形码信息，根据产品单件识别码记录产品销售过程，完成产品销售链跟踪。

(5)　产品售后跟踪服务。

①　根据产品识别码建立产品销售档案，记录产品信息、重要零部件信息。

②　通过产品上的条形码进行售后维修产品检查，检查产品是否符合维修条件和维修范围，同时分析其零部件的情况。

③　通过产品识别码反馈产品售后维修记录，监督产品维修点信息，记录并统计维修原因，建立产品售后维修档案。

④　对产品维修部件实行基本的进、销、存管理，与维修的产品一一对应，建立维修零部件档案。产品售后服务信息的采集与跟踪为企业产品售后保修服务提供了依据，同时能够有效地控制售后服务带来的问题，如销售产品重要部件被更换而造成保修损失，销售商虚假的修理报表等。

(6)　质量控制：通过上述各个环节的产品物料信息、产品信息的采集，为企业进行产品质量管理控制及分析提供强有力的依据。

①　根据物料准备、生产制造、维修服务过程中采集的物料单品信息，统计物料质量的合格率，辅助产生物料质量分析报告。

②　通过生产线采集产品生产质量信息，辅助打印合格证，实现产品生产质量的有效控制。

③　分析生产线采集的产品生产质量信息，提供生产质量分析数据。

产品从厂家经过各种批发、配送渠道，通过零售环节到达最终用户手中。零售企业的日常业务经营活动主要包括购、销、存三个方面。商业管理者和经营者迫切需要借助现代化的管理工具和手段来加强企业内部的管理，加快物流周转，提高资金利用率，准确掌握供销业务情况，及时组织畅销商品的生产，降低库存和流通费用，使企业在竞争中立于不败之地。这种现实的业务管理状况和管理要求成为计算机化管理的重要前提。

2. 电子数据交换技术

传统企业简单的购货贸易过程如图 4-11 所示。

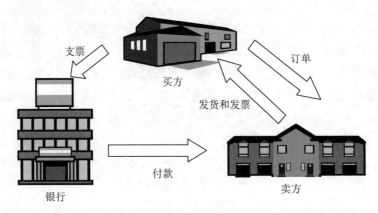

图4-11 传统企业简单的购货贸易过程

传统企业简单的购货贸易过程中，买方向卖方提出订单，卖方得到订单后，就进行内部的纸张文字票据处理，准备发货。纸张票据中包括发货票等。买方收到货和发货票之后，开出支票，寄给卖方。卖方持支票至银行兑现。银行再开出一个票据，确认这笔款项的汇兑。

一个生产企业的电子数据交换系统，就是使用电子数据交换网络来传送传统企业购货贸易的买卖双方在贸易处理过程中的所有纸面单证，并由计算机自动完成全部(或大部分)处理过程。具体过程如下：企业收到一份电子数据订单，则系统自动处理该订单，检查订单是否符合要求；通知企业内部管理系统安排生产，向零配件供销商订购零配件等；向有关部门申请进出口许可证；通知银行并给订货方开出电子数据发票；向保险公司申请保险单等，从而使整个商贸活动过程在最短时间内准确地完成。图 4-12 所示为国际贸易中的电子数据交换流程，从图中可以很直观地看到，一个真正的电子数据交换系统是将订单、发货、报关、商检和银行结算合成一体，从而大大加速了贸易的全过程。因此，电子数据交换技术对企业文化、业务流程和组织结构的影响是巨大的。

电子数据交换是指按照统一规定的一套通用标准格式，将标准的经济信息通过通信网络传输，在贸易伙伴的电子计算机系统之间进行数据交换和自动处理，俗称"无纸贸易"。

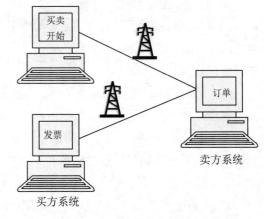

图4-12 国际贸易中的电子数据交换流程

电子数据交换是一种信息管理或处理的有效手段，是对供应链上的信息流进行运作的有效方法。其目的是充分利用现有计算机及通信网络资源，提高贸易伙伴间通信的效益，降低成本，主要应用于以下领域的企业。

(1) 制造业：即时响应，以减少库存量及生产线待料时间，降低生产成本。

(2) 贸易运输业：快速通关报检，经济使用运输资源，降低贸易运输空间、成本与时间的浪费。

(3) 流通业：快速响应，减少商场库存量与空架率，以加速商品资金周转，降低成本。

建立物资配送体系，完成产、存、运、销一体化的供应链管理。

(4) 金融业：电子转账支付，减少金融单位与其用户间交通往返的时间与现金流动风险，缩短资金流动所需的处理时间，提高用户资金调度的弹性。

3. 无线射频技术

无线射频技术是利用无线电波对记录进行读写，射频识别的距离可达几十厘米到几十米。射频系统的优点是不局限于视线的范围，识别距离比光学系统远，射频识别标签具有读写能力，难以伪造，且具有智能功能。无线射频技术是一种非接触式的自动识别技术，基于电磁理论，通过射频信号自动识别目标对象并获取相关数据，识别工作无须人工干预，可工作于各种恶劣环境。无线射频技术可识别、调整运动物体并可同时识别多个标签，操作快捷、方便。短距离射频产品不怕油渍、灰尘污染等恶劣环境，可在这样的环境中替代条形码，如在工厂的流水线上跟踪物体。长距离射频产品多用于交通领域，如自动收费或识别车辆身份等，识别距离可达几十米。射频识别技术起源于"二战"的军事通信，在军事物流中起到了非常重要的作用。美国和北约组织曾吸取了"沙漠风暴"军事行动中大量物资无法跟踪造成重复运输的教训，在波斯尼亚的"联合作战行动"中建成了复杂的通信网，完善了识别、跟踪军用物资的新型后勤系统。该技术在伊拉克战争中得到更广泛的使用并不断加以完善，无论物资是在采购、运输途中，还是在某个仓库中存储，均可由接收装置接收射频信息，通过卫星传递给指挥人员，以实时掌握信息。除了跟踪军用物资外，美英联军还将具有微芯片的射频识别标签装入参战士兵的袖口，跟踪受伤和被捕的士兵，以达到及时解救他们的目的。

无线射频技术在供应链中的应用主要体现在以下几个方面。

(1) 在零售环节。据悉，美国零售业平均每分钟被 800 个小偷所光顾，平均每个小偷每次偷窃约 25 美元的商品，则每分钟失窃 2 万美元；又据美国《消费研究》杂志报道，60% 的消费者曾有过顺手牵羊的行为，再加上内部员工的行盗行为，美国零售业每年在这方面的损失约有 30 亿美元。针对这一巨额损失，零售商们开始采用射频技术，利用商品电子标签这一全新的防窃技术解决失窃问题。这种防窃技术就是将射频标签置入商品内，由计算机系统来实时监控商店中各种商品的标签。商品实现标签化之后，零售商就能放心地开架销售。在无线射频技术的帮助下，商品的销售额增长了 25%，丢失率下降了 50%。因销售量的提高使制造商的销售额也增长了 70%～100%。除此之外，还可以改进零售商的库存管理，实现适时补货，有效跟踪运输与库存，提高效率，减少出错。同时，射频标签能够对某些具有时效性商品的有效期限进行监控，例如对某种食物或蒸馏器进行跟踪，一旦它们到了有效期，标签就会发出警告；商店还能利用无线射频系统在付款台实现自动扫描和计费，取代人工收款方式，例如全球最大的零售商沃尔玛公司已在多个国家的现场对无线射频技术进行了应用。

(2) 在存储环节。在仓库里，无线射频技术最广泛的使用是存取货物与库存盘点，可以实现自动化存货和取货操作。例如，叉车驾驶员和订单选择员进行实时沟通，无线射频系统可以使叉车驾驶员获得实时的指示，进行无纸化取货作业。在整个仓库管理中，通过将供应链计划系统制订的收货计划、取货计划、装运计划等与无线射频识别技术相结合，能够高效地完成各种业务操作,如指定堆放区域、上架/取货与补货等,系统通过批处理或直接连接的方式与外部主机系统交换数据。由于有完整的数据接口,避免了不必要的数据重复输入和因此造成的错误。另外,在库存盘点中,减少了人力,不需要人工检查或扫描条形码,使库存信息更加准确,并减少了损耗。

(3) 在运输环节。无线射频技术在运输环节的主要应用有高速公路的自动收费及交通管理,火车和货运集装箱的识别、防伪等。高速公路的自动收费是指车辆经过收费站时,通过自动车辆识别系统,自动实现移动车辆与收费站之间信息的传递,完成车辆的收费及建档过程。当车辆通过收费器时,不需要驾驶员和收费者接触,标签就被触发,发射出能唯一表明通过车辆身份的信息,如车牌号码、车型、车辆颜色、银行账号等,收费站的阅读器接收到信号后,经处理传输到计算机系统进行数据管理及存档,并将该信息传送到相应的银行进行划账处理。

(4) 在配送环节。在配送环节采用无线射频技术能大大加快配送的速度并提高拣选与分发过程的效率和准确率,可以减少人工、降低配送成本。

(5) 在生产环节。在生产环节采用无线射频技术可以完成自动化生产线运作,实现在整个生产线上对原材料、零部件、半成品和产成品的识别跟踪,减少人工识别成本和出错率,提高效率和效益。特别在采用准时制生产方式的流水线上,原材料与零部件必须准时送达工位,采用了无线射频技术之后,就能通过识别电子标签来快速从繁多的库存中找出工位所需的材料和部件,同时也能保证产品的质量。

4. 地理信息系统

地理信息系统是集计算机科学、地理学、测量学、地图学等多学科知识于一体的综合技术,是一个能够获取、存储、管理、查询、模拟和分析地理信息的计算机系统,是一种能够处理和分析大量地理数据的通用地理信息技术。该技术按照地理特征的关联,将多方面的数据以不同层次联系起来构成现实世界模型,在此模型上使用空间查询和空间分析进行管理,并通过空间信息模拟和分析软件包进行空间信息的加工、再生,为空间辅助决策的分析打下基础。

地理信息系统能对物流企业进行科学、规范的管理,并且可以优化车辆与人员的调度,最大限度地利用人力、物力资源,使货物配送达到最优化。利用地理信息系统可以更好地解决物流中的许多重要决策问题,如配送中心的选址、货物组配方案、运输的最佳路径、库存控制等。

5. 全球定位系统

全球定位系统(global positioning system,GPS)是一个由覆盖全球的 24 颗卫星组成的卫星系统,如图 4-13 所示。这个系统可以保证在任意时刻,地球上任意一点都可以同时观测到 4 颗卫星,以保证卫星可以采集到该观测点的经纬度和高度,以便实现导航、定位、授时等功能。这项技术可以用来引导飞机、船舶、车辆以及个人,安全、准确地沿着选定的路线,准时到达目的地。

(1) 车辆跟踪。利用全球定位系统和电子地图可以实时显示出车辆的实际位置，并可任意放大、缩小、还原、换图；可以随目标移动，使目标始终保持在屏幕上；还可实现多窗口、多车辆、多屏幕同时跟踪。利用全球定位系统可对重要车辆和货物进行跟踪运输。

(2) 提供出行路线规划和导航。提供出行路线规划是汽车导航系统的一项重要的辅助功能，包括自动线路规划和人工线路设计。自动线路规划是由驾驶者确定起点和目的地，由计算机软件按要求自动设计最佳行驶路线，包括

图 4-13　全球卫星定位系统

最快的路线、最简单的路线、通过高速公路路段次数最少的路线。人工线路设计是由驾驶员根据自己的目的地设计起点、终点和途经点等，自动建立路线库。路线规划完毕后，显示器能够在电子地图上显示设计路线，并同时显示汽车运行路径和运行方法。

(3) 信息查询。为用户提供主要物标，如旅游景点、宾馆、医院等，并能够在电子地图上显示其位置。控制中心可以利用监测控制台对区域内的任意目标所在位置进行查询，将车辆信息以数字形式在控制中心的电子地图上显示出来。

(4) 话务指挥。指挥中心可以监测区域内车辆运行状况，对被监控车辆进行合理调度。指挥中心也可以随时与被跟踪目标通话，实行管理。

(5) 紧急援助。通过全球定位系统和监控管理系统可以对遇有险情或发生事故的车辆进行紧急援助。监控台的电子地图可以显示求助信息和报警目标，规划最优援助方案，并以报警声光提醒值班人员进行应急处理。

(6) 货物跟踪。供应链上的企业可以利用现代信息技术及时获取有关货物运输的信息，如货物品种、数量、在途情况、交货期间、发货地点、到达地点、送货车辆和责任人等，提高物流运输服务质量和服务水平。

4.2.4　信息处理

下面以金蝶 K/3 系统的供应链管理来介绍供应管理中涉及的信息处理类型。金蝶 K/3 系统是完全基于 Windows DNA(Windows distributed internet application)技术架构的分布式应用系统。系统的主要功能涵盖了企业经营管理的各个方面，各子系统间无缝集成，金蝶 K/3 整体应用流程如图 4-14 所示。

其中，供应链管理主要包括“采购管理”“销售管理”“仓存管理”“质量管理”“存货核算”“物料需求计划”“分销管理”和“生产数据管理”等子模块，所涉及的功能涵盖了本章所介绍的供应链管理的需求管理、供给管理、库存管理和物流管理等主要功能。下面分别对主要的子模块进行简要介绍。

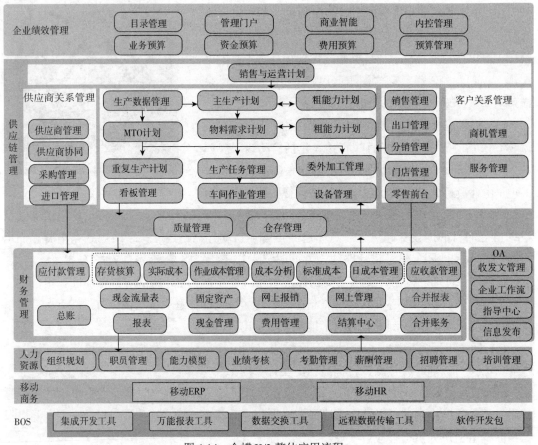

图 4-14　金蝶 K/3 整体应用流程

(1) 采购管理。金蝶供应链管理系统中，采购管理子模块主要提供采购申请、订单处理、收料通知、入库、结算、费用发票、退料、委外加工管理、供应商供货信息等子功能。

(2) 销售管理。金蝶供应链管理系统中，销售管理子模块主要提供报价、订单管理、发货通知、出库、结算、退货、费用发票、信用管理、折扣资料、流程设计和查询分析等子功能。

(3) 仓存管理。金蝶供应链管理系统中，仓存管理子模块主要提供验收入库、预料入库、领料发货、仓库调拨、委托加工、虚仓管理、盘点作业、库存调整、库存查询、报表分析等子功能。仓库调拨是指将物料从一个仓库转移到另一个仓库。

(4) 质量管理。金蝶供应链管理系统中，质量管理子模块主要提供采购检验、工序检验、委外加工检验、产品检验、发货检验、退货检验、库存检验、取样、留样观察、样品销毁、客户投诉记录、质量事故记录、供应商记录、供应商评估、抽样标准、检验项目、质量标准、质检方案和查询子功能。

(5) 存货核算。金蝶供应链管理系统中，存货核算子模块主要提供期初调整、入库核算、出库核算、计划价维护、无单价单据维护、报表分析、存货跌价准备管理、凭证管理、期末处理、查询分析工具等子功能。

(6) 物料需求计划。金蝶供应链管理系统中，物料需求计划子模块主要提供产品预测、系统设置、物料需求计划计算、物料需求计划维护、物料需求计划查询、物料需求计划日志、项目物料需求计划计算、项目物料需求计划查询、项目物料需求计划日志、物料替代清单、库存查询、报表分析、查询分析等子功能。

(7) 分销管理。金蝶供应链管理系统中，分销管理子模块主要提供机构设置、基础信息、单据发送、单据下载等子功能。

(8) 生产数据管理。金蝶供应链管理系统中，生产数据管理子模块主要提供物料清单维护、物料清单查询、工程变更、工艺路线、基础资料、多工厂日历、查询分析等子功能。

(9) 其他。除上述基础模块外，为满足企业的涉外业务，还有进口管理子模块、出口管理子模块等。

4.3　供应链管理系统实施问题分析

供应链管理系统是一个复杂的系统，涉及众多目标不同的企业，涉及企业的方方面面，因此实施供应链管理系统必须确保厘清思路、分清主次，抓住关键问题。只有这样，才能做到既见"树木"，又见"森林"，避免陷入"只见树木，不见森林"或"只见森林，不见树木"的尴尬境况。具体地说，在实施供应链管理的过程中需要注意的关键问题包括信用问题、结算支付问题、行业联盟机制问题及法律问题。

4.3.1　信用问题

信用管理能减少供应链合作中的信息失真，降低"牛鞭效应"。基于信用的供应链管理可以降低相关的交易费用，增加利润；可以使供应链合作更加流畅；可以提高供应链合作的整体绩效，提升企业的竞争力。

信用在供应链这种多法人的联合体中起着基础性的作用。对于供应链这种界于市场和企业之间的准企业组织，存在大量的委托代理关系，一味沿用传统的基于行政隶属的管理方式将使运作成本急剧攀升，最终将超过供应链经营模式可能带来的利益。信用作为供应链这种联合体的黏合剂和运作润滑剂，可有效提高供应链的经营效率和效益，将强化企业和联合体之间的依存性以增加联合体的凝聚力。成员对供应链的信任是一种前景和能力信任，这是以供应链自身的把握市场机遇、适应市场不确定性的能力为基础的，成员相信合作将带来的市场、品牌、资源获取能力的整体提升是各自发展的基础和良好出路。而联合体对成员的信用主要表现为一种忠诚信任。为建立良好的信用体制，供应链管理过程中的信用问题可以从以下几个方面进行改善。

(1) 供应商与零售商转变观念，建立良好的战略伙伴关系。供应商与零售商双方都要转变其传统的零和竞争观念，要坚持双赢互利的合作原则；都必须放弃片面追求企业自身利益最大化的想法，转变为追求供应链整体利益最大化，并明确企业的利润应该通过供应链管理来获取，而不是从渠道伙伴身上获取。同时，零售商不应该把渠道伙伴作为竞争对象，竞争应该更多地体现在不同的供应链之间。供应链内部的供应商与零售商应该形成持久战略伙伴的观念，建立相互信任的合作关系，致力于优化整个供应链的功能，强化共享利益，减少中间环节，降低交易费用，从而实现双方利益的最大化。

(2) 加大企业信息透明度，优化业务流程。对企业来说，透明度意味着供应商能随时了解和掌握企业的销售情况，从而能够及时补货。在现代的买方市场中，零售商因为能够更快、更准确地获取顾客反馈的商品信息，已经在供应链中拥有着越来越强势的地位。想要建立持续性竞争优势的零售商不应该将这种地位作为盘剥供应商的筹码，而应该及时、准确地向供应商反馈信息，在供应链中起到良好的信息传递作用，保证供应链上信息流、物流、商流、资金流的顺畅。透明和公开的业务流程可以使合作伙伴更多地了解彼此的需要、偏好及对问题的看法。在供应商与零售商的关系上，只有零售商实现对供应商的透明化和公开化，才能激发供应商的积极性，培养其忠诚度，也才能真正协调生产计划，实现与客户或供应商的即时沟通，实现供应链的准时制造和高效运作要求。

(3) 供应链成员共同制定政策、规范及奖惩措施。在供应链中，核心企业与其他企业之间的相互信任关系是建立在核心企业有能力在不确定的市场环境下通过构建和领导现有的供应链获取更大的市场份额，提高整体效益，并愿意分享收益的前提下。在供应商和零售商的反应模式中，集中表现为零售商的主导作用。供应链成员之间的相互信任是供应链得以生存的保证，在社会信用普遍缺失的情况下，供应链成员之间制定的协议和对协议的遵守就非常重要。零售企业应该利用其核心地位，整合供应链上的资源，由供应链成员共同制定商业道德规范和公平交易制度，并给予相应的奖惩作为协议能顺利实行的保证。比如，零售商应带头规范合作信用；与制造商休戚与共，共同维护市场价格体系；共同研究顾客需求，共同制定业务规划，密切协调产销衔接；开发零售商与制造商之间的代工协作，降低双方营销成本。供应链各成员之间通过协议、合同等建立长期、有效的合作关系，保证供应链的相对稳定性，从而加强互相之间的信任，使信用机制能良好运行。

4.3.2　结算支付问题

传统的供应链管理系统实行线下结算方式，而目前电子化供应链系统则采用电子支付方式，供应链企业之间可以通过银行的网上支付平台实现快速的资金转账与结算。

在线结算时，在服务器上填写支付的表单，银行系统认证客户的银行卡或信用卡资料。通过银行与网站的接口，认证结果被传回，订单被转入网站的电子信箱。银行扣除手续费后将余额转入商家的账户，一切都自动进行。

在线结算方式的优点是方便、快捷；缺点是与传统结算方式相比，安全性较差，用户的卡号、密码等有被盗用的风险。用银行卡结算的用户，还会遇到因为银行之间各自为政、互不联网而导致的麻烦。

4.3.3 行业联盟机制问题

行业联盟主要解决共享信息诚信、恶性竞争、行业联盟、制约、道德规范问题。

供应链常因某一企业违约导致整个链条中断运转。基于诚信的合作是供应链联盟构建的根本理念，也是供应链企业合作的基础，这需要成员之间有良好的诚信机制，因此，选择合适的伙伴是保证供应链正常运转的必要条件。目前，我国供应链企业诚信数据分散，没有形成全国统一共享的企业信用数据库，供应链企业没有可以对对方诚信状况进行查询的平台。国家诚信管理法制不健全，缺乏有效的失信惩罚机制。这些都导致交易过程中可能会出现违约、制假售假、商业欺诈等现象。怎样把具有潜在违约风险的合作伙伴排除在供应链联盟之外，在国家信用体系不健全，信用环境不完善的情况下，创建供应链信用联盟将是选择合作伙伴的最佳模式。

在供应链管理中，诚信与合作是基石之一。我国还处于市场经济发展的初期，诚信体系未能真正建立，更多的是家族、亲朋之间的"私信"，而非"公信"，导致整个社会互相信任的程度下降，制假售假、商业欺诈行为层出不穷，债务拖欠理不清，这些都在很大程度上妨碍了企业之间的正常合作。供应链管理的重要原则是各个企业利益"共沾"，只有这样才能维系良好的合作关系。

供应链优势是建立在各企业互相信任、互相协作、利益共享、风险共担的基础上的，要获得供应链的竞争优势，供应链联盟中的企业必须共同建立对供应链的整合与管理机制。

1. 树立"利益共享、风险共担"观念，并建立相应的保障机制

供应链的构建是各企业尤其是核心企业利益驱动、求生存图发展的结果，"利益共享、风险共担"是供应链得以长期维持的基础。供应链上的各企业在与核心企业共担风险的条件下，还要求获得相应的经济利益和更好的发展机会。因此，核心企业必须考虑平衡各企业的利益，建立"竞—合—发"的机制，互利互惠，以巩固、发展供应链，提高供应链的整体竞争力。根据博弈论的分析，在上下游企业无数次博弈的前提下，若博弈双方互相合作，则双方获得的收益都是最大的；若一方选择不合作，则其在无数次的博弈中损失会大于所得，只能在有限次博弈即一次性博弈中获利，而这样的合作也将是一次性的，核心企业或非核心企业都必须付出代价寻找新的合作伙伴。因此，各企业尤其是核心企业首先要树立"利益共享、风险共担"的观念，坚持双赢原则，不能将自己的利益建立在他人的损失之上。同时，还要建立相应的约束保障机制，比如严格的奖惩和制裁制度。从制度经济学的角度来看，无论何种形式的组织，制度都是其有效运行的不可或缺的保证。

2. 采取各种措施，构建供应链的信任机制

互相信任是供应链得以生存的保证。在供应链联盟中，核心企业对其他企业的信任主要是一种忠诚信任，即它们能够信守供应链协议，不会危害供应链的整体利益，不会背离当前所在的供应链；其他企业对核心企业的信任主要是一种能力信任，即核心企业有能力在不确

定的市场环境下通过构建和领导现有的供应链获取更大的市场份额，提高整体效益，并让自己分享收益。由于现实中的供应链是出于核心能力、利用外部资源以迎合特定的市场机会构建的，再加上地理位置的分散及企业文化、企业战略等的冲突，因此信任机制的建立面临较大的困难。而在各企业互不信任的条件下，会产生信息共享中的作弊行为和互相伤害行为，最终导致供应链合作关系的破裂，所以，供应链联盟中的各企业应积极采取措施，保证信任机制的建立。这些措施包括：通过各种沟通手段(面对面的或以信息技术实现的)促进供应链良好信任关系的建立；与其他成员企业共同制定大家都应遵循的商业道德规范、公平的政策和制度，并制定相应的奖惩制度加以保证；在保证信用、竞争力的前提下，选择与自己的文化、社会背景等相似的企业作为合作伙伴；作为核心企业，应不欺骗合作伙伴、确保合作伙伴有效经营等。

3. 构建供应链的协同机制，获得协同效应

协同是供应链的生命。构成供应链的各企业可能存在文化、工作流程和战略规划等方面的不同，如果不能有效整合的话，即使选择了良好的合作伙伴，建立了有效的信任机制，也未必能获得供应链的协同效应优势，因此，必须构建相应的整合机制以获得协同效应。要实现企业间的整合，首先，各企业尤其是核心企业应积极进行内部的改造与整合，推倒企业内部的"墙"，为供应链整合打好基础、创造条件；其次，核心企业与其他企业间应积极进行整合，包括企业文化和战略规划的整合。由于供应链各企业所处的民族、区域不同，发展历史、经营哲学、产品特点等不同，因此可能会形成不同的企业文化和战略规划。而作为虚拟组织的供应链联盟，在竞争环境下有自身的战略目标和追求，要求各企业在文化和战略方面必须协同一致。因此，企业除了在构建供应链时选择与自己的企业文化相近的企业作为合作伙伴外，还必须考虑与其他企业进行文化和战略的协调与整合，打造供应链的统一文化或使各家文化互相融合，增强供应链的凝聚力和竞争力。供应链上的企业进行企业文化和战略的整合时，往往需要各企业进行"面对面"的交流与磋商。

4.3.4 法律问题

目前，供应链中各企业之间的连接手段主要是合同，并由核心企业充当事实上的链管中心。这种运作方式虽然表现很好，但在法律上存在许多问题使供应链上各企业之间的信任和合作缺乏有力的保障。具体地讲，供应链企业间的合作关系存在以下几个方面的问题。

(1) 合同问题。供应链企业间的合同有两种：一种是长期合同，即原则性合同，确立两企业间的长期合作；另一种是短期合同，如订货合同，这种合同几乎每天都会发生。这两类合同从根本上规范了供应链企业间的行为。但是，由于这两类合同仍然存在一些设计上的缺陷，所以有时会让合作双方都对对方不满，而同时双方又都感到委屈，这是需要进一步研究解决的问题。

(2) 知识产权问题。知识产权问题是供应链所涉及的一个重要法律问题。供应链中的知

识产权包括商标权的使用、专利权的使用、专属知识产权等。

(3) 其他问题。供应链的全球化已经是客观事实，供应链的运作涉及许多国家，跨越众多法域。国家不同，政策、法律就不同。每个国家都有自己的海关，都有自己的关税政策。供应链是众多企业一体化的产物，不能因为国界的阻隔和法域的障碍而固守自闭。供应链的正常运行必须面对这些现实问题。

总之，在一个法治社会，没有法律规范的活动是不可想象的，但是至今仍然没有出台关于供应链的法律。在解决与供应链有关的问题时更多的是借用关于企业的法律，或是将企业法延伸至供应链层次。但是这种做法毕竟有它的局限性，因此，必须解决供应链的法律定位问题，并使供应链得到法律的认可。

4.4 供应链管理系统产品及发展趋势

供应链管理系统产品是基于协同供应链管理的思想，配合供应链中各实体的业务需求，使操作流程和信息系统紧密配合，做到各环节无缝链接，形成物流、信息流、单证流、商流和资金流五流合一的领先模式。

供应链管理系统产品主要涉及管理的 4 个领域：供应、生产计划、物流、需求。职能部门主要包括产品工程、产品技术保证、采购、生产控制、库存控制、仓储管理、分销管理。辅助部门主要包括客户服务、制造、设计工程、会计核算、人力资源、市场营销。供应链管理系统产品能够有助于实现供应链整体可视化、管理信息化、整体利益最大化、管理成本最小化，从而提高供应链的总体水平。供应链管理系统产品的目标是在满足客户需要的前提下，对整个供应链(从供货商、制造商、分销商到消费者)的各个环节进行综合管理，例如从采购、物料管理、生产、配送、营销到消费者的整个供应链的货物流、信息流和资金流，把物流与库存成本降到最小。

4.4.1 典型产品介绍

国外知名的供应链管理系统公司有德国 SAP 公司和美国 JDA 公司，国内知名的供应链管理系统公司主要是金蝶公司和用友公司。

德国 SAP 公司和我国的金蝶公司、用友公司三者的公司介绍及产品介绍详见第 3 章的相关内容，下面主要介绍美国 JAD 公司及其供应链管理系统产品。

美国 JDA 软件集团公司是全球领先的集成软件和专业服务提供商，在 60 个国家拥有大约 4600 个零售、制造和批发行业的客户。基于 JDA 稳固的市场地位和雄厚的财力，公司投入了巨大的资源改进 JDA Portfolio，它管理和优化了从商品成品到顾客付款结账整条需求链的过程，是同行业中最优秀的领先产品。这套产品组合解决方案被证明能够帮助零售商和供货商改进从上到下的所有业务，提高日常运作和供应链的效率，改善客户关系。

JDA 为全球 60 个国家的大约 4600 个公司提供确实可靠的解决方案，创造可观的利润，在中国区的客户包括沃尔玛、百安居、乐购、可口可乐、联合利华、宝洁、高露洁、立白、易初莲花、好家乡、家世界、东方家园、惠康、屈臣氏、全国电子专卖、特力等。其供应链解决方案(SCM)软件受到戴尔公司及通用汽车公司等顶级客户的追捧。

4.4.2 发展趋势

供应链管理是指为了满足客户需求，在从原材料到最终产品的整个过程中，对物流、信息流、资金流、价值流及工作流进行计划、组织、协调与控制，寻求建立供、产、销企业以及客户间的战略合作伙伴关系，以最大限度地减少内部损耗与浪费，实现供应链整体效率的最优化。供应链不是从链条上的每个成员企业追求自身利益最大化出发去实现企业利益最大化，而是充分发挥各自的核心能力，形成优势互补，从而更有效地实现最终的客户价值，实现供应链绩效最大化。随着市场环境的改变，不断发展和完善供应链管理已成为企业提高自身市场竞争力的新型手段，供应链管理也在实践中出现了一些新的发展趋势。

(1) 全球供应链。全球供应链管理强调在全面、迅速地了解世界各地消费者需求的同时，对整个供应链进行计划、协调、操作、控制和优化。全球化和高度复杂的供应链需要更有效的管理，真正的全球化客户和良好的供应链网络可以帮助企业在全球范围内保持业务增长和获得全球市场。

(2) 敏捷供应链。经过多年激烈的市场竞争历程，产品生命周期变得越来越短。敏捷供应链的实质是在优化、整合企业内外资源的基础上，更多地强调供应链在响应多样化客户需求方面的速度目标。敏捷供应链可以根据动态供应链联盟的形成和解体，进行快速的重构和调整。敏捷供应链要求能通过供应链管理促进企业间的联合，进而提高企业的敏捷性。

(3) 绿色供应链。绿色供应链将环保原则纳入供应链管理机制中，其内容涉及供应链的各个环节，主要包括绿色采购、绿色制造、绿色销售、绿色消费、绿色回收及绿色物流。

(4) 柔性供应链。供应链的柔性不仅涉及顾客需求实现过程中的技术问题，还涉及企业与供应链运作管理中的决策与协调问题。简单地说，供应链的柔性是指快速而经济地处理企业生产经营活动中环境的或由环境引起的不确定性的能力，一般包括缓冲能力、适应能力和创新能力。

(5) 集成化供应链。集成化供应链把企业内部以及节点企业之间的各种业务看作一个整体功能过程，跨越企业组织边界，作为一个完整的流程共享经营资源和信息，通过信息、制造和现代管理技术，将企业生产经营过程中有关的人、技术、经营管理三要素有机地集成并优化运行。

本章小结

供应链是指包括信息流在内的从原材料阶段直到最终用户的商品流通和递送的所有活动，信息流贯穿供应链始终。供应链管理是指在满足一定的客户服务水平的条件下，为了使整个供应链系统成本达到最小，而把供应商、制造商、仓库、配送中心和渠道商等有效地组织在一起来进行的产品制造、转运、分销及销售的管理方法。

供应链管理系统的发展对组织与组织之间业务流程的重新设计与集成影响巨大，目前的供应链管理模式有以制造企业为主导的供应链、以零售企业(连锁超市)为主导的供应链和以集成物流供应商为主导的物流服务供应链。

在供应链管理中，信息主要包括库存信息、营销信息、订单信息、产品信息、物流信息和与财务相关的信息。以金蝶 K/3 系统为例，供应链管理中涉及的信息处理主要包括采购管理、销售管理、仓存管理、质量管理、存货核算、物料需求计划、分销管理和生产数据管理。

随着市场环境的改变，不断发展和完善供应链管理已成为企业提高自身市场竞争力的新型手段。全球供应链、敏捷供应链、绿色供应链、柔性供应链、集成化供应链是供应链管理新的发展趋势。

关键术语

供应链	supply chain，SC
供应链管理	supply chain management，SCM
牛鞭效应	bullwhip effect
全面质量管理	total quality management，TQM
准时制管理	just in time，JIT
柔性制造系统	flexible manufacture system，FMS
电子数据交换	electronic data interchange，EDI
无线射频识别	radio frequency identification，RFID
地理信息系统	geographic information system，GIS
全球定位系统	global positioning system，GPS

思考与练习

1. 信息管理在供应链中的作用是什么？

2. 供应链管理中信息流的控制模式有哪几种？各有何特点？

3. 供应链管理环境下信息流控制的特征是什么？

4. 考察一下从一家便利店购买一瓶矿泉水的情形，描述这个供应链的不同阶段及所涉及的供应链信息流。

5. 简要描述供应链管理的概念。

6. 供应链管理的特点是什么？

第5章

决策支持与商务智能

管理的重点在于经营，经营的中心在于决策，决策贯穿管理活动的始终，管理的过程主要是决策及其实施的过程。对于企业来说，决策是最重要、意义最重大的活动之一。基层、中层的管理信息系统为企业改善经营、高效管理做出重要贡献，为企业高层服务的决策支持系统为决策者进行智能决策提供切实可行的帮助，帮助决策者提高决策的水平与质量。

本章主要介绍决策问题的性质和层次，决策支持系统的概念、功能和分类，以及决策支持系统与管理信息系统的联系和区别，阐述了决策制定过程中信息系统的支持。

学习目标

1. 熟悉决策支持系统的概念、功能和分类。
2. 正确理解决策支持系统与管理信息系统的联系和区别。
3. 了解 GDSS、IDSS、DDSS 和 EIS。
4. 掌握决策问题的性质和层次。
5. 理解 DSS 的概念模型和结构。

引例：大亚湾核电站备件库存控制与采购优化决策支持系统开发

一、背景

大亚湾核电站位于深圳市的大亚湾核电基地，是我国大陆首座大型商用核电站，年发电能力近 150 亿千瓦时，70%销往我国香港，30%销往广东。该核电站投产以来已经安全运行多年，在国际上衡量核电站安全运行水平的 9 项关键指标中，大亚湾核电站有 8 项指标达到世界先进水平。

二、核电站备件库存控制管理中的问题

大亚湾核电站于 1994 年开始商业运行，仓库于 1993 年开始接收现场安装剩余物资和备件，此后又有一些补充采购的备件验收入库，库存量增加很快。由于大亚湾核电站备件供应

商大多在欧洲,为了防范缺货风险,需要库存大量备件,而核电站的维修特点也决定了这些备件的使用率不高,很难把握备件的需求规律。库存多了,造成浪费;库存少了,影响生产,据估算,一台机组非计划停堆一天的损失在 100 万美元左右。在这种情况下,如何进行科学、合理的库存控制就显得非常重要了。

在早期,主要依靠维修技术人员的经验来决定各种备件的库存水平。后来随着数据的积累,以及掌握了一些基本的库存控制知识后,生产准备人员开始根据一些相关数据,例如过去的使用情况、维修手册的要求、备件的价格等,来估计备件的库存量,但主要依靠个人的经验判断,随意性较大。

为了解决上述库存控制问题,大亚湾核电站开始引进美国 ISI 公司开发的 RUSL 库存控制模型。由于核电站前期的库存管理比较粗犷,采用 RUSL 计算后,迅速纠正了大量原先不合理的库存设置,使库存控制水平有了很大的提高。RUSL 通过互联网把历史使用数量、价格、采购周期等数据上传到 ISI 公司的服务器,由美国技术人员进行操作和处理,2~3 天后再把结果传回。在这种操作方式下,要求核电站的技术人员首先从自己的电站信息系统中导出数据,然后按照 RUSL 的要求,加工整理成模型计算所需要的数据及一定格式,造成数据的搜集与整理工作量很大。大亚湾核电站曾提出购买 ISI 公司的软件和技术,希望实现本地在线计算,但对方一口拒绝。另外,在 RUSL 的这种操作模式下,公司备件管理人员完全不了解 RUSL 的计算方式,仅仅被动地接受,无法满足改进工作、提升管理系统的要求,而且每年 3 万美元的服务费用也是一笔不小的开支,因此公司考虑寻求能够替代 RUSL 的,更方便、实用的库存控制决策软件。

三、库存控制决策支持系统的开发

华中科技大学管理学院在对大亚湾核电站进行调研后,确定了联合开发"大亚湾核电站备件库存控制决策支持系统"的技术方案。该方案将决策支持系统的开发划分为两个阶段:一是建立备件库存控制模型并验证其效果;二是采用原型法根据所建模型完成决策支持系统的开发。

第一阶段中碰到的辣手问题是如何验证模型的效果。经过讨论,双方决定用核电站近 10 年的真实备件消耗数据来验证模型效果。然后,新的问题又出现了:一是数据质量存在问题,有相当比例的备件历史消耗数据不完整;二是即使仅针对有完整历史数据的备件来进行验证,也面临巨大的数据计算工作量。经过多轮讨论,最终达成"指定抽样+随机抽样"的方案来进行验证。第二阶段的系统开发进入尾声时,采购部门又提出了一个问题:原有的备件采购工作流程是当发现一种备件达到最小库存时,就立刻向备件采购部门发出一张采购单,要求采购该备件,然后进入采购流程。由于此工作流程对象是单个备件,往往出现刚刚完成对该备件供应商的合同签订,又出现了对该供应商的其他备件的采购申请,有时还是紧急采购申请,于是采购人员不得不又启动与该供应商的洽谈工作。这样,不仅采购人员的工作量大、采购效率低、采购费用高,而且供应商也多有抱怨。

这种情况下,仅仅解决备件库存水平的合理确定问题还不够,还有必要进行采购优化决策支持系统的开发。采购优化是指当某一备件达到最小库存量时,先检查该供应商所能提供的其他备件之中是否有需要顺带进行采购的备件，如果有，则在一次采购中将这些备件全部采购到最大库存量。该采购优化过程是对库存控制模型的拓展，能有效提高采购效率。于是，大亚湾核电站和华中科技大学管理学院紧急启动了采购优化决策支持系统开发项目。由于前期在开发库存控制决策支持系统时积累了大量的经验，采购优化决策支持系统的开发进展顺利，几个月的时间内就完成了开发，进入了试用阶段。

大亚湾核电站备件库存控制和采购优化决策支持系统的开发与使用，有效地提高了大亚湾核电站的备件管理水平，产生了显著的经济效益和管理效益。

（资料来源：https://max.book118.com/html/2017/1213/143934087.shtm，有删改）

讨论题

1. 从管理角度来看，开发管理信息系统与决策支持系统的区别是什么？

2. 决策支持系统开发过程中，建模是重要环节，数据质量尤为重要，应如何提高数据质量？如何评价建模效果？

5.1　决策理论和决策问题

早在 20 世纪 50 年代，西蒙就提出了管理依赖于信息和决策，决策体现着管理活动的精髓，因此各层次的管理活动都会面临决策问题。本节主要介绍决策理论以及决策问题的性质、层次和类型。

5.1.1　决策理论

决策是人们为了达到某种目的而进行的有意识的、有选择的行为，在占有一定信息和经验的基础上，借助一定的工具、技巧和方法，对影响目标实现的诸因素进行分析、计算、判断和选择后，从可能的选择方案中做出决定，以求达到较为满意的结果。管理者决策的正确与否将直接影响组织的效益。如果决策失误，可能使组织受到巨大的损失；反之，如果做出了正确的决策，组织可能取得巨大的利益。因此，科学地进行决策是各项工作得以顺利进行的基本保证，也是衡量组织管理者工作能力的重要标志。

所谓决策过程，就是获得信息后，在一定的人力、设备、材料、技术、资金和时间等因素的制约下，人们为了实现特定目标，可以从多种策略中做出决断，以求得到最优或较好效果的过程，如图 5-1 所示。

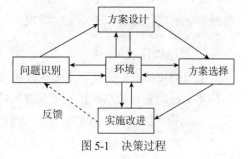

图 5-1　决策过程

(1) 决策过程中，第一个步骤是问题识别。此时，管理者必须收集和处理大量与问题有关的数据。因此，决策的质量取决于信息，正确、及时、恰当的信息是减少决策不确定性的根本。信息系统是提供、传播、处理信息的载体，由此可见，信息系统对管理职能的支持，归根到底是对决策的支持。

(2) 环境既包括客观物质世界，也包括与管理者密切相关的社会系统，即人与人之间的关系组成。在做决策时，管理者一方面必须认识环境，了解有关的信息；另一方面在决策的各个阶段还要受到环境的制约，例如方案的设计必然受到现实可行性的限制等。因此，环境影响整个决策过程。

5.1.2　决策问题的性质

识别决策问题是决策过程的第一步，对决策问题一般用"结构"这个概念来描述，其性质可以用结构化程度来分类。所谓结构化程度，是指对某一过程的环境和规律，能否用明确的语言(数学的或逻辑学的，形式的或非形式的，定量的或推论的)给予清晰的说明或描述。决策问题按其性质可分为以下 3 类。

1. 结构化决策问题

结构化决策问题有时也称为程序化决策问题。这类问题相对比较简单、直接，其决策过程和决策方法有固定的规律可以遵循，能用明确的语言和模型加以描述，并可根据一定的通用模型和决策规则实现其决策过程的基本自动化。早期的多数管理信息系统都能够解决这类问题，例如，管理信息系统可应用解析方法、运筹学方法等求解资源优化问题。在实际生产过程中，常见的结构化决策问题有预算分配、生产计划等。又如，企业的订货和物资供应等，通常可用运筹学、计算机仿真等来解决。

2. 非结构化决策问题

非结构化决策问题的决策过程和决策方法没有固定的决策规则和通用模型可依，决策者的主观行为(学识、经验、直觉、判断力、洞察力、个人偏好和决策风格等)对各阶段的决策效果有相当的影响，往往由决策者根据掌握的情况和数据临时做出决策。例如，决策人员需要为设计产品选择包装的图案，这个决策过程无法用任何模型来帮助决策者选择适合的图案，此时决策者的主观意见对决策结果具有很大的影响，决策者往往根据自己的喜好，或者根据当下的流行趋势、市场上的需求，凭直觉来做决策。

3. 半结构化决策问题

半结构化决策问题是介于结构化决策问题和非结构化决策问题之间的决策问题，它兼有结构化决策问题和非结构化决策问题的特点，一方面此类问题能够用模型或语言来描述，或者能够运用恰当的算法来解决；另一方面它依靠人的知识、经验和直觉来判断与选择。典型的半结构化决策问题有开发市场、经费预算等，如股票市场的投资分析。半结构化决策具有以下特征：

(1) 具有决策者期望达到的明确目标；

(2) 存在不以决策者意志为转移的两种或两种以上的自然状态，是不可控因素；

(3) 具有两个或两个以上可供决策者选择的可行方案；

(4) 不同可行方案在不同自然状态下的损益值可以计算；

(5) 未来可能出现的概率可以主观判断或依据客观资料统计推算。

实际工作中，人们了解到的用于决策的信息总是有限的。对于管理问题，在完全了解的情况下做出决定是较罕见的。因此，半结构化决策是决策的主要类型，也是决策支持系统的发展基础。

值得注意的是，决策问题的结构化程度并不是一成不变的，当人们掌握了足够的信息和知识时，非结构化决策问题有可能转化为半结构化决策问题，半结构化决策问题也有可能向结构化决策问题转化，因此，决策问题的结构化程度转化过程是人们对客观事物不断提高认识的过程。

三类决策问题的特点总结见表 5-1。

表 5-1　不同结构化程度的决策问题的特点总结

决策问题性质	相应特征	决策问题举例
结构化决策问题	1. 决策问题相对简单、直接，能用明确的语言和模型加以准确描述； 2. 发生频率高，多发生在组织基层，可事先制定决策规则； 3. 决策过程与方法有章可循，可依据决策模型或规则通过计算机编程实现自动化决策	• 厂址选择问题 • 作业计划问题 • 库存补充问题
非结构化决策问题	1. 决策过程复杂，较难进行准确描述； 2. 发生频率较低，多发生在组织高层，无固定规律可循； 3. 决策者的个人能力(学识、经验、直觉、判断力、洞察力、个人偏好和决策风格等)对决策效果影响显著； 4. 常常临时提出数据要求，往往通过探索法、经验法和反复试验法完成	• 企业管理体制确定问题 • 企业广告部署问题 • 销售对象识别与选择问题
半结构化决策问题	1. 介于结构化决策问题和非结构化决策问题之间，其决策过程与方法有一定规律可以遵循，但又不能完全确定； 2. 决策主体对决策问题有所了解，但尚不够全面、深入； 3. 一般可适当建立模型，但最优方案的确定仍需要决策主体基于模型计算结果通过主观决断完成	• 企业资金调度问题 • 车间奖金分配问题

5.1.3 决策问题的层次

正如在管理信息系统理论基础中提到的，一般的组织管理都是分层次的，通常将管理活动从低到高分为作业层、管理控制层和战略管理层。决策是贯穿整个管理过程的，所以在每个层次上都存在决策活动。因此，决策问题可以依照管理的层次从低到高分为三层：作业调度、运筹管理和战略规划，如图 5-2 所示。

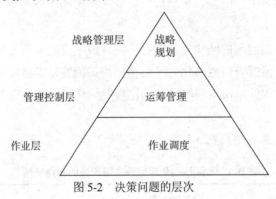

图 5-2 决策问题的层次

(1) 作业调度是基于作业层的决策问题，主要考虑如何完成任务，涉及整个组织中最具体、最细化的问题，例如由谁去完成，应该使用什么样的方法完成。

(2) 运筹管理是基于管理控制层的决策问题，这个层次介于战略规划和作业调度之间，是连接这两个层次的桥梁。例如，如何让作业层有效地完成战略管理层制定的任务。

(3) 战略规划是基于战略管理层的决策问题，处于决策问题的最高层，因此这个层次的问题决策往往影响整个组织的运作，例如组织的章程和政策。

5.1.4 决策问题的类型

如上所述，决策问题的性质可分为结构化、半结构化和非结构化 3 类，每一类决策问题又可分为作业调度、运筹管理和战略规划 3 个层次，这样就构成了一个三维的方阵，组成了9 种决策问题类型。决策问题的类型如表 5-2 所示。

表 5-2 决策问题的类型

决策性质	管理层次		
	作业调度	运筹管理	战略规划
结构化	库存报表、零件订货	线性规划、生产调度	新工厂位置选择
半结构化	股票管理、贸易	开发市场、经费预算	资本获利分析
非结构化	为期刊选择封面	聘用管理人员	研究和开发分析

(1) 结构化作业调度。20 世纪 50 年代初，生产部门对于库存的决策主要考虑订购零件的时间和数量，一般可以根据生产计划较为准确地核算。20 世纪 70 年代，很多企业都把库存管理和部件采购的工作交给计算机来完成，这种软件系统几乎不需要用户做分析和判断，只需要简单的计算，从一致性、成本和可靠性三方面考虑，它的效果较好。

(2) 半结构化作业调度。计算机对这类作业调度的支持是很有效的，而且实用性很强。例如股票管理，金融行业的债券、股票部门都用计算机与用户对话，但要做到全部自动化是非常困难的，因为人数太多，而且有些东西无法定量计算，只能做一些判断和主观估计。但是，还有很多数据，如收益、期限和市场状况等，在达成合理的价格以前都必须仔细地核算。在股票管理的过程中，即使无法形成自动化系统，但是计算机能管理大量的数据，做金融计算，分析各种不同的方案，这些工作对管理人员是很有帮助的。

(3) 非结构化作业调度。一般企业的作业调度或多或少都会有一些计算问题，能够用模型计算或者定量描述，因此要举例说明完全非结构化作业调度的例子是比较困难的。例如为期刊确定封面，这项工作确实不可能采用任何分析技术，甚至获取成功的条件也不很清楚。封面的选择完全凭经验和直觉，甚至在一定程度上也要靠运气。

(4) 结构化运筹管理。一个大的工业企业一般下设若干个工厂，每个工厂生产几种不同的产品，因此它的资源是个复杂的难题，一般采用线性规划或仿真模型来求解。在这种机制下，管理者的判断和偏好都不是重要问题。如果不考虑一些管理上的实际问题，常常可以做出较好的决策。

(5) 半结构化运筹管理。Little 在 1975 年提出了一个用于产品推销、定价和广告决策的混合市场模型，这是用决策支持系统解决半结构化运筹管理问题的一个范例。管理者的目标责任期限是一年，在这一年内，必须确定为了开发市场所需的款项和使用该款项的时机。没有一种合适的算法或模型可以解决这个问题，但是这个问题有结构化的特点。例如，计算机可以根据管理者的经验和历史数据勾画出一个广告响应曲线，从而帮助管理者确定开发市场的费用、费用投入的方式和时间等，这些都是管理者自己所不能完成的工作。

(6) 非结构化运筹管理。企业人事部门聘用人员是一个明显的例子，几乎世界上任何一个国家或地区的所属企业、事业单位的人事部门都不愿意用解析方法来解决这个问题，它不存在什么有根据的算法或者人员聘用模型。在决定聘用谁或者干这件工作需要什么样的经验时，主观判断或偏好是最主要的因素。

(7) 结构化战略规划。很多决策人员一般都不大相信结构化规划的作用。事实上，的确存在一些战略决策，它们受客观经济规律支配，决策人员无论自觉还是不自觉，其偏好和判断都无法逃出这个规律。例如，选择一个工厂或商业点位置的问题，咨询公司利用大量的软件来为此做详细的成本分析，尽管某些管理者并不相信这些模型的建议，但是也不得不惊叹模型的分析能力，这是他们自己所不可能达到的。

(8) 半结构化战略规划。很多研究机构或者咨询公司开发了许多对话式的决策支持系统来估计可能的获利，以此来分析和预测项目的可行性。例如，在某种经营战略下，以某一价格收买一家公司，可以根据它对每个股份红利的影响和两家公司将来的发展来考虑其效果。

显然,这个问题无法自动求解,必须插入一些可信赖的条件,所得到的采用不同金融战略的结果才可以作为管理者判断的根据。

(9) 非结构化战略规划。研究开发计划与分析是比较典型的非结构化战略规划。方案选择和预算分配都是十分复杂的问题,要在不确定性、必然性、风险和时间期限等因素中做平衡和协调。从概念上讲,决策理论和分析似乎都可以提供一些结构上的分析,但是实际上把开发新产品、扩大市场或探索新技术所涉及的一些主观的、无法预见的因素转化为数量,则几乎是不可能的。虽然有许多模型可以用于选择研究与开发计划,但是管理人员往往完全不采用它们,因为看不出这些模型有什么实用的价值。

5.2 决策支持系统概述

管理信息系统实现了管理信息的系统性、综合性处理,可以为各层次的管理决策者准确、及时地提供所需的各类信息,使企业的管理水平得到提高。然而,对于许多复杂多变的决策问题,中、基层的管理信息系统却无法给决策者提供支持,决策支持系统(decision support system,DSS)正是为决策者做出准确、科学决策的信息系统。

5.2.1 决策支持系统的概念

广义的决策支持系统认为任何对决策制定有贡献的信息系统都是决策支持系统,而忽略其他支持手段、决策方法;狭义的决策支持系统则指能利用数据和模型,帮助决策者解决非结构化问题的高度灵活、交互式的计算机信息系统。

决策支持系统是以管理科学、运筹学、控制论和行为科学为基础,以计算机为技术,以仿真技术和信息技术为手段,辅助决策者通过数据、模型和知识,以人机交互方式进行半结构化或非结构化决策的计算机应用系统。决策支持系统通过结合个人的智力资源和计算机的能力来提高决策的水平和质量,它是一个基于计算机的支持系统,服务于处理半结构化、非结构化问题的管理决策制定者。

决策支持系统的基本特征如下。

(1) 集中式决策支持,辅助高级决策人员解决半结构或非结构化问题。充分运用人工智能技术,建立决策支持系统模型库、方法库、数据库和知识库,对各种信息进行识别描述、处理和存储。

(2) 具有灵活性、通用性和快速响应的特性,能够支持决策人员解决处于管理系统不同状态的某一领域中的决策问题。

(3) 具有方便的交互功能。决策支持系统是决策的支持系统,而不是决策替代系统。一个决策问题的解决是人机相互作用的结果,计算机只是为决策者解决各种复杂问题提供一个方便、有效的手段和工具。

5.2.2　决策支持系统的功能

决策支持系统的主要目的就是支持各种层次的管理者进行决策活动。决策支持系统主要提供以下几个方面的功能。

(1) 整理和提供本系统与决策问题有关的各种数据。各种不同的待决策问题可能需要不同方面、不同层次的数据，如生产数据、库存数据、财务数据和设备运行数据等。

(2) 收集、存储和及时提供与决策有关的外部信息。外部信息是保证正确决策的重要依据，如市场需求、商品价格、原材料供应和竞争对手的经营状况等。

(3) 及时收集和提供有关各项活动的反馈信息。主要包括系统内和与系统相关的信息，如计划完成情况、产品销售情况和用户反馈信息等。

(4) 对各种与决策有关的模型具有存储和管理的能力。不同的决策内容需要不同决策模型的支持，如酷讯控制模型、生产调度模型、投入产出模型等。

(5) 提供对常用的数学方法、统计方法和运筹方法的存储和管理，如统计检验方法、回归分析方法、线性规划方法等。

(6) 对各种数据、模型、方法进行有效的管理，为用户提供查找、变更、增加和删除等操作功能，使用户可以对系统所提供的数据、模型和方法进行有效而灵活的运用。例如数据的变更、模型的修改、方法的增删等，都可以通过系统来完成。

(7) 使用用户提供的模型和方法对数据进行加工，并得出支持决策的有效信息，如对数据进行汇总、分析和预测等。

(8) 具有人机对话接口和图形加工、输出功能，用户不仅可以对所需要的数据进行查询，而且可以输出相应的图形，例如回答"如果……怎么样……"等类型的问题和输出各种统计、分析图表。

(9) 支持分布使用方式，提供有效的传输功能，以保证分散在不同点的用户能共享系统所提供的模型、方法和数据。

从以上 9 个功能可知，决策支持系统是一种网络环境下，提供了对数据、模型和方法进行管理功能的，并具有良好人机界面的完整软件系统。一个实用的决策支持系统更重要的是，拥有能对决策起辅助作用的丰富数据、成熟模型及有效方法。

5.2.3　决策支持系统的分类

1. 数据驱动的 DSS

数据驱动的 DSS 着重于以时间序列访问和操纵组织的内部数据和外部数据。通过查询和检索提供最基本的功能，数据仓库系统提供另外一些功能。结合联机分析处理的数据驱动，DSS 提供最高级的功能和决策支持，并且此类决策支持是基于大规模历史数据分析的。主管信息系统和地理信息系统属于专业的数据驱动 DSS。

2. 模型驱动的 DSS

模型驱动的 DSS 强调对模型的访问和操纵,例如统计模型、金融模型、优化模型或仿真模型。简单的统计和分析工具仅提供最基本的功能,模型驱动的 DSS 综合运用模型来提供决策支持,利用决策者提供的数据和参数来辅助决策者对某种情况进行分析。模型驱动 DSS 通常不是数据密集型的,因此通常不需要大规模的数据库。

3. 知识驱动的 DSS

知识驱动的 DSS 可以采取具体行动向管理者提出建议或推荐。这类 DSS 具有解决问题的知识的人机系统,这里的"知识"是指解决某一特定领域内问题的"知识",以及解决这些问题的"能力"。智能决策支持系统是构建知识驱动的 DSS 的工具。

4. 基于 Web 的 DSS

基于 Web 的 DSS 通过"瘦客户端"Web 浏览器向管理者或商情分析者提供决策支持信息或决策支持工具。运行 DSS 应用程序的服务器通过 TCP/IP 协议与用户计算机建立网络连接。基于 Web 的 DSS 可以是通信驱动、数据驱动、文件驱动、知识驱动、模型驱动或者混合类型。Web 技术可用于实现任何种类和类型的 DSS。"基于 Web"意味着全部的应用均采用 Web 技术实现,应用程序可以通过基于 Web 的组件进行访问,并通过浏览器显示。

5. 基于仿真的 DSS

基于仿真的 DSS 可以提供决策支持信息和决策支持工具,以帮助管理者分析通过仿真形成的半结构化问题。

6. 基于地理信息系统的 DSS

基于地理信息系统的 DSS 通过地理信息系统向管理者或者分析者提供决策支持信息或决策支持工具。通用目标地理信息系统工具包括 Arc/Info、MAPInfo 及 ArcView 等程序。特殊目标地理信息系统工具针对不熟悉上述工具的用户,是由地理信息系统程序设计者编写的程序,以程序包的形式向用户提供特殊功能。

7. 通信驱动的 DSS

通信驱动的 DSS 强调通信、协作及共享决策支持,简单的公告板或者线程电子邮件就是其最基本的功能。通信驱动的 DSS 能够使两个或者多个用户互相通信、共享信息,并协调他们的行为。

5.2.4　决策支持系统与管理信息系统的关系

1. DSS 与 MIS 关系

DSS 与 MIS 的关系是一个争议较大的问题,目前存在三种不同的观点:

(1) MIS 包括 DSS。

(2) MIS 是 DSS 的子概念。

(3) 两者自成一体。

本书同意第(1)种观点,从 MIS 的学科理论来看,DSS 是服务于高层管理者的 MIS,它与面向中、基层的 MIS 既有相互联系,又有显著区别。

2. DSS 与中、基层 MIS 的联系和区别

MIS 是一个总体概念,DSS 是在 MIS 的基础上发展起来的,是 MIS 的一部分。MIS 收集的信息是 DSS 工作的基础,DSS 能够使 MIS 提供的信息发挥作用。从发展的观点来看,可以将 DSS 看作 MIS 的高级阶段或高层分系统。但为了利于深入的专门研究,为了满足组织管理决策现代化与科学化的迫切需要,专门开发与应用 DSS 也是可行的。

表 5-3 从多方面比较了 DSS 与中、基层 MIS 的区别。

表 5-3　中、基层 MIS 与 DSS 的区别

项目	DSS	中、基层 MIS
功能	辅助支持决策活动	完成业务信息处理活动
目标	有效性、科学性	高效率
决策性质	支持半结构化决策	支持结构化决策
适用人群	面向高层管理人员	面向中层管理人员
趋向	趋向于信息的分散管理	趋向于信息的集中管理
开发侧重	进行性	稳定性

中、基层的 MIS 强调管理行动内部信息流程的整体性,为所有决策人员提供其所需要的信息,并强调其系统性;而中、高层决策者所需要的内外部信息及个人的经验和判断,则由 DSS 提供。

因此,MIS 是 DSS 的基础,DSS 是 MIS 的深化与发展,高层、中层、基层三类 MIS 相互协作发展,为企业改善经营、智能决策提供重要帮助。

5.2.5　新一代决策支持系统

1. 群决策支持系统

群决策支持系统(group decision supporting system,GDSS)是一个基于计算机的交互系统,它使参与决策的多人作为一个团队在一起工作,通过某种规程相互协作来解决半结构化和非结构化决策问题。它把同一领域不同方面或者相关领域的各个决策支持系统集成在一起,使其互相通信、互相协作形成一个功能十分全面的决策支持系统。

群体决策一直面临一些问题:决策者会议剧增、会议时间加长、与会人员越来越多等。群体决策涉及面广,综合决策科学、人工智能、计算机网络、运筹学、数据库技术、心理学及行为科学多种学科理论、方法与技术。GDSS 是应用于团队之中,使团队更易于获得问题

解决方案的群体决策支持系统。GDSS 由三个基本要素组成：硬件、软件、人。一般可将群决策支持系统分为 4 种类型：决策室、局域决策网、传真会议、远程决策。

作为 DSS 的一个发展方向，GDSS 包含了以下基本特征。

(1) GDSS 应有自己的系统设计，而不是一些现有的 DSS 的简单组合。

(2) GDSS 必须能够改善决策过程和决策方案。

(3) 应是对用户友好的，能适应不同知识层次的用户。

(4) GDSS 可以是专用的或者通用的。

(5) GDSS 能够抑制不良群体行为(如思维的"群体效应"等)。

与传统的会议决策系统相比，GDSS 有以下几个特点。

(1) 提供会话功能，便于决策者之间交流信息和共享信息，支持全体决策成员同时参与决策，减少决策的片面性。

(2) 当群体中的成员违反约定规则时，可能产生有害的决策冲突，GDSS 具有防止这样的消极群体性格发展的内在机制，使整个群体决策不致滑入误区。

(3) 采用面向最终用户的第四代语言工具，以利于决策人员参与会话，可提高决策群体成员对决策结果的满意程度和置信度。

GDSS 可提供以下三个级别的决策支持。

第一层的 GDSS 目的在于减少群决策中决策者之间的通信，消除交流的障碍，例如及时显示各种意见的大屏幕、投票表决和汇总设备、无记名的意见、成员间电子信息交流。这层系统通过改进成员间的信息交流来改进决策进程，通常所说的"电子会议室"就是这一类。

第二层的 GDSS 提供善于认识过程和系统动态的结构技术，以及决策分析建模和分析判断方法的选择技术。这类系统通常用于便携式单用户计算机来支持这一决策群体。决策者面对面地工作，在 GDSS 的支持下共享面临的决策问题的知识和信息资源，制订出行动计划。

第三层的 GDSS 的主要特征是将上述第一层和第二层的技术结合起来，用计算机来启发、指导群体的通信方式，包括专家咨询和会议中规则的智能安排。但是，目前这种系统还未公布于世，仍然在研发阶段。

GDSS 应能发现信息并向决策群体提供新的方法，通过有规则的信息交流逐步达到为决策提供支持的目标。首先，要克服信息交流的障碍，加速其进程，如第一层的 GDSS；其次，可用一些较成熟的系统技术使决策过程接近结构化或准结构化，如第二层的 GDSS；最后，应对群体决策的信息交流的内容和方式、议事的时间进程提供智能指导，从根本上解决非结构化决策的支持问题，这是第三层 GDSS 的发展方向，也是 GDSS 的发展方向。

2. 智能决策支持系统

智能决策支持系统(intelligence decision support system，IDSS)是将人工智能和 DSS 相结合，应用专家系统技术，使 DSS 能够更充分地应用人类的知识，如关于决策问题的描述性知识、决策过程中的过程性知识、求解问题的推理性知识，通过逻辑推理来帮助解决复杂的决策问题的辅助决策系统。

IDSS 的概念最早是由 Bonczek 等人在 20 世纪 80 年代首先提出的，它的功能是既能处理定量问题，又能处理定性问题。人工智能应用的两大分支是专家系统和人工神经网络。专家系统是一种知识系统，利用专家知识及知识推理等来理解与求解问题，将专家系统和传统 DSS 结合而形成的知识系统，在结构上增设了知识库、推理机与问题处理系统，人机对话部分还加入了自然语言处理功能。人工神经网络通过采用物理可实现的器件或采用计算机来模拟生物体中神经网络的某些结构和功能。

IDSS 各组成模块如下。

(1) 用户接口模块。用户接口模块是 IDSS 与用户交互的窗口，向用户提供各种命令语言和输入/输出软件，使用户能按系统可以接受的方式提出要求，同时也使系统能按用户要求的形式输出结果。

(2) 问题求解模块。问题求解过程首先根据决策者提出的问题，构造面向此问题的模块序列，然后根据模块序列获取问题的最优解或满意解。问题求解模块由问题分析和问题求解两部分组成。首先，该模块对决策问题进行分析，建立面向用户提出的特定问题的模块序列；其次，完成每一模块内部结构的组建，即匹配相应的数据模块和文法文件，完成模块序列的连接和运行；最后，对决策结果进行评价和优化。

(3) 库管理模块。库管理模块能在外部环境和系统内部之间起信息传输作用，并对四库进行管理、协调和维护。这个模块满足问题求解模块对数据、模型、方法和知识的需求，提供交互式的内部通道，使人工智能的知识推理和 OR 的数值计算结合成为可能。

(4) 数据库系统。在 IDSS 中，模型库也以数据形式实现，因此，数据库不仅包含模型所需要的数据文件，也包含模型运行的结果文件。

(5) 模型库系统。模型库系统是 IDSS 的核心部分，其功能是帮助决策者方便地构造、修改和应用库内各种模型以支持决策。

(6) 方法库系统。方法库系统能把关于支持决策的方法有机地结合起来，提供或建立与求解模型有关的方法。

3. 分布式决策支持系统

随着分布式决策支持系统(distributed decision support system，DDSS)的迅速发展，人们很自然地希望在更高的决策层次和更复杂的决策环境下得到计算机的支持。这种支持不仅面对单个决策人或同一机构的决策群，而且面对若干具有一定独立性又存在某种联系的决策组织。许多大规模管理决策活动已不可能或不便于用集中方式进行，这些活动涉及许多承担不同责任的决策人，决策过程必需的信息资源和某些重要的决策因素分散在较大的活动范围内，属于组织决策或分布决策。分布式决策支持系统是为适应这类决策问题而建立的信息系统。

DDSS 区别于普通 DSS 的特征如下。

(1) DDSS 是一类专门设计的系统，能支持处于不同节点的多层次的决策，提供个人支持、群体支持和组织支持。

(2) 不仅支持问题结构不良的决策过程，还能支持信息结构不良的决策过程。

(3) 能为节点间提供交流机制和手段，支持人机交互、机机交互和人与人交互。

(4) 不仅从一个节点向其他节点提供决策结果，还能提供对结果的说明和解释，有良好的资源共享。

(5) 具有处理节点间可能发生的冲突的能力，能协调各节点的操作。

(6) 既有严格的内部协议，又是开放性的，允许系统或节点方便地扩展。

(7) 系统内的节点作为平等成员而不形成递阶结构，每个节点享有自治权。

分布式决策支持系统是近年来许多学科研究发展的趋势，国内在分布式数据库、分布式知识库等方面也有不少研究，但缺乏对 DDSS 的全面、深入的研究，原因有两点：一是 DSS 的研究开发在我国起步较晚；二是我国经济基础薄弱，形成网络大面积覆盖还需要一段时间。尽管如此，开展 DDSS 研究不仅有学术价值，也有现实意义。

4. 经理信息系统

经理信息系统(executive information system，EIS)是 20 世纪 80 年代中期出现的面向组织高层领导，能支持组织的管理工作，为高层领导提供改善效率和有效性的信息系统。经理信息系统集中于满足经理战略信息需求，这种战略信息是企业成功的关键因素。

经理信息系统通常称为经理支持系统，也叫高级经理支持系统，是服务于组织的高层经理的一类特殊的信息系统。首先，经理信息系统是一个组织状况报告系统，能够迅速、方便、直观(用图形)地提供综合信息，并可以预警与解决系统工作过程中遇到的问题；其次，经理信息系统还是一个"人机沟通系统"，经理们可以通过网络下达命令，提出行动要求，与其他管理者讨论、协商、确定工作分配，进行工作控制和验收等。

经理信息系统被认为是一种特殊的决策支持系统，主要是针对高级管理人员的信息需求，辅助管理者对非结构化问题进行决策。经理信息系统将组织内部和外部的数据结合起来，建立一个综合的计算和通信环境，特别针对变化中的一些问题，帮助高级经理监控组织的运作，跟踪竞争对手的动态，及时发现组织中的问题，寻求机遇，预测未来发展趋势等。

随着经理信息系统在组织中的不断成功，其重要性也日益得到人们的认可。在当今日益加剧的竞争压力下，高速发展的技术和不断更新的管理观念带来了许多新问题，为了解决这些新问题，作为支持高层经理工作的最为有效的信息系统，经理信息系统必须不断发展和进步，满足数据的外部化和智能化、结构的柔性化和灵活化、系统的协作化和分布化等要求。

5.3 决策制定与信息系统支持

在介绍决策理论时提到，决策过程的第一个阶段就是收集大量与问题有关的数据，即信息。信息决定了决策的质量，正确、及时、恰当的信息是减少决策不确定性的根本。因此，信息系统在决策制定过程中起到了关键性的作用。

信息系统是由计算机硬件、网络和通信设备、计算机软件、信息资源、信息用户和规章

制度组成的,以处理信息流为目的的人机一体化系统。20 世纪 70 年代末至 80 年代初开发的
DSS 主要由 5 个部件组成:人机接口(对话系统)、数据库、模型库、知识库和方法库。后来,
在这 5 个部件的基础上又开发了各自的管理系统,即对话管理系统、数据库管理系统、模型
库管理系统、知识库管理系统和方法库管理系统。从 20 世纪 80 年代开始,随着计算机集成
制造系统概念的提出,人们对 DSS 结构的理解发生了一些变化,有人提出,DSS 是由语言系
统、问题处理系统和知识系统组成,这三个系统实际上是由前面提到的 5 个部件发展而来的。

5.3.1　决策支持系统的概念模型

完整的决策支持系统模型可以表示为决策支持系统本身,以及它与"真实系统"、人和
外部环境的关系。决策者处于核心位置,他运用自己的知识,把他和决策支持系统的相应输
出结合起来对他管理的环境进行决策。

如图 5-3 所示,决策者运用自己的知识,把自己与 DSS 的响应输出结合起来对他所管
理的"真实系统"进行决策。对"真实系统"而言,提出的问题和操作的数据是输出信息
流,而人们的决策是输入信息流。与 DSS 有关的基础数据包括来自"真实系统"并经过处
理的内部信息、环境信息和与人的行为有关的信息等。最基本的 DSS 由对话管理系统、数
据库管理系统和模型库管理系统等组成。对话管理系统是 DSS 与用户的接口,其特点是灵
活方便。DSS 中的数据既包括企业内部的数据,也包括与企业有关的来自外部的数据,在
决策过程中,特别是对高层决策者来说,外部数据极为重要。但是,数据是面向过去的,
因为它反映了已经发生过的事实。

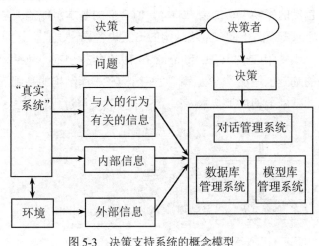

图 5-3　决策支持系统的概念模型

5.3.2　人机界面和基于知识的决策支持系统

人机界面又称用户界面、对话系统、人机接口等,是 DSS 不可缺少的重要组成部分,是

连接人与系统的中间纽带。人机界面把用户与数据库、模型库、知识库和问题处理库等联系在一起。在决策过程中，决策者对各库进行操作和控制。

基于知识的 DSS 由三部分组成：语言系统、知识系统和问题处理系统，如图 5-4 所示。

图 5-4　基于知识的 DSS 的结构

语言系统(language system，LS)是提供给决策者的所有语言能力的总和。一个语言系统既包含检索语言，也包含计算机语言。用户利用语言系统的语言、命令、表达式等描述决策问题，编制程序在计算机上运行，得出辅助决策信息。

知识系统(knowledge system，KS)包含问题中的大量事实和相关知识。最基本的知识系统由数据文件或数据库组成。更广泛的知识系统可以对问题领域的规律性进行描述，这种描述用定量方式表示为数学模型。

问题处理系统(problem process system，PPS)针对实际问题，提出问题处理的方法、途径，利用语言系统对问题进行形式化描述，写出问题求解过程，利用知识系统提供的知识进行实际问题求解，最后得出问题的解答，产生辅助决策所需要的信息，从而支持决策。

5.3.3　决策支持系统的结构

不同的系统所包括的库类型可能会不一样，但它们的基本组成框架是类似的。DSS 发展至今，根据目标和功能需求的不同，系统结构的形式也各异，一般可分为二库、三库、四库、五库的 DSS 结构。二库结构是由 R. H. Sprague 在 1980 年提出的，包括数据库、模型库；三库结构在二库结构的基础上增加了方法库；四库结构在三库结构的基础上增加了知识库；五库结构在四库结构的基础上增加了文本库。DSS 结构的发展过程如图 5-5 所示。

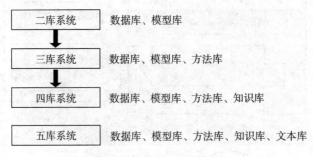

图 5-5　DSS 结构的发展过程

二库结构由数据库管理系统、模型库管理系统与对话管理子系统组成，是 DSS 最基本的结构，如图 5-6 所示。

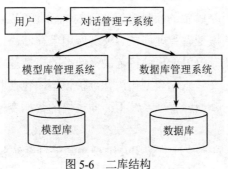

图 5-6　二库结构

三库结构由数据库管理系统、模型库管理系统、方法库管理系统与对话管理子系统组成。它属于早期的 DSS 结构形式，如图 5-7 所示。

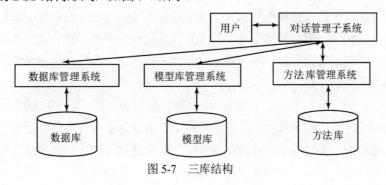

图 5-7　三库结构

四库结构是集数据库管理系统、模型库管理系统、方法库管理系统、知识库管理系统与对话管理子系统为一体的 DSS 系统结构，如图 5-8 所示。

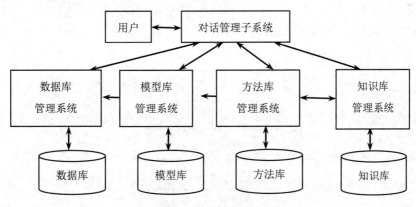

图 5-8　四库结构

决策支持系统各组成部分如下。

(1) 数据库子系统是存储、管理、提供与维护决策支持数据的基本部件，是支撑模型库子系统及方法库子系统的基础。数据库子系统包括数据库、数据析取模块、数据库管理系统、数据字典及数据查询模块等部件。

(2) 模型库子系统是决策支持系统中最复杂、最难实现的部分，是构建和管理模型的软件系统。DSS 用户是依靠模型库中的模型进行决策的，因此可以认为 DSS 是由模型驱动的。模型库子系统包括模型库和模型库管理系统。模型库用于存储决策模型，这些模型包括各种决策问题共享的模型，以及专门用于某种特定决策问题的模型基本模块或单元模型。模型库管理系统支持决策问题的定义和概念模型化，并维护模型，包括联结、修改、增删模型等。模型库子系统通过模型库与模型库管理系统把面向过去的数据变换为面向现在或将来的、有意义的信息。

(3) 方法库子系统是存储、管理、调用及维护决策支持系统各部件要用到的通用算法、标准函数等方法的部件。方法库中的方法采用程序方式存储，它通过外部接口的程序向决策支持系统提供合适的环境，使计算机进行交互式的数据存取，从数据库中选择数据，从方法库中选择算法，然后将数据和算法结合起来进行计算，并以直观、清晰的方式输出结果，供决策者使用。方法库子系统包括方法库和方法库管理系统。方法库是存储方法模块的工具，方法库存储的方法程序一般有排序算法、分类算法、最小生成树算法、最短路径算法、计划评审技术、线性规划、整数规划、动态规划、各种统计算法、各种组合算法等。方法库管理系统是方法库子系统的核心部分，是方法库的控制结构。

(4) 对话管理子系统是决策支持系统中用户和计算机的接口，起着在操作者、模型库、数据库和方法库之间传送命令和数据的重要作用。对话管理子系统提供接收和检验用户的请求，协调数据库系统、模型库系统和方法库系统之间的通信，为决策者提供信息收集、问题识别，以及模型构造、使用、分析和计算等功能。

5.3.4　决策支持系统的技术层次

从开发系统的角度来分析，DSS 可以分为三个不同的技术层次：DSS 工具、DSS 生成器和专用 DSS，如图 5-9 所示。

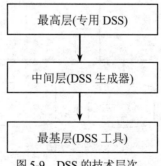

图 5-9　DSS 的技术层次

最基层为工具层，是基本技术部件。这个层次的设计由专业软件人员完成，用户是最高层的使用者。DSS 工具是用来构造专用 DSS 和 DSS 生成器的基础技术、基本硬件和软件单元，是一种计算机辅助开发工具。

从最基层到中间层的构造由系统工程师完成。中间层是面向 DSS 建造者的，是组织 DSS

的通用框架。DSS 生成器是一种能用来迅速和方便地研制构造专用 DSS 的计算机应用系统，是一种 DSS 的开发技术。典型实例如 Execucom 公司的 IFPS(交互式财务计划系统)、Boeing 计算机服务公司的 EIS(Executive Information System)、Tymshare 公司的 Express 3。

从中间层到最高层的设计由系统分析设计人员完成。最高层是针对具体决策问题由 DSS 生成的实际应用系统，也称专用 DSS，是面向用户的、能够提供决策支持功能的、基于计算机的信息系统。目前的 DSS 都是针对某一个或者某一类特定问题领域的系统，即面向问题和最终用户的 DSS，也就是通常所说的 DSS。

本章小结

决策支持系统是以管理科学、运筹学、控制论和行为科学为基础，以计算机为技术，以仿真技术和信息技术为手段，辅助决策者通过数据、模型和知识，以人机交互方式进行半结构化或非结构化决策的计算机应用系统。它可以有效地帮助决策者提高决策水平和质量。

DSS 作为高层 MIS，强调面向用户，强调对决策者提供系统外部环境信息、内部综合信息、决策者个人经验和判断等方面的支持；中层和基层 MIS 强调管理行动内部信息流程的整体性。因此，中层和基层的 MIS 不能满足决策者的全部需求。决策支持系统由数据库子系统、模型库子系统、方法库子系统和对话管理子系统等组成。

决策问题按其性质可分为结构化问题、半结构化问题和非结构化问题。每一类决策问题可以分为三个层次，即作业调度、运筹管理和战略规划。决策过程包括问题识别、方案设计、方案选择和实施改进 4 个步骤。

关键术语

决策支持系统	decision support system，DSS
群决策支持系统	group decision supporting system，GDSS
智能决策支持系统	intelligence decision support system，IDSS
分布式决策支持系统	distributed decision support system，DDSS
经理信息系统	executive information system，EIS
语言系统	language system，LS
知识系统	knowledge system，KS
问题处理系统	problem process system，PPS

思考与练习

1. 简述决策支持系统的概念及基本特征。
2. 决策支持系统有哪些功能?
3. 简述决策支持系统与信息管理系统的联系与区别。
4. 新一代 DSS 有哪些?
5. 决策过程包括哪些程序?
6. 决策问题按其性质可分为哪几类?决策问题有几个层次?
7. 简述决策支持系统的概念模型及基本结构。

第6章

电子商务

Internet 技术诞生于 20 世纪 70 年代，前身为 ARPANET，20 世纪 90 年代已经完成了彻底的商业化，使人类工作和生活方式发生了颠覆性改变。网络信息技术作为信息时代最重要的工具，其应用已经渗透到当今社会的方方面面。

作为"后工业时代"的信息时代，价值的体现形式已经由以工业化的有形产品为主逐渐转变为服务、信息、智力等无形产品和有形产品并存，而产生无形产品的商业活动之一就是电子商务。此外，在企业完成内部的信息化后，希望通过信息系统改变商务活动的方式，即通过电子手段进行商业贸易活动，这也是电子商务。

本章从电子商务的起源与发展、商务模式、行业应用、实施及未来展望等方面，较全面地介绍与电子商务有关的基本概念和基础知识。

学习目标

1. 正确理解电子商务的起源与发展。
2. 理解电子商务的含义。
3. 理解电子商务与信息系统的关联。
4. 掌握电子商务的行业应用模式。
5. 理解电子商务的实施过程和实施要点。
6. 理解电子商务行业的发展趋势。

引例：专做信息流——阿里巴巴的 B2B 电子商务

阿里巴巴是全球领先的电子商务集团，是中国最大的电子商务企业，运营着全球最大的网上贸易市场和商人社区——阿里巴巴网站，为来自 220 个国家和地区的 200 多万企业和商人提供网上商务服务，是全球首家拥有百万商人的商务网站。阿里巴巴集团由以马云为首的 18 人于 1999 年在中国杭州创立，他们相信互联网能够创造公平的竞争环境，让小企业通过创新与科技扩展业务，并在参与国内或全球市场竞争时处于更有利的位置。

马云在斯坦福大学的演讲中坦陈，当初坚定做阿里巴巴是因为他发现，在民营经济发达的家乡浙江，那些小工厂主们在节省成本、提高效率这件事上不需要他的帮助，他们只是苦于不知道去哪里结识客户。

1999年，在北京给当时的对外经济贸易部做官网的马云又意外发现了一个现象，当时他们为客户增值服务开设的BBS论坛成了最活跃的版块，经常有一些小企业在上面发布买卖信息，并留下联系方式。他离开北京的时候，和团队成员一起去爬长城，在城墙上他发现了很多涂鸦，这让他恍然大悟——原来，中国人喜欢随手写点什么。回到杭州后，他的电子商务网站阿里巴巴就从BBS公告牌开始了，这就是阿里巴巴企业间电子商务的雏形。

阿里巴巴专做信息流，解决买卖双方信息不对称的问题，是一个规模大、效率高的信息平台，其开创的企业间电子商务平台被国内外媒体、硅谷和风险投资家誉为与Yahoo、Amazon、eBay比肩的互联网第四种模式。阿里巴巴网站提供的基本服务是为采购商提供采购平台和为供应商提供营销平台。对采购商而言，可在网站上发布求购信息，搜索和浏览供应信息，并进行在线反馈和洽谈；对供应商而言，可通过阿里巴巴发布供应信息，搜索和浏览求购信息，并进行在线反馈和洽谈，同时可从平台上提供的丰富的物流信息中寻找合适的物流公司完成交易。

阿里巴巴的主要信息服务栏目包括：①商业机会：有27个行业700多个产品分类的商业机会供查阅，通常提供大约50万条供求信息。②产品展示：按产品分类陈列，展示阿里巴巴会员的各类图文并茂的产品信息库。③公司全库：目前已经汇聚4万多家公司的网页。用户可以通过搜索寻找贸易伙伴，了解公司详细资讯。会员也可以免费申请将自己的公司加入阿里巴巴"公司全库"中，并链接到"公司全库"的相关类目中方便会员了解公司全貌。④行业资讯：按行业分类发布最新动态信息，会员还可以分类订阅最新信息，直接通过电子邮件接收。⑤价格行情：按行业提供企业最新报价和市场价格动态信息。⑥以商会友：供会员交流行业见解，谈天说地。其中，"咖啡时间"每天为会员提供新话题，帮助会员分析如何进行网上营销等。⑦商业服务：提供航运、外币转换、信用调查、保险、税务、贸易代理等咨询和服务。这些栏目为用户提供了充满现代商业气息、丰富实用的信息，构成了网上交易市场的主体。从盈利模式看，阿里巴巴主要从以下渠道获得利润：注册会员收费、网络广告、竞价排名、增值服务、其他线上及线下服务等。

讨论题
1. 阿里巴巴为什么从小企业间的业务开始经营电子商务？
2. 你认为阿里巴巴的成功可否被复制？说明原因。

6.1 电子商务的起源与发展

电子商务是现代商业文明的产物，回顾人类商业文明的发展历史，出现过多种商品交易形式。最早的交易方式是"以物易物",交易双方根据各自的需求和对价值的认知,按照一定的比例关系交换各自生产的货物。随着分工的细化,产品日益丰富,出现了以一般等价物为媒介的交易形式。一般等价物是社会公认的等价形态,最早的一般等价物是一些常见的贵重物品,如牛、羊、布、贝壳等,之后慢慢演化成贵金属和货币等高级一般等价物。高级一般等价物的出现,大大提升了商业活动的便利性,其存储功能也使"资本"的出现成为可能。

6.1.1 从传统商务到电子商务

随着计算机网络系统的诞生和发展,电子商务也随之产生。与传统商务相比,电子商务采用了计算机网络这一新方法、新技术和新工具,使交易活动变得更快捷、更准确和更有效率。其中,商品交易的原理和规则并没有任何实质性的变化,而其内容和承载特性得到了极大的延伸。

在不同行业和不同的业务流程中,电子商务和传统商务都有其独特的优势,传统商务在很多情况下都可以很好地完成整个商务过程;而在某些情况下,电子商务模式更新甚至颠覆了传统的商务模式。适合传统商务的流程,往往是一些无法采用新技术加以改进的流程。

在创造良好的商店购物环境促使顾客购买方面,零售商已经积累了多年的经验,包括店面设计、布局和商品摆放等技巧。店面销售人员也掌握了直接面对客户进行推销的技巧,可以发现顾客需要并通过相应产品介绍来促进购买从而满足这种需要。这些销售体验、销售技巧是很难通过电子渠道实现的,这或许是奢侈品电子商务还没有大规模发展的原因之一。

图书和激光唱片等品牌商品可以很容易地通过电子商务的方式进行销售。因为同一版本的图书是一致而且可以预见的,顾客也不需要担心图书的尺寸、新鲜度等,因此顾客不需要亲手查看图书,只要按照图书名订购就可以了。通过网络,顾客可以足不出户阅读图书,这进一步扩大了电子商务在图书销售中相对传统商务的优势。表 6-1 中列出了 12 种业务,不同的业务适合采用不同的商务模式。当然,随着网络技术的进一步发展,这些业务适合采用的商务模式会发生改变。

表 6-1 适用不同商务模式的业务

电子商务	传统商务	电子商务与传统商务的结合
图书、光盘等的购销	昂贵时装的购买	汽车的购销
软件在线购买及下载	有保鲜要求货品的购销	银行线上、线下的金融服务
个性化服务的广告促销	购买随意性强的小商品	团购
物流货品的在线跟踪	昂贵珠宝、收藏品的销售	同城交易

6.1.2 电子商务在国内外的发展

电子商务真正意义上的开始是在 20 世纪 90 年代中期,发展到现在,也不过短短 20 几年的时间，但就其发展速度、商务规模以及对社会生活的影响力而言，呈现了一种爆炸式成长的过程。电子商务已经成为国家发展、社会活动及人们生活不可分割的有机组成部分，年轻一代的购物活动越来越多地通过网络来完成。

近年来，中国电子商务行业交易规模持续扩大，稳居全球网络零售市场首位。国家统计局电子商务交易平台调查显示，2019 年全国电子商务交易额达 34.81 万亿元。全球知名市场研究机构 eMarketer 发布的"2019 全球电商市场研究"报告中，eMarketer 引述"阿里巴巴"达 15 次，同时以专门篇章聚焦了阿里巴巴引领的"新零售"商业模式创新。eMarketer 报告依照过去一年对各平台销售额的统计得出，全球两大顶级电商平台是阿里巴巴旗下的淘宝网和天猫，2018 平台 GMV(gross merchandise volume，成交总额)达 5150 亿美元和 4320 亿美元，亚马逊紧随其后，GMV 达 3440 亿美元，如图 6-1 所示。

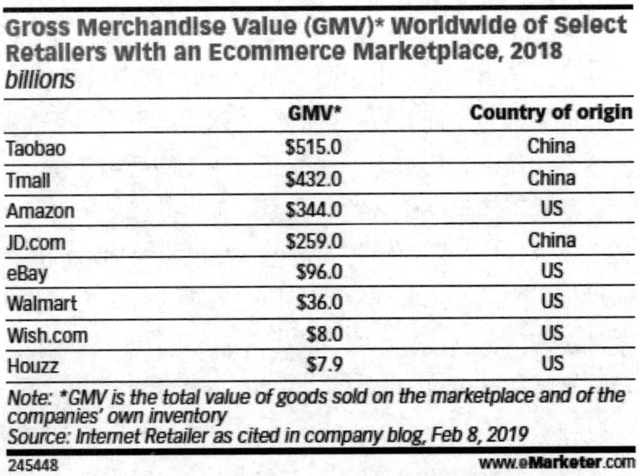

Gross Merchandise Value (GMV)* Worldwide of Select Retailers with an Ecommerce Marketplace, 2018
billions

	GMV*	Country of origin
Taobao	$515.0	China
Tmall	$432.0	China
Amazon	$344.0	US
JD.com	$259.0	China
eBay	$96.0	US
Walmart	$36.0	US
Wish.com	$8.0	US
Houzz	$7.9	US

Note: *GMV is the total value of goods sold on the marketplace and of the companies' own inventory
Source: Internet Retailer as cited in company blog, Feb 8, 2019
245448   www.eMarketer.com

图 6-1 全球电子商务平台成交总额

总体来看，国际上和中国的电子商务发展大致经历了三个阶段。

第一阶段为 20 世纪的最后几年。该阶段出于对通过因特网的应用获取商务活动效益的期望，电子商务得到了爆炸式的发展。根据调查显示，美国 1997 年 1—6 月间申请商业域名(.com)的公司从 17 万多家增加到近 42 万家；截至 1997 年年底，这一数据又增加了一倍。电子商务经历了最初的爆发阶段。

第二阶段为 2000 年至 2002 年第三季度。由于前期的高速发展和大量同类公司的同步投入，竞争同质化高速发展所积累的问题开始显现。很多电子商务网站的营业收入有大幅提升，但同时其运营支出更大，从而一直无法取得财务上的盈利。截至 2002 年第三季度，国际上和中国国内的大量电子商务公司和网站亏损甚至倒闭。据不完全统计，当时超过 1/3 的网站销声匿迹，而存活下来的电子商务公司都在拼命缩减开支。

第三阶段为 2002 年年末以后，国际上的电子商务公司步入了复苏和稳定发展时期。经过上一阶段严峻的市场考验，生存下来的电子商务公司和网站掌握了经营电子商务的决窍，找到了电子商务的盈利模式，纷纷开始盈利。在中国，基于移动、联通等通信企业的短信收费模式的兴起和运营环境的成熟，促进了电子商务的盈利和发展，相当一部分网站因为分得了收费短信这一杯羹而扭亏为盈，并促进了电子商务行业的大发展。

目前，电子商务模式出现很多新的发展和尝试，例如与娱乐活动相结合的电子游戏经营商和社区运营商，与个人手机通信相结合的移动商务，与政府管理和采购行为相结合的电子政务，与大众消费品集中采购相结合的团购网站，以及提供行业平台类服务的综合电子商务网站等。

6.2　电子商务概述

电子商务不仅改变了人们的购物方式，还引发了一场工业革命和流通革命，其影响远远超过了信息技术与商务结合的本身，给社会生产、生活、文化教育、政府职能等多方面带来了深远的影响。

6.2.1　电子商务的定义及功能

1. 电子商务的定义

电子商务(electronic commerce，EC)至今没有统一的定义，这主要与电子商务涵盖的范围不断扩张，电子商务模式飞速发展，新技术、新模式不断引入的状况有关。通常认为，1997年 11 月在法国举行的国际商会世界电子商务会议上给出的关于电子商务的概念阐述较为权威：电子商务是指整个贸易活动实现电子化。从涵盖范围来说，电子商务是指交易各方以电子交易方式而不是通过当面交换或直接面谈方式进行的任何形式的商业交易；从技术角度来说，电子商务是一种多技术的集合体，包括交换数据(如电子数据交换、电子邮件)、获得数据(共享数据库、电子公告牌)及自动获取数据(条码)等。电子商务涵盖的业务包括商务信息交换、售前售后服务(提供产品和服务的细节、产品使用技术指南、回答顾客意见)、广告、销售、电子支付(电子资金转账、信用卡、电子支票、电子现金)、运输(包括有形商品的发送管理和运输跟踪，以及可以电子化传送的产品的实际发送)、组建虚拟企业等。

2. 电子商务的功能

电子商务可提供网上交易和管理等全过程的服务，具有广告宣传、咨询洽谈、网上订购、网上支付、电子账户、服务传递、意见征询、交易管理等各项功能。

(1) 广告宣传。电子商务可通过企业的 Web 服务器和客户的浏览器，在 Internet 上发布各类商业信息。客户可借助网上的检索工具迅速找到所需商品信息，而商家可利用网页和电子邮件在全球范围内进行广告宣传。与传统广告相比，通过网络发布广告的成本最为低廉，受众面最为广泛，给顾客的信息量也最为丰富。

(2) 咨询洽谈。电子商务可借助非实时的电子邮件、新闻组和实时的讨论组来了解市场和商品信息、洽谈交易事务，如有进一步的需求，还可通过网上的远程会议系统来交流即时的图形信息。通过网络咨询和洽谈能超越人们面对面洽谈的限制，提供多种方便的异地交谈形式。

(3) 网上订购。商家在产品介绍的页面上提供十分友好的订购提示信息和订购交互格式框，客户填完订购单后，通常系统会回复确认信息订单提示订购信息已收悉。订购信息也会采用加密的方式传送信息，保证客户和商家的商业信息不会泄露。

(4) 网上支付。网上支付是电子商务的重要环节。客户可使用信用卡进行网上支付。采用网上支付手段可以省略交易中很多人员的开销。同时，网上支付需要更为可靠的信息传输安全性控制，避免欺骗、窃听、冒用等非法行为。

(5) 电子账户。网上支付必须有电子金融支持，即银行或信用卡公司等金融单位为资金融通提供网上操作服务，而电子账户管理是其基本的组成部分。信用卡卡号或银行账号都可以作为电子账户的标识，其可信度须配以必要技术措施来保证。数字证书、数字签名、加密等手段的应用，提供了电子账户操作的安全性。

(6) 服务传递。对于已经付款的客户，应将其订购的货物尽快地传递到他们的手中。客户购买的货物有些在本地，有些在异地，网络物流信息系统能在网络中进行物流的调配。最适合在网上直接传递的货物是无形的信息产品，如软件、电子读物、信息服务等，这些产品能被直接从电子仓库中发送到用户端。

(7) 意见征询。电子商务能十分方便地采用网页格式文件来收集用户对销售服务的反馈意见。客户的反馈意见不仅能提高商家售后服务的水平，更能使企业获得改进产品、发现市场的商业机会。

(8) 交易管理。交易的管理将涉及人、财、物多个方面，以及企业和企业、企业和客户、企业内部等各方面的协调和管理，因此，交易管理是涉及商务活动全过程的管理。电子商务技术将提供一个良好的交易管理的网络环境及多种多样的应用服务系统，这就保障了电子商务能够获得更广泛的应用。

6.2.2 电子商务的优越性

电子商务是基于互联网发展起来的，表现出与因特网相关的技术特点和优越性。电子商务通过全球互联的因特网，提供虚拟的全球性贸易环境，构造了企业的虚拟价值链，大大提高了企业进行国际化商务活动的效率、服务水平和服务质量。

企业对电子商务感兴趣的理由非常简单，电子商务可以为企业创造利润。对企业而言，电子商务的优势可以归纳为一句话：电子商务可以增加销售额并降低成本。一家小企业通过电子商务手段，可以将企业的产品信息传递到世界各地的潜在客户手中，企业也可以通过电子商务将产品送达在地理上极为分散而需求非常小的目标市场(长尾市场)。互联网在创造虚拟社区方面特别有效，这些虚拟社区可以成为企业理想的目标市场。虚拟社区可以通俗地称为"圈子"，是具有共同兴趣的人群集合，其聚集平台在网上，但很多实际活动(如聚会、购买特定商品等)都发生在线下。

电子商务所运用的新型商务通信通道的优越性是显而易见的，主要体现在以下几方面。

(1) 大大提高了信息传输的速度，尤其是国际范围内的通信速度。

(2) 虚拟环境节省了传统实体企业中必需的开支，如电子邮件节省了通信费，而电子数据交换则大大减少了管理费用和人员开销。例如 1998 年，思科公司计算机设备总销售额的72%是通过互联网完成的，由于网上销售不需要客户服务代表，公司每月可以少处理 50 万个电话，这样每年可以节约 5 亿美元。

(3) 客户和供货方的联系更加方便和快捷，提升了沟通效率，如电子商务系统网络站点使客户和供货方均能了解对方的最新数据。与传统商务相比，电子商务给买主提供了更多选择，因为买主可以搜集更多卖主的产品和服务，无须等待即可得到产品目录，可直接在互联网上对比。

(4) 提高了发送信息、收集信息、反馈信息的速度，提高了响应客户的能力从而改善了服务质量，能以一种快捷、方便的方式提供企业及其产品信息及客户所需的服务。

(5) 提供了交互式的销售渠道，使商家能及时得到市场反馈，改进自身的工作。

(6) 超越了时间和空间的限制，对于全球各个地区的客户，可提供全天候的服务，即每年 365 天、每天 24 小时的服务。

(7) 通过互联网可以安全、迅速、低成本地实现各种社会服务产品的支付。与传统支付手段相比，电子支付更容易审计和监督，可以有效地防止欺诈和盗窃。

(8) 由于电子商务可让人们成为 SOHO(在家工作)一族，交通拥挤和环境污染问题也可以得到缓解。

(9) 电子商务还可以使产品和服务到达偏远地区，比如远程教育使人们足不出户就可以学习并获取学位。

6.2.3 电子商务系统的构成

电子商务是在开放的网络环境下，基于客户机/服务器的应用方式，实现消费者的网上购物、商户之间的网上交易和在线电子支付的新型商业运营模式。一个典型的电子商务系统主要包括网络系统、用户、商家、认证中心、物流配送、银行等，如图 6-2 所示。

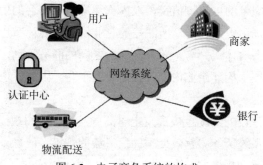

图 6-2 电子商务系统的构成

(1) 网络系统。网络是电子商务的技术载体。从技术角度而言，电子商务系统可以分解成以下各层：表达层，以 Web 服务器为基础，负责信息的发布；应用处理层，负责处理核心逻辑；数据层，数据库管理系统负责数据的组织并向应用层提供接口。

(2) 用户。用户是电子商务活动的最终消费群体，也是经济活动的主体，是销售利润的来源。电子商务不但大大改变了用户的购物方式，而且也逐步影响了人们的生活方式和整个社会的就业结构。随着电子商务的蓬勃发展，物流行业企业和就业人员均明显增加，收入水平也大幅提升，就是行业结构改变的一个例证。

(3) 商家。商家作为电子商务的重要参与者，是电子商务的主要受益者和推动力量。商家通过实施电子商务活动，对人、财、物、产、供、销整个价值链条进行科学管理。

(4) 认证中心。认证中心(认证机构)是国家法律承认的权威机构，负责发放和管理电子证书，使网上交易的各方都能够互相确认身份。为了提高对客户的服务水平，并使交易更加安全，某些电子商务平台也逐步推出了自己的认证和支付体系，作为独立第三方对双方的交易行为提供电子支付、认证和担保，如淘宝的支付宝体系。

(5) 物流配送。接受商家订单，线下组织货物运送，跟踪商品流向，将商品送到用户手中。目前除了专业物流公司以外，一些电子商务公司也建立了自己的物流体系，完善电子商务的业务链条。例如，早已有自己的物流体系的苏宁电器设立的苏宁易购，以及建立自身物流体系的京东商城等。

(6) 银行。目前，银行都开通了网上银行系统。通过网上银行，交易双方实现买卖结算，大大改善了以往"一手交钱，一手交货"的传统交易方式的不便。

6.2.4　电子商务与信息系统的关联

随着当前企业经营环境日益动态化、多样化、复杂化，企业面临的竞争态势更为激烈和多变，企业与外部环境的边界日益模糊，企业虚拟价值链的重要性更为凸显。相当多的企业，其虚拟价值链的重要程度超越了实物价值链。越来越多的企业基于虚拟价值链构造核心竞争力，并通过超越传统企业边界的虚拟价值链整合实现其长期竞争优势，而虚拟价值链更多地以电子商务活动的形式来实现。电子商务已经成为当前经营环境下众多企业的选择，成为大势所趋。

电子商务涵盖企业完整的虚拟价值链，以内部信息系统平台的信息流为核心。相对信息系统而言，电子商务的概念更加宽泛，所涵盖的企业价值实现环节也更完备。电子商务的侧重点在于商务活动，更多地体现为与企业外部环境之间的商务活动，而信息系统作为电子商务的技术基础，侧重点在于构建企业内部的信息交换平台。因此，电子商务要持续、有效地开展，必须有信息系统的支持。

企业管理信息系统建设的情况直接决定电子商务发展程度和规模。电子商务活动规模的大小，直接体现在信息系统所能够有效处理的信息流的规模，信息系统之外的其他辅助环节的实现难度与电子商务活动规模并不直接相关。

管理信息系统的效率和可靠性直接影响电子商务活动的运营效率。如果信息系统中的信息流不畅通，必然导致电子商务的其他环节如资金流和物流的低效率，甚至导致电子商务活动的停滞或差错。提升电子商务活动的效率，如与客户、供应商、银行等相关价值链环节的沟通效率，构建高效的后台管理信息系统，是极为重要的步骤。可以说，如果没有信息系统的支持，企业开展电子商务只能是纸上谈兵。

6.3 电子商务的商业模式

电子商务的商业模式按照交易双方性质不同划分，主要可以分为 5 种：企业对企业(business to business，B2B)的电子商务、企业对消费者(business to customer，B2C)的电子商务、企业对政府管理部门(business to government，B2G)的电子商务、消费者对政府管理部门(customer to government，C2G)的电子商务、消费者对消费者(customer to customer，C2C)的电子商务。虽然一些更新颖的模式，如卖方-交易平台-买方(business to business to customer，BBC)的电子商务、消费者对企业(customer to business，C2B)的电子商务、线上到线下(online to offline，O2O)的电子商务等也开始出现，但要想大规模发展，还需要一定的时间成长。而 B2G、C2G 是政府的电子商务行为，不以营利为目的，主要包括政府采购、网上报关、报税等，对整个电子商务行业不会产生大的影响，所以不做讨论。因此，本节将重点介绍 B2B、B2C、C2C 三种电子商务模式。

6.3.1 B2B

企业对企业的电子商务是指企业(或商业、公司)使用 Internet 或各种商务网络向供应商(企业或公司)订货、接收发票和付款。尽管网上企业直接面向客户的销售方式发展势头强劲，但为数众多的分析家认为企业间的商务活动更具潜力。与 B2C 相比，B2B 的市场规模更大，商业模式更加成熟和富有潜力。在电子商务的 5 种模式中，B2B 模式在交易金额上占有绝对优势。中国目前比较有名的 B2B 网站有阿里巴巴、环球资源、慧聪网、中国制造交易网、中国制造网等。

企业对企业的电子商务活动通常有以下两种模式。

(1) 面向制造业或面向商业的垂直 B2B。生产商分别与上游供应商和下游经销商建立关系，这是传统合作渠道的电子化，通常而言针对一个或者多个行业，B2B 平台的成本相对较低，客户相对集中，数量有限。

(2) 面向中间交易市场的 B2B，属于水平 B2B。各个行业中相近的交易过程集中到一个平台上，为企业的采购方和供应方提供一个交易机会。相对来说，这样的 B2B 模式成本高，客户规模大。

B2B 商务活动的流程与传统商务的活动的流程类似，分为交易前准备、谈判和签订合同、办理交易前的手续、交易合同的履行等阶段，在每个阶段中，电子商务都可以通过现代电子手段进行，充分体现其优势。例如，在合同签订环节，可以使用电子形式；在交易前准备环节，可以通过网络对大量潜在供应商进行招标和产品比对等。

6.3.2　B2C

企业对消费者的电子商务是指企业通过互联网为消费者提供一个新型的购物环境——网络商店，是最早产生的电子商务模式。无疑，这是人们最熟悉的一种商业模式，以至于许多人错误地认为电子商务只有这样一种模式。由于这种模式节省了客户和企业的时间与空间，大大提高了交易效率，特别是对于工作忙碌的上班族，这种模式可以为其节省宝贵的时间和交通成本。我国网上购物人数迅速增长，用户购买和消费习惯也受到了这一变化的重要影响。随着第三方认证机构的介入和电子手段的不断发展，目前相当大部分的消费类产品，都可以在网上找到其销售踪迹。

企业对消费者的电子商务活动通常有以下 4 种模式。

(1) 网上商店模式。网上商店模式以销售有形产品和服务为主，产品和服务的成交是在因特网上进行的，而实际产品和服务的交割仍然通过传统的方式。网上商店和传统的商店在部门结构和功能上没有太大区别，不同点在于实现这些功能和结构的方法手段，以及商务运作方式发生了巨大变化。网上商店的形式目前有两种：一种是在网上设立独立的虚拟店铺；另一种是参与并成为网上在线购物中心的一部分。

(2) 网上订阅模式。网上订阅模式主要有在线服务、在线出版、在线娱乐三种。

(3) 广告支持模式。广告支持模式是指在线服务商免费向消费者或用户提供在线信息服务，而全部营业活动全部依靠广告收入来支持。例如，雅虎和 Lycos 等在线搜索服务网站就是依靠广告收入来维持经营活动的，新浪和搜狐在某种程度上也是依靠广告收入来维持运作的。

(4) 网上赠与模式。网上赠与模式是一种非传统的商业运作模式，是指企业借助互联网的全球广泛性优势，向互联网上的用户赠送软件产品，扩大知名度和市场份额。企业通过让消费者免费使用该产品，引导消费者购买一个新版本的软件或购买另外一个相关的软件，从而实现受益。由于赠送的是无形的计算机软件产品，用户可以通过网络传输自行下载，无须配送等服务，因而企业投入较低。只要软件确实实用，很快就会被消费者接受。这种电子商务模式适用于软件公司(包括游戏提供商)和出版商。

典型的 B2C 过程分为以下 6 步：

(1) 消费者进入 Internet，查看企业和商家的网页；

(2) 消费者通过购物对话框填写购物信息，如姓名、地址、选购商品名称、数量、规格、价格等；

(3) 消费者选择支付方式，如信用卡、电子货币、电子支票、借记卡等，也可以选择货到付款服务；

(4) 企业或商家的客户服务器检查支付方服务器，看汇款额是否被认可(除货到付款外)；

(5) 客户服务器确认消费者付款后，通知销售部门或物流分包商送货上门；

(6) 消费者的开户银行将支付款项传递给信用卡公司，信用卡公司出具电子账单。

6.3.3 C2C

消费者对消费者的电子商务是指一种个人对个人的网上交易行为。目前，C2C 电子商务采用的运作模式是为买卖双方搭建拍卖平台，按比例收取交易费用(如前期的易趣 eBay)，或者提供平台方便个人开店铺，以会员制方式或者广告营销费用方式收费(如淘宝等)。

消费者与消费者之间的交易过程是由电子商务公司提供的第三方交易平台制定的。这里以淘宝为例，介绍 C2C 模式的交易过程。

(1) 注册成为淘宝会员。

(2) 建立"支付宝"账户，给账户充值或绑定银行卡。

(3) 一旦成交，即通过"支付宝"向淘宝付款，由淘宝通知卖家发货。用户收到货物后确认没有问题，立即向"支付宝"确认收货，并同意向商家付款。

(4) 可以对卖家做出适当评价，帮助完善交易平台信用系统。

6.4 电子商务的行业应用

电子商务发展初期，以出售标准化、轻重量化、销售过程简单等产品和服务为主，随着电子信息技术的发展和网络购买习惯的逐渐养成，逐步扩展到更加个性化、产品体量更大、销售过程更加复杂的产品和服务类别。以下列出了一些比较适合实施电子商务的行业或产品服务。

(1) 书籍、CD。世界著名电子商务网站亚马逊就是以卖书起家的，我国也很早就出现了网上卖书的网站。网上销售图书和 CD 的优势主要包括：减少中间商环节和场地费用，价格折扣很大；物流方便；产品标准化程度高；单件产品价格较低；网站建设难度相对较低等。早期售书类网站，只需要把书的封面、作者、出版社、价格、网站订购方式等信息放在网上，就可以实现基本的电子售书业务。随着网站的逐步完善，还可以增加书籍和 CD 简介、订购者评价、网上支付系统、电子书籍阅读等功能，从而提高用户选购效率。

(2) 软件。应用电子商务进行销售的软件，通常是行业特色鲜明，且可以立刻通过网络下载的软件，常见的有证券投资、理财、游戏、网络安全、播放器、通信及其他各类工具类软件。软件销售可以采用一次性买断或支付年费的方式，属于一手交钱一手交货的交易。用户只需要连接到某个软件公司的主页，选定需要的软件产品，输入银行卡账号，立刻付款，然后下载该软件及相应的密码，很快就可以使用所购买的软件产品了。很多软件产品会提供一定时间(如 30 天)的免费试用期，开放软件的绝大多数功能，供用户体验。这一切都是通过网上进行，操作便捷。

(3) 计算机、电器、电子产品。Dell 建立了世界上最完善的计算机网上订购和物流服务系统，是目前世界上通过网络卖出计算机最多的公司，也是全球排名前列的计算机销售商。在网络上卖计算机可以减少库存，减少中间价格盘剥，直接为客户度身定做，成本可以更低，这是 Dell 公开的秘诀。上网的人多多少少对计算机都有一定的了解，在网上销售计算机配件，第一时间接触到最终用户，对于数量不少的计算机组装爱好者来说，在网上往往能提早买到还未在本地市场上销售的配件。家用电器和电子产品是继计算机之后，电子商务得到广泛应用的行业。传统的家用电器销售商有自己专门的产品展示厅，而买家在购买这些电器时进行选择和比价是必不可少的，因此常常会为了一台电视机而跑遍半个城市。如果直接在网上销售这些商品，配上产品型号、图片、参数介绍、价格等，再配合厂家的售后服务保证说明，顾客就可以足不出户进行产品选择和价格比对。选择产品后，电子商务公司可以通过自建的物流系统或外包的物流服务将产品快速配送到用户家中，而生产商将负责产品的售后服务和保修等。

(4) 自制品、礼品。逢年过节，探亲访友，送上一些有个人特色的产品或者有地方特色的礼品总能让亲友感受到你的关怀和爱意。这些产品可以是具有鲜明个人特色或情感意义的创意产品，也可以是工艺品、土特产、纪念品等地方特色很强的商品，不可能有大规模的采购，也很难通过传统方式在多个不同的城市销售。而利用电子商务却轻而易举地实现了这一点。个性化旅游产品及相关服务提供是当前非常流行的电子商务行业之一。携程旅行网是国内该行业的先行者和领先者。通过协助用户确定旅游地点，推荐旅程，提供酒店、机票订购服务，自助定制旅游线路和自助组团等，全面服务客户的旅游需求。电子商务技术也被民航、铁路等部门采用。电子机票、网上订票及结算服务等，也已经广为应用。

(5) 虚拟产品和服务。虚拟产品和服务本身就是网络技术的衍生产物，自然也是电子商务应用广泛的行业。比较典型的虚拟产品和服务有网络游戏、电子邮箱、网络通信工具、网络资讯、网络安全和杀毒服务等。因虚拟产品和服务具有虚拟性、网络实现性等特点，只能通过电子商务手段进行交易。虚拟产品和服务的收费方式灵活多样，有相当多的网络产品和服务采用补偿收费，就是向用户提供免费服务，然后通过用户数量的累积，用销售广告等方式进行补偿收费。

(6) 网上直购。柴米油盐酱醋茶、日用百货、保健品等生活必需品已经是人们非常熟悉的商品，只要认定某种品牌和规格，则不需要去商店挑选。所以，目前有些小区百货店提供送货上门服务，货到收款。此类商品也非常适合服务区域城市的电子商务站点。从事网上直购的电子商务公司分为两类：一类是定期发送专门的产品目录，通知客户有哪些新的产品和促销信息，邀请客户电话或者网络订购，而其本身是货物集成采购商角色，产品生产、物流服务等通过外包完成；另一类是本身就有线下超市系统或类似的销售渠道系统，通过电子商务平台扩展其业务形态和业务范围。

(7) 团购。团购模式经历了一个爆炸式发展和迅速整合的过程，高峰时期有几千家团购网站在不同行业展开竞争。团购网站将具有同类需求的客户聚集到一起，增加议价能力，并可将商家推荐给目标客户。餐饮、娱乐、装潢、生活服务等，都可以成为团购产品。同质化的竞争导致团购模式迅速衰落和整合，目前，上千家团购网站已经销声匿迹，收购和整合成为一段时间内团购网站的主旋律。

另外，其他一些提供交易平台和信息平台的电子商务公司也发展迅速，传统行业中也将电子商务作为技术更新手段，提升服务水平，降低成本，提高运营效率。

6.5　电子商务的实施

电子商务的实施过程包括市场细分和顾客需求确认、网络营销、建立客户关系、完成支付等4个主要步骤。本节将介绍4个步骤中所涉及的电子商务实施方法。

6.5.1　市场细分和顾客需求确认

1. 市场细分

市场细分是电子商务公司的重要能力，用于发现其最终服务的客户类型，对销售机会进行评估，使公司集中精力于特定客户需求，提供适当的产品和服务以吸引和满足目标客户群。为了更好地理解客户需求，公司有可能发现具有不同行为模式、潜在需求及行为动机的客户群体，这种把有类似特点的顾客进行分组的过程就是市场细分。分组完成后，公司就可以针对不同细分市场进行各种研究和分析，如市场调查、产品和服务定制、销售收益分析、购买趋势分析等。

市场细分方法有很多，而什么是最好的市场细分方法经常是无法达成共识的话题。寻找商机最好的细分方法依赖于以商机为中心的价值体系、在该价值体系中顾客能够或愿意做出的决策类型，以及公司最可能采取的应对措施。学术文献和教科书中经常使用以下分类方法：人口基础信息统计，包括年龄、性别、职业、种族、收入、家庭状况、生活经历等；企业基础信息统计，包括公司规模、员工人数、公司性质、购买流程等；地域统计信息，包括国家、地区、城市、城市规模、人口密度等；购物行为，包括在线购买行为、线下购买行为、购物地点、购物忠诚度、购买优先级等；相关利益点，包括价格、便利、质量、速度、选择余地等。

2. 网络市场调研

市场调研可以作为市场细分的依据之一，而更常用于作为市场细分后续，了解和确认顾客需求，以及作为建立客户数据库的必要步骤，并可以为后期的产品服务研发和网络营销打好基础。网络市场调研具有以下特点。

(1) 信息的及时性与共享性。传统市场调研方式中，邮寄调研提纲、面谈等需要耗费大量的时间，而且覆盖面很窄。相对而言，网络市场调研是开放的，信息传输速率非常快，而且能及时地传送给网络用户，任何用户都可以进行投票和查看结果，保证了网络信息的及时性。同时，网络还具有覆盖广的特点，在相同的时间内，网络市场调研可以收集更多的信息。

(2) 调研的交互性和客观性。在网络调研的信息交互中，由于站点的访问者一般都对企业产品有一定的兴趣，而且回答问题时无人在场，可以更好地表达自己的真实想法，所以这种基于顾客和潜在顾客的市场调研结果是比较客观和真实的，比较中立地反映了消费者的消费心态和市场发展的趋向。

(3) 调研的便捷性和经济性。与传统市场调研相比，在网络上进行调研无疑是极为方便的，企业只需要拥有一台可以上网的计算机，通过企业网站发出电子调查问卷，然后利用计算机对访问者反馈回来的信息进行整理和分析即可。

(4) 无时空、地域限制。网络市场调研可以在全球范围内进行全天、不间断的调研。

3. 网络市场调研的方法

网络市场调研的方法多种多样。网络应用和电子技术已经融入人们日常生活的方方面面，随着网络技术的日益先进、网络存储技术的发展和成本的降低，网络调研得到广泛应用。企业和用户在使用互联网的过程中，经常会不知不觉地成了调研对象，提供了大量的信息。按照不同的信息收集渠道区分，通常有如下几种方法。

1) 在 Internet 上收集访问者信息

在 Internet 上收集访问者信息，可以采用以下方法。

(1) 通过电子邮件或来客登记簿来询问访问者。

(2) 要求访问者注册进入主页。

(3) 通过奖励手段吸引访问者参与调查，通常是给予访问者奖品或免费商品。

(4) 系统、科学地设计调研问卷。

(5) 在网络调查过程中建立情感纽带。

例如 Industry Net 站点提供大量免费的信息并允许访问者下载软件，同时要求并鼓励访问者提供包括个人所在地域、单位、姓名、年龄、职业、职务及所在行业等的有关信息，这样就可掌握访问者的基本情况。企业的市场调研人员同样可以采用这种策略，不仅在企业网站上展示产品的图片、文字等，而且要有针对性地引发公众感兴趣的时装、音乐、电影、家庭等话题，以大量有价值的与企业新产品相辅相成的免费软件吸引大量的访问者，使调研人员逐步与访问者在网上建立友谊和感情的桥梁，达到网络市场调研的目的。

2) 利用企业网站进行市场调研

企业营销人员应充分利用公司的网站来了解消费者的信息及消费者目前的注意力。利用企业网站进行市场调研，可以采用以下方法。

(1) 监控企业在线服务记录。

(2) 调整调研问卷内容，设计不同因素的组合进行营销效果测试。

(3) 吸引访问者并请求访问者给出反馈信息。

(4) 有针对性地跟踪目标顾客，并发送适当的信息。

(5) 通过产品的网上竞卖情况掌握市场需求、市场接受度等信息。

3) 利用数据库资料进行市场调研

目前，数据库技术广泛地应用于电子商务中，它可以给企业和顾客提供大量的信息。营销人员通过提供适合大众趣味的信息来吸引顾客访问公司的主页。营销人员也可以通过数据库来获得有关产品、顾客和其他市场的信息。

企业营销人员在网络上进行市场调研，一般会用到以下两种数据库。

(1) 网络数据库。营销人员可以将许多已有的数据库链接到公司的网页上。这样，访问公司主页的人都能进入已链接的数据库。营销人员也可以利用谷歌、百度等搜索引擎来搜索企业所需要的数据信息。搜索引擎具有自己的数据库，且数据库信息会随着时间的推移不断增加和更新。

(2) 自己建立的数据库。目前企业数据库类型主要有三种：第一种是基于浏览器的数据库。基于浏览器的数据库是企业最常用的数据库，包括简单的文本文件字段、复杂的附有图表和格式化文本的主页。第二种是链接型数据库。链接型数据库一般使用 HTML 编辑器来建立。与其他文本文件一样，数据库文件能被写入链接。第三种是基于服务器的数据库。如果数据库包含的信息量非常大或者信息需要及时更新，最好的选择就是使用基于服务器的数据库。

4. 顾客需求确认

收集市场信息的工作结束后，需要对收集到的信息进行加工、整理、分析和运用。对于从互联网上取得的市场调研信息，营销人员应根据调研目的和用途进行认真的筛选、分类、整理，形成规范的市场调研报告，以供企业的决策者参考。

(1) 信息资料的整理。对调研所获得的原始信息进行阅读、编辑、分类等的整理。

(2) 信息资料的分析。对已整理完毕的资料，运用各种定性或定量的方法进行分析和研究，掌握市场营销活动的动向和发展趋势，从而制定办法和措施。

(3) 撰写调研报告。调研报告是市场调研成果的集中体现，是通过对所获得的信息资料进行加工、整理、分析以后做出的结论，主要作为企业决策者进行经营决策的参考。

基于市场调研报告，利用先进的数据挖掘和数据库技术，可以按照客户类型和需求特点对客户进行分类，形成市场细分板块。根据每一个板块的客户的不同需求特点，整理、归纳出客户的关键需求要素，并进一步设计产品、服务、营销手段等，以满足客户需求。

6.5.2 网络营销

1. 网络营销的概念

网络营销是企业以现代营销理论为基础，利用互联网(也包括企业内部网和外部网)，最大限度地满足客户需求，以开拓市场、增加盈利为目标的经营过程。网络营销作为营销的最新形式，由互联网替代了传统媒介，其实质是利用互联网对产品的售前、售中、售后各环节进行跟踪服务。网络营销自始至终贯穿企业经营的全过程，包括市场调查、客户分析、产品开发、销售策略、反馈信息等方面。简单地说，网络营销就是以互联网为传播手段，通过对市场的循环营销传播，满足消费者需求和商家需求的过程。

网络营销作为新的营销方式和营销手段来实现企业营销目标，其涵盖的内容非常丰富，主要包括以下方面。

(1) 网上市场调查。市场调查的过程既是收集数据的过程，也是营销的过程。在市场调查中，企业不仅得到了想要的市场需求信息，同时也将企业希望传播的形象、理念、产品特点等传递给了受众。

(2) 网上消费者行为分析。通过网络信息沟通工具，了解各个群体的特征和偏好，是网上消费者行为分析的关键。

(3) 网上产品和服务策略制定与实施。

(4) 网上价格营销策略制定与实施。

(5) 网上渠道选择与直销。

(6) 网上促销与网络广告的投放。

2. 网络营销的理论基础

1) 直复营销理论

直复营销是一种互动的营销系统，运用一种或多种广告媒介在任意地点产生可衡量的反应或交易。互联网具有方便快捷、双向沟通，内容和篇幅不受限制，文字、声音、图像、动画共存的优良特性，可以方便地在企业和顾客之间架起桥梁。

基于网络技术的直复营销更加适合采用直复营销理论，主要表现在以下几个方面。

(1) 直复营销作为一种相互作用的体系，特别强调直复营销者与目标顾客之间的"双向信息交流"，以克服传统市场营销中的"单向信息交流"方式所造成的营销者与顾客之间无法沟通的弱点。

(2) 直复营销活动的关键是为每个顾客提供直接向企业反馈的渠道，企业可以从顾客的建议、需求和要求的服务中找到企业的提升方向，并及时完成顾客响应。

(3) 可以在任何时间、任何地点实现企业与顾客的"信息双向交流"。

(4) 直复营销最重要的特性是效果的可测定性。互联网作为最直接的沟通工具，可以更方便地为企业与顾客的交流提供沟通和交易平台。同时，网络直复营销可以快速统计沟通情况，并对数据做出梳理和分析，快速对客户进行反馈。

2) 关系营销理论

关系营销是 1990 年以来受到普遍重视的营销理论，主要包括两个基本方面：在宏观上，认识到市场营销会对范围很广的一系列领域产生影响，包括顾客市场、劳动力市场、供应市场、内部市场、相关者市场及影响者市场(政府、金融市场)；在微观上，认识到企业与顾客的关系不断变化，市场营销的核心应从过去简单的、一次性的交易关系转变到注重保持长期的关系上来。关系营销的核心是保持顾客，为顾客提供高度满意的产品和服务价值，通过加强与顾客的联系提供有效的顾客服务，保持与顾客的长期关系。

3) 软营销理论

软营销理论是针对工业经济时代的以大规模生产为主要特征的"强势营销"提出的营销理论，它强调企业进行市场营销活动的同时必须尊重消费者的感受和体会，采取拉引式策略，吸引消费者关注企业，让消费者主动接受企业的营销活动，从而达到营销效果。在互联网上开展网络营销活动,特别是促销活动,一定要遵循网络特定虚拟社区形成规则,也称为"网络礼仪"。网络软营销就是在遵循网络礼仪规则的基础上巧妙运用各种营销理论,达到较好的营销效果。

4) 整合营销理论

整合营销理论说明,营销不再是单一的企业营销部门的活动,而是综合了与企业经营活动存在关联的各个内部企业部门与外部主体,如供应商、顾客等全局性活动。它要求企业整合各种可以利用的内部资源和外部资源,从而最大限度地获得竞争优势。

利用互联网络,传统的4P(产品、价格、渠道、宣传)营销组合可以更好地与以顾客为中心的4C(顾客、成本、方便、沟通)相结合:产品和服务以顾客为中心;以顾客能接受的成本定价;产品的分销强调"以顾客为中心"的原则;强制性促销转向加强与顾客沟通和联系。

5) 数据库营销理论

所谓数据库营销,就是利用企业经营过程中收集、形成的各种顾客资料,经分析、整理后作为制定营销策略的依据,并作为保持现有顾客资源的重要手段。

数据库营销在企业营销战略中的基本作用表现在下列方面:①更加充分地了解顾客的需要;②为顾客提供更好的服务;③对顾客的价值进行评估;④了解顾客的价值;⑤分析顾客购买行为;⑥市场调研和预测。

与传统的数据库营销相比,网络数据库营销的独特价值主要表现在以下三个方面:①网络数据库营销具有数据量大,易于修改,能实现动态数据更新,便于远程维护等多种优点。②顾客主动加入和退出。数据库营销遵循自愿加入、自由退出的原则。③改善顾客关系。顾客服务是一个企业能留住顾客的重要手段,在电子商务领域,顾客服务同样是企业取得成功的最重要因素。

3. 网络营销对传统营销的冲击

随着网络技术迅速向宽带化、智能化、个人化方向发展,用户可以在更广阔的领域内实现声、像、图、文一体化的多维信息共享和人机互动功能。它将导致大众型标准化市场的逐渐衰落,并逐步体现市场的个性化,最终应集合每一个用户的需求分类组织生产和销售。另外,网络营销的企业竞争是以顾客为焦点的竞争形态,更加强调对顾客的社区属性进行分类和细化,从而扮演"长尾集合器"的角色。在这里,如何与散布在全球各地的顾客群保持紧密的关系并掌握顾客的特性,再经由顾客教育与企业形象的塑造,建立顾客对虚拟企业与网络营销的信任感,是网络营销成功的关键。

网络营销会对传统的营销战略产生影响。一方面,互联网具有的平等、自由、信息传播迅速和成本低廉等特性,使网络营销大大降低了跨国公司所拥有的规模经济优势,使小企业更易在全球范围内参与竞争;另一方面,由于人人都能掌握竞争对手的产品信息与营销行为,因此胜负的关键在于如何适时获取、分析、运用这些自网络上获得的信息,研究并采用极具优势的竞争策略。同时,电子商务会对企业跨国经营战略产生影响。任何渴望利用互联网优势的公司,都必须为其经营选择一种恰当的商业模式,并进一步研究这种新型媒体所传播的信息和进行的交易将会对其现存商业模式产生何种影响。

6.5.3 建立客户关系

一个现代化的企业对于客户资源的关注已经成为企业长久发展的基础。客户关系管理能力和客户资源数量、质量，是现代化企业最重要的核心资源。电子商务模式下的市场竞争日益激烈，竞争的观念由以利润为导向发展为以客户和保持竞争力为导向。在买方市场的环境下，掌握客户的需求趋势、加强与客户的关系、有效挖掘和管理客户资源，成为企业应对市场竞争的必然举措。以客户为中心的客户关系管理(customer relationship management，CRM)成为企业在现代市场竞争中制胜的重要因素。

1. 客户关系管理的概念和优点

CRM 的概念最初由 Gartner Group 提出，随着现代企业管理理念和手段的发展，已经开始在企业中广为实施。CRM 作为一种现代经营管理理念，主要通过对客户详细资料进行深入分析，提高客户满意程度，从而提高企业竞争力。它以客户为中心、视客户为资源，通过客户关怀达到高客户满意度。电子商务模式下的客户关系管理(ECRM)是在传统的客户关系管理的基础上利用信息技术进行的顾客满意度管理。由于电子商务的特点，传统的营销模式变为在线营销，企业与顾客的直接接触减少，因此客户关系管理对于企业的生存意义更加重大。

客户关系管理系统在企业应用中的优点如下。

(1) 提高销售额。利用 CRM 系统提供的多渠道的客户信息，确切了解客户的需求，增加销售的成功率，进而提高销售收入。

(2) 增加利润率。由于对客户的了解增多，业务人员能够有效地抓住客户的兴趣点，有效地进行销售，避免盲目地以价格让利取得交易成功，从而提高销售利润。

(3) 提高客户满意程度。CRM 系统提供给客户多种形式的沟通渠道，同时又确保各类沟通方式中数据的一致性与连贯性。利用这些数据，销售部门可以对客户要求做出迅速而正确的反应，让用户在对产品满意的同时也认可并愿意保持与企业的有效沟通。

(4) CRM 能提高业务运作效率，降低成本，提高企业经营水平。一方面，通过对客户信息资源的整合，在公司内部不同部门之间进行资源共享，从而为客户提供更快速、周到的优质服务。另一方面，客户的价值是不同的。企业 80%的利润来自 20%的价值客户，已是众所周知的实践真理。由于对客户进行了具体甄别和群组分类，并对其特性进行分析，使市场推广和销售策略的制定与执行避免了盲目性，节省了时间和资金。客户关系管理通过对客户价值的量化评估，能够帮助企业找到更有价值的客户，将更多的关注投向高价值客户，提高企业的经营水平和盈利能力。

(5) CRM 有利于挖掘客户的潜在价值，提高客户忠诚度，进而拓展销售市场。很多客户流失是因为供应商对他们的关怀和重视不够。对于客户来说，供应商提供的竞争性价格和高质量的产品虽然关键，但客户更看中的是供应商对他们的关怀和重视程度。供应商对客户的关怀程度可以在很多业务操作细节体现出来。通过客户关系管理，企业可以挖掘客户的潜在价值，提高客户忠诚度，掌握更多的业务机会。

2. 理解顾客购买决策过程

良好的客户关系管理建立在成熟的信息软件系统和顾客至上的企业文化上。电子商务企业中，由于网络信息传播的范围和效率极大提高，所以建立顾客至上的企业核心理念至关重要。理解顾客购买决策过程，可以设身处地地了解顾客在消费过程中的诉求，通过满足这些显性的和潜在的诉求，引导和管理顾客购买行为，提高顾客满意度水平。

每一个消费者在购买某一个商品时，均会有一个决策过程。顾客的购买决策过程是顾客需要、购买动机、购买活动和购买使用感受的综合与统一。电子商务顾客的购买过程，大致可分为诱发需求、收集信息、比较选择、购买决策、事后评价 5 个阶段。

(1) 诱发需求。当顾客认为已有的商品不能满足需求并对市场上出现的某种商品或服务发生兴趣后，才可能产生购买欲望，这是顾客做出消费决定过程中所不可缺少的基本前提。对于电子商务营销来说，诱发需求的动因只能局限于视觉和听觉。文字的表述、图片的设计、声音的配置是网络营销诱发电子商务顾客购买的直接动因。

(2) 收集信息。当需求被唤起之后，每一个顾客都希望自己的需求能得到满足。所以，收集信息、了解行情成为电子商务顾客购买过程的第二个阶段。这个环节的作用就是收集商品的有关资料，为下一步的比较选择奠定基础。收集信息的渠道主要有两个：内部渠道和外部渠道。

(3) 比较选择。顾客需求的满足是有条件的，这个条件就是实际支付能力。为了使消费需求与自己的购买能力相匹配，比较选择是购买过程中必不可少的阶段。电子商务顾客对各条渠道汇集而来的商品资料进行比较、分析、研究，了解各种商品的特点和性能，从中选择最满意的一种。电子商务购物中不直接接触实物，因此电子商务顾客对网上商品的比较依赖于厂商对商品的描述，包括文字和图片的描述。网络营销商如果对商品描述不够充分，就不能吸引众多的顾客；反之，如果对商品的描述过分夸张，甚至带有虚假的成分，则可能永久地失去顾客。

(4) 购买决策。电子商务顾客在完成了对商品的比较选择之后，便进入购买决策阶段。与传统的购买方式相比，电子商务顾客的购买决策有许多独特的特点。首先，顾客理智动机所占比重较大，而感情动机的比重较小，冲动购物的可能性也相对较小。其次，网络购物受外界影响较小。购买者常常是独自坐在计算机前上网浏览、选择，与外界接触较少，因而决策范围有一定的局限性，大部分的购买决策是由自己做出或是与家人商量后做出的。电子商务顾客在决策购买某种商品时，一般必须具备三个条件：第一，对厂商有信任感；第二，对支付有安全感；第三，对产品有好感。

(5) 事后评价。顾客购买商品后，往往通过使用对自己的购买行为进行反省，重新考虑这种购买是否正确，效用是否理想，以及服务是否周到等问题。这种购后评价往往决定了顾客今后的购买动向。为了提高竞争力，最大限度地占领市场，电子商务企业必须虚心倾听顾客的反馈意见和建议。互联网为电子商务营销人员收集顾客购后评价提供了得天独厚的优势。方便、快捷、便宜的电子沟通工具紧紧连接着企业和顾客。通过顾客事后评价过程的参与和引导，可以大大提升客户满意度，以及再次购买的可能性。

6.5.4　完成支付

1. 电子支付的概念

电子支付指的是以网络化的金融环境为基础，采用商用计算机及网络和各类电子支付工具，以计算机网络技术和数据通信技术为手段，对存储在银行计算机系统中的各种电子数据进行处理，并通过计算机网络系统以电子信息的传递形式实现金融货币的流通和支付。电子支付是在金融电子支付体系的基础之上发展起来的，主要依托于互联网的实时支付方式。

2. 电子支付的主要特点

(1) 集储蓄、信贷和非现金结算等多功能为一体。
(2) 可广泛应用于生产、交换、分配和消费领域。
(3) 电子支付采用先进的技术通过数字流转来完成信息传输。
(4) 电子支付的工作环境是基于一个开放的系统平台。
(5) 电子支付具有方便、快捷、高效、经济的优势。
(6) 电子支付工具形式多样。

3. 电子支付手段及参与者

电子支付手段主要包括银行卡、网络银行、电子现金、电子支票等方式。常见的电子支付系统如图 6-3 所示。

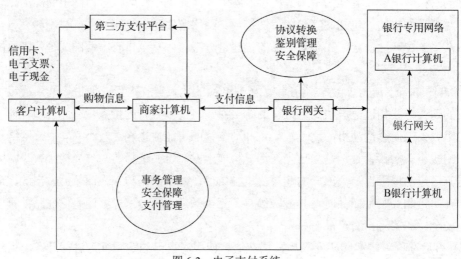

图 6-3　电子支付系统

网上支付的参与者包括客户、商家、第三方支付平台、认证中心和银行等。

4. 电子支付存在的问题

(1) 安全问题。安全问题一直是影响电子支付发展的关键问题。大规模地推广电子支付，必须解决黑客入侵、内部作案、密码泄露等涉及资金安全的问题。

(2) 支付环境问题。电子支付的金融和法律、政策环境的适应性问题，是电子支付必须面对的。消费者所选用的电子支付工具必须满足多个条件：由消费者账户所在的银行发行，有相应的支付系统和商户所在银行的支持，被商户所认可等。如果消费者的支付工具得不到商户的认可，或者缺乏相应的系统支持，电子支付将难以实现。

5. 电子支付结算形式

(1) 信用卡支付方式。信用卡支付的过程如下：首先将信用卡信息输入计算机，通过电子钱包管理器或电子钱夹管理器，将它装入电子钱包或电子钱夹内，成为电子信用卡。电子信用卡采用单击式支付方式，可以在网络上在线使用，也可以在通常的电子支付中使用。

(2) 电子现金支付方式。电子现金是一种以数据形式存在的现金货币，是把现金数值转换为一系列的加密序列数，通过这些序列数来表示现实中各种金额的币值。用户在开展电子现金业务的银行开设账户并在账户内存钱后，就可以在接受电子现金的商店购物。

(3) 电子支票支付方式。电子支票与纸质支票有同样的功能，一个活期账户的开户人可以在网络终端生成一个电子支票，其中包含支付人姓名、支付人金融机构名称、支付人账户名、被支付人姓名、支票金额等信息。像纸质支票一样，电子支票也需要经过数字签名，由被支付人数字签名背书。金融机构使用数字证书确认支付者、被支付者、支付银行身份及账户，就可以对签名和认证过的电子支票进行转账。

(4) 电子钱包支付方式。电子钱包是电子商务活动中顾客购物常用的一种支付工具，是在小额购物或购买小商品时常用的新式钱包。在电子钱包内存放的是电子货币，如电子现金、电子信用卡等。

6. 电子支付风险及其管理

1) 电子支付风险

电子支付的风险通常有以下几种。

(1) 银行卡的账号与密码被非法截取。

(2) 机密性丧失。信用卡支付口令在传输过程中丢失，商家的订单金额确认信息被窜改。

(3) 电子货币数据丢失。

2) 电子支付风险的管理

实际应用中，主要通过电子支付的身份强认证来规避电子支付风险。美国联邦金融机构监督委员会认为，单因子验证对于涉及访问消费者信息以及进行资金转账的交易是不够的，要求美国银行业限期采用强认证技术。截至 2006 年年底，美国银行业提供的高风险互联网支付交易服务必须采用双因子认证技术，使用增强手段验证在线消费者身份。目前，国内银行系统已经普及了双因子认证技术。

(1) 双因子强认证方式-1：智能 IC 卡硬件+口令。

(2) 双因子强认证方式-2：文件型数字证书+账号口令，文件型数字证书如图 6-4 所示。

图 6-4　文件型数字证书

(3) 双因子强认证方式-3：USB Key 硬件+PIN 码。USB Key 是一个带智能芯片、形状类似于闪存的实物硬件，用来保存数字证书和用户私钥，带有 PIN 码保护，并为应用开发商提供符合 PKI 标准的编程接口。用户只能通过厂商编程接口访问数据，保证了数字证书无法被复制。USB Key 硬件和 PIN 码构成了证书使用的两个必要因子，增强了数字证书的保护能力。

6.6　电子商务的展望

电子商务为个人、企业及社会带来了巨大的机遇和效益，促进了人们对商业规则的深刻反思与积极变革，具有广阔的应用前景。电子商务的开展过程是商务管理、商务活动与信息技术的有机结合，因此，可以从技术与行业两方面来展望电子商务的未来。

6.6.1　电子商务技术的发展方向

1. Web 服务

1) Web 服务的含义和构架

微软为 Web 服务下的定义是：通过标准的 Web 协议可编程访问的 Web 组件。Web 服务是一种新兴的网络技术，它能使具备不同网络服务功能的计算机在网上进行自动交互式运行。简单地讲，就是把 Web 服务想象成一个个可以通过接口交互访问的应用程序，但这些应用程序之间保持彼此的透明和独立。同时，这些应用程序是自包含、自描述、模块化的应用，可以在网络中被描述、发布、查找并通过 Web 调用。

2) Web 服务在企业中的商业应用

(1) Web 服务使人、流程和信息之间的整合更加容易，从而缩短业务流程周期。

(2) Web 服务简化了客户的自助服务体系，让企业内部各个职能部门通过一个"窗口"了解客户，也使客户通过一个"窗口"接触整个企业，以及企业的新产品和服务。

(3) Web 服务有助于提高企业效率、决策的质量和速度。

(4) Web 服务对库存、采购等例行业务产生明显效果，还可能促成完全不同的信息技术系统的综合。

2. 网格计算和云计算

1) 网格计算和电子商务

网格是科学家针对当今一些科学难题于 20 世纪 90 年代初提出的概念。它将分布在不同地理位置的计算资源包括 CPU、存储器、数据库等，通过高速的互联网组成充分共享的资源集成，从而提供一种高性能计算、管理及服务的资源能力。人们使用这些资源就像使用电力一样，不必计较这些资源的来源和负载情况。

Internet 主要提供电子邮件、网页浏览等通信功能，而网格技术提供的功能则更多、更强，除能提供共享运算、存储及其他资源外，还包括通信、软件、信息硬件及知识等资源。网格电子商务将带给企业最优化的资源配置、新型的商业模型和改进的管理模型，可以帮助企业创建虚拟组织等。

2) 云计算和电子商务

云计算是基于互联网的相关服务的增加、使用和交付模式，通常涉及通过互联网来提供动态易扩展且经常是虚拟化的资源。狭义的云计算指 IT 基础设施的交付和使用模式，指通过网络以按需、易扩展的方式获得所需资源；广义的云计算指服务的交付和使用模式，指通过网络以按需、易扩展的方式获得所需服务，这种服务可以与软件、互联网相关，也可以是其他服务。云计算意味着计算能力也可作为一种商品通过互联网进行流通。

云计算的兴起给各行各业带来了无数的机遇，电子商务也不例外。对于电子商务来讲，云计算最有用的特点就是其覆盖广和自动化。云计算在一定程度上其实是全球性，较大规模的"云"的提供商都是把整个全球需求放在其计划当中，全球各地都会有数据中心，原因就是"云"是全球化的。而"云"的自动化则可以让很多交易和数据的处理更灵活，而且更高效。云计算对电子商务来说有很多应用，在运营上可以很灵活地管理所有的流量。工程师或者开发团队开发出来产品以后，只要知道有多少计算和存储需求，30 分钟之内就可以得到应用，并且该应用上线后马上可以统计流量，并在 SaaS 层面使整个云解决方案实现自动化。

3. 移动电子商务

移动电子商务是因特网、通信网、IT 技术和手持终端技术融合发展的必然产物，是一种全新的数字商务模式，是电子商务朝着大众化、便捷化发展的延伸和扩展，是整合电子商务、沟通传统商务的创新营销应用潮流，是网络经济新的利润增长点。

所谓移动电子商务，是在网络信息技术和移动通信技术的支撑下，在手机等移动终端之间，或移动终端与 PC 等网络信息终端之间，通过移动电子商务解决方案，在移动状态下进行的便捷的、大众化的、具有快速管理能力和整合增值能力的商务实现活动。

移动电子商务具有无处不在、定位、即时连接、个性化和时间灵敏性等特点。

移动电子商务服务的内容十分广泛，移动电子商务正成为快速发展的新兴市场。调查发现，移动电子商务在制造业、流通业、金融业、快速消费品行业、农业、紧急避险，以及广大中小企业营销管理等众多行业和领域，都具有广阔的应用前景，取得了和正在取得十分明显的经济效益。

6.6.2　电子商务行业的发展趋势

1. 从电子商务应用技术的角度来看

从电子商务应用技术的角度来看，电子商务行业将出现以下几种面向对象的整体解决方案。

(1) 广泛采用计算机协同工作技术，依赖协同作业体系等。

(2) 开发面向中小用户的解决方案。

(3) 出现移动嵌入式、可自动生成的电子商务技术。

(4) 出现可定制的柔性电子商务系统。

2. 从电子商务企业的发展趋势来看

从电子商务企业的发展趋势来看，随着技术创新、应用水平的提高，以及其他相关技术的发展，电子商务将向纵深挺进。互动、实时成为企业信息交流的共同特点，网络成为企业资源计划、客户关系管理及供应链管理的中枢神经。电子商务网站将出现兼并热潮。由于个性化、专业化是电子商务发展的两大趋势，而且每个网站在资源方面总是有限的，客户的需求又是全方位的，所以不同类型的网站以战略联盟的形式进行相互协作将成为必然趋势。

3. 从网络媒体的发展趋势来看

依靠发行量来支撑广告盈利的网络媒体，在将来的发展趋势将是由综合性网站向专业性网站发展、由免费服务向收费服务发展、由网络新媒体向综合媒体发展。电子商务行业的发展趋势也将受到这种趋势的影响。

4. 从网络广告的发展趋势来看

与传统的传播媒体(报纸、杂志、电视、广播)广告及近来备受青睐的户外广告相比，网络广告具有得天独厚的优势，是实施现代营销媒体战略的重要部分。随着电子商务的不断成熟，越来越多的企业开展了电子商务活动，网络广告客户开始向着多样化方向发展、网络广告的形式向多样化和复杂化方向发展、网络广告收费向根据广告效果收费方向发展。

5. 从网络虚拟市场的发展趋势来看

随着电子商务和网络营销的迅速发展，网络虚拟市场凭借其自身的优势不断地赢得了越来越多的新客户。网络虚拟市场将由信息技术产品中介市场向全方位中介市场发展、信息服务向全方位服务发展、由专业性公司参与向传统企业参与发展。另外，随着电子商务应用范围的扩大，对电子商务的新的技术要求将会不断涌现，可能会有现在还无法预见的新发展。同时，电子商务条件下的理论体系也将在不断完善后形成全新的电子商务经济学、电子商务法学、电子商务管理学等。电子商务理论与应用将相互促进，共同发展。

本章小结

本章首先介绍了电子商务的概念与基本理论，分别对电子商务与传统商务的实施特点与内容进行了概述；然后结合电子商务技术的发展趋势，对新一代电子商务的行业应用做了介绍与分析；最后对电子商务技术的发展方向与电子商务行业的发展趋势进行了探讨。

本章旨在使读者对电子商务近年来的基本理念、应用现状及未来的发展趋势有一个大致的了解，从而更好地把握电子商务的商机。

关键术语

电子商务	electronic commerce，EC
B2B 电子商务	business to business，B2B
B2C 电子商务	business to customer，B2C
C2C 电子商务	customer to customer，C2C
网络营销	e-marketing
客户关系管理	customer relationship management，CRM

思考与练习

1. 电子商务在国际和国内的发展经历了哪三个阶段？
2. 与传统商务相比，电子商务有哪些特点和优越性？
3. 常见的电子商务模式有哪些？请列举一些你浏览过的不同模式的电子商务网站。
4. 哪些行业比较适合采用电子商务模式，为什么？
5. 实现电子商务的过程中，包括哪些步骤？
6. 你在日常上网购物时，主要使用哪种支付方式？它的特点是什么？
7. 电子支付的优点和缺点是什么？如何规避电子支付风险？
8. 你对电子商务的未来有何认识？

第7章

信息系统开发与战略规划

　　信息系统开发是一项涉及多方面资源、受企业发展制约又影响企业发展的复杂的系统工程。在建设信息系统之前，必须先确定信息系统的开发方法。目前具有完整认知体系基础的信息系统开发方法有三种：结构化生命周期法、原型法和面向对象开发方法。

　　系统开发是在系统规划的指导下进行系统的分析、设计和实现工作的。系统规划是企业战略规划的一个重要部分。信息系统如不能实现，直接影响企业战略的实现。因此，作为企业的战略指南，信息系统规划已成为现代管理信息系统研究的主要课题之一。在人们开发信息系统的过程中，出现过很多由于不重视系统建设的规划工作而导致系统应用最终失败的案例，这让人们越来越认识到信息系统规划工作的重要性。

学习目标

1. 理解结构化生命周期法、原型法和面向对象开发方法的优点、缺点与适用范围。
2. 了解信息系统的 4 种开发方式。
3. 理解信息系统规划的概念和任务。
4. 理解关键成功因素法的概念，掌握战略目标集转化法和企业系统规划法。
5. 能够使用系统规划方法进行实际应用环境中的系统规划。

引例：集团型制鞋企业的信息系统规划案例

　　集团型制鞋企业 RTQ 是国内知名的以皮鞋为主，同时经营休闲鞋、运动鞋和童鞋的大型鞋业集团，形成了一个主打品牌带动多个子品牌的品牌群。RTQ 集团的下属单位包括集团总部、营销公司、OEM 采购公司、生产公司和研发公司。其中，营销公司包括 50 多个分公司/办事处，以及自营店、加盟店、代理或店中店等多种形式在内的 3000 多家零售终端；销售额约 20 亿元，主要业务集中在二、三线城市，现在正在努力进入一线城市；OEM 采购公司包括分布在全国的 4 个采购中心，进行统一的采购管理；生产公司包括 5 大生产基地，各生产基地是独立的法人公司，分散管理；研发公司是独立运作的皮鞋研发机构，下属两个研发中心。

RTQ 集团业务运作是以订货会为纽带来推动研采产销运作,全年共有 6 个产品季订货会,即春季单鞋订货会、凉鞋订货会、凉鞋后订货会、秋季单鞋订货会、棉鞋订货会、棉鞋后订货会。每季订货会前由研发公司提供该产品季新款样鞋,通过评审后进入订货会,进行订货。日常订单以每季订货会的订单为基础,通过"订单+预测"的方式平衡生产,由营销公司每周汇总全国订单后分别向生产公司和采购公司下单。在日益激烈的市场竞争环境下,RTQ 集团如何通过信息化提高企业业务运作和管理水平,增强竞争力,确保在市场中的领先地位,成为该集团高层十分重视的问题。因此,RTQ 集团与 AMT 合作,帮助 RTQ 集团制定未来 3~5 年的管理信息化建设规划。通过双方项目前期的充分沟通,确定 RTQ 集团管理信息化建设规划项目的主要内容包括集团业务模式分析、关键业务流程梳理、集团 IT 蓝图规划等。该项目历经四个多月,终于顺利完成。

对该 RTQ 集团业务模式的深入分析,将其业务模式分为以集团、产品季和订单为主线的三级金字塔模式,这三条主线对信息系统的需求有较大的差别。

以订单为主线的事务处理,主要解决企业操作层面的问题,以快速实现客户订单为核心,以客户订单为拉动,实现生产、OEM 采购的联动。以订单的主线的关键在于实现物流、信息流、资金流的配合,提高业务操作的效率。其复杂性在于营销分支机构多、产品款式多、供应商层次参差不齐、大量小订单的快速补货需求及资金的迅速回笼需求等。支撑订单主线的信息系统主要是 ERP 和 DRP 等以结构化信息为主的软件系统。

以产品季为主线的计划管理,主要解决企业中高层管理者的问题,以快速响应市场需求为核心,以订货会为抓手,向前拉动市场和研发,向后推动 OEM 采购和销售。以产品季为主线的关键在于掌握一个产品季中到底需要做哪些事情(活动),这些事情之间的逻辑关系是怎样的(节拍),这些事情需要哪些部门和岗位来负责,以及需要怎样的软硬件支撑(资源)。其复杂性在于企业多个产品季一起运作时企业各个部门之间的相互协作。支撑产品季主线的信息系统主要是商务智能系统和协同知识管理系统,协同知识管理系统需要能支持多项目的复杂计划管理、工作内容标准化管理和复杂的权限管理等。

以集团为主线的管控支撑,主要解决集团如何管理下属企业和为下属企业提供服务的问题,以实现集团利益最大化为核心。在集团管理方面,需要区分管控和服务两种不同的职能定位。以集团为主线的关键在于根据管控和服务的不同要求,建立相应的管理框架和体系,以及相应的管理方法。为集团的发展提供高效率的支撑服务和强有力的管理。支撑集团主线的信息系统主要是协同知识管理系统、财务及人力的集中管理系统等。

在以上三条主线中,以产品季为主线的计划管理是制鞋企业的管理运营核心,其运作水平决定了制鞋类企业的整体竞争能力,是非常值得关注的内容。

RTQ 集团的信息系统整体架构是以服务器、存储设备、网络接入设备、数据库系统、终端设备、机房及视频会议系统作为系统建设的系统网络支撑环境;以订货会系统、ERP 系统、管理渠道分销的 DRP 系统、管理营销系统的营销费用管理系统,以及管理零售终端的 VIP 管理系统和 POS 系统构建的 RTQ 集团业务运营平台;以数据仓库、商业智能分析系统和竞争情报系统构建成的 RTQ 集团经营决策分析平台;以办公自动化和工作流管理作为贯穿 RTQ

集团的协同办公知识管理系统，配合协同研发管理系统，以及人力资源系统构建成的 RTQ 集团协同管理平台。RTQ 集团信息化系统架构以 3 大平台、5 大系统为 RTQ 集团在满足信息化操作的基础上发展全面的企业级信息化管理提供支持手段。对于 RTQ 集团的核心业务系统，可以考虑以一套 ERP 系统涵盖财务、生产、采购、销售管理，包括分公司、办事处的管理，也可以考虑以 ERP 系统涵盖财务、生产管理，而用单独的 DRP 系统涵盖采购、销售等管理，包括分公司、办事处的管理。

根据 AMT 对国内众多企业信息化建设过程的分析，尤其是对与 RTQ 集团业务运作模式较为相近的企业的研究，同时考虑到 RTQ 集团在信息化建设中投入的金额不宜过大，最后确定 RTQ 集团采取 ERP、DRP 两套系统相结合的方式。基于系统架构，可以实现制鞋企业各种基础和复杂的业务运作与管理需求，从市场成熟的商业信息系统来看，RTQ 集团信息系统架构至少需要以下 5 大系统的支撑：知识管理系统，可实现协同办公知识管理、以产品季为主线的计划管理、竞争情报管理、协同研发管理、营销费用管理等；企业资源管理系统，可实现集团的统一财务管理和多个生产企业的生产计划管理、生产成本管理、原材料管理、质量过程管理、人力资源管理等；分销管理系统，可实现 OEM 采购管理、营销公司和分公司及代理商的经销存管理、订货会管理等；商业智能管理系统，可实现企业经营决策分析体系的基础数据分析；零售管理系统，可实现各专卖店及加盟店的零售管理、VIP 管理等；人力资源管理可在 ERP 里实现，也可建立单独的系统进行管理，各有优缺点，企业在选型时需要进行权衡。各系统的集成是选型时需要重点关注的内容，由于现在成熟的商业应用系统都有比较成熟的配套系统，如国内很多分销系统与 SAP、Oracle 等 ERP 都能很好地集成。另外，在知识管理系统的选型上需要对具体需求进一步明确，能支撑如此多应用的成熟商业系统比较少，对软件的总体架构有特殊的要求，而且需要一定工作量的二次开发。

分析 RTQ 集团信息系统的应用基础、业务需求紧急程度及系统关联关系等因素后，制定的信息技术整体架构提出了未来三年的整体实施计划，分别定义为 RTQ 集团信息化建设的建设年、推广年和实施年。

RTQ 集团信息化建设的建设年总体目标是以营销系统为建设重点，进行全面建设。主要内容包括：协同管理平台，重点建设以产品季为主线的计划管理系统和协同办公知识管理系统；业务运营平台，主要完成 DRP 系统的选型和第一期实施、ERP 的选型，同时完成营销费用管理系统；经营决策平台，完成商业智能系统的首期建设；系统网络支撑，完成机房的首期建设、网络布置，以及 DRP 第一期服务器的购置和设置。

RTQ 集团信息化建设的推广年总体目标是以业务运营平台建设为核心，进行全面推广。主要内容包括：业务运营平台，主要进行 DRP 和 POS 系统的推广工作、ERP 的实施、推广和应用；经营决策平台，在 DRP 建设的基础上，进行商业智能系统的升级；协同管理平台，以业务运营平台和决策经营平台的新成果为基础，以产品季为主线的系统提升了系统网络支撑，完成 DRP 和 ERP 需要的配套硬件设置。

RTQ 集团信息化建设的提升年总体目标是以系统整合应用为目标，进行全面提升。主要内容包括：业务运营平台，在全面推广的基础上，对 DRP、ERPRP、BI 系统进行程序改进和全面提升；经营决策平台，在 DRP、ERP、POS 系统推广的基础上，进行商业智能系统的提升和应用；协同管理平台，建设人力资源和协同研发系统；系统网络支撑，建立备份机房和容灾中心。

在本项目规划中，还对每个项目的范围、关键控制点、投资估算、责任人等做了详细界定，这样就帮助企业制订了一个切实可操作的行动计划。

(资料来源：学习网，http://www.tceic.com/84ij79ggj1l34693jgkl3k21.html)

讨论题

1. 分析制鞋集团型企业 RTQ 的管理信息化愿景。
2. 一个好的 IT 规划需要综合考虑哪些因素？

7.1 信息系统的开发方法

信息系统的开发是一项艰巨的工作，需要投入大量的人力、物力、财力和时间。为了使系统开发在效率、质量和成本等方面都能让用户满意，除了技术、管理等因素外，系统开发方法起着很重要的作用。在建设信息系统之前，必须先确定信息系统的开发方法。

系统开发的方法有几十种，薛华成教授在《管理信息系统》一书中将系统开发方法分为4 类：按时间过程分类的方法、面向处理(processing oriented，PO)方法、面向数据(data oriented，DO)方法和面向对象(object oriented，OO)方法。按时间过程分类的方法有生命周期法(life cycle，LC)、原型法(prototyping，PROT.)；面向处理方法有生命周期-面向处理法(LC-PO)、原型-面向处理法(PROT.-PO)；面向数据方法有生命周期-面向数据法(LC-DO)、原型-面向数据法(PROT.-DO)；面向对象方法有生命周期-面向对象法(LC-OO)、原型-面向对象法(PROT.-OO)。上述方法中，结构化生命周期法、原型法和面向对象开发方法这三种方法被认为是具有完整认知体系基础的信息系统开发方法。

7.1.1 结构化生命周期法

结构化生命周期法是开发信息系统的一种有效方法，它将系统开发看作工程项目，有计划、有步骤地进行工作。

1. 结构化生命周期法的含义及特点

结构化生命周期法是一种较传统、应用极为广泛的系统开发方法。它采用系统工程的思想和工程化的方法，将整个信息系统开发过程划分为若干个相对独立的阶段：系统规划、系统分析、系统设计、系统实施、系统运行与维护。

结构化生命周期法的特点包括以下几个方面。

(1) 自顶向下整体性的分析与设计和自底向上逐步实施的系统开发过程。

(2) 用户至上。

(3) 深入调查研究。

(4) 严格区分工作阶段。

(5) 充分预料可能发生的变化。

(6) 开发过程工程化。

2. 结构化生命周期法的基本思想

结构化生命周期法的基本思想是：系统分析员、软件工程师、程序员及最终用户按照用户至上的原则，自顶向下分析与设计和自底向上逐步实施地建立计算机信息系统。即在系统规划、分析及设计阶段进行自顶向下的分析与设计，而在系统实施阶段则坚持自底向上地实施，逐步实现整个系统。

3. 系统开发的生命周期

系统规划、系统分析、系统设计、系统实施、系统运行与维护 5 个首尾相连的阶段构成了系统开发的生命周期。结构化生命周期法就是以系统开发生命周期为基础。表 7-1 说明了系统开发生命周期各阶段的主要任务。

表 7-1   系统开发生命周期各阶段的主要任务

阶段		主要任务
系统规划		1. 战略规划：根据组织的目标和发展战略确定信息系统的发展战略。 2. 业务流程规划：根据组织的目标与战略对组织的业务流程进行识别、改革与创新。 3. 信息系统总体结构规划：进行组织的信息需求分析、数据规划、功能规划与系统划分(边界确定)、信息资源配置规划。 4. 项目实施与资源分配规划：根据应用需要将整个系统划分成若干项目，估计每个项目所需硬件、软件、网络、资金、人员等各项资源
系统开发	系统分析	首先需要对现行系统进行初步调查与可行性分析，确认新系统开发是否可行，若可行即可进行详细调查，在对原系统进行业务流程分析、数据流程分析的基础上建立新系统的逻辑模型，最后编写系统分析报告
	系统设计	进行系统总体结构设计、输入设计、输出设计、处理过程设计、数据库设计、模块结构与功能设计，最终给出系统实施方案
	系统实施	软件编程和软件包购置，计算机和通信设备的购置，系统的安装、调试与测试，新旧系统的转换
系统运行与维护		系统运行的组织与管理、系统评价、系统纠错性维护、适应性维护、完善性维护与预防性维护。若系统出现不可解决的大问题，提出开发新系统的要求

每个阶段有独立的任务，每个阶段的主要步骤都有明确、详尽的文档编制要求，各个阶段和各个步骤的向下转移都是通过建立各自的软件文档和对关键阶段、关键步骤进行审核和控制实现的。在各阶段结束之后需要进行严格审查，只有审查合格才能开始下一个阶段的工

作，因此，前一个阶段的结束标准就是后一个阶段开始的标准。文档资料是每个阶段结束的重要标准，它清楚地说明了到这个时候为止关于该项工程已经知道或做了什么，同时确定了下一步的工作基础。

由图 7-1 所示的结构化生命周期法的工作流程可以看出，结构化生命周期法将整个系统开发的全过程采取"分而治之"的策略，将整个系统的开发过程分为一系列的阶段，再将每个阶段分为一系列的活动，将活动划分为更小的、更易于管理和控制的作业，并严格按划分的阶段和活动进行系统开发。

4. 结构化生命周期法的优点

(1) 阶段的顺序性和依赖性。前一个阶段的完成是后一个阶段工作的前提和依据，而后一个阶段的完成往往又使前一个阶段的成果在实现过程中更加具体化。

(2) 质量保证措施完备。对每一个阶段的工作任务完成情况进行审查，对出现的错误或问题及时加以解决，不允许转入下一个工作阶段。错误纠正得越早，所造成的损失就越少。

(3) 从抽象到具体，逐步求精。从时间的进程来看，整个系统的开发过程是一个从抽象到具体的逐层实现的过程，每一个阶段的工作都体现出自顶向下、逐步求精的特点。

5. 结构化生命周期法的缺点

(1) 阶段回溯常发生。由于要求不同类型的用户都应与管理信息系统交互，造成系统的需求分析变得更加困难。因此，常常需要做阶段回溯，对系统分析需求规格说明做修改或补充，同时也会引起此后阶段的补充修改。

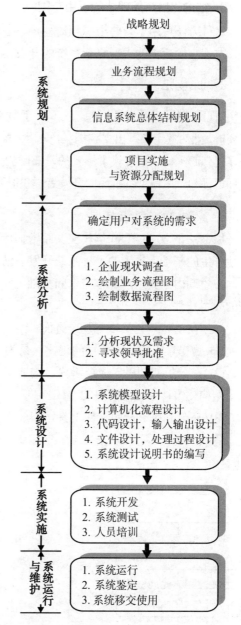

图 7-1 结构化生命周期法的工作流程

(2) 系统开发周期过长。结构化生命周期法并没有解决软件开发研制时间过长的严重危机，在现今计算机软硬件技术、通信技术日新月异发展的时代，很容易使刚建立起来的管理信息系统迅速变得陈旧，生命周期很短。

(3) 文档资料缺乏实用价值。如果用户缺乏专业知识，将难以理解文档的内容，造成文档资料缺乏实用价值，反而延长了开发时间。

6. 结构化生命周期法的适用范围

这种方法适用于一些组织相对稳定、业务处理过程较规范、需求明确，且在一定时期内不会发生大的变化的大型复杂系统的开发。

7.1.2 原型法

原型法是一种从设计思想、工具、手段都全新的系统开发方法。与一步步周密、细致地调查分析，然后逐步整理出文字档案，最后才能让用户看到结果的烦琐做法不同，它采用交互的、快速建立起来的原型取代了形式的、僵硬的(不允许更改的)的规格说明，用户通过在计算机上实际运行和试用原型系统而向开发者提供真实、具体的反馈意见。

1. 原型法的含义及特点

原型法是 20 世纪 80 年代在关系数据库系统、第四代程序设计语言及各种系统开发生成环境产生的基础上提出的一种系统开发方法。所谓原型，是指由系统分析设计人员与用户合作，在短期内定义用户基本需求的基础上，开发出来的一个只具备基本功能，实验性的、简易的应用软件。

原型法的特点包括以下几个方面。

(1) 遵循了人们认识事物的规律，易为人们接受。

(2) 在分析初期引入模拟手段，沟通了人们的思想，缩短了用户与分析人员的距离，解决了结构化方法中最难解决的一环。

(3) 充分利用最新的软件工具，摆脱老方法，使系统开发时间、费用大大减少，效率、技术等大大提高。

2. 原型法的基本思想

原型法的基本思想是对企业需求进行简单快速分析后，利用先进的开发工具，构造出一个原型——初始模型，提供给用户评价和试用，在用户参与的情况下，按用户合理而又可行的要求，在试用中不断修改和完善。每次修改都使系统得到一个完整的新原型，直到用户满意为止。原型法的工作流程如图 7-2 所示。

首先确定用户对系统的开发需求，开发人员经过对用户要求的识别和归纳，快速开发出一个原型，接着与用户一起评价这个原型。如果用户不满意，则重新修改、构造原型，重新评价，直到用户满意为止。这就是原型法的工作流程。

原型法不要求一定要对系统做全面、详细的调查和分析，而是一开始就凭借开发人员对用户需求的初

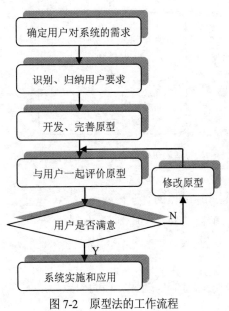

图 7-2　原型法的工作流程

步理解，在强有力的软件环境支持下，先快速开发一个原型系统，然后通过与用户反复协商、修改来实现最终系统。

3. 原型法的优点

(1) 符合人们认识事物的规律，系统开发循序渐进，反复修改，确保较好的用户满意度。

(2) 需求易表达清楚，开发方法易被用户接受，用户满意度较高。

4. 原型法的缺点

(1) 不适合大规模系统的开发，开发过程管理要求高，整个开发过程要经过"修改—评价—再修改"的多次反复。

(2) 开发人员易将原型取代系统分析，缺乏规范化的文档资料。

(3) 如果用户配合不好，盲目修改，就会拖延开发过程。

5. 原型法的适用范围

原型法适用于小型、简单、处理过程比较明确、没有大量运算和逻辑处理过程的系统。不适用于大型、复杂系统，以及存在大量运算、逻辑性强的处理系统，管理基础工作不完善、处理过程不规范的系统。

在实际系统开发过程中，人们常常将原型法与系统分析的方法相结合来开发系统。先用系统分析的方法来划分系统，然后用原型法来开发具体模块。

7.1.3　面向对象开发方法

面向对象开发方法是通过尽可能模拟人类习惯的思维方式来分析软件项目，按照现实世界的问题域来构建解决现实问题的系统。在面向对象方法中，既没有程序和过程，也没有数据实体和文件，系统只是由对象组成。

1. 面向对象开发方法的含义及特点

面向对象开发方法是在结构化生命周期法得到广泛运用的基础上，从 20 世纪 80 年代末各种面向对象的程序设计方法逐步发展而来的一种全新的开发方法。

结构化生命周期法适合需求明确且在一定时期内不会发生大的变化的大型复杂系统的开发，但是在实际系统开发过程中，大多数用户会不断地提出各种需求，即使在系统投入运行后，也常常需要对其做出修改。采用结构化生命周期法进行系统开发，一方面处理这种修改是极其困难的，而且还会因为计划或考虑不周，不仅原错误没有得到彻底改正，而且又引入了新的错误；另一方面，在过去的程序开发中，代码的重用率很低，使程序员的效率不高。为了提高软件系统的稳定性、可修改性和可重用性，人们在实践中逐渐创造出一种系统开发的新途径——面向对象开发方法。

虽然结构化生命周期法暴露出一些缺点，但是不可否认的是，结构化生命周期法是应用最广泛的一种系统开发方法，它的思想和方法已被人们广泛接受。结构化生命周期法使系统的开发更加有条理、目标更加明确，是能顺利开发出信息系统的最重要的保证。面向对象开发方法继承了结构化生命周期法的基本框架，也是从分析、设计、实施的角度来开发系统的，在结构化生命周期法的基础上有新发展。

面向对象方法学的出发点和基本原则是尽可能模拟人类习惯的思维方式，使开发软件的方法与过程尽可能接近人类认识世界、解决问题的方法与过程。由于客观世界的问题都是由客观世界中的实体及实体相互间的关系构成的，因此把客观世界中的实体抽象为对象。面向对象开发方法就是基于对象的概念，以对象为中心来认识、理解客观世界，并设计、开发系统。

以对象为主体的面向对象开发方法具有下述 5 个要点。

(1) 认为客观世界是由各种对象组成的。对象可以是任何要研究的事物，一本书、一家图书馆都可看作对象，它除了能表示有形的实体，还能表示无形的、抽象的规则、计划或事件。因此，面向对象的系统是由对象组成的，系统中的任何元素都是对象。

(2) 对象由属性和方法组成。属性反映了对象的信息特征，如电视机对象的属性有颜色、音量、亮度等；方法则是用来定义改变属性状态的各种操作，如对电视机进行调节颜色、调节音量、调节亮度等操作。

(3) 把所有对象按属性划分成各种类。类有一定的结构，类上有超类，也称为父类，类下有子类。例如，汽车是轿车、吉普车及卡车的父类，轿车、吉普车及卡车是汽车的子类。这种对象或类之间的层次结构是靠继承关系维系的。继承是指能够直接获得已有的性质和特性，而不必重复定义它们。在面向对象的软件技术中，继承是指子类自动地继承父类中定义的数据和方法的机制。

(4) 对象彼此之间仅能通过传递消息互相联系。当一个消息发送给某个对象时，包含要求接收对象去执行某些活动的信息。接收到消息的对象经过解释，然后予以响应，这种通信机制叫作消息传递。发送消息的对象不需要知道接收消息的对象如何对请求予以响应。

(5) 对象是一个被严格模块化了的实体，称为封装。这种封装了的对象满足软件工程的一切要求，而且可以直接被面向对象的程序设计语言所接受。

面向对象开发方法具有以下几个特点。

(1) 封装性：对象是数据和操作的封装体，其状态由对象中数据的"属性"来描述，而对象状态的改变只能由对象中的"操作"来实现。

(2) 抽象性：对象是类的实例，类抽象并封装了对象的共有属性和操作，通过一个类创建的对象自动具有类中规定的属性和操作。

(3) 继承性：类可以派生出子类，子类自动继承父类的属性和操作，在子类的开发中，只需说明它不同于父类的特性，这提高了软件的重用性。

(4) 多态性：对象间通过消息传递建立动态连接，实现对象间的联系，同一消息发送到不同的对象可引发不同的操作。

2. 不使用面向对象与使用面向对象的区别

下面以菜谱为例说明不使用面向对象描述与使用面向对象描述的区别，如图 7-3 和图 7-4

所示。

青椒炒牛肉

- 取出青椒500g，用刀切成细丝，过油
- 取出牛肉300g，切丁，用酱油、酒、黑醋腌制30分钟
- 起油锅，放入牛肉及青椒大火快炒1分半
- 拿出太白粉和水调在一起，这个称为芡汁
- 将芡汁倒入锅中搅拌，会产生粘稠现象，这叫勾芡
- 完成

图 7-3　不使用面向对象描述

青椒炒牛肉

- 青椒
  数量：500g
  处理：用刀切成细丝，过油
- 牛肉
  数量：300g
  处理：切丁，用酱油、酒、黑醋腌制
- 芡汁
  制作：太白粉调上适量的水
  勾芡：将芡汁倒入锅中
- 青椒处理好、牛肉处理好、芡汁制作好，放入锅中快炒1分半后倒入芡汁即可

图 7-4　使用面向对象描述

面向对象开发方法比较自然地模拟了人类认识客观世界的思维方式，用这种方法进行系统分析与设计所建立的系统模型在后期用面向对象的开发工具实现时，能够很自然地进行转换。整个开发方法的过程共包括 4 个阶段：系统调查和需求分析、面向对象分析、面向对象设计和程序实现。每个阶段有独立的任务，具体开发过程如图 7-5 所示。

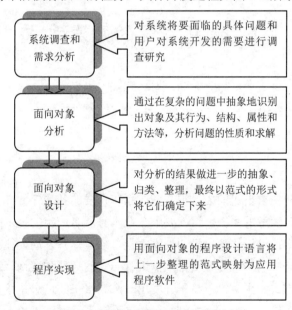

图 7-5　面向对象开发方法的开发过程

3. 面向对象开发方法的优点

(1) 分析、设计中的对象和软件中的对象的一致性。

(2) 由于把客观世界分解成一个个对象，并且把数据和操作都封装在对象的内部，因此提高了系统的稳定性与可修改性。

(3) 通过面向对象技术，不仅可以复用代码，而且可以复用需求分析、设计、用户界面等，实现了软件的复用，增强了系统的适应性，大大简化了程序设计。

(4) 继承性使用户在开发新的应用系统时不必完全从零开始，可以继承原有的相似系统的功能或者从类库中选取需要的类，再派生出新的类以实现所需要的功能，相似的对象可以共享程序代码和数据结构，从而大大减少了程序中的冗余信息，对软件的修改变得比过去容易多了。

4. 面向对象开发方法的缺点

(1) 系统在分析阶段对对象的抽象较困难。

(2) 此方法需要有一定的软件基础支持才能应用。

(3) 初学者不易接受，难学。

5. 面向对象开发方法的适用范围

面向对象开发方法比较适用于小型应用软件系统的开发，不适用于大系统的开发，若缺乏整体系统设计划分，易造成系统结构不合理、各部分关系失调等问题。

综上所述，结构化生命周期法是真正能够较全面支持整个系统开发过程的方法。原型法适用于小型局部系统或处理过程比较简单系统的设计到实现环节。面向对象开发方法可以普遍适用于各类信息系统开发，但它不能涉足系统分析以前的开发环节。

7.2 信息系统的开发方式

管理信息系统的开发方式一般有 4 种：自行开发、委托开发、联合开发和购买现成软件包，企业组织应根据其资源情况、技术力量、外部环境等因素选择。无论采用哪种开发方式，都需要单位领导和业务人员参加决策。

7.2.1 自行开发

自行开发是由用户依靠自己的力量独立完成系统开发的各项任务。通过自行开发可以得到适合本单位需要的、满意的系统。这就要求企业本身具有一定的技术能力。自行开发的优点是在系统开发过程中还可以培养自己的技术力量，缺点是开发周期往往较长。自行开发需要强有力的领导，有足够的技术力量支持，需进行一定的调研和咨询。这种开发方式难以摆脱本企业习惯的管理方式的影响，不易于开发出一个高水平的信息系统。

自行开发适合具备较专业的系统规划、分析、设计、开发和维护人员的组织，如大学、研究所、高科技公司等单位。

7.2.2 委托开发

委托开发是指委托外部专门提供信息系统建立和维护的公司进行本单位管理信息系统的开发工作。这种方式从用户角度来看是最省事的一种，但在开发过程中，企业必须配备精通业务的管理人员参与开发方案的研究，经常检查和督促以控制工作的进展，保证工作的质量。采用委托开发方式一般费用较高，系统维护比较困难。

委托开发适合企业方没有管理信息系统分析、设计及软件开发人员，或企业方开发队伍力量较弱，但资金较为充足的单位。开发过程中需要双方及时沟通进行协调和检查。

7.2.3　联合开发

联合开发是指由企业和有丰富开发经验的机构或专业开发人员共同完成开发任务。开发过程中，合作双方要注意加强精密协作和配合，双方共享开发成果，实际上是一种半委托性质的开发工作，要求企业方需具备熟悉业务并且有一定技术开发能力的人才。这种方式对于企业培养自己的技术力量最有利，系统维护也比较方便，但同时也存在开发费用高、软件应变能力较弱的缺陷。

联合开发适合企业方有一定的管理信息系统分析、设计及软件开发人员，但开发队伍力量较弱，希望通过管理信息系统的开发，建立、完善和提高自己的技术队伍的单位。

7.2.4　购买现成软件包

企业可根据自身需求有目的地购买市场上相对成熟的现成软件包。所谓现成软件包，是指预先编制好的、能完成一定功能的、供出售或出租的成套软件系统，如财务管理系统、小型企业管理信息系统、供销存管理信息系统等。这种开发方式的优点是能缩短开发时间、节省开发费用，系统可以得到较好的维护。缺点是通用软件的专用性比较差，难以满足特殊要求，需要具备一定的技术力量根据使用者的要求做好软件的改善、编制必要的接口等二次开发的工作。

购买现成软件包开发方式适合功能单一的小系统开发，不太适用于规划较大、功能复杂、需求量不确定性程度较高的系统开发。

表 7-2 从对企业方分析设计能力的要求、对企业方编程能力的要求、系统维护上的困难程度和对开发费用的需求这 4 个方面对自行开发、委托开发、联合开发及购买现成软件包这4 种开发方式进行了比较。

表 7-2　管理信息系统 4 种开发方式的比较

比较项目	开发方式			
	自行开发	委托开发	联合开发	购买现成软件包
对企业方分析设计能力的要求	较高	一般	逐步培养	较低
对企业方编程能力的要求	较高	不需要	需要	较低
系统维护上的困难程度	容易	较困难	较容易	困难
对开发费用的需求	少	多	较多	较少

7.3 信息系统规划

建设信息系统的风险高，建设之前必须进行系统规划，制订详细的工作计划，以保证系统开发顺利进行。信息系统规划(information system planning, ISP)就是从全局角度出发，合理地确定信息系统的建设目标，并设计达到这些目标的一系列措施、方法和步骤，是系统建设的起始阶段，是关于管理信息系统的长远发展的计划，是企业战略规划的一个重要部分。系统规划工作的好坏将直接影响整个系统建设的成败。

- 好的总体规划+好的开发=优秀的管理信息系统
- 好的总体规划+差的开发=好的管理信息系统
- 差的总体规划+好的开发=差的管理信息系统
- 差的总体规划+差的开发=失败的管理信息系统

据各种公开报告估计，在所有信息系统应用项目中，有近 1/4 是失败的。其中一些大大超出预算，以至于管理部门只能"拉闸"收场。其他一些项目到达完成阶段，但这些系统难以使用。无论哪种情况，只要开发者多考虑一下用户的愿望和需求，许多失败都是可以避免的。

7.3.1 信息系统规划的作用

大量实践经验和理论研究都表明，从长远的战略目标与战略能力出发，用战略性眼光对企业内、外部的各种信息及资源进行合理规划与利用的信息系统规划是企业信息化建设成功的保障。

信息系统规划的内容非常广泛，包括：组织的战略目标、政策和约束、计划和指标的分析；对管理信息系统的总目标、发展战略与总体结构的确定；企业现有的信息系统状况(软硬件、人员配备及开发费用等)分析；对业务流程现状、存在的问题和不足进行分析，使流程在新的技术条件下重组；对信息系统的组织、人员、管理和运行的分析，以及对信息系统的效益分析和实施计划等。

信息系统规划的作用主要表现在以下三个方面。

(1) 合理分配和利用信息资源以节省信息系统的投资。

(2) 通过制定规划，找出存在的问题，正确识别管理信息系统为实现企业目标而必须完成的任务，促进信息系统应用，为企业带来更多的经济效益。

(3) 指导管理信息系统开发，用规划作为将来考核系统开发工作的标准。

7.3.2 信息系统规划的目标与任务

信息系统规划是在综合考虑企业发展战略的基础上，通过分析现行企业系统，制定企业信息系统发展战略总体方案。它是将组织目标、支持和提供组织目标所需的信息与信息系统，以及信息系统的开发建设等各要素集成在一起的信息系统方案。

信息系统规划的目标是根据组织的目标与战略制定组织中业务流程改革与创新、信息系统建设的长期发展方案,决定管理信息系统在整个生命周期内的发展方向、规模和发展进程。

信息系统规划的主要任务如下。

(1) 制定信息系统的发展战略:制定信息系统的发展战略,首先要调查、分析企业的目标和发展战略,评价现行信息系统的功能、环境和应用状况。

(2) 制定信息系统的总体方案,安排项目开发计划:在调查、分析企业信息需求的基础上,提出信息系统的总体结构方案,并根据发展战略和总体结构方案确定系统和应用项目开发次序及时间安排。

(3) 制定信息系统建设的资源分配计划:提出实现开发计划所需要的硬件、软件、技术人员、资金等资源,以及整个信息系统建设的概算,进行系统开发的可行性分析。

(4) 保证信息系统的一体化和开发工作的协调性,避免没有统一规划的“各自为战”、局部优先,以及联合各自开发的应用系统时所引起的不必要的费用。

(5) 为负责信息系统开发的人员,包括项目开发的负责人员和管理信息系统方面的高层管理人员的绩效考核提供质量标准和控制机制。

(6) 为信息系统人才,如信息分析人员、系统分析人员的获得和开发提供基础,使组织明确在管理信息系统人员的数量和质量方面的需求是什么。

(7) 保证管理信息系统能自动地进行调整,为组织提供有效的支持。

信息系统规划是企业战略规划的一部分,它和企业战略规划具有相同的性质和几乎相同的步骤,只是在内容上有所区别。信息系统规划的是面向全局、面向长远的关键问题,由于时间长,未定因素多,因此具有较强的不确定性。

7.3.3　信息系统规划的内容

管理信息系统总体规划的复杂性依据组织的规模和复杂程度而有所差别,规划的时间一般为五年以上,并且至少有前两年的详细计划。管理信息系统规划的内容应包括以下几个方面。

1. 对组织的战略计划和有关营运计划的概述

(1) 环境的评述:预测和预测过程中的假设,可能的危机和机会。

(2) 对组织的评价:组织的优势与不足。

(3) 组织的目标与战略。

(4) 组织的未来和设想。

2. 管理信息系统计划概述

(1) 管理信息系统环境的情况:对未来技术和用户环境的预测,预测的前提假设,信息系统的危机分析与机会。

(2) 信息系统的评价：优势与不足、原因分析。

(3) 管理信息系统目标。

(4) 数据处理组织结构的设计。

3. 目前的能力

(1) 已有的设备、通用性软件、应用系统、人员和技术储备、费用分析和设备利用情况。

(2) 正在进行的项目情况。

4. 可行性分析

(1) 项目及其优先级。

(2) 获取主要硬件、软件和人员的成本/效益分析。

5. 具体规划 (至少有前两年的详细计划)

(1) 通用应用软件的购置计划。

(2) 应用系统的开发计划。

(3) 软件维护和更新安排。

(4) 人力资源的开发计划，包括培训计划。

(5) 资金需求计划。

(6) 管理信息系统评价方法的叙述。

6. 为了使总体规划有效实施所必需的行动计划

以上所列的是一个全面的管理信息系统总体规划，它的前提是组织已经建立了比较成熟的战略计划过程。在这样的组织中，管理信息系统规划就容易实现。如果组织本身还没有一个成熟的计划，管理信息系统规划的制定相应地就比较困难。在这种情况下，规划的内容也需要相应的调整和简化，实施的控制也会受到影响。

7.3.4 信息系统规划的步骤

信息系统规划的步骤如图 7-6 所示。

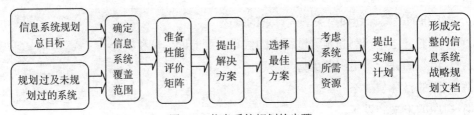

图 7-6 信息系统规划的步骤

信息系统规划首先需要明确规划的总目标。在图 7-6 中，信息系统规划总目标实际上应由总经理和信息系统委员会来设置，它不仅包括信息系统的目标，而且应有整个企业的目标。为了制定一个符合企业发展战略的信息系统规划总目标，还必须分析企业目前所处的国内外环境、行业环境，分析企业具有的优势与劣势、面临的发展机遇与威胁，理解企业发展战略在产业结构、核心竞争力、产品结构、组织结构、市场、企业文化等方面的定位。

为了确定信息系统的覆盖范围，需要在上一步确定的系统规划总目标的基础上，充分考虑以前规划过和未规划过的系统，从而确定信息系统规划的范围，包括规划的年限、规划的方法，确定规划是集中式还是分散式，以及规划是进取还是保守。

性能评价矩阵是评价建成的信息系统以及信息系统开发工作好坏的指标矩阵，实际上是信息系统规划各项内容之间的相互关系所组成的矩阵。这些矩阵列出后，实际上就确定了各项内容以及它们实现的优先次序。识别上面列出的各种活动是一次性的工程项目性质的活动，还是一种重复性的经常进行的活动。由于资源有限，不可能所有项目同时进行，只能选择一些好处最大的项目先进行，要正确选择工程类项目和日常重复类项目的比例，正确选择风险大的项目和风险小的项目的比例。

解决方案一般至少三个，需要企业高层管理人员的参与和支持，在当前解决方案中选择最好的方案。进一步考虑完成系统所必需的一些资源，并编制项目的实施进度计划，把战略长期规划书写成文，在此过程中还要不断与用户、信息系统工作人员及信息系统委员会的领导交换意见，形成完整的信息系统战略规划文档。最后，经总经理批准后生效。

7.3.5　信息系统规划的方法

进行信息系统规划的方法有很多，主要有关键成功因素法(critical success factors，CSF)、战略目标集转化法(strategy set transformation，SST)和企业系统规划法(business system planning，BSP)，其他还有企业信息分析与集成技术(BIAIT)、产出/方法分析(E/M)、投资回收法(ROI)、征费法、零线预算法、阶石法等。本节主要介绍目前使用最频繁的三种：关键成功因素法、战略目标集转化法和企业系统规划法。

1. 关键成功因素法

关键成功因素法是哈佛大学教授 William Zani 于 20 世纪 70 年代末提出的，它是以促使企业成功的关键因素为依据来确定系统需求的一种信息系统规划方法。

大多数企业都存在对组织成功起关键性作用的因素，一般称为企业经营的关键因素。关键成功因素指的就是对企业成功起关键作用的因素。关键成功因素法就是通过分析，找出使企业成功的关键因素，然后再围绕这些关键因素来确定系统的需求并进行规划的一种方法。关键成功因素法的实施包括 4 个步骤：了解企业目标、识别关键成功因素、识别性能的指标和标准、识别测量性能的数据，具体如图 7-7 所示。

第一步，了解企业目标。需要与高层管理者交流、沟通，了解企业的发展战略及企业相关问题。每个组织都有自己的目标，在不同时期又会有不同的重点。组织的目标应根据组织内外的客观环境条件制定。

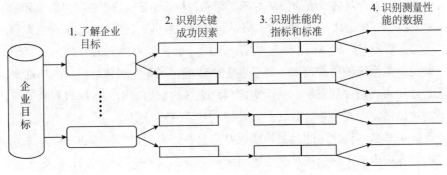

图 7-7　关键成功因素法的实施步骤

第二步，识别关键成功因素。使用树枝因果图，了解组织的发展战略后，再识别达成该战略的所有成功因素。可以采用逐层分解的方法找出影响战略目标的各种因素。

第三步，识别性能的指标和标准。给出每个关键因素的性能指标与测量标准。关键性能指标用来确定信息系统的需求，建立了需求以后，通过分析现有系统确定所需信息是否能够由现有数据库生成。

第四步，识别测量性能的数据。

关键因素来源于以下几个方面：①产业结构；②竞争策略、行业地位与地理位置；③环境因素；④暂时因素。识别关键成功因素所用的工具是树枝因果图。树枝因果图因其形状，又叫鱼刺图。一张完整的树枝因果图至少应有两层，一些情况下还可以有三层以上。例如，某企业在产品开发失败问题上，运用树枝因果图对各种因素及影响这些因素的子因素进行分析，如图 7-8 所示。

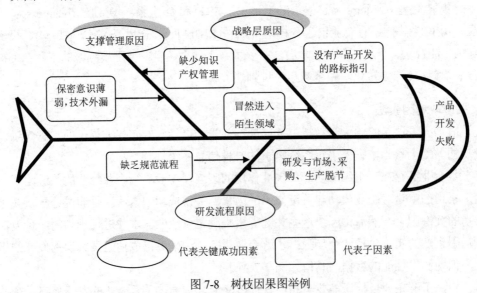

图 7-8　树枝因果图举例

关键成功因素法是一个帮助组织最高领导确定重要信息需求的高度有效的方法，要求管理者着眼于环境，在对环境分析的基础上认真考虑如何形成自己的信息要求，这对于高层管理和开发主管支持系统、决策支持系统尤其适用。

关键成功因素法的优点是能抓住影响系统成功的关键因素进行分析以确定组织的信息需求，使目标的识别突出重点，因此所开发的系统具有很强的针对性，能够较快地取得收益。

关键成功因素法的缺点是数据的汇总过程和数据分析比较随意，缺乏一种专门的、严格的方法将众多个人的关键成功因素汇总成一个明确地对企业有决定性作用的成功因素。此外，由于环境和管理经常迅速变化，信息系统也必须做出相应调整，然而用关键成功因素法开发系统无法缓解这些因素的影响。此外，它只在确定管理目标上较有效，在以后的目标细化和实现上作用较小。

应用关键成功因素法需要注意的是，关键因素解决后，又会出现新的关键因素，就必须再重新开发系统。

2. 战略目标集转化法

战略目标集转化法是制定信息系统战略规划的常用方法之一，这种方法由 William King 于 1978 年提出，他把组织的战略目标看成一个"信息集合"，由使命、目标、战略和其他战略变量(管理的习惯、改革的复杂性、重要的环境变量约束等)组成。

战略目标集转化法将信息系统战略规划与组织战略关联起来，是一个把组织的战略目标转变为管理信息系统战略目标的过程。薛华成教授在《管理信息系统》一书中将战略目标集转化法的实施步骤归纳为两步：第一步是识别组织的战略集，第二步是将组织的战略集转化成信息系统战略，如表 7-3 所示。

表 7-3　战略目标集转化法的实施步骤

步骤		说明
识别组织的战略集	1. 描绘组织各类人员结构，如卖主、经理、雇员、供应商、顾客、贷款人、政府代理人、地区社团及竞争者等； 2. 识别每类人员的目标； 3. 识别每类人员的使命及战略	企业战略集的分析，先考察该组织是否有成文的长期战略计划，如果没有，就去构造这种战略集合
将组织战略集转化成信息系统战略	1. 根据组织目标确定信息系统目标； 2. 组织战略及属性对应信息系统战略的约束； 3. 根据信息系统目标和约束提出信息系统战略	信息系统战略应包括系统目标、约束及设计原则等。这个转化的过程包括对组织战略集的每个元素识别对应的信息系统战略约束，然后提出整个信息系统的结构

战略目标集转化的优点是反映了各种人员的要求，从不同群体的需求引出信息系统的目标，能保证系统目标比较全面，疏漏较少。

战略目标集转化法的缺点是在突出重点方面，这种方法不如关键成功因素法。

3. 企业系统规划法

企业系统规划法是由 IBM 公司于 20 世纪 70 年代末提出的基于全面调查分析的方法。企业系统规划法是 IBM 公司用于内部系统开发的一种方法,旨在通过规范化的方法指导信息系统的开发。后来,企业系统规划法成为一种通用的系统规划方法流行开来。

企业系统规划法是一种以企业业务过程分析驱动的系统规划方法,通过对企业业务流程的分析,抽象出业务和数据之间的关系,并由此规划系统的结构,从而实现企业的任务和目标。企业系统规划法的核心是采用自上而下规划、自下而上实施的流程。

采用企业系统规划法进行系统规划首先需要自上而下地识别系统目标、识别企业过程、识别数据、划分子系统(识别信息系统的结构),然后再自下而上地设计信息系统,以支持企业目标的实现,如图 7-9 所示。

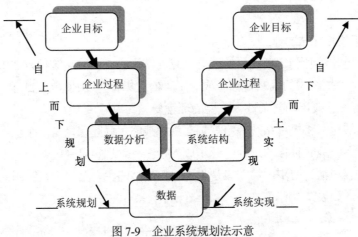

图 7-9　企业系统规划法示意

企业系统规划法是把企业目标转化为信息系统战略的全过程,大致有 7 个步骤,具体如表 7-4 所示。

表 7-4　企业系统规划法的实施步骤

步骤	说明
识别目标	成立规划组,进行系统初步调查,分析企业的现状,了解企业有关决策过程、组织职能和部门的主要活动、存在的主要问题、各类人员对信息系统的看法。要在企业各级管理部门中取得一致看法,使企业的发展方向明确,使信息系统支持这些目标
定义企业过程	定义企业过程,也称业务过程。所谓业务过程,就是逻辑相关的一组决策或活动的集合,如订货服务、库存控制等业务处理活动或决策活动。业务过程构成了整个企业的管理活动。定义企业过程可对企业如何完成其目标有较深的了解,可以作为建立信息系统的基础。按照业务过程所建造的信息系统,其功能与企业的组织机构相对独立,因此,组织结构的变动不会引起管理信息系统结构的变动
进行业务过程的重组	在定义业务过程的基础上,分析哪些过程是正确的;哪些过程是低效的,需要在信息技术支持下进行优化处理;哪些过程不适合计算机信息处理,应当取消。检查过程的正确性和完备性后,对过程按功能分组,如经营计划、财务规划、成本会计等

(续表)

步骤	说明
定义数据类	所谓数据类，是指支持业务过程所必需的逻辑上相关的一组数据。一个系统中存在许多数据类，如顾客、产品、合同、库存等。数据类是根据业务过程来划分的，即分别从各项业务过程的角度将与它有关的输入、输出数据按逻辑相关性整理出来归纳成数据类。此过程可按三个过程来实现：识别数据类、给出数据类定义、建立数据类与过程的关系
设计管理信息系统总体结构	功能和数据类都定义好之后，可以得到一张功能/数据类表格，该表格又称为功能/数据类矩阵或 U/C 矩阵。设计管理信息系统总体结构的主要工作就是利用 U/C 矩阵来划分子系统，刻画出新的信息系统的框架和相应的数据类
确定子系统实施顺序	由于资源的限制，信息系统的总体结构一般不能同时开发和实施，总有个先后次序。划分子系统之后，根据企业目标和技术约束确定子系统实现的先后顺序。一般来讲，对企业贡献大的、需求迫切的、容易开发的优先开发
完成研究报告	提出建议书和开发计划

企业系统规划法的优点在于能保证信息系统独立于企业的组织结构，也就是能够使信息系统具有对环境变更的适应性。企业系统规划法采用了定义企业过程的技术，使信息系统的构建独立于组织机构中的各种因素。企业系统规划法是依据企业的业务功能来划分子系统的，而不是依据企业现有的职能机构，所划分的子系统不会受企业机构变动的影响，因而更加稳定。即使将来企业的组织机构或管理体制发生变化，采用企业系统规划法构建的信息系统的结构体系不会受到太大的冲击。

企业系统规划法的不足之处在于：虽然它强调目标，但没有明显的目标确定流程。企业目标到系统目标的转换是通过组织/系统、组织/过程及系统/过程的矩阵分析得到的，这样才能将企业的目标转化为系统的目标。必须先获取企业目标，才能得到信息系统目标。

4. 小结

三种信息系统规划方法各有各的长处，在进行系统规划时，常把三种方法结合起来使用。先用关键成功因素法确定企业目标，然后用战略目标集转化法补充、完善企业目标，并将这些目标转化为信息系统目标，最后用企业系统规划法校核两个目标，并确定信息系统结构，这样就补充了单个方法的不足。不过这样做也使整个过程过于复杂，削弱了单个方法的灵活性。

由于战略规划本身的非结构性，可能永远也找不到一个唯一解。因此，进行任何一个企业的信息系统规划均不应照搬以上方法。在实际应用中，应当具体情况具体分析，采取一种或多种方法，为企业信息化进程做科学、合理的规划。

7.4　信息系统规划案例

本案例以医院管理为背景，示意性地介绍系统规划的全过程，以便读者对整个信息系统规划过程有一个全面、系统的认识，并加深对信息系统规划的概念和方法的理解。

7.4.1　医院发展战略

某医院是一家以中医为主、中西医结合、中等规模的三级甲等医院。该医院有开放床位450 张，年门诊量 25 万左右人次，年住院病人 6000～8000 人次。由于该院是一所建于 20 世纪 50 年代的老医院，几十年延续下来的陈旧的管理思想和僵化的管理模式已经远远不能满足病人的需求。该医院在管理中主要存在以下难题。

(1) 手工模式下的门诊收费管理，病人需先拿着医生的处方单排队划价，然后到收费处排队交钱，再凭发票到门诊药房排队取药。病人排队时间长，划价收费人员出错环节多。

(2) 医院对药品的管理存在一定的困难。其一，药品的盘点工作时间过长；其二，药品库存难以及时掌握；其三，由于药品调价频繁，新的价格不能及时执行。

(3) 手工模式下的住院管理，病人病历号会产生一人多号或跳号现象，造成病案统计的混乱；记账时，要由护士到住院药房取药后，再到住院处记账，不能做到及时、准确；病人住院期间的各项检查及治疗费用由医务人员传送到住院处，中间环节多，费时费力；病人账户余额不能及时掌握，易出现欠费、漏费现象。

长久以来，落后的管理手段导致该医院经营下滑，出现生存危机。为了提升自身竞争力，医院必须满足管理上的要求，提高工作效率，改进医疗质量。

7.4.2　医院信息管理系统战略规划

本案例从医院的战略目标出发，利用关键成功因素法分析影响该医院战略目标实现的关系因素和主要流程，从而了解医院战略目标管理对于医院管理工作的总体要求。这些要求是采用高效的信息管理手段，在相当大的程度上代替人工作业，从而减少人员工作量，减轻工作负担，减少工作中因人为原因而产生的错误，从而避免不必要的损失，更重要的是能建立准确、畅通、简便的信息流通渠道，为工作提供所需要的准确、即时的信息以帮助做出正确且及时的选择与决定。

为了加快医院系统的信息化步伐，提高医院的业务水平，系统的建设将本着"以患者为中心"的原则，以方便患者、提高就诊效率为目的，力争为患者提供最满意的服务，同时也将提高医院的社会效益和经济效益。

7.4.3　医院信息管理系统的总体规划过程

1. 识别目标

本项目的总体目标是梳理医院综合管理流程，吸收、借鉴先进的管理理念，结合医院的具体情况，实现医院信息管理流程再造，使医院管理体系更加科学化和规范化。在此基础上，开发医院信息管理系统，完成医院信息综合管理的自动化建设。

按照项目的总体目标，确定了医院信息管理系统应达到如下指标。

(1) 建立全院计算机网络，实现信息资源共享。

(2) 建立数据库，集中存储医院管理和病人医疗数据信息。

(3) 支持医疗和管理的窗口业务，完成医疗各部门之间(临床部门和管理部门)的信息传递。

(4) 建立计算机网络和数据库维护机制。

(5) 系统运行可靠，具有较强的容错性能和异常处理功能。

(6) 系统界面友好、风格一致，操作简单、灵活方便。

(7) 系统设计充分考虑将来医院管理模式的变更，具有较强的可维护性、可扩充性。

2. 定义业务过程

医院管理工作是一项复杂的工作，所涉及的环节多，下面分述各项工作的具体任务。

(1) 门诊挂号。依据病人的个人信息、挂号类别、医生、费用类别和就诊时间等信息，建立门诊挂号单和挂号信息。

(2) 医生诊治。依据病人的门诊挂号单和药品信息，建立的病人处方单。

(3) 门诊划价。依据门诊挂号单、药品信息和项目诊治费用等信息进行划价和金额合计。

(4) 门诊收费。依据划价信息和就诊金额进行收费、开发票。

(5) 发票审核。依据发票和药品信息建立合格证明。

(6) 药房取药。依据发票和药品库存清单，给病人取药，并提供取药信息。

(7) 入库登记。依据进货单据建立入库清单。

(8) 出库登记。依据药房取药单据建立出库清单。

(9) 院长查询。依据挂号信息、库房信息、药品信息，查看科室挂号量和药品库存信息。

(10) 病人信息管理。依据门诊挂号处信息建立病人信息库。

(11) 医生信息管理。依据医院存储资料建立各科诊治资料库。

(12) 科室信息管理。依据医院存储资料建立各科室资料库。

(13) 药品信息管理。依据药品存储信息和存储资料建立药品信息表单。

(14) 收费项目管理。依据医院存储资料建立项目诊治费用资料库。

这些活动构成了医院信息管理系统的基本业务过程。

3. 定义数据类

根据过程分析得到每个流程使用和产生的信息后，对体现这些信息需求的资料、资源进行严格的定义、科学的分类和合理的组织，再对这些资料进行相应的合并，总结出数据类如下：门诊挂号单、挂号信息、处方单、就诊金额、划价信息、发票、合格证明、药品、入库清单、出库清单、药品库存信息、科室挂号量、药品库存量、病人信息库、医生资料、科室资料、药品信息、项目诊治费用、存储资料。

下面使用企业系统规划法中的 U/C 矩阵来表达业务过程和数据类之间的关系。U/C 矩阵是描一种述企业过程和数据之间关系的矩阵。每一行为一个企业过程，每一列为一种数据类，若某过程产生某数据类，则矩阵中标记为 C；若某过程使用某数据类，则矩阵中标记为 U。标记好后，调换表中的行或列，使矩阵中 C 元素最靠近对角线，如表 7-5 所示。

表 7-5　某医院管理信息系统的 U/C 矩阵

业务过程	数据类																		
	门诊挂号单	挂号信息	处方单	就诊金额	划价信息	发票	合格证明	药品	入库清单	出库清单	药品库存信息	科室挂号量	药品库存量	病人信息库	医生资料	科室资料	药品信息	项目诊治费用	存储资料
门诊挂号	C	C												U	U	U			
医生诊治	U		C											U			U		
门诊划价	U		U	C	C												U	U	
门诊收费	U			U		C													
发票审核						U	C										U		
药房取药						U	U	C											
入库登记									C										
出库登记										C									
药库库存									U	U	C								
科室挂号量查询		U										C							
药品库存量查询											U		C				U		
病人信息管理		U												C					
医生信息管理															C				U
科室信息管理																C			U
药品信息管理											U						C		U
收费项目管理																		C	U

4. 定义信息系统总体结构

接下来以 C 元素为标准划分子系统。划分子系统的方法是在求解后的 U/C 矩阵中划出一个个小方块，用灰度底色表示不同的方块。划分时应注意：沿对角线一个接一个地画，既不能重叠，又不能漏掉任何一个数据和过程。方块的划分是任意的，但必须将所有的 C 元素都包含在小方块之内。划分后的小方块即为今后新系统划分的基础。每一个小方块即一个子系统，如表 7-6 所示。

表 7-6　某医院信息管理系统子系统的划分

业务过程	数据类																		
	门诊挂号单	挂号信息	处方单	就诊金额	划价信息	发票	合格证明	药品	入库清单	出库清单	药品库存信息	科室挂号量	药品库存量	病人信息库	医生资料	科室资料	药品信息	项目诊治费用	存储资料
门诊挂号	C	C												U	U	U			
医生诊治	U		C											U			U		
门诊划价	U		U	C	C												U	U	
门诊收费	U			U		C													
发票审核						U	C										U		
药房取药						U	U	C											
入库登记									C										
出库登记										C									
药库库存									U	U	C								
科室挂号量查询		U										C							
药品库存量查询											U		C				U		
病人信息管理		U												C					
医生信息管理															C				U
科室信息管理																C			U
药品信息管理											U						C		U
收费项目管理																		C	U

　　通过以上过程识别出该医院信息管理系统包括 4 个子系统：门诊管理、库存管理、院长查询和存储管理，如图 7-10 所示。

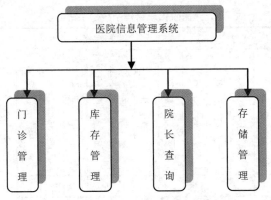

图7-10　某医院信息管理系统结构图

本章小结

结构化生命周期法、原型法和面向对象开发方法被认为是具有完整认知体系基础的信息系统开发方法。结构化生命周期法采用系统工程的思想和工程化的方法,将整个信息系统开发过程划分为5个阶段:系统规划、系统分析、系统设计、系统实施、系统运行与维护。它的基本思想是系统分析员、软件工程师、程序员及最终用户按照用户至上的原则,自顶向下分析与设计和自底向上逐步实施,建立计算机信息系统。原型法是对企业需求进行简单、快速分析后,利用先进的开发工具,构造出一个原型——初始模型,提供给用户评价和试用,在用户参与的情况下,基于用户合理且可行的要求,在试用中不断修改和完善。每次修改都使系统得到一个完整的新原型,直到用户满意为止。面向对象开发方法是基于对象的概念,以对象为中心来认识、理解客观世界,并设计、开发系统。

管理信息系统的开发方式一般有4种:自行开发、委托开发、联合开发和购买现成软件包,企业组织应根据其资源情况、技术力量、外部环境等因素选择。

建设信息系统的风险高,建设之前必须进行系统规划,制订详细的工作计划,以保证系统开发顺利进行。本章介绍目前使用最频繁的三种:关键成功因素法、战略目标集转化法、企业系统规划法。关键成功因素法通过分析影响系统成功的关键因素,以确定组织的信息需求,使目标的识别突出重点,因此所开发的系统具有很强的针对性,能够较快地取得收益。但是它只是在确定管理目标上较有效,在以后的目标细化和实现上作用较小。战略目标集转化法把组织的战略目标看成一个“信息集合”,由使命、目标、战略和其他战略变量(管理的习惯、改革的复杂性、重要的环境变量约束等)组成。企业系统规划法是一种以企业业务过程分析驱动的系统规划方法,通过对企业业务流程的分析,抽象出业务和数据之间的关系,并由此规划系统的结构,从而实现企业的任务和目标。这种方法的核心是采用自上而下规划、自下而上实施的流程。

关键术语

面向处理	processing oriented，PO
面向数据	data oriented，DO
面向对象	object oriented，OO
生命周期	life cycle，Lc
信息系统规划	information system planning，ISP
关键成功因素法	critical success factors，CSF
战略目标集转化法	strategy set transformation，SST
企业系统规划法	business system planning，BSP

思考与练习

1. 信息系统规划的内容包括哪些？
2. 比较 4 种信息系统开发方式。
3. 常用的信息系统开发方法有哪几种？试比较它们的优点和缺点。
4. 什么是关键成功因素法？其基本思路是什么？
5. 什么是企业系统规划法？其基本思路是什么？
6. 简述如何用企业系统规划法确定子系统的结构。

第8章

信息系统分析

　　系统规划完成后，就要进入系统分析阶段。系统分析的主要任务是将在系统详细调查中所得到的文档资料集中到一起，对组织内部整体管理状况和信息处理过程进行分析。它侧重于从业务全过程的角度进行分析。分析的主要内容包括：业务和数据的流程是否通畅，是否合理；数据、业务过程和实现管理功能之间的关系；老系统管理模式改革和新系统管理方法的实现是否具有可行性等。系统分析有助于将用户的需求及其解决方法确定下来，内容包括开发者关于现有组织管理状况的了解、用户对信息系统功能的需求、数据和业务流程分析、新系统拟改动和新增的管理模型等。整个分析过程可分为系统调查、组织功能分析、业务流程分析、数据流程分析、功能/数据分析和新系统逻辑方案提出等。

　　根据制定好的系统规划的要求展开系统分析非常重要。系统分析是系统设计的基础，它的好坏直接影响系统设计是否能够顺利进行，是否能够有效、全面地满足用户的需求。

学习目标

1. 理解系统分析的概念、内容。
2. 了解可行性分析的内容。
3. 掌握业务流程分析的方法。
4. 掌握数据流程分析的方法。
5. 掌握数据字典的内容与建立方法。
6. 能够在实际应用环境中运用系统分析方法进行信息系统的分析。

引例：A 企业信息化建设的问题出在哪里

　　A 企业属于制造型企业，不仅生产自有产品，而且承接其他企业的外协件生产。几年前，A 企业就建立了 MPRII 系统，产品设计部使用 CAD、CAPP 与 PDM 系统，极大地提高的工作效率和质量。A 企业最高决策者是张总裁。B 企业是 A 企业强有力的竞争对手。

　　根据每周的市场情报资料，张总裁了解到 B 企业逐步在销售额上超过了他们，B 企业已经实现了更多的盈利，张总裁感到竞争的紧迫感和焦虑，这种紧迫感和焦虑不仅来自外部，也来自对企业内部问题的担忧。

就在上个月，A企业最重要的客户对产品规格的要求发生了变动，但是最后满足变动需求的产品没有及时送发货部门，使货物的集中、装箱、上船等一系列行动无法按时进行，于是他们把另一个不太重要的客户预定的产品用飞机送到该重要客户处，尽管这样，还是比预定的到货期要迟。面对激烈的市场竞争，下游客户从自身业务出发对供应链上游成员提出了新的要求，他们需要建立更紧密的联系，节约投产准备阶段时间和费用。例如，下游客户希望供应伙伴——A企业的工程师，能参与他们的设计，利用电子手段实现双方采购信息系统和销售信息系统的信息对接、实时交换和查询产品设计的相关技术文件。他们希望接到自己的订单时，只需"按一下鼠标按键"就可把订单实施计划直接变成原材料计划，通过跨组织的网络系统传递，将其纳入A企业的生产制造系统和托运计划。但是A企业无法满足上述要求，导致下游客户的原材料短缺，A企业也经常因运载体积不够而大伤脑筋。

A企业现在使用的MRPII系统的假设前提是供应商都能够按照约定无条件供货，而且不得更改。实际操作时，往往存在供应商有条件改动的可能。即使供应商做到无条件供货，A企业的管理者们也没有足够的时间和能力来应付大量的、改变的约定，也没有合适的信息处理系统来支持生产计划的调整。A企业的售后服务是一套相对独立的业务系统，通过公司计算机网络系统，售后服务人员可以使用常用的自行研制的软件工具，从数据库中直接调用资料，获取关于产品数据及技术资料，提供维修咨询和指导。A企业更换了一个由供应商处得到的配件时，并试图从供应商那里得到支持。但是，不论是售后服务系统，还是MRPII系统都没有记录和保存这些信息，而且，当工程师为客户修理一台机器时，售后服务系统并不能给出该客户的完整、清晰的合同订单，无法清楚提供哪些更换部分是客户质量保证书或服务协议涵盖的，哪些不是。

对于A企业的工程设计部门来说，产品数据管理系统和MRPII系统用的都是一样的重要信息系统，但它们不是集成的，所以工程师必须把数据管理系统的产品数据的变化人工输入MRPII系统中，以保证数据的一致性。产品的设计过程，从产品概念构思到产品上市，需要9～12个月的时间。

市场部本来应能提供关于新产品开发的创意思想，尽管他们基本没有能力也没有必要按工程设计规范要求进行描述。但当设计工程师开始设计新产品时，市场部却不能直接十分清楚地表述市场、客户真正需要的具体细节数据和信息，工程师只能在那些已掌握的数据信息的基础上尽量发挥。

A企业相当大的一部分不断增长的商业机会，需要更多资深工程师的努力，而不是简单的体力劳动。企业的优良业绩必须体现在财务利润报表上，但A企业已经连续三年利润滑坡了，因此它不得不解雇了一大批工程师，还有一些工程师也纷纷跳槽，使A企业失去了更多的有丰厚利润的商业机会，这远比节省的劳动力费用高得多。和许多制造公司一样，A企业的高层决策者们必须在低效率、缺少活力的公司和高效率、充满活力的公司之间做出果断的战略决策与信息系统分析。

（资料来源：原创力资源网，https://max.book118.com/html/2017/0213/90774970.shtm）

讨论题

1. A 企业的管理业务流程中存在的问题有哪些？
2. 分析 A 企业对信息系统的需求。

8.1 信息系统分析概述

生活中，人们做任何一件事情都有三个步骤：明确要做什么→考虑怎么做→动手去做，这三个步骤对应信息系统建设的三个步骤便是：系统分析→系统设计→系统实现。本章所讨论的信息系统分析，就是要明确系统要做什么。要回答这个问题首先需要弄清楚原系统在做什么，进一步分析新系统要做什么。

8.1.1 系统分析的概念

在信息系统的生命周期中，系统规划之后是系统开发(系统开发阶段分为系统分析、系统设计和系统实施三个阶段)，系统分析是系统开发的第一个重要阶段。

系统分析是应用系统的思想和方法，把复杂的对象分解成简单的组成部分，找出这些组成部分的基本属性和彼此之间的联系。系统分析阶段的任务是根据系统设计任务书所确定的范围，对现行系统进行详细调查，描述现行系统的业务流程，指出现行系统的局限性和不足之处，确定新系统的基本目标和逻辑功能要求，即提出新系统的逻辑模型。这个阶段又称为逻辑设计阶段。这个阶段是整个系统建设的关键阶段，也是信息系统建设与一般工程项目的重要区别所在。需要注意的是，逻辑方案是相对于物理方案而言的，系统分析阶段提出的逻辑方案要解决系统"做什么"的问题，而物理方案要解决系统"怎么做"的问题，这是下一阶段系统设计的任务。

系统分析阶段的工作成果体现在系统说明书中，这是系统建设的必备文档，是给用户看的，也是下一阶段的工作依据。因此，系统说明书既要通俗，又要准确。用户通过系统说明书可以了解未来系统的功能。系统说明书一旦讨论通过，就是系统设计的依据，也是将来验收系统的依据。系统分析是系统开发的重要阶段。系统分析的目的是要弄清原系统正在做什么，回答新系统将要做什么等关键性问题。

8.1.2 系统分析的步骤

系统分析阶段首先需要对现行系统进行初步调查与可行性分析，确认新系统开发是否可行，若可行即可进行详细调查，并建立新系统的逻辑模型，最后编写系统分析报告。如果不可行，则不进行新系统的开发。系统分析的步骤如图 8-1 所示。

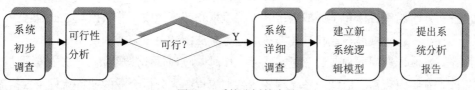

图 8-1 系统分析的步骤

系统分析的步骤可以分为系统初步调查、可行性分析、详细调查、建立新系统逻辑模型和编写系统分析报告，每个部分的具体内容如表 8-1 所示。

表 8-1 系统分析各步骤的说明

步骤	说明
系统初步调查	确定是否开发新系统。若开发，明确新系统的目标、规模、主要功能的初步设想，粗略估计系统开发所需资源
可行性分析	进一步明确系统的目标、规模与功能。必须从管理上的、技术上的和经济上的可行性等方面对系统的开发环境、开发条件进行科学的分析。要明确系统是否可以在用户提出的开发要求上进行新系统的开发，还是对原系统进行改进或者目前没有开发的必要性
系统详细调查	详细调查需要分析组织结构、组织/业务关系等，采用业务流程分析、数据流程分析、创建数据字典等方法帮助分析现行系统的现状，在此基础上建立现行系统的逻辑模型，发现现行系统存在的主要问题，为分析和提出新系统的逻辑设计做好准备
建立新系统逻辑模型	在调查原系统的基础上，分析原系统业务流程和数据流程的不足，提出优化改进方法，并重新描述新系统应具有的业务流程和数据流程，最终形成新系统的逻辑模型
提出系统分析报告	系统分析报告是系统分析阶段的成果。将每个阶段研究分析的内容以统一的格式进行整理，形成一个完整的系统分析报告

1. 系统初步调查

系统初步调查是系统建设的前期准备工作，主要调查企业对于支持系统开发的可能性、可行性，它决定了新系统能否立项，以及立项后大致按什么规划、什么模式进行开发。

2. 可行性分析

可行性分析是指基于当前组织内外部的具体条件，进一步分析开发系统必需的资源和条件是否满足。系统建设是一项复杂工程，可行性分析对于保证系统顺利开发、资源合理使用是非常必要的，它是项目得以顺利进行的重要保证。

3. 系统详细调查

系统详细调查是系统分析过程的一个非常关键的步骤，需要调查的范围除了包括组织内部物流和信息流，还要包括企业的生产、经营、管理等各个方面。

薛华成教授在《管理信息系统》一书中将系统详细调查的内容归纳为 9 类：①组织机构

和功能业务;②组织目标和发展战略;③工艺流程和产品构成;④数据与数据流程;⑤业务流程与工作模式;⑥管理方式和具体业务的进行方法;⑦决策方式和决策过程;⑧可用资源和限制条件;⑨现存问题和改进意见。实际工作时,应视具体情况对上述 9 个方面的内容增加或修改。详细调查需要借助业务流程图、数据流程图来分析企业的业务流程及数据流程,使用数据字典分析系统,为分析和提出新系统的逻辑设计做好准备。

业务流程分析是依据现行系统信息流动的全过程,弄清现行系统的边界、组织结构、人员分工、业务流程,以及各种计划、单据和报表的格式、种类和处理过程等,为系统数据流程分析做好准备工作。业务流程分析可以借助业务流程图来完成,业务流程图是用箭线连接图形符号,对系统内各单位、人员之间业务关系、工作顺序完成过程的描述。

数据流程分析是在业务流程分析的基础上,把组织机构、工作场所、信息载体、物质材料等要素舍去,把其中的信息和数据的传递流程和处理的过程独立出来,只保留数据的流动、存储、使用及加工的情况,仅从数据的本质上来考察实际业务。数据流程分析可以借助数据流程图来完成。数据流程图是用箭线连接图形符号,对某一业务流程中数据的流动、传递、存储和处理过程的描述。

数据字典是对数据流程图中出现的数据流和处理加工做进一步补充说明。数据流程图描述了系统的分解,即描述了系统由哪几部分组成、各部分之间有什么联系等,但它不能说明系统中各个成分的含义。数据字典是用来对数据流程图中的数据流、数据存储、处理过程和外部实体进行补充说明的主要工具。数据流程图结合数据字典,可以从图形和文字两方面对系统的逻辑模型进行完整的描述。

4. 建立新系统逻辑模型

建立新系统逻辑模型是在对原系统进行详细调查的基础上进行的,在这个过程中运用各种系统开发的理论、方法和技术等确定系统应该具有的功能及结构,对当前业务中某些数据流向的不合理、某些数据存储有不必要的冗余、某些处理原则不合理等进行必要的优化和改动,再由一系列的图表和文字描述出来,为下一步系统设计、建立系统的物理模型提供依据。

5. 提出系统分析报告

系统分析报告是系统分析阶段的成果,一旦审议通过,便成为一个具有约束力的指导性文件,是下一步系统设计的工作依据。系统分析报告的内容主要包括以下 6 个方面:引言、任务概述、现行系统情况简述、新系统的目标、新系统的逻辑方案、新系统开发的费用预算与进度安排。

8.2 系统初步调查与可行性分析

在系统初步调查中,人们可以收集并整理与整个系统有关的资料、情况及存在问题。只有对现行系统进行了充分调查了解,掌握了现行系统的运行情况和存在的问题,明确当前用户的需求，才能进行切合实际的可行性分析。

要注意，这里的初步调查和后面要介绍的详细调查是不同的。系统初步调查是在可行性研究之前进行的，详细调查是在可行性分析之后进行的。初步调查是投入少量人力对系统进行大致的了解，考察是否有开发新系统的可行性。详细调查是在系统开发具有可行性并已正式立项后，再投入大量人力展开大规模、全面的系统业务调查。两者既有区别又有联系。初步调查是为可行性研究提供依据的，详细调查是在初步调查的基础上进行的，是为需求分析获取更详尽的资料。

8.2.1 系统初步调查的内容

系统初步调查是通过调查来确认现行系统的问题及薄弱环节，收集相关信息，从系统分析人员和管理人员的角度判断新系统开发的必要性和可能性。如有必要，提出解决问题的初步设想，明确新系统开发的目标、规模和主要功能等。初步调查的主要成果是提出系统开发建议书。

系统初步调查主要是考察企业内容对信息系统开发的实际需求，企业基础数据管理工作对于支持将要开发的信息系统的可能性，企业管理现状和现代化管理的发展趋势，现有的物力和财力对新系统开发的承受能力，现有的技术条件以及开发新技术在技术上的可行性，管理人员对新系统的期望值，以及新系统动作模式的适应能力等。初步调查的基本内容包括以下6个方面。

(1) 整个组织的概况：组织的规模、历史、系统目标、人力、物力、设备和资金条件，组织目前的管理水平，以及企业近期预计变化发生的可能性等。这些都与系统开发可行性研究、系统开发初步建议方案及详细调查直接相关。

(2) 现行信息系统的概况：了解现有系统或手工处理信息系统的主要输入、主要输出、主要处理功能、运行状况、特点、存在的问题等。

(3) 系统信息处理情况：信息收集和传送的渠道是什么，能够掌握哪些信息，不能掌握哪些信息，哪些部门向信息系统提出信息要求。

(4) 新系统开发的资源情况：组织可以或者打算投入多少人力、物力(资金、设备)及时间来开发新系统。

(5) 组织中人员对开发新系统所持的态度：各级领导、各管理部门、各基层单位对现行系统和新系统的看法，以及对新系统的需求。

(6) 组织与外部单位的来往关系：组织与哪些外部单位之间有物质、资金或信息的来往关系。

8.2.2 可行性分析的内容

新系统的开发是一项耗资多、耗时长、风险性大的工程。因此，在进行新系统开发之前，要从必要性和可行性等方面对未来系统的经济效益、社会效益进行分析。

可行性分析是指基于当前组织内外部的具体条件，分析新系统的开发是否具备必要的资源及其他条件，要决定做还是不做的问题。可行性分析应从调查研究入手，与用户密切联系，从信息系统特性和用户目标出发，列出系统的各种需求，再进一步从技术上、经济上和管理等方面论证其可行性，避免盲目投资，减少不必要的损失，最后提交一份可行性分析报告。

信息系统的可行性分析应从以下三个方面进行。

(1) 技术可行性。技术可行性是根据新系统的目标来衡量开发新系统所需要的技术是否具备，也就是分析所提出的要求在现有技术条件下是否有可能实现，如硬件、软件、通信设备及计算机网络等条件。

(2) 经济可行性。经济可行性分析要考虑两个问题：资金可行性和经济合理性。资金可行性分析的工作内容是估算费用，计算开发新系统需要多大的投资，目前资金有无落实。经济合理性分析的工作内容是计算系统开支及新系统带来的效益，对开发项目的成本与效益做评估。

(3) 管理可行性。除了技术上、经济上的因素外，还有很多社会因素会对系统开发产生影响，例如一个企业领导层的现代化管理水平，尤其是他们的信息意识如何，往往是信息系统开发成功的关键。一个具有现代化管理意识的领导会从长远的发展角度看问题，从提高组织的素质、增强组织竞争力的意义上看待建立新系统的必要性。

8.3　系统详细调查

详细调查是系统开发工作中一项非常重要的，同时也是十分繁杂、工作量很大的工作。详细调查主要从现行系统(包括手工系统和已采用计算机的管理信息系统)的组织结构、功能体系、业务流程、数据与数据流程以及薄弱环节等方面入手，围绕组织内部信息流所涉及的各个领域进行调查分析。

很明显，详细调查的细致程度比初步调查要高得多，这就要求开发人员与业务管理人员共同参与，分析各部门业务工作的详情。详细调查的目的是完整掌握现行系统的现状，发现现存问题及其薄弱环节，为下一步信息系统逻辑模型的设计做准备。

8.3.1　组织结构与功能分析

组织结构与功能分析包括三部分内容：组织结构分析、业务过程与组织结构之间的联系分析、业务功能分析。

组织结构是指一个组织的组成及这些组成部分之间的隶属关系或管理与被管理的关系。组织结构分析是为了详细了解组织内部的部门划分以及组织部门之间的隶属关系，通常用组织结构图来表示。组织结构图就是把组织分成若干部分，首先标明行政隶属关系，然后逐步补充其他各种关系。组织结构图形象地反映了组织内各机构、各岗位之间的关系，是组织结构的直观反映，也是对该组织功能的一种侧面诠释。

需要注意的是，组织中各部门实际做的工作往往比组织结构图上标注的名称更复杂，不管多么完善的计算机系统，也不可能把系统的所有信息全方面地管理起来。因此，需要明确系统的现状、边界和范围。

图 8-2 是某企业的组织结构图。

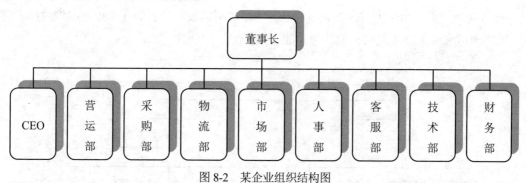

图 8-2 某企业组织结构图

图 8-2 虽然反映了该企业组织上下级关系，但是却不能反映各部门在承担业务时的关系。因此需要进一步借助组织/业务关系图来说明，如图 8-3 所示。

序号	业　务	CEO	营运部	采购部	物流部	市场部	人事部	客服部	技术部	财务部
1	战略管理	*	√			×	×			√
2	组织机构管理	*	√				√			×
3	企业文化建设管理	*	√				√			×
4	选择目标市场	*				√				
5	制订系统开发计划		√			×			*	√
6	制订营销计划	*	×			√				√
7	营销组织管理	*	*			√				√
8	市场调查分析	*	×			*				√
9	可行性研究	*	×			×				√
10	筹(融)资管理	*	×			√				√
11	申报立项	*	×			×				√
12	签订协议	*								×
13	系统开发								√	√
14	系统测试								√	√
15	系统维护								√	√
16	数据库更新								√	√
17	制订市场推广计划	*	×			*				√
18	制订财务计划	√								√
19	……									

注：“*”表示该项业务是对应组织的主要业务；“√”表示该单位是该项业务的相关单位；“×”表示该单位是参加协调该项业务的辅助单位；空格表示该单位与对应业务无关。

图 8-3 某企业组织/业务关系图

在组织中，常常有这种情况，一个组织的各个部分不能完整地反映该部门所包含的所有业务，因此在分析组织情况时还应画出该组织的业务功能一览表，以功能为准绳来设计系统。

业务功能一览表是一个完全以业务功能为主体的树形表，其目的在于描述组织内部各部分的业务和功能。图 8-4 是某企业业务功能一览表的一部分。

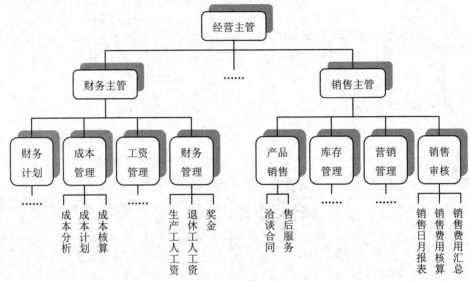

图 8-4　某企业业务功能一览表(部分)

8.3.2　业务流程分析

在对系统的组织结构和功能进行分析时，需从一个实际业务流程的角度将系统调查中与该业务流程有关的资料综合起来做进一步的分析。业务流程分析可以帮助人们了解该业务的具体处理过程，发现和处理系统调查工作中的错误和疏漏，修改和删除原系统的不合理部分，在新系统基础上优化业务处理流程。业务流程分析的目的是弄清楚组织内的各项业务工作是如何进行的。

这个过程一般采用业务流程图(transaction flow diagram，TFD)来帮助描述。业务流程图用一些规定的符号及连线来表示某个具体业务的处理过程，是一种描述系统内各单位、人员之间业务关系、作业顺序和管理信息流向的图表，可以帮助分析人员找出业务流程中的不合理流向。

业务流程图的画法目前尚不统一，但各种画法只是在一些具体的规定和所用的符号方面有些不同，在反映业务流程方面是非常一致的。业务流程图的基本符号及说明如表 8-2所示。

表 8-2　业务流程图的基本符号及说明

符号	含义	说明
⬭	业务处理单位	本系统内部处理该项业务的负责部门，通常在图形内部标明此部门的名称，如仓库主任
▭	系统外部实体	与本项业务处理相关的部门，但非主要负责业务处理的部门。例如在一个物资管理系统中，库存人员处理由车间填写的仓库领料单，这里提到的车间即系统外部实体。通常在图形内部标明名称，如车间
→	数据流向	表示信息流或物流的输入与输出。用带箭头的线连接数据的输入和输出
▱	单据、报表	表示业务流程中产生的单据或报表等资料。通常在图形内部标明资料的名称，如已批准领料单
▭	业务处理	表示各种处理功能。例如，执行一个或一组特定的操作，图形内可注明处理操作或其简单功能

图 8-5 所示是某企业库存管理系统的业务流程图。具体业务过程如下：仓库审核员对车间送来的入库单和销售科送来的出库单进行审核，然后将合格的入库单和出库单交给记账员。记账员将这些单据录入库存台账。统计员查询库存台账生成库存月报表、产品收发存表。

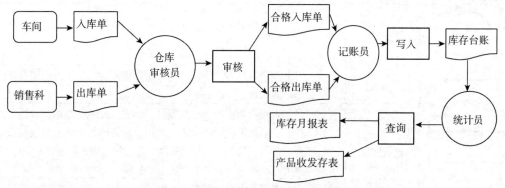

图 8-5　某企业库存管理系统的业务流程图

业务流程图是从组织内部的业务入手，描述的是业务的走向，比较适用于反映事务处理类型的业务过程。由于在绘制业务流程图的过程中掺杂了一些物质要素，如图 8-5 中的车间、审核员、销售科等，这对系统的设计和实现是不利的。因此，需要在下一阶段数据流程分析中，利用数据流程图对业务流程图的数据进行抽象。

以"病人去医院看病"为例来说明业务流程分析和数据流程分析的区别。业务流程图描述的内容是病人首先要去挂号，然后找医生看病、开药，最后到药房领药。而数据流程图描述的则是病人看病前挂号需要输入什么数据，存储、输出的又是什么数据；医生看病、开药时需要哪些数据，存储或输出的又是什么数据等。

8.3.3 数据流程分析

如果系统分析员想要了解用户的信息需求，就必须弄清楚数据在整个组织中是如何流动的、数据流动的过程，以及经处理后输出的数据是什么。也就是说，对企业业务流程进行分析之后，在其基础上需要进一步舍去物质要素(如组织机构、工作场所、信息载体、物质材料等)进行数据流程分析。数据流程分析主要包括对信息的流动、传递、处理、存储等进行分析，目的是发现并解决数据流动过程中的问题。

数据流程分析需要借助一种结构化分析技术——数据流程图(data flow diagram，DFD)来帮助描述，数据流程图是以图形化的方式来描述企业当前各业务的数据处理过程和数据流，表示整个组织的数据过程。数据流程图是一种能全面描述信息系统逻辑模型的主要工具。

数据流程图是从数据流动过程来考察实际业务的数据处理模式，它屏蔽了业务流程的物理背景而抽象出数据的特征，说明了数据流是如何从外部输入，经过操作和存储而输出的。数据流程图通过 4 种基本符号，即外部实体、数据流、数据处理及数据存储，全面、综合地反映信息在系统中的流动、处理和存储情况，描述了数据在业务活动中的运动状况。

数据流程图的基本符号及说明如表 8-3 所示。

表 8-3　数据流程图的基本符号及说明

符号	含义	简称	说明
○	外部实体	S	主要指本系统内部和外部的人和单位，与本系统有信息传递关系，通常在图形内部标明实体的名字，如学院名称
→	数据流	F	表示流动着的数据，通常在数据流符号的上方标明数据流的名称，如订货单
▭	数据处理	P	表示对数据的加工处理过程，它把流入的数据流转换为流出的数据流。用长方形表示处理逻辑，中间用横线把长方形一分为二，上部填写唯一标识该处理的标志，如 P1；下部填写处理的名字，如排课处理
▭	数据存储	D	表示系统产生数据的存放。用一个右边开口的长方形表示，中间竖线把开口长方形一分为二，左边填写唯一标识该数据存储的标志，如 D1；右边填写存储的数据的名字，如教师档案

一般来说，应遵循"自上向下，逐层展开"的原则绘制数据流程图。数据流程图的顶层称为 0 层，是第 1 层图的父图，而第 1 层图既是 0 层图的子图，同时又是第 2 层图的父图，以此类推。

顶层数据流程图仅包含一个加工，代表被开发系统。它的输入流是该系统的输入数据，输出流是系统所输出数据。中间层表示对其上层父图的细化，它的每一个加工可能继续细化，形成子图。底层数据流程图是指其加工不需再做分解的数据流程图，处在最底层。具体绘制步骤如下。

(1) 绘制顶层数据流程图：顶层数据流程图只有一个数据处理的逻辑，用来确定系统与外部环境的关系，其名称应能概括系统的功能。顶层数据流程图如图 8-6 所示。

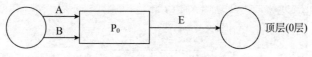

图 8-6　顶层数据流程图举例

(2) 绘制第 1 层数据流程图：描述系统内不同部门之间的接口关系。把顶层图处理逻辑的功能分解为几个大的部分，并不需要太细。第 1 层数据流程图如图 8-7 所示。

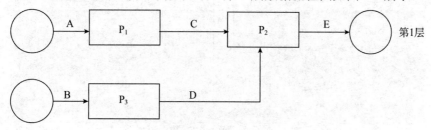

图 8-7　第 1 层数据流程图举例

(3) 绘制第 2 层数据流程图：描述一个部门内的数据流程，若一级细化数据流程图中的处理逻辑功能单一就不必分解，否则需要分解。第 2 层数据流程图如图 8-8 所示。

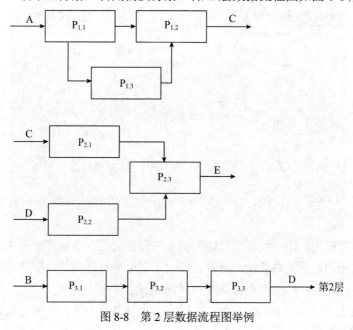

图 8-8　第 2 层数据流程图举例

(4) 后面层次的数据流程图依次类推。

下面以考务处理系统为例，画出其数据流程图。此考务处理系统包括以下5大功能：①对考生送来的报名单进行检查；②对合格的报名单编好准考证号后将准考证送给考生，并将汇总后的考生名单送给阅卷站；③对阅卷站送来的成绩单进行检查，并根据考试中心制定的合格标准审定合格者；④制作考生通知单(含成绩及合格/不合格标志)送给考生；⑤按地区进行成绩分类统计和试题难度分析，产生统计分析表。

(1) 绘制顶层数据流程图，如图8-9所示。

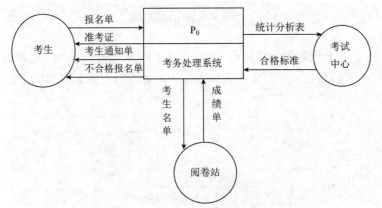

图8-9　考务处理系统顶层数据流程图

(2) 绘制第1层数据流程图，如图8-10所示。

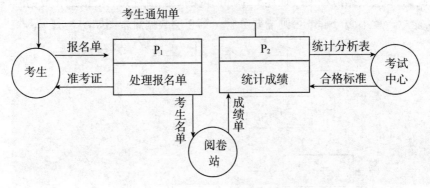

图8-10　考务处理系统的第1层数据流程图

(3) 绘制第2层数据流程图，进一步细化两个处理过程：处理报名单和统计成绩，如图8-11所示。

通过例子可以看出，绘制数据流程图的整个过程是采用自顶向下的方法。顶层的数据流程图表达的是系统的主要逻辑功能，随着自顶向下逐层展开直到最底层的数据流程图，表达的功能越来越具体，系统的全部逻辑功能被详细地表达出来。

完成数据流程图之后，系统分析员可以用它们来帮助整理数据处理过程、数据流、数据存储、数据结构及数据字典中的元素等。

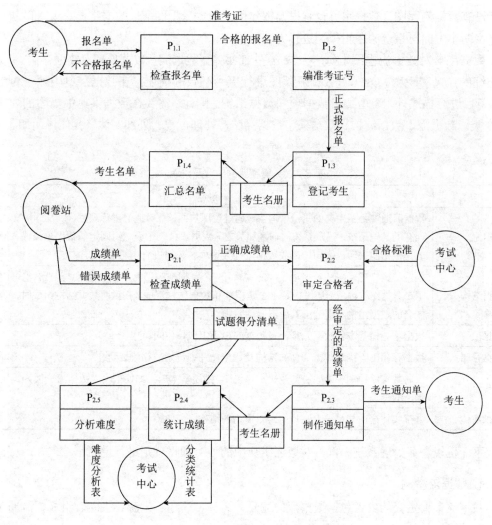

图 8-11   考务处理系统的第 2 层数据流程图

8.3.4   数据字典

数据字典是帮助分析系统的另一种方法。数据流程图反映了数据在系统中的流向及转换过程，但无法标出数据的详细内容。例如，图 8-11 中的数据存储"考生名册"具体包括哪些内容无法从图上反映出来。因此，还需要借助数据字典对数据流程图加以补充说明。

数据字典可以帮助系统分析员在数据流程分析的基础上查出没有指明来源或去向的数据流、没有指明数据存储或没有指明所属数据流的数据元素、作为某数据处理过程的数据输入却没有被该过程使用到的数据流，以及应该使用某些数据元素，但输入的数据流却没有包含这些数据元素，或是存在根本没有输入或输出数据流的处理逻辑。

数据字典和数据流程图共同构成了系统的逻辑模型。没有数据字典，数据流程图就不严格。没有数据流程图，数据字典也难以发挥作用。数据流程图配以数据字典，就可以从图形和文字两个方面对系统的逻辑模型进行完整的描述。

数据字典对数据流程图上每一个成分(外部实体、数据流、数据处理、数据存储)都做出了详细的定义和说明。为了对数据流程图进行更为细致的描述，在数据字典中除了对上述 4 类条目进行描述外，还增加了数据项和数据结构。因此，需要在数据字典中描述的内容共有 6 类：数据流、数据结构、数据项、数据存储、处理过程、外部实体。具体说明如表 8-4 所示。

表 8-4　数据字典的内容及说明

内容	说明
数据流	数据流通常是要定义的第一个内容。通过与用户面谈、对他们进行观察，以及分析文档和现有的其他系统，确定系统的输入和输出。数据流由一个或一组固定的数据项组成，描述的是数据的来源、去向、组成数据流的数据项、数据流的流通量等
数据结构	数据结构描述了某些数据项之间的关系。一个数据结构可由若干个数据项组成，也可由若干个数据结构组成，还可由若干个数据项和数据结构组成。在说明数据结构组成时，若是嵌套的数据结构，需列出其所嵌套的数据结构名称
数据项	数据项是最基本的数据元素，是数据的最小组成单位(不可再分)
数据存储	数据存储用于描述数据文件的结构及数据文件中记录的存放规则
处理过程	仅对数据流程图中最底层的逻辑加以说明,描述基本加工如何把输入数据流变换为输出数据流的处理步骤
外部实体	外部实体描述与系统有联系的人或事物的结构

下面仍以考务处理系统为例，对数据字典中的各个项目分别进行说明。

1. 数据流举例

数据流需要定义的内容包括数据流的编号、名称、简述、来源、去向、组成、流通量和高峰时的流通量等。例如：

数据流编号：D01-01。

数据流名称：正确的成绩单。

简述：审核通过的由阅卷站送来的成绩单。

数据流来源：阅卷站。

数据流去向：审定合格者模块。

数据流组成：考生学号+考生姓名+考试科目+考生编号+成绩。

数据流量：1 份/学期。

高峰流量：1 份/学期。

2. 数据结构举例

数据结构中需要定义的内容包括数据结构的编号、名称、简述及组成。例如：

数据结构编号：DS01-01。

数据结构名称：准考证。

简述：由考试中心发给符合条件的考生的允许考试凭证。

数据结构组成：考生学号+考生姓名+考试科目+考生编号+考试时间+考试地点。

3. 数据项举例

数据项中需要定义的内容包括数据项的编号、名称、别名、简述、类型、数据项的长度和小数位数、取值范围。例如：

数据项编号：I01-01。

数据项名称：考生编号。

别名：T-NO。

简述：某个考生的代码。

类型：字符型。

长度及小数位数：5，0。

取值范围：00000～99999。

4. 数据存储举例

数据存储需要定义的内容包括数据存储编号、名称、简述、组成、关键字及相关联的处理。例如：

数据存储编号：F01-01。

数据存储名称：考生名册。

简述：存储正式报名并审核合格的考生名单。

数据存储组成：考生学号+考生姓名+考试科目+考生编号+考试时间+考试地点。

关键字：考生编号。

相关联的处理：P1。

5. 处理过程举例

处理过程仅对数据流程图中最底层的处理逻辑加以说明，需要定义的内容包括处理过程的编号、名称、简述、输入的数据流、处理、输出的数据流及处理频率。例如：

处理过程编号：P2.4。

处理过程名称：统计成绩。

简述：对考生的成绩进行统计。

输入的数据流：试题得分清单、考生名册。

处理：按地区将成绩进行分类统计，并制作分类统计表。

输出的数据流：分类统计表。

处理频率：1 次/学期。

6. 外部实体举例

外部实体需要定义的内容包括外部实体的编号、名称、简述、输入的数据流及输出的数据流。例如：

外部实体编号: S02。

外部实体名称: 考试中心。

简述: 有资格举办、论证考试的组织单位。

输入的数据流: 统计分析表。

输出的数据流: 合格标准。

数据字典在系统分析、设计和最终编档的所有阶段都是有用的,因为它是关于如何在系统中使用和定义数据元素的权威资源。

8.4 建立信息系统逻辑模型

经过前面的业务流程分析、数据流程分析、数据字典的建立,系统分析员已经对现行系统有了比较深刻的认识。这时需要进一步调查用户对信息系统的功能、性能、运行的需求,以及预测将来可能的需求,对当前业务中某些不合理的数据流向,某些数据存储不必要的冗余,某些不合理的处理原则等,进行必要的优化和改动,从而得到信息系统的逻辑模型。

信息系统逻辑模型是指经分析和优化后,对信息系统具有的功能和功能实现方法所提出的方案。它是在现行系统逻辑模型的基础上提出来的,要以现行系统数据流程图为基础,并以信息系统的目标为依据,通过逐层修改现行系统数据流程图来实现。总体来说,确定信息系统逻辑模型的工作包括 5 个方面的内容,如表 8-5 所示。

表 8-5 确定信息系统逻辑模型的工作及说明

工作	说明
修正系统目标	根据详细调查对可行性分析报告中提出的系统目标进行再次考察,对项目的可行性和必要性进行重新考虑,并根据对系统建设的环境和条件的调查修正系统目标,使系统目标适应组织的管理需求和战略目标
优化业务流程	进行原有流程的分析,并优化业务流程,进而确定信息系统的业务流程和人机界面设计
优化数据流程	请用户确认最终的数据指标体系是否全面、合理,数据精度是否满足要求,对哪些数据处理过程进行了优化和改动,改动的原因及改动后将带来哪些好处。最终给出优化后的数据流程图,指出数据流程图中的人机界面
优化系统的功能结构	在进行组织结构与功能分析时,对系统必须具有的功能做了详细的调查和分析,通过对子系统的划分,建立系统的功能结构,必须对此功能结构再次进行分析、讨论,最后确定信息系统总的功能结构
确定系统数据资源分布	在系统功能分析和子系统划分之后,应该确定数据资源在信息系统中的存放位置,即哪些数据资源存储在本系统的内部设备上,哪些数据资源存储在网络或主机上

8.5 系统分析报告

系统分析报告是系统分析阶段工作的全面总结，是这一阶段的成果和重要文档，是下一步系统设计的主要依据，同时也是企业领导对系统进入设计阶段的决策依据。系统分析报告应达到的基本要求是全面、系统、准确、翔实、清晰地表达系统开发的目标、任务和系统功能。

系统分析报告应包括 6 个方面的内容：引言、系统开发项目概述、现行系统概况、需求系统说明、新系统的逻辑模型和系统实施计划，其中新系统逻辑模型是系统分析报告的基础，如表 8-6 所示。

表 8-6 系统分析报告的内容及说明

内容	说明
引言	说明项目名称、目标、功能、背景资料，以及本报告所用的专门术语等
系统开发项目概述	说明本项目在系统分析阶段所进行的各项工作的主要内容，是建立新系统逻辑模型的必要条件
现行系统概况	说明现行系统的目标、主要功能、组织机构、用户需求、对外联系、组织与外部实体之间有哪些物质及信息的交换关系、开发系统工作的背景等。以数据流程图为主要工具，说明现行信息系统的概况。由数据字典、决策表、决策树等方法得到的一些主要结论，如主要的业务量、总的数据存储量、处理速度等，应列在报告的正文中，数据字典、决策表、决策树等具体内容可用附件的形式附上
需求系统说明	说明新系统的功能需求、性能需求、运行需求等
新系统的逻辑模型	通过对现行系统的分析，找出现行系统的主要问题所在，进行必要的改动，即得到新系统的逻辑模型。同时，系统分析人员应对这些变动所带来的结果和影响做出客观、全面的介绍，既要指明这些变动将带来的收益，也要指明变动将对组织的哪些部分产生影响，对组织的工作方式及人员配置产生什么影响，以便以后建立一套与新系统相配套的管理制度与运行体制
系统实施计划	说明系统开发中各工作任务的分解、进度及预算三个方面的内容。工作任务分解是指对系统开发中应完成的各项工作按系统功能划分，指定专人分工负责。工作任务进度需要说明各项工作的预定开始日期和结束日期，规定任务完成的先后顺序及完成的界面。工作任务预算需要逐项列出本项目所需要的劳务以及经费的预算，包括各项工作所需人力及办公费、差旅费、资料费等

系统分析报告是系统分析阶段的技术文档，一旦审议通过，将成为下一阶段系统设计的工作依据。

8.6 信息系统分析案例

本节以 7.4 节某医院信息管理系统为例，示意性地介绍系统分析的全过程，以便读者对整个系统分析过程中较为分散的众多概念和方法有一个全面、系统的认识和理解。

在系统规划阶段，从医院的战略目标出发，利用关键成功因素法分析影响该医院战略目标实现的关系因素和主要流程，从而了解医院战略目标管理对于医院管理工作的总体要求。根据这个总体要求，可以确定医院信息管理系统应达到的功能。在此基础上，根据过程分析得到每个流程使用和产生的信息后，对体现这些信息需求的资料、资源进行严格的定义、科学的分类和合理的组织，再对这些资料进行相应的合并，总结出数据类。使用企业系统规划法中的 U/C 矩阵来表达业务过程和数据类之间的关系，最后以 C 元素为标准划分子系统，识别出该医院信息管理系统应包括的 4 个子系统：门诊管理、库存管理、院长查询和存储管理。

进入系统分析阶段，通过系统初步调查、可行性分析、详细调查、建立新系统的逻辑模型这几个步骤来对该医院信息管理系统进行分析。

1. 系统初步调查

该医院是一家以中医为主、中西医结合、中等规模的三级甲等医院。该医院有开放床位 450 张，年门诊量 25 万左右人次，年住院病人 6000～8000 人次。该医院是一所建于 20 世纪 50 年代的老医院。

经过调查，目前该医院的管理仍采用手工模式，手工录入或早期的医药管理应用软件不能满足用户的需求，落后的医药管理已严重影响医院工作人员的工作效率。基于以上原因，提出了医药管理信息系统的设计目标：梳理医院综合管理流程，吸收、借鉴先进的管理理念，再结合该医院的具体情况，实现医院信息管理流程再造，使医院管理体系更加科学化和规范化。

该医院的业务功能包括门诊管理、库存管理、院长查询和存储管理等，每一项作为医院管理信息系统中的一个子系统。这样进行该医院管理信息系统的划分，使子系统的划分与主要职能机构协调，有助于信息系统更好地为管理服务。具体业务功能如图 8-12 所示。

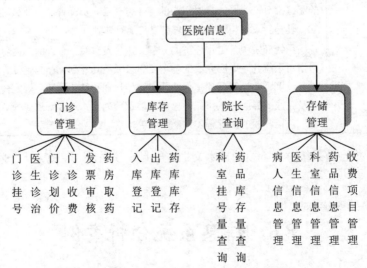

图 8-12 某医院具体业务功能

从图 8-12 中可以看到，门诊管理包括门诊挂号、医生诊治、门诊划价、门诊收费、发票审核、药房取药等业务。库存管理包括药品入库登记、出库登记、药库库存等业务。院长查询包括科室挂号量查询和药品库存量查询。存储管理包括病人信息管理、医生信息管理、科室信息管理、药品信息管理和收费项目管理。

经调查，该医院的各级领导及员工对新系统的开发持赞同态度，人力、物力、设备和资金条件均具备，给医院管理信息系统的开发提供了有力的保障。

2. 可行性分析

1) 技术可行性分析

本系统是一个集成门诊管理、库存管理、院长查询和存储管理的系统平台。为了保证医院管理信息系统的可靠性和安全性，主要采用客户机/服务器方式，开发出安全、有效并且具有可伸缩性和可用性的网络应用系统。由于客户机/服务器模式一直在不断成熟和完善，所以本系统开发所采用的技术模式是先进的、可行的。

此外，由于医院员工本身素质较高，有较强的使用和维护计算机软、硬件系统的能力，同时比较乐于接受新事物，因此，在技术上此系统的开发是完全可行的。

2) 经济可行性分析

对该医院而言，新系统开发的资金投入不是问题。新系统的使用必将提高处理的效率、降低管理的成本、加快信息的传递，这将为医院带来极大的益处。因此，新系统的开发在经济上是可行的。

3) 管理可行性分析

对于医院来说，各项原始资料保存完好、基础数据管理规范在很大程度上为系统实施创造了良好的环境，既保证了系统的基础数据、文件、报表的准确性和时效性，同时也在一定程度上提高了系统的信息输入质量，最终保证系统开发的成功。因此，新系统的开发在管理方面具有可行性。

综上所述，新系统开发是完全可行的。

3. 详细调查

详细调查要围绕组织内部信息流所涉及领域的各个方面，主要的内容包括业务流程分析、数据流程分析和创建数据字典。

1) 业务流程分析

下面仅对系统中的库存管理模块下的药库库存子系统(以下简称药库管理子系统)进行业务流程分析。经过调查，该医院传统的手工药品库存管理过程如下：药库管理员根据入库信息编制入库单进行药品入库处理，药品出库则需药库管理员根据出库信息编制的出库单及划价收费部门的药品划价单来进行出库处理。药库入库、出库处理后生成库存表上交给药品仓库主管。药品仓库主管可以查询入库信息、出库信息，也可以根据库存表查询库存中现有药品信息，并对现有药品信息进行系统管理，生成药品基本信息和药品类别信息。具体的业务流程如图 8-13 所示。

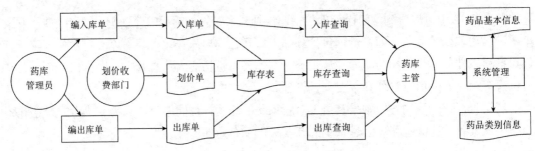

图 8-13 药库管理子系统的业务流程图

传统的手工药品库存管理方式给医院的药品管理带来了一定的困难：其一，药品的盘点工作时间过长；其二，药品库存难以及时掌握；其三，由于药品调价频繁，新的价格不能及时执行。因此，传统的管理方式必须利用先进的信息技术进行根本性的重新设计，最终形成适合目前医院发展的，较为科学、合理的基于计算机和网络的信息系统。

2) 数据流程分析

根据上述业务流程，对其中的数据处理、数据存储及数据流动过程进行抽象，得到了系统的逻辑模型，即系统的数据流程图。整个抽象过程遵循自上向下、逐层展开的原则进行。

(1) 顶层数据流程图如图 8-14 所示。

顶层数据流程图只有一个数据处理的逻辑，用来确定系统与外部环境的关系。在图 8-14 中，入库单、出库单及药品划价单经处理之后生成库存表，上交给药库主管。药库主管对药品信息进行管理，生成药品基本信息和药品类别信息。

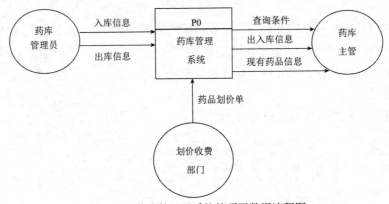

图 8-14 药库管理子系统的顶层数据流程图

(2) 第 1 层数据流程图如图 8-15 所示。

在图 8-15 中，将顶层数据流程图唯一的一个数据处理细化成 4 个数据处理，分别是入库处理、出库处理、库存查询和系统管理。药库管理员根据入库单进行药品入库处理，出库处理则需根据出库单及划价收费部门的药品划价来进行。入库或出库处理后均需生成库存表。药品仓库主管可根据库存表进行库存中现有药品信息的查询，并对现有药品信息进行系统管理，生成药品基本信息和药品类别信息。

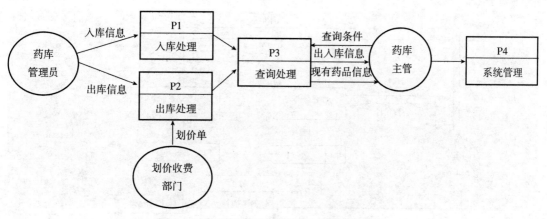

图 8-15 药库管理子系统的第 1 层数据流程图

(3) 第 2 层数据流程图如图 8-16 所示。

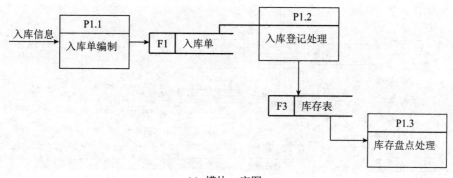

(a) 模块一底图

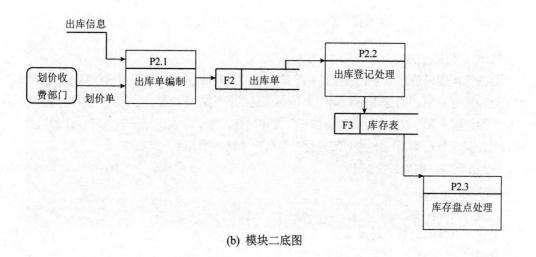

(b) 模块二底图

图 8-16 药库管理子系统的第 2 层数据流程图

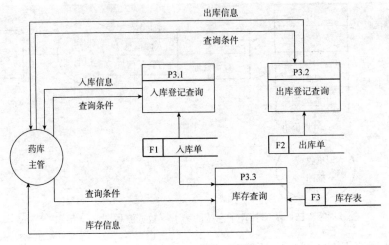

(c) 模块三底图

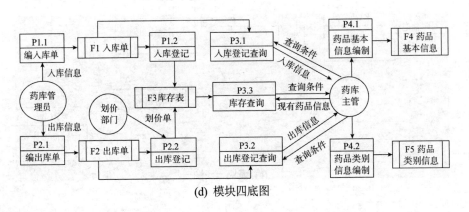

(d) 模块四底图

图 8-16　药库管理子系统的第 2 层数据流程图(续)

3) 创建数据字典

数据流程图只是对数据处理及彼此之间的联系进行说明，未对数据的详细内容及数据的加工过程进行说明，而这正是数据字典所要表达的，它能将数据流程图中全部数据流及其组成部分的数据元素、数据存储、数据加工等描述清楚，便于后续工作——系统设计的进行。下面对医院药库管理子系统中的一部分数据字典内容进行介绍。

(1) 数据项，例如：

编号：I1。

名称：药品编号。

简述：医院内的药品的编号。

类型：字符型。

宽度：5 位。

(2) 数据流，例如：

编号：D1。

名称：划价单。

简述：经划价处理后得到的划价单。

数据流来源：划价收费部门。

数据流去向：药品出库处理模块。

组成：编号+划价编号+药品编号+单价+数量+金额+费用+病种分类+费用合计。

(3) 数据存储，例如：

编号：F5。

名称：药品类别信息。

简述：对仓库内药品的类别信息表。

组成：药品编号+单价+数量+药品类别。

(4) 数据处理，例如：

编号：P4。

名称：系统管理。

输入：药品信息。

处理：对仓库内的药品信息进行整理。

输出：药品基本信息表、药品类别信息表。

(5) 外部实体，例如：

编号：S1。

名称：划价收费部门。

简述：对药品进行划价、收费的部门。

输入的数据流：医生开的处方单。

输出的数据流：划价单。

4. 建立新系统的逻辑模型

建立信息系统的逻辑模型时，必须打破传统思想的禁锢，以提高系统的效率和为医院带来效益为最终目标，对手工模式下的业务处理过程、处理顺序、处理方式等进行大刀阔斧的改革，充分发挥信息技术的作用。逻辑模型的改进内容包括：变手工管理为计算机管理，变人工传递为利用网络传递，变人工审核为系统审核，变固定时间、固定地点的信息查询为随时随地进行查询，同时增加报表打印等辅助功能。例如可以对药库管理进行必要的优化和改动，在实现药品的入库、出库、库存查询的基础上，提供统计、打印等功能，实现按药品批次和有效期进行管理与出库安排等。

本章小结

系统分析是继系统规划之后进行系统开发的第一个阶段。系统分析阶段的主要活动有系统初步调查、可行性分析、系统详细调查、建立新系统逻辑模型、提出系统分析报告。

系统初步调查要确定是否开发新系统,若开发,明确新系统的目标、规模、主要功能的初步设想,粗略估计系统开发所需资源。可行性分析必须从管理、技术和经济等方面对系统的开发环境、开发条件进行科学的分析。系统详细调查常采用业务流程图、数据流程图和数据字典等工具来进行现行系统现状的调查,发现现行系统存在的主要问题,为分析和提出新系统的逻辑模型做准备。新系统的逻辑模型是在调查原系统的基础上,分析原系统业务流程和数据流程的不足,提出优化改进方法,并重新描述新系统应具有的业务流程和数据流程。系统分析阶段的一个重要文档就是系统分析报告,它将每个阶段研究、分析的内容以统一的格式进行整理,形成一个完整的分析报告。

关键术语

业务流程图	transaction flow diagram,TFD
数据流程图	data flow diagram,DFD
数据字典	data dictionary,DD
数据流	data flow,DF

思考与练习

1. 系统分析的任务是什么?
2. 试述数据流程图自顶向下逐层分解的方法。
3. 数据字典由哪些条目类型组成,每一种条目分别包括什么内容?
4. 试述建立新系统逻辑模型这一活动的工作内容。
5. 某公司加班申报及核对流程描述如下:班组长每天在加班前填写本组人员加班申报表,由部门主管签字批准后提交给行政助理修改加班记录;班组长填报前日加班异常表,由部门主管签字批准后提交给行政助理调整前日加班记录。行政助理在每周三上报上周加班情况,并填写加班汇总表提交给人力资源部,人力资源部根据汇总表核对员工考勤记录情况,导出异常加班情况表交行政助理核对,并修改加班记录。根据以上描述,绘制加班申报及核对的业务流程图。
6. 某公司欲开发一个运动会管理系统,已知组织一个大型运动会的工作过程如下:首先决定日期、地点、规模、设立哪些比赛项目、报名期限等,并做出规定,如每人最多可参加多少个项目,每个项目每队最多可有多少人参加等;报名结束后,要给每个运动员编号,统计每个项目有多少运动员以及有哪些运动员参加,并根据参加人数等具体情况排出比赛日程表。运动会进行过程中,要按各项比赛的成绩及时公布单项名次并累计团体总分,比赛全部结束后要公布团体名次。试绘制一套分层的数据流程图。

第 9 章

信息系统设计

系统设计阶段要回答的问题是"怎么做"。该阶段的任务根据系统分析阶段所确定的新系统的逻辑模型，综合考虑各种约束，利用一切可用的技术手段和方法，进行各种具体设计，提出一个能在计算机上实现的新系统的实施方案，即设计新系统的物理模型。这个阶段的技术文档是系统设计说明书。

结构化设计是目前计算机管理信息系统设计的主要方法。结构化设计如同积木游戏，拆装方便，具有易于实现、易于修改、易于变更、易于维护等优点。本章具体介绍结构化设计方法的特点，阐述系统设计阶段的主要内容及代码设计原则和方法，阐述系统安全与数据完整性设计概念。

学习目标

1. 理解结构化设计的要求和主要图形工具的应用。
2. 了解模块处理过程的作用和基本设计方法。
3. 了解信息系统设计方法。
4. 熟悉代码的设计原则和类型，掌握代码的设计方法。
5. 熟悉人机界面设计过程。

引例：大型公共图书馆办公自动化系统设计案例

近年来，公共图书馆的规模、数量都在不断扩大，规范管理、提高馆员工作效率的需求也日趋凸显。公共图书馆的各个部门之间都遵循紧密的工作流程，从图书采编到流通、从读者证办理到发放、回收，以及财务、后勤等部门之间，都需要无间隙的信息沟通和交流，才能保证整个图书馆服务的顺利运作。

案例背景

以位于郑东新区的郑州图书馆新馆为例，截至 2018 年 7 月，全馆实有员工 200 人，馆内设办公室、采编部、图书借阅部、报刊阅览部、网络数字资源部、研究辅导部等十几个部门，员工队伍不断壮大，图书馆工作制度化、规范化建设也在不断推动中。特别是在探索区域服务合作新模式方面，已经初步建成郑州地区(跨地区)公共图书馆服务联盟，郑州图书馆总分馆建设采用郑州地区公共图书馆服务联盟+县级公共图书馆主分馆模式，以服务联盟为架构，分级建设、分层管理，形成了以郑州图书馆为中心，以县(市)区图书馆为骨干，以乡镇(街道)文化站、社区文化中心、农村文化大院图书室(农家书屋)和各级图书馆建设的分馆、阅读站等为基层服务点，以图书流动车、城市街区 24 小时自助图书馆为补充的郑州地区图书馆服务体系网络平台，这就要求总馆与县(市)区图书馆、分馆、基层服务点之间有流畅的工作流。除此之外，智能化数字图书馆也是目前图书馆业务建设的重要内容，需要以现代信息技术为依托，集成资源、技术与设备，实现图书馆的智能化管理和服务。

目前市场上有很多成型的办公自动化系统，一些单位、公司都是在现有办公自动化系统的基础上进行改造建设的。鉴于公共图书馆服务性质的特殊性，特别是像郑州图书馆这样的国家大型一级馆，还要考虑到总分馆模式、基层辅导等功能，现有办公自动化系统不能完全满足功能需求。

逻辑架构

基于开发需求和目标，考虑到系统开放性、灵活性、安全性等原则，在设计系统时制定了系统四层逻辑架构：展现层、应用层、服务层、基础层。展现层，也可称为界面层，是将图形界面以一种更直观的形式展现给相关使用者。展现层的主要作用是为用户提供访问入口、接受用户的请求，并对用户请求做出数据返回。在本系统的设计中，展现层又细分为个人门户、部门门户、管理门户和分馆门户。使用者通过应用层发出指令请求，应用层做出判断，并且返回最终结果。应用层由若干应用服务元素组成，更多地关注功能之间的关联。在本系统设计中，应用层由协同办公平台、文件管理系统、后台管理系统、统计分析系统等组成。服务层是业务处理中心，按照功能划分成不同的子模块。服务层提供二次开发接口，并提供异构系统间的集成。基础层的主要作用是对所有文档、资料和信息进行集中存储，是系统的数据存储中心，同时提供信息交换和数据资源服务。在本系统设计中，基础层由网络设备、系统软件和安全设施组成。整个平台包含了所有模块的表单、流程、应用逻辑，实现郑州图书馆绝大部分的业务和数据处理需求。所有的模块从设计到实施都是基于同一平台，保证了用户使用操作习惯一致、界面统一、操作简单。

功能分析

因为是面向图书馆业务的办公自动化系统，因此功能模块以公文处理、信息管理和内部事务管理为核心。系统共有几十个功能模块，覆盖了办公需要的绝大部分功能，同时技术上保障灵活性和扩展性，为完善功能和二次开发做准备。其中，个人门户基本功能包括工作流程、文件柜、日志管理、名片管理、个人设定、即时通信。部门门户基本功能包括部门交流、部门计划、项目管理、信息发布、行政事务、资产管理、人事管理、档案管理。管理门户的基本功能包括系统权限、系统设定、数据备份、文件模板、数据统计。

技术特点

系统整体上采用客户机/服务器系统架构，便于升级维护，采用 HTML5 的前端设计方案，扩展使用场景。在终端用户处，针对安卓系统和 IOS 系统进行 App 打包来适配不同设备，满足移动办公需求；针对 PC 用户，使用 QQ 类型界面的终端软件来简化操作。在本系统的设计中，采用符合 J2EE 的规范规划、构建和管理不同的应用。J2EE 的核心是 13 个技术规范和指南，包含了各类组件、服务架构等共同的规格和标准，所有遵循 J2EE 的架构可以在不同平台之间保持良好的兼容性。不仅可以简化应用程序的开发，也极大提高了架构的部署效率，对异构环境的支持提高了平台的延展性能，使操作系统获得长期的稳定性和可靠性。

安全策略

对于任何一个基于 Web 的系统应用来说，安全问题都是不可忽视的。办公自动化系统的整体安全性对图书馆这样的单位至关重要。对办公系统进行身份验证、系统密码策略、禁止上传非法文件、统一报错等手段是常见的办公系统安全防护策略，本系统从设计规划阶段就分析潜在的安全威胁，从而确定有效的安全防范策略，保证系统的安全性能。本系统在制定安全策略时并行采用了以下几种方法：①数据加密存储；②SSL 加密传输；③多种安全级别的身份认证；④数据存储备份措施；⑤供安全的 VPN 远程访问解决方案；⑥基于 IP 的安全访问策略。其中，基于 IP 的安全访问策略主要是针对县区图书馆、基层服务点的安全策略，确保办公自动化系统的安全稳定运行。

(资料来源：中国知网，大型公共图书馆办公自动化系统设计及案例解析)

讨论题

1. 分析引例中大型公共图书馆办公自动化系统的系统分析包括哪些方面的具体内容？
2. 为什么说"全面规划、总体设计"是信息系统成功的必要条件？

9.1 信息系统设计概述

系统分析报告通过专家和用户的评审后，开发工作进入系统设计阶段。系统设计的主要任务是根据已批准的系统分析报告，依靠系统逻辑模型及实际运行环境，考虑实际的经济和技术条件，确定系统的物理实施方案。简单地说，就是利用当前的信息技术，将逻辑模型对应成相应的物理模型的过程。

系统物理模型必须符合逻辑模型，能够完成逻辑模型所规定的信息处理功能，这是物理设计的基本要求。同时，必须考虑到计算机应用软件系统不是固定的、静止的，在软件生命周期中，它总是处于动态变化之中。在系统调试和运行初期，要进行大量的改错工作，以便消除在设计阶段未考虑到或未预见到的问题和隐患。另外，随着时间的推移，改错的工作逐渐减少，而系统环境的不断变化，比如机构的调整、业务的扩大、体制和政策的变更、产品的更新，以及计算机软硬件系统和外围设备的更新换代，都要反映到系统中来，这些会对系统提出新的修改要求。同时，随着计算机应用的深入，管理人员也会对系统提出一些更新、更高的要求，系统也随之不断改进。这些都要求计算机应用软件系统具有可修改性，即易读和易于查错、改错，可以根据环境的变化和用户的要求进行各种改变和改进。如何使系统具有可修改性，成为系统总体结构设计要着重解决的问题，为此提出了系统结构化设计的方法。

9.1.1　系统设计的任务与原则

1. 系统设计的任务

信息系统设计的任务是根据系统分析的文档资料和系统的逻辑模型设计应用程序系统的物理模型和物理结构。系统设计阶段的工作是由系统设计员完成的。系统设计是在保证实现逻辑模型功能的基础上，尽可能提高目标系统的性能，将分析阶段获得的系统逻辑模型转换成一个具体的计算机实现方案的物理模型，包括计算机物理系统配置方案报告和一份系统设计说明书。

首先，确定系统功能结构，依据系统分析文档资料，采用正确的方法来确定系统各功能模块在计算机内应该由哪些程序组成，它们之间用什么方式联结在一起以构成一个最好的系统机内结构；其次，正确表达设计成果，使用一定的工具将所设计的成果表达出来；最后，详细设计与实现，考虑到实现系统功能的需要，进行数据库的详细设计、编码设计、输入/输出界面(人机界面)设计等。

2. 系统设计的原则

(1) 系统性原则。系统是一个有机整体，因此，系统设计中，要从整个系统的角度进行考虑，使系统有统一的信息代码、统一的数据组织方法、统一的设计规范和标准，以此来提高系统的设计质量。

(2) 经济性原则。经济性原则是指在满足系统要求的前提下，尽可能减少系统的费用支出。一方面，在系统硬件投资上不能盲目追求技术上的先进，而应以满足系统需要为前提。另一方面，系统设计中应避免不必要的复杂化，各模块应尽可能简洁。

(3) 可靠性原则。可靠性既是评价系统设计质量的一个重要指标，又是系统设计的一个基本出发点。只有设计出的系统是安全可靠的，才能在实际中发挥应有的作用。一个成功的管理信息系统必须具有较高的可靠性，如安全保密性、检错及纠错能力、抗病毒能力、系统恢复能力等。

(4) 管理可接受的原则。一个系统能否发挥作用和具有较强的生命力，在很大程度上取决于管理是否可以接受。因此，在系统设计时，要考虑到用户的业务类型、用户的管理基础工作、用户的人员素质、人机界面的友好程度、掌握系统操作的难易程度等诸多因素的影响，才能设计出用户可接受的系统。

9.1.2　系统设计过程

系统设计的过程可以分为以下 4 个阶段：系统总体结构设计、数据库设计、系统详细设计、编写系统设计报告。

1. 系统设计的含义

在系统分析阶段，明确了新系统的功能结构及信息结构，也就是系统的逻辑模型，回答了系统"做什么"的问题。在系统设计阶段，需要回答的问题是"如何做"，即通过系统物理模型描述如何实现系统分析阶段规定的系统功能。

系统设计就是详细定义基于计算机的各种活动的解决方案。在系统设计阶段，把系统分析过程中得到的逻辑模型结合相应的网络技术、数据库技术等详细地描述出来，并为系统实施阶段的各项工作准备必要的技术资料和有关文件。

系统设计的基本目标就是满足系统逻辑模型的各项功能要求，同时尽可能地提高系统的性能。系统设计的目标是评价和衡量系统设计方案优劣的基本标准，也是选择系统设计方案的主要依据。

2. 系统设计阶段的主要活动

系统设计阶段的工作技术性强、涉及面广，主要包括以下活动。

(1) 系统总体结构设计：系统总体结构设计的任务是根据系统分析的逻辑模型设计应用软件系统的物理结构。系统物理模型必须符合逻辑模型，能够完成逻辑模型所规定的信息处理功能。系统总体结构设计包括应用软件系统总体结构设计、数据库设计、计算机及网络系统配置方案设计。

(2) 系统详细设计：系统详细设计的任务是确定设计方针和方法，将系统分解为若干子系统，确定各子系统的目标、功能及其相互关系，再决定子系统的管理体制和控制方式，对各子系统进行技术设计和评价，以及对全系统进行技术设计和评价。系统详细设计包括代码设计、用户界面设计、计算机处理过程设计。

(3) 编写系统设计报告。系统设计报告中应包括总体设计方案、代码设计方案、文件设计方案、输入输出设计方案和程序设计说明书。

9.1.3 系统总体结构设计

在系统总体结构设计阶段要决定系统的整体结构，包括系统的网络结构、硬件配置、操作系统选型，以及如何进行子系统的划分等。系统设计这一步从硬件上决定了系统的整体结构，从软件上决定了系统大体的工作方式和各个子系统的主要功能。

1. 系统总体结构设计的任务

系统总体结构设计是系统设计阶段的第一步，其任务是根据系统的总目标和功能将整个系统合理划分为若干个功能模块，正确处理模块之间的调度关系和数据关系，定义各模块内部结构等。也就是说，系统结构设计是从计算机实现的角度出发，对前一阶段划分的子系统进行校核，使其界面更加清楚和明确，并在此基础上将子系统进一步逐层分解，直至划分到模块。

在进行总体结构设计时，由于网站管理系统的运行与开发环境是建立在企业现有的信息系统平台与基础设施之上的，因此并不需要每步工作都从头做起，但必须了解企业现有的平台情况，防止重复建设与投入。

2. 系统总体结构设计的原则

系统总体结构设计应该遵循以下几条主要原则。

(1) 分解协调原则。整个系统是一个整体，具有整体的目标和功能，但这个目标和功能的实现又是由相互联系的各个组成部分共同工作的结果。在处理过程中需要根据系统的总体要求来协调各部分的关系。在系统中，这种分解和协调都具有一定的要求和依据。

分解的主要依据：①按各子系统相对独立完成部分管理功能的要求分解；②按业务信息逻辑方式分解；③从管理科学化出发进行分解，不受管理体制可能变化的影响；④子系统间边界清晰，系统内业务和数据联系紧密；⑤按开发、维护和修改的方便性分解。

协调的主要依据：①目标协调；②工作进程协调；③工作规范和技术规范协调；④信息协调；⑤业务内容协调。

(2) 模块化原则。结构化设计的基础是模块化，结构化方法规定了一系列模块分解协调原则和技术，将整个系统分解成相对独立的若干模块，通过对模块的设计和模块之间的关系的协调来实现整个系统的功能。

(3) 自顶向下的原则。抓住系统的总目标，逐层分解，即先确定上层模块的功能，再确定下层模块的功能。将系统分解为子系统，各子系统功能总和为上层系统的总功能。再将子系统分解为功能模块，下层功能模块实现上层模块的功能。这种从上往下进行功能分层的过程就是由抽象到具体、由复杂到简单的过程。这种步骤从上层看，容易把握整个系统的功能，不会遗漏也不会冗余，从下层看各功能容易实现。

(4) 层次性原则。分解是按层分解的，同一个层次由抽象到具体的程度相同。各层具有可比性。如果有某层次各部分抽象程度相差太大，那极可能是划分不合理造成的。

(5) 一致性原则。要保证整个系统设计过程中具有统一的规范、统一的目标、统一的文件模式等。

(6) 明确性原则。每个模块必须功能明确、接口明确，消除多重功能和无用接口。

3. 划分子系统

根据上述原则，第一步将整个系统划分为若干个子系统。划分方式有纵向划分和横向划分两种。纵向划分是按照管理职权的不同级别把系统分成战略管理级、战术管理级和作业处理级三个层次。横向划分则是按照不同的管理对象和管理职能把企业(系统)划分为市场销售、生产计划、物资供应、财务会计、质量管理、设备管理、技术管理、库存管理和能源管理等。

9.1.4 系统功能结构图

系统的总功能可分解为若干分功能，各分功能又可进一步分解为若干二级分功能，以此类推，直至各分功能被分解为功能单元为止。这种由分功能或功能单元按照其逻辑关系连成的结构可以用图来描述，表达分功能或功能单元相互关系或从属关系。图中的每一个框都称为一个功能模块。功能模块根据具体情况有大有小，最小功能模块可以是一个程序中的每个处理过程，而较大的功能模块则可能是完成某一个任务的一组程序。

1. 结构化设计的原理

结构化设计的基本思想是使系统模块化，即把一个系统自上而下逐步分解为若干个彼此独立而又有一定联系的组成部分，这些组成部分称为模块。对任何一个系统都可以按功能逐步由上到下、由抽象到具体，逐层将其分解为一个多层次的、具有相对独立功能的模块所组成的系统。在这一基本思想的指导下，系统设计人员以逻辑模型为基础，借助一套标准的设计准则和图表等工具，逐层地将系统分解成多个大小适当、功能单一、具有一定独立性的模块，把一个复杂的系统转换成易于实现、易于维护的模块化结构系统。

2. 模块化

模块是数据说明、可执行语句等程序对象的集合，它是单独命名的，而且可通过名字来进行访问，例如汇编语言中的子程序、Pascal 语言中的过程、C 语言中的函数等。

模块化就是把程序划分成若干个模块，每个模块完成一个子功能，把这些模块集中起来组成一个整体，可以完成指定的功能，满足问题的要求。模块化是软件的重要属性，可以使一个程序易于理解和处理。

模块化设计，简单地说就是程序的编写不是开始就逐条录入计算机语句和指令，而是首先用主程序、子程序、子过程等框架把软件的主要结构和流程描述出来，并定义和调试各个框架之间的输入、输出链接关系。逐步求精的结果是得到一系列以功能块为单位的算法描述。以功能块为单位进行程序设计，实现其求解算法的方法称为模块化。模块化的目的是降低程序复杂度，使程序设计、调试和维护等操作简单化。

3. 抽象化

对任何问题考虑一种模块化解决办法时，可以有不同等级的抽象。在最高的抽象级上，使用问题所处的环境语言，以概括的方式描述问题的解法。而在较低的抽象级上，采用更加过程化的方法，把面向问题的术语和面向实现的术语结合起来描述问题的解法。在最低的抽象级上，用可以直接实现的方式描述问题的解法。例如，在可行性研究阶段，软件作为系统的一个完整部件；在需求分析阶段，软件解法是使用在问题环境内熟悉的方式描述；在总体设计向详细设计过渡的阶段，抽象的程度将随之减少；最后当源程序被写出以后，抽象则达到最低层。

抽象是人类在认识复杂现象的过程中使用的一种有效的思维工具。软件工程过程的每一步都是对软件解法在抽象层次上的一次精化。在软件结构每一层中的模块，表示了对软件抽象层次的一次细化。事实上，软件结构顶层的模块控制了系统的主要功能并且影响全局，软件结构的底层模块完成对数据的一个具体处理。采用这种自顶向下、由抽象到具体的方式分配控制权限，可以使软件设计过程简化，容易实现，可以提高软件的可理解性与可测试性，有利于软件产品的维护。

4. 信息隐蔽和局部化

模块化的概念向每个软件设计者提出了一个必须回答的问题,即"我们应该如何分解一个软件,以得到最佳的模块组合"。信息隐蔽原理指出,应该这样设计和确定模块,使一个模块内包含的信息(过程或数据)对于不需要这些信息的模块来说,是不能访问的。这就充分说明了模块的特点在于每个模块的设计与决策不会被其他模块看到。局部化是把一些关系密切的软件元素物理地放得彼此靠近。过程中的局部数据就是局部化的一个例子。

抽象、信息隐蔽、局部化都是模块的重要特征。抽象帮助定义软件过程的实体,信息隐蔽实施对过程细节的存取约束,局部化是对信息隐蔽的具体实现细节的要求。"隐蔽"意味着有效的模块化可以通过定义一组独立的模块来实现,这些独立的模块彼此间仅仅交换那些为了完成系统功能而必须交换的信息。使用信息隐蔽原理作为模块化系统设计的标准会便于软件测试和维护,也可使在修改期间由于疏忽而引入的错误尽可能少地传播到软件的其他部分。

5. 模块独立性

模块独立性的概念是模块化、抽象化、信息隐蔽概念的一个直接产物。开发具有独立功能而且和其他模块之间没有过多相互作用的模块,就可以做到模块独立。也就是说,每个模块只涉及软件需求的一个具体的相对独立的子功能,而且与软件结构其他部分的关系或接口是简单的。

之所以强调模块的独立性,有两个重要原因:其一,模块化程度较高的软件容易编制;其二,独立的模块比较容易维护和测试。关于模块的独立性,通常以如下两个指标来衡量,下面分别介绍其内容。

1) 块间联系——耦合

耦合是对一个软件结构内不同模块之间互联程度的度量。耦合有 5 种,下面按照耦合程度从低到高分别加以叙述。

(1) 两个模块之间完全独立。如果两个模块中的每一个都能独立地工作,而不存在彼此间的联系与制约,这种模块间无任何连接的形式,耦合程度最低。如图 9-1 所示,模块 C 与模块 D 之间没有任何联系。

(2) 数据耦合。两个模块只通过数据进行交换。例如,某些模块的输出数据作为另一些模块的输入数据,高级语言程序设计中的哑实结合(有参数)等都属于数据耦合。如图 9-2 所示,模块 A 与模块 B 间存在数据传递。

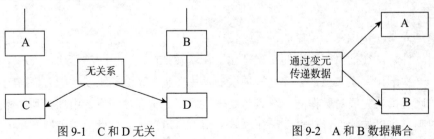

图 9-1　C 和 D 无关　　　　　　　　图 9-2　A 和 B 数据耦合

(3) 控制耦合。两个模块之间通过控制信息进行传递。此种耦合可以通过模块分解用数据耦合来代替。如图 9-3 所示,模块 A 传递一个控制信息给模块 B,模块 B 根据此控制信息进行选择。

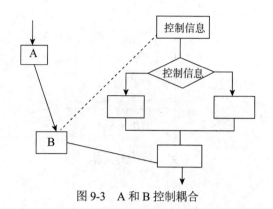

图9-3 A和B控制耦合

(4) 公共环境耦合。两个模块之间通过公共环境进行数据的存取。公共环境可以是全程变量、共享的通信区、内存的公共覆盖区、任何存储介质上的文件等。如图9-4所示，模块A和模块B都访问同一个有名公用区。

图9-4 A和B公共环境耦合

(5) 内容耦合。当发现下列情况之一时，两个模块间就发生了内容耦合：

● 一个模块访问另一个模块的内部数据；

● 一个模块不通过正常入口而转入另一个模块的内部；

● 两个模块有一部分程序代码重叠(汇编程序)；

● 一个模块有多个入口。

进行软件设计时，一般采用下述原则：尽量使用数据耦合，少用控制耦合，限制公共环境耦合的范围，完全不用内容耦合。

2) 块内联系——内聚

内聚标志着一个模块内各个元素彼此间结合的紧密程度。内聚有6种，紧密程度由弱到强分别为偶然内聚、逻辑内聚、时间内聚、通信内聚、顺序内聚和功能内聚。

(1) 偶然内聚。模块内的元素间没有意义上的联系。例如，有时编写完一个程序之后，发现一组语句在两处或多处出现，于是把这些语句作为一个模块以节省内存，这便产生了偶然内聚的模块。如图9-5所示，模块X、Y、Z调用的模块W即为偶然内聚模块。

(2) 逻辑内聚。一个模块完成的任务在逻辑上属于相同或相似的一类。例如，模块X、Y、Z分别调用模块A、B、C，而A、B、C完成的任务相似，可以把模块A、B、C合并为一个模块ABC，则此模块为逻辑内聚，如图9-6所示。

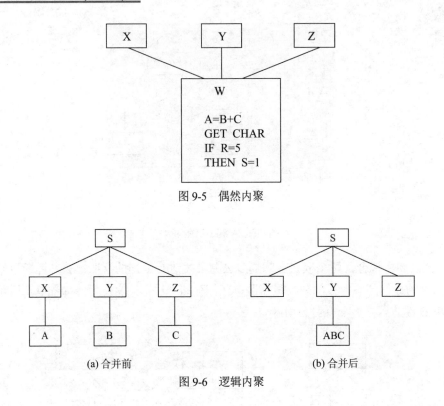

图 9-5 偶然内聚

(a) 合并前   (b) 合并后

图 9-6 逻辑内聚

(3) 时间内聚。如果一个模块包含几个任务，而这些任务均需在同一个时间内执行，则称为时间内聚。例如，模块完成各种初始化工作或当一个模块处理意外故障时，这个模块必须在中断处理的同时完成关闭文件、报警和保留现场等任务，这就构成了时间内聚。

(4) 通信内聚。如果模块中所有元素都使用相同的数据结构，即用同一个输入数据产生同一个输出数据，则称为通信内聚。例如，一个模块的功能是从输入的文件中读出数据，然后由这些数据产生报表，同时也由这些数据产生单项报表。

(5) 顺序内聚。如果一个模块中所有处理元素都是为完成同一功能而必须执行的，则称这个模块为顺序内聚。例如，一个解非线性方程组的模块的功能依次为输入常数项系数、求解、输出方程组的解等。

(6) 功能内聚。如果一个模块中的所有处理元素都完成一个，而且仅完成一个功能，则称该模块为功能内聚。例如，一个模块只完成矩阵加法运算或只打印输出一种特定的表格功能。显然，对于一个模块而言，模块自身的内聚越强，模块间的耦合就越小，模块所具有的独立性就越好。可以说，高内聚低耦合是进行软件设计的一贯原则。

9.1.5 系统设计说明书

系统设计的目标是建立目标系统的物理模型。如何表述物理模型则成为系统设计最后阶段的重要任务。系统设计阶段的最后一项工作是将系统设计的各项成果编辑成一套完善的文档资料，即系统设计说明书。系统设计说明书是整个系统设计的完整描述，是系统设计的阶段性成果的具体体现，也是系统实施的最重要依据。

系统设计说明书包括以下内容。

(1) 系统模块结构设计说明，包括系统的模块化结构及其说明、各主要模块处理流程图及其说明等。

(2) 输入输出设计和人机对话说明，包括输入输出设备的选择、输入输出的格式和输入数据的编辑校验方法等。

(3) 网络设计说明。画出网络的拓扑结构图，说明所选网络软硬件平台、线路种类，以及联网的目标和具体方案等。

(4) 代码设计说明，包括编码对象的名称、代码结构、校验位的设计方法和相应的编码表等。

(5) 数据文件和数据库的设计说明，包括各数据文件和数据库的命名、功能、结构等。

(6) 系统安全与数据完整性说明，包括系统安全设计措施及细节、数据完整性设计的具体内容和系统安全计划文本。

编写好的系统设计说明书交有关部门批准后，即可正式转入系统实施阶段。

9.2　总体设计阶段的图形工具

在总体设计阶段，经常使用如下几种图形工具。

9.2.1　层次图

层次图用来描绘软件的层次结构，层次图中的每个方框代表一个模块，方框间的连线表示调用关系。例如，正文加工系统调用编辑模块，编辑模块依需要调用添加、删除、插入、修改、合并、列表模块。由图 9-7 不难看出，层次图很适合在自顶向下的软件设计过程中使用。

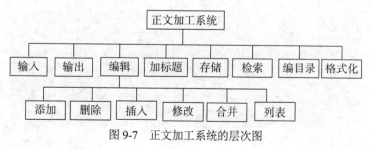

图 9-7　正文加工系统的层次图

9.2.2　HIPO 图

HIPO(hierarchy plus input/processing/output)图是美国 IBM 公司 20 世纪 70 年代发展起来

的表示软件系统结构的工具。HIPO 图由两部分组成：可视目录表和 IPO(input/processing/output) 图。可视目录表给出程序的层次关系，IPO 图则为程序各部分提供具体的工作细节。

1. 可视目录表

可视目录表由体系框图、图例、描述说明三部分组成。

(1) 体系框图。体系框图又称层次图(H 图)，是可视目录表的主体，表明各个功能的隶属关系，如图 9-8 所示。体系框图是自顶向下逐层分解得到的，是一个树形结构。它的顶层是整个系统的名称和系统的概括功能说明；第二层把系统的功能展开，分成了几个框；第二层功能进一步分解，就得到了第三层、第四层，直到最后一层。每个框内都应有一个名字和一个编号，名字用于标识它的功能，编号记录它所在的层次及在该层次的位置。

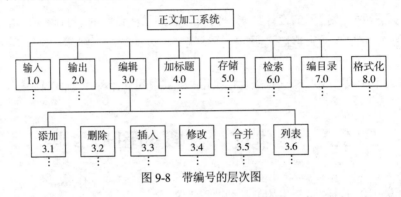

图 9-8　带编号的层次图

(2) 图例。每一套 HIPO 图都应当有一个图例，即图形符号说明。附上图例，人们在阅读时就能对其符号的意义一目了然。

(3) 描述说明。可以对层次图中每一个方框进行补充说明，只有在必须说明时才补充，所以它是可选的。描述说明可以使用自然语言。

例如，应用 HIPO 图对盘存/销售系统进行分析，得到图 9-9 所示的工作流程图。盘存/销售系统的可视目录表如图 9-10 所示。

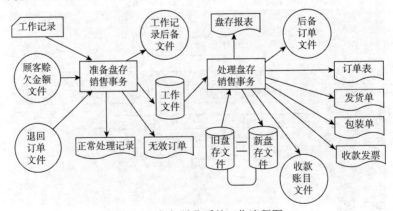

图 9-9　盘存/销售系统工作流程图

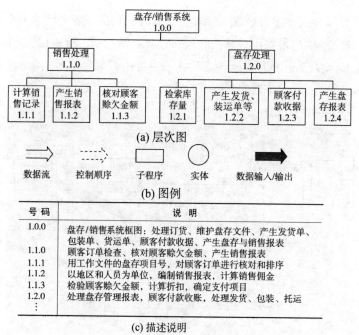

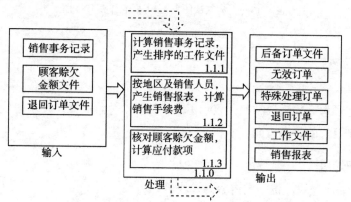

（c）描述说明

图9-10 盘存/销售系统的可视目录表

2. IPO 图

IPO 图为层次图中每一个功能框详细地指明输入、处理及输出。通常，IPO 图有固定的格式，图中处理操作部分总是列在中间，输入和输出部分分别在其左边和右边。由于某些细节很难在一张 IPO 图中表达清楚，常常把 IPO 图又分为两部分，简单概括的称为概要 IPO 图，细致、具体一些的称为详细 IPO 图。

概要 IPO 图用于表达对一个系统或对其中某一个子系统功能的概略表达，指明在完成某一个功能框规定的功能时需要哪些输入、操作和输出。图 9-11 是表示盘存/销售系统第二层的对应层次图上的 1.1.0 框的概要 IPO 图。

图9-11 对应层次图上 1.1.0 框的概要 IPO 图

概要 IPO 图中没有指明输入、处理、输出三者之间的关系，则不能用概要 IPO 图进行下一步的设计，故需要使用详细 IPO 图指明输入、处理、输出三者之间的关系，其图形与概要 IPO 图一样，但输入、输出最好用具体的介质和设备类型表示。图 9-12 是销售/盘存系统中对应层次图上 1.1.2 框的详细 IPO 图。详细 IPO 图也可用类似的形式表示，图 9-13 是销售/盘存系统中对应层次图上 1.2.1 框的详细 IPO 图。

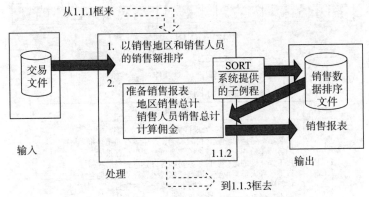

图 9-12　对应层次图上 1.1.2 框的详细 IPO 图

系统名称：	销售管理系统	设计人：	
模块名：	确定能否订货	日期	
模块编号：			
上层调用模块：订货处理			
文件名：	库存文件	下层被调用模块：可供货处理 缺货订单留底	
输入数据：订单订货量X 相应货物库存量Y		输出数据：	
处理：	IF Y-X>0 THEN（调用"可供货处理"） ELSE（调用""缺货订单留底） ENDIF		
注释：			

图 9-13　对应层次图上 1.2.1 框的详细 IPO 图

9.2.3　结构图

结构图描述了程序的模块结构，表示了系统的层次分解关系，反映了块间联系和块内联系等特征及控制信息的传递方向。

1. 基本图形符号

(1) 矩形框表示模块，框中的内容为模块名。

(2) 连线表示模块的调用关系。

(3) 注释箭头，实心圆表示传递的是控制信息，空心圆表示传递的是数据。

(4) 单条件调用。

(5) 多条件调用。

(6) 模块间单循环调用。

(7) 模块间多循环调用。

(8) 连接符。

2. 应用举例

产生最佳解的结构图, 如图 9-14 所示。

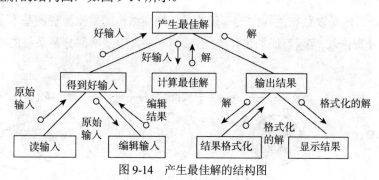

图 9-14　产生最佳解的结构图

计算奖金的结构图, 如图 9-15 所示。

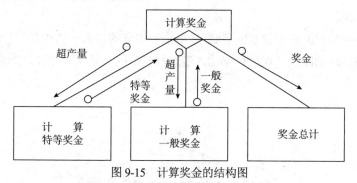

图 9-15　计算奖金的结构图

9.3 结构化设计方法

20 世纪 70 年代以来, 产生了多种软件设计方法, 如模块化程序设计(MP)、基于功能分解的自顶向下设计(TDD)、复合设计法(CD)、结构化设计(SD)、程序逻辑构造法(LCP)、M. Jackson 结构设计(MJSD)、结构化分析设计(SADT)和面向对象设计(OOD)等。这些方法都是用来指导总体设计的。本节只介绍结构化设计方法。

结构化设计(structured design, SD)是美国 IBM 公司的 L. Constantine 等人研究出来的, 是目前使用最广泛的一种设计方法。结构化设计方法的基本思想是模块化, 考虑如何建立一个结构优良的软件系统, 从反映用户要求的数据流程图出发, 逐步产生软件结构的规则, 提出了高内聚低耦合的评价模块结构质量的具体标准。

9.3.1 软件结构的标准形式

在数据处理系统中，常见的软件结构标准形式有两种：变换型结构和事务型结构。当然，更一般的情况是两种结构的混合。

1. 变换型结构

结构化设计方法是以数据流程图为基础的，变换型结构的数据流程图基本上呈线性，可以比较明显地分为输入、变换(或加工)、输出三部分，其中变换部分是系统的主要工作，如图 9-16 所示。

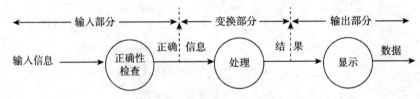

图 9-16 变换型结构的数据流程图

2. 事务型结构

事务型结构的数据流程图常呈辐射状，事务中心将它的输入分离成若干种发散的数据流，从而形成若干条活动的路径，然后根据输入值选择其中的一条路径处理，如图 9-17 所示。

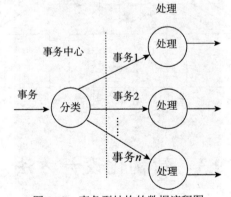

图 9-17 事务型结构的数据流程图

9.3.2 结构化设计步骤

(1) 复查基本系统模型。复查基本系统模型的目的是进一步检查输入和输出数据是否正确合理。

(2) 复查并精化数据流程图。对需求分析阶段的数据流程图认真复查，查看每一个处理是否都代表一个规模适中的独立子功能，不符合时需对数据流程图进行精化。

(3) 确定数据流程图的类型。一张数据流程图若没有明显的事务中心，则一般认为是变换型结构的数据流程图。有时数据流程图较复杂，粗分属于变换型结构的数据流程图，而细节部分可能又属于事务型结构的数据流程图，这时可以采取逐步细化的原则，如图 9-18 所示。

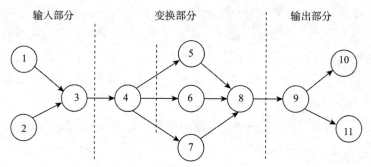

图 9-18　确定数据流程图的类型

(4) 确定边界。

(5) 把数据流程图映射成系统模块结构，即设计系统的上层模块结构。

(6) 基于数据流程图逐步分解高层模块结构，设计出下层模块。

(7) 根据模块独立性原理，精化模块结构。

(8) 描述模块接口信息，给出进出模块的数据信息。

9.4　信息系统详细设计

系统详细设计是对各个子系统进行更为详细的设计，主要包括三方面的内容：数据存储设计、用户界面设计和处理设计。数据存储设计是对数据库结构、存储内容、数据库表、关系模式的类别、索引方式、字段格式等进行设计，实体关系图是进行数据存储设计的一种有效的方法。

9.4.1　系统物理配置方案设计

1. 设计依据

(1) 系统的吞吐量。每秒钟执行的作业数称为系统的吞吐量，用 TPS(transaction per second) 表示。系统的吞吐量越大，则 TPS 的值越大，同时也说明系统的处理能力越强。

(2) 系统的响应时间。从用户向系统发出一个作业请求开始，经系统处理后，再给出应答结果的时间称为系统的响应时间。一个系统的响应时间越快，则计算机的运算速度越快，并且通信线路的传递速率也越高。

(3) 系统的可靠性。系统的可靠性可以用连续工作的时间来表示。例如，需要 24 小时连续工作的系统，则系统的可靠性就应该很高，这时可以采用双机双工系统结构方式。

(4) 数据管理方式。如果用文件系统管理数据，则操作系统应具备文件管理功能；如果用数据库方式管理数据，那么系统中应配备 DBMS 或分布式 DBMS 系统软件和其他网络管理软件。

(5) 集中式还是分布式。如果一个系统的处理方式是集中式的，则既可以是单机系统，也可以是网络系统。如果一个系统的处理方式是分布式的，则必须采用网络系统。

(6) 单机系统还是多机系统。如果一个系统的功能比较简单，并且规模不大，那么采用单用户或多用户的单机系统可以满足要求；否则，就要采用多机系统，以便解决资源共享问题，通常为网络结构形式。

(7) 地域范围。需要根据系统覆盖的地域范围来决定是采用广域网还是局域网。

2. 计算机硬件的选择

计算机硬件的选择取决于数据的处理方式和运行的软件。管理对计算机的基本要求是速度快、容量大、通道能力强、操作灵活方便，但是计算机的性能越高，其价格也就越昂贵，因此，在计算机硬件的选择上应全面考虑。一般来说，如果系统的数据处理是集中式的，系统应用的主要目的是利用计算机强大的计算能力，则可以采用客户机/服务器系统，以高性能的计算机作为服务器，更为灵活、经济。如果系统应用的目的是企业管理，其应用本身就是分布式的，服务器/客户端方式可以使系统具有较好的性能。

确定了数据的处理方式后，还应考虑应用软件对计算机处理能力的需求，包括：①计算机主存；②CPU 时钟；③输入、输出和通信的通道数目；④显示方式；⑤外接转储设备及其类型。

对于硬件设备，应列出硬件设备明细表并绘制硬件配置图。最好准备几种设备配置方案及不同类型、功能、容量的机器选择方案，召开各种方案论证会，请各方面有关人员和专家参加分析讨论，提出意见。

3. 数据库管理系统的选择

管理信息系统都是以数据库系统为基础，一个好的数据库管理系统对管理信息系统的应用有着重要影响。在数据库管理系统的选择上，主要考虑：①数据库的性能；②数据库管理系统的系统平台；③数据库管理系统的安全保密性能；④数据的类型。

目前市场上数据库管理系统较多，流行的有 Oracle、Sybase、SQL Server、Informix、FoxPro等，Oracle、Sybase 是后台数据库管理系统，一般用于大、中型企业的管理信息系统中。Microsoft推出的 Access/FoxPro 是一种桌面数据库管理系统，主要用于小型管理信息系统开发。

4. 应用软件的选择

随着计算机产业的发展，出现了许多商品化应用软件，这些软件技术成熟，设计规范，管理思想先进。直接应用商品化软件既可以节省投资，又能够规范管理过程，加快系统应用的进度。选择应用软件应考虑以下问题。

(1) 软件是否能够满足用户的需求？在软件功能上应注意以下问题：

① 系统必须处理哪些事件和数据？软件能否满足数据表示的需要？如记录的长度、文件最大长度等。

② 系统能够产生哪些报表、文档或其他的输出？

③ 系统要储存的数据量及事件数。

④ 系统必须满足哪些查询需求？

⑤ 系统有哪些不足之处，应如何解决？

(2) 软件是否具有足够的灵活性？由于用户需求和管理需求的不确定性，系统应用环境经常发生变化，因此，应用软件要有足够的灵活性，以适应对软件的输入、输出的要求。

(3) 软件是否能够获得长期、稳定的技术支持？对于商品化软件，稳定的技术支持是必需的，这不仅是为了保证软件能够满足需求的变化，也便于今后随着系统平台的升级而不断升级。

9.4.2 处理流程图设计

系统结构设计的重点在于描述系统的功能特征及其各功能模块之间的调用关系，但并未表达各功能之间的数据传递关系。因此，为了进一步表达系统的处理过程和系统中的数据传递关系，还必须进行系统处理流程设计和具体模块的处理流程设计，以便为程序设计提供详细资料。

1. 系统处理流程图设计

系统处理流程图是以新系统的数据流程图为基础绘制的。首先为数据流程图中的处理功能绘制数据关系图。图 9-19 所示是数据关系的一般形式，反映了数据之间的关系，即输入什么数据、产生什么中间数据和输出什么信息之间的关系。然后，把各个处理功能的数据关系图综合起来，形成整个系统的数据关系图，即系统处理流程图。

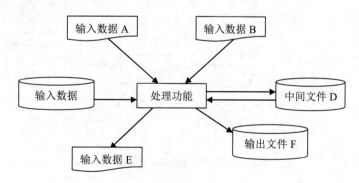

图 9-19 数据关系的一般形式

绘制系统处理流程图应当使用统一符号。目前，我国国家标准 GB 1526—1989 信息处理流程图符号，国际标准化组织标准 ISO1028、2636，以及美国国家标准协会 ANSI 的图形符号大致相同，常用的系统流程图符号如图9-20所示。

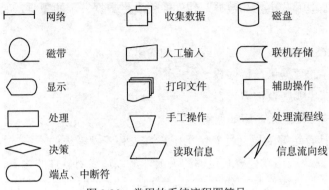

图9-20　常用的系统流程图符号

从数据流程图到系统处理流程图并非单纯的符号改换，系统处理流程图表示的是计算机的处理流程，而数据流程图还反映了人工操作部分。因此，绘制系统处理流程图的前提是已经确定了系统的边界、人机接口和数据处理方式，同时还要考虑哪些处理功能可以合并或进一步分解，把有关的处理看成系统流程图中的一个处理功能。

例如，图9-21是工资管理子系统的系统处理流程图。由图9-21可知，该子系统由主文件更新模块、形成扣款文件模块和计算打印模块三部分组成。系统把工资数据分为相对固定数据和变动数据两大部分。相对固定的数据长期保存在主文件中，每月只做少量更新工作。变动很大的变动数据，每月从键盘重新输入，暂时保存在磁盘的扣款文件上。最后由计算和打印程序自动到主文件和扣款文件中找到每个职工的有关数据，计算后打印出工资单和工资汇总表。

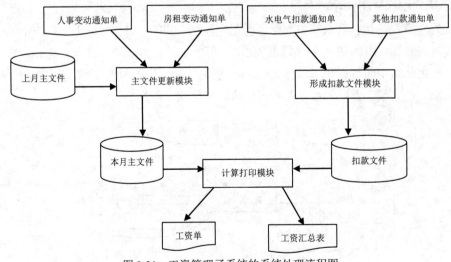

图9-21　工资管理子系统的系统处理流程图

图9-22是某库存管理子系统的数据流程图的一部分，图9-23是所转换的信息系统流程图。

2. 程序框图设计

程序框图又称程序流程图，是用统一规定的标准符号描述程序运行具体步骤的图形表示，是描述模块内部处理过程的主要工具。程序框图的设计是在系统处理流程图的基础上，通过对输入/输出数据进行详细分析，然后将具体的处理过程在计算机中的主要运行步骤标识出来，作为程序设计的基本依据。

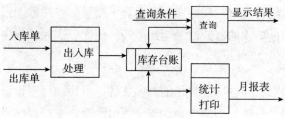

图 9-22 库存管理子系统的数据流程图(部分)

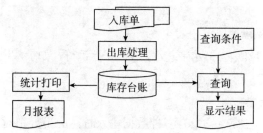

图 9-23 库存管理子系统的信息系统流程图

由于结构化程序设计方法简单易学，并且能够通过基本的处理结构将一个复杂程序的运行步骤简明、易懂地描述出来，所以是一种比较好的设计方法。利用结构化程序设计方法描述模块内部的处理过程，主要采用以下 5 种基本的处理结构：顺序处理结构、选择处理结构、先判断后执行的循环结构、先执行后判断的循环结构、多种选择处理结构，如图 9-24 所示。

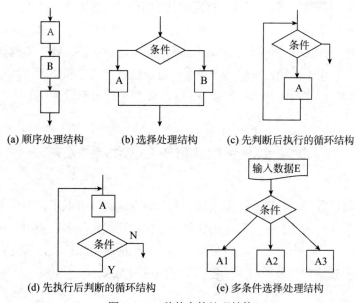

图 9-24 5 种基本的处理结构

在实际的程序框图设计工作中，遇到的问题要复杂一些，因为它可能包含多重循环处理或多种选择的嵌套处理。要以5种基本处理结构为出发点，根据处理功能的基本要求，确定什么地方应选择顺序处理，什么地方应采用选择处理，什么地方应采用循环处理，最后将这些基本处理结构合理地组合起来，就能够设计出合乎要求的程序框图。当然，对于一个复杂的处理过程，可能要经过多次的修改，最后才能设计出比较满意的程序框图。

3. 程序设计说明书

程序设计说明书是对程序框图注释性的书面文件，以帮助程序设计人员进一步了解程序的功能和设计要求。程序设计说明书由系统设计人员编写，交给程序设计人员使用。因此，程序设计说明书必须写得清楚、明确，以便增加程序设计人员对所要设计的程序的处理过程和设计要求的理解。

程序设计说明书主要包括以下内容。

(1) 程序名称，包括反映程序功能的文字名称和标识符，如录入模块 LU.PRC2 等。

(2) 程序所属的系统和子系统名称。

(3) 编写程序所用的语言。

(4) 输入数据的方式与格式。当有多种数据输入时，应当分别对每种数据的输入方式和格式做出具体而详细的说明。

(5) 输出信息的方式与格式。当有多种信息按不同方式输出时，应当分别说明按各种方式输出时的格式要求。

(6) 程序处理过程说明，包括在程序中使用的计算公式、数学模型和控制方法等。

(7) 程序运行环境的说明，主要是指保证程序能够正常运行所需要的输入、输出设备的类型和数量，内部存储器的容量，以及支持程序运行的操作系统等内容。

系统设计人员应将编写程序设计说明书作为一项重要的工作内容来完成。因为程序设计说明书不仅是程序设计人员进行程序设计时的重要参考，也是系统修改和维护的技术依据。系统投入运行之后，由于要经常根据情况的变化对系统进行调整和修改，如果没有完善的文档资料，则既不利于程序的设计工作，也不利于对系统的修改和维护。

9.5 代码设计和数据库设计

代码是用字母、数字、特殊字符组成的一系列命令编码，可以用来实现人们想要实现的功能，之所以要设计代码是为了提高代码的利用率，实现代码的多次利用并便于理解。而数据库设计可以实现对于一个给定的应用环境，构造最优的数据库模式，建立数据库及其应用系统，使之能够有效地存储数据，满足各种用户的应用需求。

9.5.1 代码设计

代码的符号可以是数字、字母或者是数字和字母的混合。

1. 代码的功能与设计原则

1) 代码的功能

(1) 使用代码可以提高计算机处理的效率和精度。按代码对事物进行分类、合并、更新、检索，可以提高处理速度。

(2) 使用代码可以节省计算机的存储空间，提高运算速度。例如在物资管理系统中，通过相应的代码就可以反映物资的种类、规格、型号等内容，因此可以减少计算机处理的数据量，提高处理速度，并可以节省存储空间。

(3) 使用代码可以提高系统的可靠性。通过在代码中加入校验码，可以在输入数据时利用计算机进行检验，以保证输入的数据准确可靠，从而提高整个系统的可靠性。

(4) 使用代码可以提高数据的全局一致性。对同一事物，即使在不同场合也有不同的称呼，都可以用代码统一起来，减少了因数据不一致而造成的错误。

(5) 代码是人和计算机的共同语言，是两者交换信息的工具。

现代企业的编码系统已由简单的结构发展成为十分复杂的系统。为了有效地推动计算机应用和防止标准化工作走弯路，我国十分重视制定统一编码标准的问题，并已公布了GB/T 2260—2007中华人民共和国行政区划代码、GB/1988—1998信息处理交换的七位编码字符集等一系列国家标准编码，在系统设计时要认真查阅国家和部门已经颁布的各类标准。

代码设计在系统分析阶段就应当开始。由于代码的编制需要仔细调查和多方协调，是一项很费事的工作，需要经过一段时间的努力，在系统设计阶段才能最后确定。

2) 代码设计的原则

合理的编码结构是信息处理系统是否具有生命力的一个重要因素，在代码设计时，应遵循以下基本原则。

(1) 唯一性。每一个代码只能唯一地代表系统中的一个实体或实体属性，而一个实体或实体属性也只能唯一地由一个代码来表示。

(2) 标准性。代码设计时要尽量采用国际或国家的标准代码，以方便信息的交换和共享，并可为以后对系统进行更新和维护创造有利条件。

(3) 合理性。代码设计必须与编码对象的分类体系相适应，以使代码对编码对象的分类具有标识作用。

(4) 可扩充性。编码时要留有足够的备用代码，以适应今后扩充代码的需要。但备用代码也不能留得过多，以免增加处理的难度。

(5) 简单性。代码结构要简单，要尽量缩短代码的长度，以方便输入，提高处理效率，并且便于记忆，减少读写的差错。

(6) 适用性。代码设计要尽量反映编码对象的特点，以便识别和记忆，易于用户了解和掌握。

(7) 规范化。代码的结构、类型、编码格式必须严格统一，以便计算机处理。

2. 代码的种类

代码的种类如图 9-25 所示，图中列出了最基本的代码。实际应用中，常常根据需要采用两种或两种以上基本代码的组合。

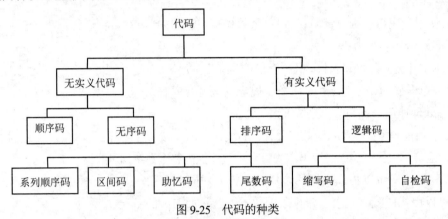

图 9-25　代码的种类

从编码对象实际状况和方便使用两个方面进行考虑，常用的代码主要有以下几种。

1) 顺序码

顺序码是用一串连续的数字来代表系统中的客观实体或实体属性。例如，一个大学里的各个学院可以采用顺序编码：

01　管理学院

02　商学院

03　信息科学与技术学院

……

14　机械工程学院

顺序码的优点是简单、易处理，缺点是不能反映编码对象的特征，代码本身无任何含义。另外，由于代码按顺序排列，新增加的数据只能排在最后，删除数据则要产生空码，缺乏灵活性，所以通常作为其他编码的一个组成部分。

2) 区间码

区间码是按编码对象的特点把代码分成若干个区段，每一个区段表示编码对象的一个类别。例如，全国行政区邮政编码即典型的区间码，这种代码由 6 位数字组成，分成三个区段：第 1 位和第 2 位表示省或直辖市级顺序码；第 3 位和第 4 位表示地或市级顺序码；第 5 位和第 6 位表示县或区级顺序码。因此，通过一个代码就可以反映出一个地区所在的省、地和县。

区间码的优点是从结构上反映了数据的类别，便于计算机分类处理，排序、分类、插入和删除也比较容易。它的缺点是代码的位数一般都比较多。区间码往往要和顺序码混合使用。

(1) 多面码。一个数据项可能具有多方面的特性，在码的结构中，为这些特性各规定一个位置，就形成多面码。

例如，对于机制螺钉，可做表 9-1 所示的规定，代码 2342 就表示直径为 2.5mm 的黄铜方形头镀铬螺钉。

表 9-1　机制螺钉多面码示例表

材料	螺钉直径	螺钉头形状	表面处理
1. 不锈钢	1. $\phi\,0.5$	1. 圆头	1. 未处理
2. 黄铜	2. $\phi\,1.0$	2. 平头	2. 镀铬
3. 钢	3. $\phi\,2.5$	3. 六角形状	3. 镀锌
		4. 方形头	4. 上漆

(2) 上下关联区间码，由几个意义相关的区间码组成，其结构一般由左向右排列。例如，在会计上，用最左位代表核算种类，下一位代表核算会计项目。

(3) 十进位码，由上下关联区间码发展而成，相当于图书分类沿用已久的十进位分类码。例如 820.645，小数点左边的数字组合代表主要分类，小数点右边的数字组合代表子分类。子分类划分虽然很方便，但是所占数位长短不一，不适合计算机处理。但是只要把代码的数位固定下来，仍然适合计算机处理。

3) 助忆码

助忆码是指用可以帮助记忆的字母和数字来表示编码对象。例如，用 TV-B-30 表示 30cm 黑白电视机；用 TV-C-51 表示 51cm 彩色电视机。

助忆码的优点是直观、便于记忆和使用。缺点是不利于计算机处理，当编码对象较多时，也容易引起联想出错，所以这种编码主要用于数据量较少的人工处理系统。

4) 缩写码

缩写码是把人们习惯使用的缩写字直接用于代码。例如，用 kg 表示千克；用 cm 表示厘米。

缩写码的优点是简单、直观，便于记忆和使用。但是，由于缩写字有限，所以它的使用范围也有限。

5) 尾数码

使末尾位的数字码具有一定含义，可以不增加主要代码位数而进行分类，即利用尾位数字修饰主要代码。例如，用 02301 表示 230 毫米，用 02302 表示 230 厘米。

3. 代码的校验

代码作为数据的一个组成部分，是系统的重要输入内容之一，它的正确与否直接影响整个处理工作的质量。特别是人们需要重复抄写代码和通过手工将它输入计算机时，发生错误的可能性就比较大。为了保证输入代码的正确性，人们在设计代码时，可以在原有代码的基础上再加上一个校验位，使其成为代码的一个组成部分。校验位通过事先规定好的数学方法计算出来，当带有校验位的代码输入计算机时，计算机也利用同样的计算方法计算代码的校验位，并与输入的代码校验位进行比较，以检验输入是否正确。

4. 代码设计任务书

进行代码设计时，首先要填写代码设计任务书。代码设计任务书作为代码设计的主要依据，并且作为系统文档资料的一个重要组成部分，需要妥善保管。代码设计任务书的基本格式和所反映的基本内容如表9-2所示。

表9-2　代码设计任务书

系统设计资料编码：　　　　　　　　　　代码设计任务书编号：

年　　月　　日

编码对象名称	编码方式		位数	校验位
会计科目	区间码		8	有
编码对象数量	使用时间		适用范围	
	2020年5月1日		财务管理信息系统	
代码化目的	1. 便于输入和检验 2. 便于计算机分类处理			
构成	第1～3位表示一级科目；第4、5位表示二级科目；第6、7位表示三级科目；第8位是校验位			
编码要求	1. 一级科目编码采用国家会计制度规定的统一编码 2. 校验位采用几何级数法设计			
序号	代码			意义		
	一级科目	二级科目	三级科目	一级科目	二级科目	三级科目
1	101	01	00	现金	人民币	无意义
2	101	02	00	现金	美元	无意义
3	102	01	00	银行存款	人民币	无意义
4	102	02	00	银行存款	美元	无意义
…	…	…	…	…	…	…

下面根据表9-2所示代码设计任务书的要求说明会计科目代码设计的过程。

由代码设计任务书可以看到，会计科目代码由8位数字组成，其中前7位数字是基本代码，按区间码设计，第1～3位表示一级科目；第4、5位表示二级科目；第6、7位表示三级科目；第8位是校验位，按几何级数法计算得到。

(1) 一级科目代码设计。一级科目的编码是利用国家会计制度中对会计科目的统一编号来实现。一级科目代码由三位数字组成，其中100～199表示资产类会计科目；200～299表示负债类会计科目；300～399表示所有者权益类会计科目；400～499表示成本类会计科目；500～599表示损益类会计科目。在一级科目的编码中，第一位数字表示科目的大类，第二位和第三位数字表示科目的小类和序号。在某些会计科目之间留有空号，是供增设会计科目时使用。

(2) 明细科目代码设计。明细科目反映的内容极为广泛，并且由于企业不同，其明细科目的名称也不尽相同。因此，代码设计必须考虑各企业会计核算系统的特点和管理要求。这里是在一级科目编码的基础上，添加两位数字表示一级科目下属的二级科目代码，二级科目代码按顺序方式设计。三级科目代码是在每一个二级科目代码后再添加两位数字，三级科目代码仍然按顺序码设计。

(3) 校验位的设计。代码设计完成之后，就可以进行校验位的设计。校验位的权数按几何级数排列，模数取 11。由于会计科目代码较多，为了减少计算的工作量和保证代码校验位的正确性，可以设计一个专门的计算机程序，以自动完成校验位的计算并将计算结果自动添加到代码的后面。

9.5.2 数据库设计

信息系统的主要任务是通过对大量的数据进行分析获得管理所需要的信息，这就必须存储和管理大量的数据。因此，建立一个良好的数据组织结构和数据库，使整个系统都可以迅速、方便、准确地调用和管理所需的数据，是衡量信息系统开发工作好坏的主要指标之一。

数据库设计就是要根据数据的不同用途、使用要求、统计渠道、安全保密性等来决定数据的整体组织形式，以及决定数据的结构、类别、载体、组织方式、保密级别等。一个好的数据结构和数据库应该充分满足组织的各级管理要求，同时还应该使后继系统开发方便、快捷，系统开销(即占用空间、网络传输频带、磁盘或光盘读写次数等)小，易于管理和维护。

建库前，还必须对指标体系中数据的结构进行规范化的重新组织。

进行了数据基本结构的规范化重组后，还必须建立整体数据的关系结构。这一步设计完成后，数据库和数据结构设计工作就基本完成了，待系统实现时将数据分析和数据字典的内容带入本节所设计的数据整体关系结构中，一个规范化数据库系统结构就建立起来了。

建立关系数据结构涉及三方面的内容：建立连接关系；确定单一的父系关系结构；建立整个数据库的关系结构。

1. 建立连接关系

进行了上述数据规范化重组后，已经可以确保每一个基本数据表(简称基本表)是规范的，但是这些独立的基本表并不能完整地反映事物。也就是说，在这些基本表的各字段中，所存储的只是同一事物不同侧面的属性，通常需要通过指标体系才能完整、全面地反映事物。那么计算机系统如何能知道哪些表中的哪些记录应与其他表中的哪些记录对应，它们表示的是同一个事物吗？这就需要在设计数据结构时将各基本表之间的数据记录关系确定下来。这种表与表之间的数据关系一般都是通过主或辅关键词之间的连接来实现的。因为在每个表中只有主关键词才能唯一地标识表中的这一个记录值(因为根据第三范式的要求，表中其他数据字段函数都依赖于主关键词)，所以将表通过关键词连接就能够唯一地标识出某一事物不同属性在不同表中的存放位置。

2. 确定单一的父系关系结构

所谓确定单一的父系关系结构，就是要在所建立的各种表中消除多对多的现象，即设法使所有表中记录之间的关系呈树状结构(只能由一个主干发出若干条分支，而不能由若干条主干交错发出若干条分支)。父系就是指表的上一级关系表。消除多对多关系可以借助 E-R 图来解决，也可以在系统分析时予以注意，避免这种情况的发生。

3. 建立整个数据库的关系结构

建立数据库应避免出现更新异常、插入异常、删除异常、数据冗余大等现象，关系型数据库要尽量按关系规范化要求进行数据库设计。

9.6 人机界面设计

人机界面设计是计算机系统与人的接口设计。系统与用户之间接口的作用已经越来越重要。这一部分设计得好，系统运行时使用方便，操作简单，将会增加用户对整个系统的满意程度。

9.6.1 输出设计

输出设计的目的是使系统能输出满足用户需要的有用信息。对于大多数用户来说，输出是系统开发的目的和评价系统开发成功与否的标准。因此，输出设计的出发点是保证系统输出的信息能够方便地为用户所使用，能够为用户的管理活动提供有效的信息服务。

1. 输出设计的内容

(1) 确定输出内容。确定输出设计的内容要考虑以下方面：①输出信息使用方面的内容，包括信息的使用者、使用目的、报告量、使用周期、有效期、保管方法和复写份数等；②输出信息的内容，包括输出项目、位数、精度、数据形式(文字、数字)、数据来源与生成算法等。

(2) 确定输出格式，如表格、图形或文件。输出信息的格式设计是为了给用户提供一种清晰、美观、易于阅读和理解的信息，因此，输出信息的格式必须考虑用户的要求和习惯，要尽量与现行系统的表格形式相一致。如果必须做出更改，则要由系统设计人员、系统分析人员和使用人员共同协商后，经过各方面人员的同意才能进行。表格的输出设计工作可由专门的表格生成器软件完成，图形的输出设计也由专门的软件完成。

(3) 选择输出设备和确定输出介质。信息的用途决定了输出设备和输出介质。需要送给其他有关人员或者需要长期存档的材料，必须使用打印机打印输出；需要作为以后处理用的数据，可以输出到磁带或者磁盘上；如果只是需要临时查询的信息，则可以通过屏幕显示。输出设备主要是指打印机和显示器。表 9-3 为输出设备和介质一览表。

表9-3 输出设备和介质一览表

输出设备	行式打印机	卡片或纸带输出机	磁带机	磁盘机	显示器	绘图仪	缩微胶卷输出机
介质	打印纸	卡片或纸带	磁带	磁盘	屏幕	图纸	缩微胶卷
用途和特点	便于保存，费用低	可作为其他系统的输入设备	容量大，适合顺序存取	容量大，存取更新方便	响应灵活的人机对话	精度高，功能全	体积小，易保存

2. 输出报告

输出报告是系统设计的主要内容之一，它定义了系统的输出。输出报告中既标出了各常量、变量的详细信息，也给出了各种统计量及其计算公式、控制方法。

设计输出报告时应考虑以下几点。

(1) 方便使用者。能为使用者提供及时、准确、全面的信息，输出的图形或表格便于用户阅读和理解。

(2) 要考虑系统的硬件性能。

(3) 尽量利用原系统的输出格式，如需修改，应与有关部门协商，征得用户同意。

(4) 输出的格式和大小要根据硬件能力认真设计，并试制输出样品，经用户同意后才能正式使用。

(5) 输出表格要考虑系统的发展。输出表格中应为新增项目留有相应的位置。设计输出报告之前应收集各项的有关内容，填写输出设计书上(见表9-4)，这是设计的准备工作。

表9-4　输出设计书

资料代码	GZ-01	输出名称		工资主文件一览表	
处理周期	每月一次	形式	行式打印表	种类	0-001
份数	1	报送	财务科		
项目号	项目名称	位数及编辑		备注	
1	部门代码	X(4)			
2	工号	X(5)			
3	姓名	X(12)			
4	级别	X(3)			
5	基本工资	9999.99			
6	房费	999.99			

为了提高系统的规范化程度和编程效率，在输出设计上应尽量保持输出流内容和格式的同一性。也就是说，同一内容的输出，对于显示器、打印机、文本文件和数据库文件应具有一致的形式。显示器输出用于查询或预览，打印机输出提供报表服务，文本文件格式用于为办公自动化系统提供剪辑素材，而数据库文件可满足数据交换的需要。

打印输出时，报告纸有专用纸和通用白纸两种。专用纸上事先已印有表头和文字说明等格式，使用时可直接套打；通用白纸则需打印表头、格式及说明信息。

9.6.2　输入设计

输入设计是整个系统设计的关键环节之一，对系统的质量起决定性的影响。输入数据的正确性直接决定处理结果的正确性，如果输入数据有误，即使计算和处无误，也无法获得可靠的输出信息。

1. 输入设计的内容

(1) 数据收集：将收集到的信息用计算机能识别的符号记录下来。

(2) 数据登录：将收集来的数据转换成适合系统处理的形式，登录在专门设计的记录单上或介质上。

(3) 数据输入：把数据读入计算机中。

2. 输入类型

(1) 外部输入：基本的原始数据输入方式，如会计凭证、订货单、合同等数据的输入。

(2) 交互式输入：由人机对话方式进行，少量的，在操作过程中需要输入数据或回答相关问题。

(3) 内部输入：系统内部运算后产生的信息，如产值、利润等数据。

(4) 网络输入：系统内部和外部的计算机之间互相交换或共享数据，通过通信网传输得到。

3. 输入设备

用来收集和输入数据的常用设备有卡片穿孔机、纸带穿孔机、键盘、软盘输入机、磁带机、终端控制台键盘、磁性墨水阅读器、光字符识别器、光笔、数字化仪、扫描仪、接触式屏幕输入、语音输入、光盘机等。随着计算机技术的迅速发展，输入方式不断变化，纸带机、卡片机等已逐步被淘汰，先进的输入设备不断地得到广泛应用。

选择输入设备时，要根据数据量的大小和频度、输入类型和格式要求、输入的速度和准确性、设备的费用等全面考虑。

4. 输入设计

输入设计的目的是使输入的数据经处理后能满足系统输出的需要。输入设计包括输入信息源的设计、输入信息设计、输入媒介选择设计、输入信息内容设计和输入信息的校验。

保证输入数据的正确性是输入设计的关键，因此一定要对输入信息采取完善的校验措施。

9.6.3 输入/输出的界面设计

从屏幕上通过人机对话输入是目前广泛使用的输入方式。因为是人机对话，既有用户输入，又有计算机的输出。输入/输出的界面通常有以下几种。

1. 菜单式

通过屏幕显示可供选择的功能和功能代码，由操作者根据需要进行选择。将菜单设计成层次结构，则可以通过层层调用引导用户使用系统的每一个具体功能。随着软件技术的发展，菜单设计也向着既美观又方便的方向发展。目前，系统设计中常用的菜单设计方法主要有以下几种。

（1）一般菜单。在屏幕上显示各个选择项，每个选择项指定一个代号，然后根据操作者通过键盘输入的代号，计算机决定执行何种后续操作。

（2）光带菜单。光带菜单由于在屏幕上以一条光带来提示菜单中的当前候选项而得名。通过光标控制键把光带移到所需的功能项目上，然后按回车键即执行相应的操作。

（3）下拉菜单。下拉菜单是一种两级菜单，第一级是选择栏，第二级是选择项。各个选择栏横向排列在屏幕的第一行，用户可利用光标的左右移动键选定当前选择栏，当前选择栏下立即显示出该栏的各项功能，用户可利用光标的上下移动键进行选择。

2. 填表式

填表式屏幕设计通常用于需要通过终端向系统中输入数据。系统将要输入的项目显示在屏幕上，然后由用户逐项填入有关的数据。另外，填表式屏幕设计也可以用于系统的输出。如果要查询系统中的某些数据时，可以将数据的名称按一定的方式排列在屏幕上，然后由计算机将数据的内容自动填写在相应的位置上。由于采用这种方法设计的画面简单易读，并且不容易出错，所以是通过屏幕进行输入/输出的主要形式。

3. 选择性问答式

选择性问答式屏幕设计是指当系统运行到某阶段时，通过屏幕向用户提问，系统根据用户回答的结果决定下一步执行什么操作。这种方法通常用于提示操作人员确认输入数据的正确性，或者询问用户是否继续某项处理等方面。例如，当用户输入完一条记录后，可以通过屏幕向用户询问"输入是否正确(Y/N)？"，计算机根据用户的回答来决定是继续输入数据还是对刚输入的数据进行修改。

9.7　系统安全设计与数据完整性设计

由于大量的决策与管理信息存储在已联网的管理信息系统中，因此设计 MIS 不仅要考虑用户使用系统的方便性、友好性，还必须考虑管理信息系统的系统安全与数据完整性。

系统安全要求管理信息系统的各组成部分都处于安全状态，包括计算机安全、网络安全与数据库安全等方面。数据完整性泛指与损坏和丢失相对的数据的状态，通常表明数据的可靠性与准确性是可以信赖的。信息系统安全相关的内容已在第 2 章介绍，本节主要介绍系统安全设计与数据完整性设计。

9.7.1　系统安全设计

数据库的安全是指数据库的任何部分都不允许受到恶意侵害，或未经授权地存取与修改。数据库是管理信息系统的核心部分，有价值的数据资源都存放在其中。这些共享的数据资源既要面对必需的可用性要求，又要面对被篡改、损坏和被窃取的威胁。一般来说，数据库的破坏来自以下 4 个方面：①系统故障；②并发操作所引起的不一致；③转入或更新数据库的数据有错误，更新事务未遵守保持数据库一致的原则；④人为的破坏，例如数据被非法访问，甚至被篡改或破坏。前三个方面属于数据库的可靠性问题，通常从硬件、软件与运行规程三个方面综合考虑加以解决。第四个方面属于数据库安全性问题，可通过以下措施加以防范。

(1) 制订切实可行的安全计划和用户手册。尽量使此计划被大家接受，并落到实处。该计划要经得起测试、在保密状态下执行。

(2) 限制可移动介质的访问，主要指限制通过磁带、磁盘、光盘等可移动介质对数据库的存取。数据窃取、计算机病毒对数据库的破坏大都是通过这些可移动介质实施的。

(3) 访问限制。设立数据库管理员岗位。数据库用户及其访问权限应由数据库管理员根据数据库管理系统所提供的功能进行控制，数据库管理员的特权不能转让。

(4) 数据加密。

(5) 跟踪审查，对某些保密的数据实施跟踪，记录有关数据的访问活动。一旦发现潜在的窃密企图，如重复的、相似的查询，可以根据这些数据进行事务分析和调查。跟踪审查的结果记录在一个特殊的文件上，该文件称为跟踪审查记录，一般包括以下内容：操作类型(如修改、查询等)、操作日期和时间、操作终端标识与操作者标识、所涉及的数据(如表、视窗、记录、属性等)。例如，SQL 语言对表施加跟踪：

```
AUDIT  SELECT  INSERT, DELETE, UPDATE
            ON<表名>  WHENEVER  SUCCESSFUL
```

撤销对表的所有跟踪审查：

```
NOAUDIT  ALL  ON <表名>
```

9.7.2 数据完整性设计

对于数据完整性来说，危险常常来自一些简单的计算不周、混淆、人为的错误或设备出错导致的数据丢失、损坏或不当的改变。数据完整性设计的目的就是保证计算机系统或计算机网络系统上的信息处于一种完整和未受损坏的状态。针对可能的硬件故障、网络故障、逻辑问题、灾难性事件与人为因素，在系统设计时，可采用以下方法提高数据完整性。

(1) 备份，是用来恢复出错系统或防止数据丢失的一种最常用的办法。

(2) 镜像技术。执行时可采用逻辑镜像，也可采用物理镜像。

(3) 归档。将文件从在线存储器上复制到磁带或光学介质上，以便长期保存。

(4) 分级存储管理。与归档相似，是一种能将数据从在线存储器上归档到靠近在线存储器上的自动系统，也可以进行相反的操作。

(5) 奇偶校验，提供一种监视机制来保证不可预测的内存错误，不至于引起服务器出错而导致数据完整性的丧失。

(6) 灾难恢复计划，是如何在自然灾害或重大人为灾害造成的废墟上重建系统的指导性文件。

(7) 故障前预兆分析。设计一个分析、判断故障前兆的系统，以防患于未然。

(8) 电源调节，是指在不间断电源的基础上增加一套电源调节装置，为管理信息系统提供恒定的、平衡的电压。

9.8 信息系统设计案例

某电动车生产厂零配件库存管理系统的主要管理模块如下。

(1) 库管理：对检验合格已开具入库单的零配件进行入库登记，同时修改库存信息。

(2) 出库管理：按领件单登记出库信息，同时修改库存信息。

(3) 废品管理：对生产过程中所发生或发现的零配件废品，按质检科开具的废品单进行废品信息登记。定期对废品进行处理，将已处理的废品开具出库单并登记出库信息，同时修改废品库存。

(4) 库存盘点：定期对库存零配件进行盘点，根据盘点清单登记盘点记录，并与库存台账对照生成盘点表。

(5) 报表管理：每月完成库存统计报表、废品报表、盘点表。

零配件库存管理系统的功能结构如图 9-26 所示。

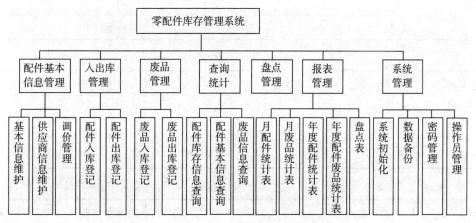

图 9-26　零配件库存管理系统的功能结构

以供应商编码为例，代码设计如图 9-27 所示。

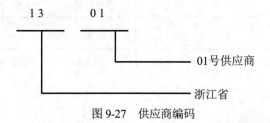

图 9-27　供应商编码

数据库文件设计如表 9-5～表 9-11 所示。

表 9-5　配件基本信息表

字段名称	数据类型	字段宽度/b	字段名称	数据类型	字段宽度/b
配件编号	字符型	7	单价	数值型	8，2
配件名称	字符型	20	单台用量	数值型	2
单位	字符型	2	供应商编号	字符型	4

表 9-6　入库单表

字段名称	数据类型	字段宽度/b	字段名称	数据类型	字段宽度/b
入库单编号	字符型	8	入库数量	数值型	6
配件编号	字符型	7	库管员编号	字符型	4
入库日期	日期型	8			

表 9-7　出库单表

字段名称	数据类型	字段宽度/b	字段名称	数据类型	字段宽度/b
出库单编号	字符型	8	出库数量	数值型	6
配件编号	字符型	7	领件单位编号	字符型	2
出库日期	日期型	8	库管员编号	字符型	4

表 9-8　供应商信息表

字段名称	数据类型	字段宽度/b	字段名称	数据类型	字段宽度/b
供应商编号	字符型	4	地址	字符型	40
供应商名称	字符型	30	联系人	字符型	8
邮政编码	字符型	6			

表 9-9　废品单表

字段名称	数据类型	字段宽度/b	字段名称	数据类型	字段宽度/b
废品单编号	字符型	8	入库数量	数值型	6
配件编号	字符型	7	备注	备注型	4
入库日期	日期型	8	库管员编号	字符型	4

表 9-10　废品出库单表

字段名称	数据类型	字段宽度/b	字段名称	数据类型	字段宽度/b
出库单编号	字符型	8	出库数量	数值型	6
配件编号	字符型	7	库管员编号	字符型	4
出库日期	日期型	8			

表 9-11　盘点清单表

字段名称	数据类型	字段宽度/b	字段名称	数据类型	字段宽度/b
盘点清单编号	字符型	8	出库数量	数值型	6
配件编号	字符型	7	盘点员编号	字符型	4
数量	数值型	7			

输入输出界面包括入库登记界面、报表界面、查询界面，分别如图 9-28～图 9-30 所示。

图 9-28　入库登记界面

配件编号	配件名称	单位	单价	入库数量	出库数量	库存数量
1001010	前刹车线	条	15	2400	2200	450
1001020	后刹车线	条	15	2400	2200	400
2001001	前减震器	个	120	2000	1800	400
2001002	前减震器	个	121	1000	1000	100
2001011	后减震器	个	100	2000	1800	400
2001012	后减震器	个	100	1000	1000	100

图 9-29　报表界面

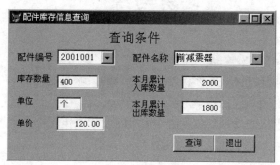

图 9-30　查询界面

本章小结

系统设计的任务是依据系统的逻辑模型，结合实际情况，设计一个能在计算机系统上实现的具体设计方案，即新系统的物理设计方案。系统设计的内容可以分为总体设计和详细设计两部分。

系统总体结构设计是系统设计阶段的第一步，其任务是根据系统的总目标和功能将整个系统合理划分为若干个功能模块，正确处理各功能模块之间的调度关系和数据关系，定义各模块内部结构等。详细设计包括代码设计、数据库设计和人机界面设计。

结构化设计是目前使用最广泛的一种设计方法。结构化设计方法的基本思想是模块化，考虑如何建立一个结构优良的软件系统，从反映用户要求的数据流程图出发，逐步产生软件结构的规则，提出了高内聚低耦合的评价模块结构质量的具体标准。

系统安全指的是信息系统的各组成部分都处于安全状态，包括计算机安全、网络安全与数据库安全等方面。数据完整性设计的目的是保证计算机系统或计算机网络系统上的信息处于一种完整和未受损坏的状态。

关键术语

HIPO 图	hierarchy plus input/processing/output
IPO 图	input/processing/output
结构化设计	structured design，Sd
自顶向下设计	top down design，TDD
程序逻辑构造法	logical construction of program，LCP

思考与练习

1. 简述系统设计原则。
2. 信息系统有哪些开发策略？你认为比较合理的策略是怎样的？
3. 信息系统设计说明书包括哪些内容？
4. 对每一个功能模块的处理过程、输入输出的设计工作统称系统设计的详细设计，在详细设计中用于描述模块处理过程的工具有哪些？

第 10 章

信息系统实施、评价与运行管理

系统实施是指在系统总体设计和详细设计后，信息系统在物理上实现并从开发者手中转移到使用者手中的过程，是将系统付诸实现的过程，是系统开发工作的最后一个阶段。这个阶段的任务多，环节复杂，往往需要用户的深度参与，具体工作内容包括购置和安装设备以建立计算机网络环境和系统软件环境、计算机程序设计、系统调试和测试、人员培训、系统切换并交付使用。

本章介绍系统实施与运行阶段的主要任务、活动内容和管理特点。根据系统设计文档中有关模块的处理过程，阐述系统调试和系统转换的相关内容。介绍信息系统运行管理的过程、信息系统管理与维护的组织、信息技术管理的内容，以及信息系统进入维护阶段后的管理要点。

学习目标

1. 了解系统实施的工作步骤和要求。
2. 理解各种系统实施方法的特点。
3. 了解影响系统实施的管理环节。
4. 掌握系统测试、系统转换的主要任务和方法。
5. 了解系统实施阶段需要用户参与的活动。
6. 了解系统运行维护工作的内容和管理要点。
7. 了解系统安全性、系统可靠性的意义和保障措施。

引例：厦门地铁 1 号线路况信息系统实施案例

厦门地铁 1 号线路况信息系统的具体设计思路为：由车载监测子系统采集在线运行车辆上多种类型的现场数据，如列车运行速度、列车故障状态、各车厢承重等数据，并利用 LTE 车地无线通信技术实时上传到地面，车载监测子系统在车辆段设置地面服务器，并与综合监控系统接口，通过综合监控系统的传输网上传至控制中心。控制中心的综合监控系统将上述实时数据与各车站自动售检票系统的非实时统计数据进行加权处理，提供一种能够实时、基本准确地反映实际情况的路况信息系统，来解决目前线网路况信息系统的不足。其中，各车站自动售检票系统数据由车站综合监控系统负责采集并上传至控制中心综合监控系统。

一、系统组成

实现地铁实时路况信息系统功能需要部署的软硬件设备包括：①车载监测子系统，由车载监测单元、车辆传输总线、车载服务器及相关软件组成。②车地无线通信子系统，由车载无线通信主机、车载无线终端、车站无线基站、车站地面服务器及相关软件组成。③车站综合监控系统，由车站综合监控服务器、前端处理器及相关软件组成。④地面通信传输骨干网络，由各车站、控制中心的网络交换机、光纤链路及相关软件组成。⑤控制中心子系统，由中央级综合监控服务器、中央级综合监控工作站、信息发布设备设施及相关软件组成。

实现地铁实时路况信息系统功能可分为 3 个步骤：数据采集、数据传输、数据分析和发布。数据采集是从多个子系统中采集多种类型数据的过程，车载监测子系统负责采集在线车辆的状态信息，车站综合监控系统负责采集车站自动售检票系统的分时段客流统计数据，视频监控系统监控画面并对视频进行分析处理。数据传输分为车地无线传输过程和地面有线传输过程，车载监测子系统通过车地无线通信子系统，将数据传输至地面服务器，与车站综合监控系统采集到的其他数据，统一通过地面传输网络上传至控制中心综合监控系统中央级服务器。中央级服务器对上述数据进行整合和处理，在中央工作站人机界面通过组态图形进行展现。其中列车载重、速度和状态信息均为实时数据，可以直接体现车辆的满载率情况以及列车在区间的运行是否正常或阻塞与否。另外，中央级服务器通过结合车站自动售检票系统采集分时段进出站客流数据及车站站台视频监控画面分析得到的站台的客流密度数据，可以反映目前车站空间内的拥挤程度。若列车载重超额或在区间阻塞，车站空间拥挤程度大于本线设计标准或运营的预设值，则将在人机界面上进行可视化的展示。上述结果可以向社会统一发布。

二、具体实施方案

每列地铁车辆上设置车载监测子系统，车载监测子系统中的车载监测单元指各类传感器、变送器，可以将测量到的车厢载重数据、列车行驶速度数据、列车故障状态数据通过车辆传输总线上传至位于车头的车载服务器。车地无线通信子系统与车载监测子系统在车辆上建立以太网有线数据接口，车载服务器将实测数据与列车信息实时上传至车载无线通信主机。车载无线通信主机通过车载无线终端，利用 LTE 无线通信技术，向车站无线基站发送无线信号，厦门地铁 1 号线 LTE 专门为列车车载监测子系统提供了 1M 的专用带宽。车站内各无线基站利用有线传输，将本站接收到的列车数据集中于本站地面服务器，最终实现在线车辆数据的地面化。

在地铁车站中，综合监控系统集成互联了众多机电子系统，包括车站自动售检票系统和视频监控系统。综合监控系统的前端处理器与自动售检票系统间采用通用标准的 Modbus TCP/IP 工业协议通信，采集分时段客流统计数据(如每 5 min 客流量)。同时，综合监控系统采用 H.264 或 MPEG-2 视频流协议采集车站及车厢上的视频监控画面。在本实施方案中，在综合监控系统的服务器中增加了车站视频画面分析功能，通过分析得出目前车站站厅、站台及车辆的初始人流密度数据。地铁各车站设置网络交换机，通过光纤环网组成全线的地面通信传输骨干网络，所有车站的综合监控系统服务器、无线通信子系统的地面服务器通过此网络，将各类数据汇总于控制中心子系统中央服务器中。综合监控系统中央服务器采集到所有车站的车辆、客流、视频监控分析数据后，通过特定的算法得出每座车站、每个区间的路况状态，并通过形象的组态界面展示出来，供运营调度人员直观地了解情况。此外，还能通过微博、微信、电视、广播、短信等通信手段向社会公众发布地铁运营情况，提高地铁运营的服务水平和应急保障力度。例如，通过线网路况信息系统可以实时、准确地得知某车站的人流已达过饱和，或者某个区间隧道发生车辆阻塞，可以及时引导乘客改乘其他线路或其他交通工具，避免造成更严重的事故。

(资料来源：中国知网，厦门地铁 1 号线路况信息系统实施案例)

讨论题

1. 地铁行业可以在哪些方面加强对数据的充分利用？
2. 分析厦门地铁 1 号线路况信息系统的具体实施方案如何实现了系统设计？

10.1 信息系统实施

系统实施阶段是将系统付诸实现的过程，是系统开发工作的最后一个阶段。所谓系统实施，指的是将系统设计阶段的结果在计算机上实现，将原来纸面上的系统方案转换成可执行的应用软件系统。

系统实施阶段的主要任务如下。

(1) 购置和安装设备、建立网络环境。依据系统设计中给出的管理信息系统的硬件结构和软件结构购置相应的硬件设备和系统软件，建立系统的软件和硬件平台。

(2) 计算机程序设计。计算机程序设计也常常被称为软件开发。进行计算机程序设计的目的是实现系统分析和设计中提出的管理模式和业务应用。在进行软件开发之前，开发人员要学习所需的系统软件，包括操作系统、数据库系统和开发工具。必要时，需要对程序设计员进行专门的系统软件培训。

(3) 系统调试与测试。完成计算机程序设计之后，需要进行系统的调试。实际上，在编写计算机程序时，一直在进行系统调试、修改程序中的错误。完成计算机程序设计过程中的调试之后，还必须进行专门的系统测试。

(4) 人员培训。人员培训可以分为两种类型：一是在软件开发阶段对程序设计人员的培训；二是在系统切换和交付使用前对系统使用人员的培训。此时的人员培训指的是第二种类型。管理信息系统投入使用之前，需要对一大批未来系统的使用人员进行培训，包括系统操作员、系统维护人员等。

(5) 系统切换。管理信息系统实施的最后一项任务是进行系统的切换，包括基本数据的准备、数据的编码、系统的参数设置、初始数据的录入等多项工作。在系统正式交付使用之前，必须进行一段时间的试运行，以进一步发现及更正系统存在的问题。在系统切换和交付使用的过程中，每项工作都有很多人员参加，而且会涉及多个业务部门。

系统实施阶段的流程如图 10-1 所示。

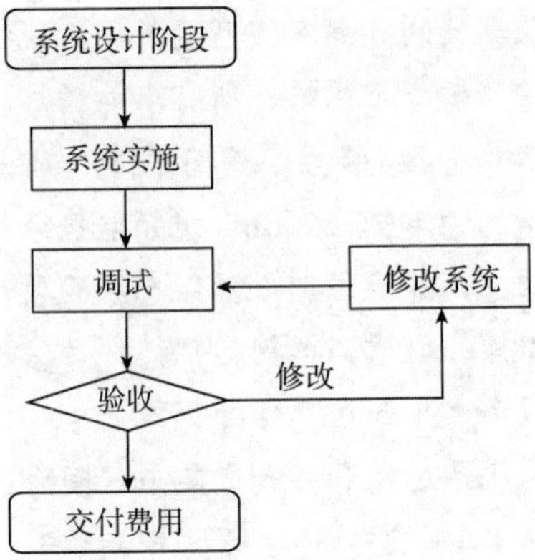

图 10-1 系统实施阶段的流程

10.1.1 程序设计

编程的目的是实现开发者在系统分析和系统设计中提出的管理方法和处理构想。在编程和调试过程中，建议尽量采用已有的程序和各种开发工具。

结构化程序设计方法是当今程序设计的主流方法之一。结构化的程序设计方法主要强调三点：模块内部程序各部分要自顶向下结构化划分；各程序部分应按功能组合；各程序部分的联系尽量使用调用子程序(CALL-RETURN)方式，不用或少用 GOTO 方式。

1. 衡量编程工作质量的指标

衡量编程工作质量的指标是多方面的，这些指标随着系统开发技术和计算机技术的发展也要不断地变化。从目前技术的发展来看，可从如下 4 个方面衡量编程工作的质量。

(1) 可靠性。系统的可靠性指标在任何时候都是衡量系统质量的首要指标。可靠性可分为两个方面：一方面是程序或系统的安全可靠性，如数据存取的安全可靠性、通信的安全可靠性、操作权限的安全可靠性等，这些工作一般都要靠系统分析和设计来严格定义；另一方面是程序运行的可靠性，这一点只能靠调试时的严格把关来保证。

(2) 规范性。即系统的划分、书写的格式、变量的命名等都要统一规范，这对于程序的阅读、修改和维护都是十分必要的。

(3) 可读性。即程序清晰，没有太多繁杂的技巧，他人容易读懂。可读性对于大规模工程化地开发软件非常重要。因为可读程序是今后维护和修改程序的基础，如果很难读懂则无法修改，而无法修改的程序是没有生命力的。通常在程序中插入大量解释性的语句，以对程序中的变量、功能、特殊处理细节等进行解释，为阅读该段程序提供方便。

(4) 可维护性。使系统便于修改、更新、扩充。

2. 常用的编程工具

目前市场上能够支持系统实现的编程工具十分丰富。编程工具技术的发展不仅体现为数量和功能的增多，而且体现为内容的拓展，为开发系统提供了越来越多、越来越方便的实用手段。在信息系统开发过程中，了解和选用恰当的工具是系统实施这一环节质量和效率的保证。目前比较流行的软件工具有编程语言、数据库系统、程序生成工具、专用系统开发工具、客户机/服务器型工具和面向对象的编程工具等。为了说明问题起见，下面介绍常用工具的典型系统，以供实际工作时选择。

(1) 常用编程语言类。如 C 语言、C++语言、BASIC 语言、COBOL 语言、PL/1 语言、PROLOG 语言和 OPS 语言等。

(2) 数据库类。目前市场上提供的数据库软件工具产品主要有两类：一类是以微机关系数据库为基础的 xBASE 系统，其最为典型的产品有 dBASE-Ⅳ、dBASE-Ⅴ和 FoxBASE 以及 FoxPro 的各种版本；另一类是大型数据库系统，目前最为典型的系统有 Oracle 系统、Sybase 系统、Ingres 系统、Informix 系统、DB2 系统等。

(3) 程序生成工具类。程序生成工具或称第四代程序生成语言(4th generation language，4GL)是一种基于常用数据处理功能和程序之间对应关系的自动编程工具。

(4) 系统开发工具类。系统开发工具类是在程序生成工具基础上的进一步发展，它不但具有 4GL 的各种功能，而且更加综合化、图形化，因而使用起来也更加方便。目前系统开发工具主要有两类，即专用开发工具类(如 SQL、SDK 等)和综合开发工具类(如 FoxPro、dBASE-Ⅴ、Visual Basic、Visual C++、CASE、Team Enterprise Developer 等)。

(5) 客户机/服务器工具类。客户机/服务器工具类是当今软件工具发展过程中出现的一类新的系统开发工具。市场上的客户机/服务器类工具有 Microsoft 公司的 FoxPro、Visual Basic、Visual C++、Excel、PowerPoint、Word，Borland International 公司的 Delphi Client/Server，Powersoft 公司的 PowerBuilder Enterprise，Symantec 公司的 Team Enterprise Developer 等。

(6) 面向对象编程工具类。面向对象编程工具主要是指与 OO(包括 OOA、OOD)方法相对应的编程工具。目前，面向对象编程工具主要有 C++(或 Visual C++)和 Smalltalk。这是一类针对性强，并且是很有潜力的系统开发工具。这类工具最显著的特点是必须与整个 OO 方法相结合。没有这类工具，OO 方法的特点将受到极大的限制；反之，没有 OO 方法，这类工具也将失去其应有的作用。

10.1.2　系统测试

1. 系统测试的概念

系统测试可以发现系统分析和设计中的错误，是将硬件、软件、操作人员看作一个整体，检验整个系统是否有不符合系统说明书的地方。系统测试的目的是通过与系统的需求相比较，发现所开发的系统与用户需求不符或矛盾的地方，从而提出更加完善的方案。系统测试是在应用层面上对软件进行的测试，它是软件测试的步骤之一。系统测试的任务是尽可能彻底地检查出程序中的错误，提高软件系统的可靠性。

软件测试专家迈尔斯(Grenford J. Myers)在 *The Art of Software Testing* 中提出了以下观点：

(1) 软件测试是为了发现错误而执行程序的过程；

(2) 测试是为了证明程序有错，而不是证明程序无错误。

(3) 一个好的测试用例是在于它能发现至今未发现的错误；

(4) 一个成功的测试是发现了至今未发现的错误的测试。

这种观点可以提醒人们测试要以查找错误为中心，而不是为了演示软件的正确功能。但是仅凭字面意思理解这一观点可能会产生误导，认为发现错误是软件测试的唯一目的，查找不出错误的测试就是没有价值的，事实并非如此。

首先，测试并不仅仅是为了找出错误。通过分析错误产生的原因和错误的分布特征，可以帮助项目管理者发现当前所采用的软件过程的缺陷，以便改进。同时，这种分析也能帮助人们设计出有针对性的检测方法，改善测试的有效性。

其次，没有发现错误的测试也是有价值的，完整的测试是评定测试质量的方法之一。详细而严谨的可靠性增长模型可以证明这一点。例如，Bev Littlewood 发现一个经过测试而正常运行了 n 小时的系统有继续正常运行 n 小时的概率。

2. 软件测试的步骤

软件测试分为 4 个步骤：单元测试(unit testing)、集成测试(integrated testing)、确认测试(validation testing)和系统测试(system testing)。

单元测试(又称模块测试)集中对用源代码实现的每一个程序单元进行测试，检查各个程序模块是否正确地实现了规定的功能。其目的在于发现各模块内部可能存在的各种差错。多个模块可以平行地独立进行单元测试，包括模块接口测试、局部数据结构测试、路径测试、错误处理测试等过程。

集成测试(又称联合测试)在单元测试的基础上，需要将所有模块按照设计要求组装成系统，主要对与设计相关的软件体系结构的构造进行测试。其目的在于解决以下问题：各个模块连接起来的时候，穿越模块接口的数据是否会丢失；一个模块的功能是否会对另一个模块的功能产生不利的影响；各个子功能组合起来，能否达到预期要求的父功能；全局数据结构是否有问题；单个模块的误差累积起来，是否会放大，从而达到不能接受的程度。

确认测试(又称有效性测试)则是检查已实现的软件是否满足了需求规格说明中确定了的各种需求，以及软件配置是否完全、正确。确认测试包括有效性测试(黑盒测试)、软件配置复查和验收测试(acceptance testing)等。系统通过了有效性测试及软件配置审查之后，就应开始系统的验收测试。验收测试是以用户为主的测试，软件开发人员和质量保证人员也应参加，由用户参加设计测试用例，使用生产中的实际数据进行测试。验收测试过程中，除了考虑软件的功能和性能外，还应对软件的可移植性、兼容性、可维护性、错误的恢复功能等进行确认。确认测试应交付的文档有确认测试分析报告、最终的用户手册和操作手册、项目开发总结报告。

系统测试是将通过确认测试的软件，作为整个基于计算机系统的一个元素，与计算机硬件、外设、某些支持软件、数据和人员等其他系统元素结合在一起，在实际运行环境下，对计算机系统进行一系列的组装测试和确认测试。系统测试的目的在于通过与系统的需求定义做比较，发现系统与系统的需求定义不符合或与之矛盾的地方。

系统测试并不等于程序测试。系统测试应贯穿系统定义与开发的整个过程。因此，需求分析、概要设计、详细设计及程序编码等所得到的文档资料，包括需求规格说明、概要设计说明、详细设计规格说明及源程序，都应成为系统测试的对象。系统测试与系统开发的关系如图 10-2 所示。表 10-1 给出了系统测试在系统开发各个阶段的输出。

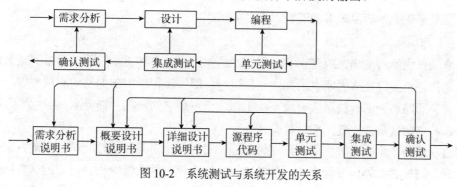

图 10-2 系统测试与系统开发的关系

表 10-1 系统测试在系统开发各个阶段的输出

阶段	输出
需求分析审查	需求定义中的问题列表，批准的需求分析文档，测试计划书的起草
设计审查	设计问题列表、各类设计文档、测试计划和测试用例
单元测试	缺陷报告、跟踪报告，完善的测试用例、测试计划
集成测试	缺陷报告、跟踪报告，完善的测试用例、测试计划，集成测试分析报告，集成后的系统
功能验证	缺陷报告、代码完成状态报告、功能验证测试报告
系统测试	缺陷报告、系统性能分析报告、缺陷状态报告、阶段性测试报告
验收测试	用户验收报告、缺陷报告审查、版本审查、最终测试报告
版本发布	当前版本已知问题的清单、版本发布报告
维护	缺陷报告、更改跟踪报告、测试报告

3. 系统测试的基本方法

系统测试的方法和技术是多种多样的，可以从不同的角度对系统测试技术加以分类。从测试是否针对系统的内部结构和具体实现算法的角度来看，可分为黑盒测试和白盒测试。从是否需要执行被测系统的角度来看，可分为静态测试和动态测试。

1) 黑盒测试

黑盒测试也称功能测试或数据驱动测试，是已知产品所应具有的功能，通过测试来检测每个功能是否都能正常使用。测试时，把程序看作一个不能打开的黑盆子，在完全不考虑程序内部结构和内部特性的情况下，测试者在程序接口进行测试，只检查程序功能是否按照需求规格说明书的规定正常使用，程序是否能适当地接收输入数据而产生正确的输出信息，并且保持外部信息(如数据库或文件)的完整性。黑盒测试方法主要有等价类划分、边值分析、因果图、错误推测等，主要用于软件确认测试。

黑盒测试着眼于程序外部结构，不考虑内部逻辑结构，针对软件界面和软件功能进行测试。黑盒测试是穷举输入测试，只有把所有可能的输入都作为测试情况使用，才能以这种方法查出程序中所有的错误。实际上测试情况有无穷多个，人们不仅要测试所有合法的输入，而且还要对那些不合法但是可能的输入进行测试。

2) 白盒测试

白盒测试也称结构测试或逻辑驱动测试，是知道产品内部工作过程，通过测试来检测产品内部动作是否按照规格说明书的规定正常进行。即按照程序内部的结构测试程序，检验程序中的每条通路是否都能按预定要求正确工作，而不顾它的功能。白盒测试的主要方法有逻辑驱动、基路测试等，主要用于软件验证。

白盒测试需要全面了解程序内部逻辑结构，对所有逻辑路径进行测试。白盒测试是穷举路径测试，测试者必须检查程序的内部结构，从检查程序的逻辑着手，得出测试数据。贯穿程序的独立路径数是天文数字，但即使每条路径都测试了仍然可能存在错误。第一，穷举路径测试不能查出程序违反了设计规范，即如果程序本身是个错误的程序则不可能发现；第二，穷举路径测试不可能查出程序中因遗漏路径而出错；第三，穷举路径测试可能发现不了一些与数据相关的错误。

3) 静态测试

静态测试不实际运行被测软件，而只是静态地检查程序代码、界面或文档中可能存在的错误的过程，包括代码测试、界面测试和文档测试三个方面。对于代码测试，主要测试代码是否符合相应的标准和规范。对于界面测试，主要测试软件的实际界面与需求中的说明是否相符。对于文档测试，主要测试用户手册和需求说明是否符合用户的实际需求。其中后两者的测试相对更容易，测试人员熟悉用户需求，细心观察就能够发现界面和文档中的缺陷。而对程序代码的静态测试要复杂得多，需要按照相应的代码规范模板来逐行检查程序代码。

4) 动态测试

动态测试指的是实际运行被测程序，输入相应的测试数据，检查实际输出结果和预期结果是否相符的过程。判断一个测试属于动态测试还是静态测试，唯一的标准就是看是否运行程序。

黑盒、白盒与动态、静态只是测试的不同角度而已，同一个测试，既有可能是黑盒测试，也有可能是动态测试；既有可能是静态测试，也有可能是白盒测试。黑盒测试有可能是动态测试(运行程序，看输入和输出)，也有可能是静态测试(不运行，只看界面)。白盒测试有可能是动态测试(运行程序并分析代码结构)，也有可能是静态测试(不运行程序，只静态查看代码)。动态测试有可能是黑盒测试(运行，只看输入和输出)，也有可能是白盒测试(运行并分析代码结构)。静态测试有可能是黑盒测试(不运行，只查看界面)，也有可能是白盒测试(不运行，只查看代码)。

10.1.3 系统试运行和系统切换

新系统的试运行和新老系统的转换是系统调试工作的延续，对于最终使用的安全性、可靠性、准确性十分重要。

1. 系统试运行

系统联调时使用的是系统测试数据，而这些数据很难测试出系统在实际运行中可能出现的问题。由于试运行阶段是系统建设的实战演练阶段，也可以看成一个范围更广、规模更大的现场测试。所以，一个系统开发完成后让它实际运行(即试运行)才是对系统最好的检测。

系统试运行阶段的工作主要包括：对系统进行初始化、输入原始数据；记录系统运行的数据和状况；核对新系统输出和旧系统(人工或计算机系统)输出的结果；对系统的输入方式进行考查(是否方便、效率如何、安全可靠性、误操作保护等)；对系统运行速度(包括运算速度、响应速度、输出速度等)进行实际测试。

系统试运行之前要进行基础数据准备工作，按照系统分析所规定的详细内容，组织和统计系统所需的数据。基础数据准备包括如下几方面的内容：基础数据统计工作要严格科学化，具体方法要程序化、规范化；计量工具、计量方法、数据采集渠道和程序都应该固定，以确保新系统运行有稳定、可靠的数据来源；各类统计和数据采集报表要标准化、规范化。

2. 系统切换

系统切换是指系统开发完成后新旧系统之间的转换。系统切换有三种方式，如图 10-3 所示。

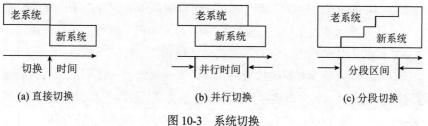

(a) 直接切换　　　　　(b) 并行切换　　　　　(c) 分段切换

图 10-3　系统切换

(1) 直接切换。直接切换就是在确定新系统运行准确无误后，在既定的切换时间立刻启用新系统，终止旧系统运行。这种方式可以节省人员消耗和设备费用，一般适用于一些处理过程不太复杂，数据不很重要的场合，如图 10-3(a)所示。

(2) 并行切换。并行切换是新老系统并行工作一段时间，经过一段时间的考验以后，新系统正式替代旧系统，如图 10-3(b)所示。对于较复杂的大型系统，并行切换提供了一个与旧系统运行结果进行比较的机会，可以对新旧两个系统的时间要求、出错次数和工作效率给予公正的评价。当然由于新旧系统并行工作，消除了尚未认识新系统之前的惊慌与不安。在银行、财务和一些企业的核心系统中，这是一种经常使用的切换方式。它的主要特点是安全、可靠，但费用和工作量都很大，因为在相当长的时间内要两套系统并行工作。

(3) 分段切换。分段切换是以上两种切换方式的结合，在新系统正式运行前，一部分一部分地替代旧系统，如图 10-3(c)所示。在切换过程中没有正式运行的那部分，可以在一个模拟环境中进行测试。这种方式既保证了可靠性，又不至于费用太大。但是这种分段切换对系统的设计和实现都有一定的要求，否则无法实现。

总之，直接切换方式简单，但风险大，万一新系统运行不起来，就会给工作造成混乱，只在系统小且不重要或时间要求不高的情况下采用。并行切换方式无论从工作安全上，还是从心理状态上均是较好的，其缺点是费用开销大。分段切换方式克服了并行切换方式的缺点，因而适用于较大系统，当系统较小时适合采用并行切换方式。

10.1.4 人员培训

在制订人员培训计划时，要考虑到面向不同层次的人员，有计划地分批进行，如果滞后将影响系统的切换和运行。

1. 系统维护人员培训

系统维护人员是系统成功和有效运行的重要保证，在制订人员培训计划时要注意以下几方面问题。

(1) 培训工作应从系统的开发和应用的全局出发，不仅要重视技术开发人员的培训，更要重视系统维护人员的培训。

(2) 培训工作应比人员的工作安排有一定的超前性。应该在系统投入运行之前完成对系统操作人员、用户的培训，否则会因人员不到位而延误整个系统的开发进程。

(3) 培训应采用多种方法进行。培训的方法可以采用以下四种：①让需要培训的人员参加部分或整个系统的前期开发工作，在实践中学习有关知识，这种方法几乎适用于所有的用户。②把需要培训的人员送到大专院校等有关培训机构，进行定向代培，这种方式比较适用于培养专职计算机技术人员和系统维护管理人员。③在系统投入使用前后对人员进行各种操作培训，通过教员现场演示和用户实际操作相结合的方式，逐步提高用户的计算机操作水平，这种方法适用于培养初级程序员和计算机操作员。④举办多种形式的短训班，请有关人员以讲课的方法讲解计算机知识和经济管理知识，加速系统应用开发，这种方式适合于普及教育。

(4) 培训工作应分阶段、分层次进行。在信息系统的建立和使用过程中，人员培训工作应密切结合各业务部门的要求和系统建设各阶段的具体需要进行。在信息系统运行阶段，由于系统在实际运行中会碰到各种问题，有必要对用户进行深入、广泛、有针对性的培训。这种培训是保证信息系统长期运行的基础。培训内容应随系统运行的需要而定。根据不同对象，进行不同形式、不同内容、不同层次的培训。培训可按照专业教育、技术培训、普及教育 3个层次，采取多种形式，灵活多样地进行。

2. 系统使用人员培训

在人员培训中要注意进行思想教育，消除个别人员对新系统的抵触情绪，使所有人员了解新系统的基本功能、新系统对使用人员的要求、建设该系统的目的和获得的效益等，要真正从技术、心理、习惯上完全适应新系统。

系统使用人员培训是信息系统开发过程中不可缺少的重要环节，这项工作应该尽早进行，一方面，系统开发的各个阶段都必须有用户参加，尽早培训可以方便系统分析人员与用户进行沟通；另一方面，系统集成测试之后将投入试运行和实际运行，系统使用人员接受培训后可以更好地配合开发人员进行系统测试。

对系统使用人员的培训一般与编程和调试工作同时进行，培训的主要内容包括：①系统整体结构、系统概貌；②系统分析设计思想和每一步的考虑；③系统输入方式和操作方式的培训；④系统可能出现的故障及故障的排除方法；⑤系统文档资料的分类及检索方式；⑥数据的收集、统计渠道；⑦运行操作注意事项等。

如果系统使用人员对计算机技术不了解，对信息系统缺乏基本的认识，则在系统开发早期还应对用户进行管理信息系统及计算机基本知识的培训。在系统试运行前还应对计算机系统的基本操作、汉字输入方法等内容进行培训。

10.2 信息系统评价

对系统进行评价，根据环境的变化不断地改善和提高系统的性能，可以保证充分发挥管理信息系统的作用。

信息系统评价分为广义和狭义两种。广义的信息系统评价是指对从系统开发的开始到结束的每一个阶段都进行评价。如果按评价的时间与信息系统所处阶段之间的关系划分，则可将广义的信息系统评价分为立项评价、中期评价、结项评价。狭义的信息系统评价则是指在系统建成并投入运行之后所进行的全面的、综合的评价。本文所指均为狭义的信息系统评价。

信息系统的一个突出特点是使用范围广，因此产品的质量问题是尤为重要的，是必须要解决的问题，这就需要建立一个质量保证体系来保证产品的质量。

10.2.1 软件质量

信息系统的质量属性主要有哪些呢？首先从软件质量的角度来看。反映软件质量的因素有很多，如精确性、健壮性、可靠性、容错性、性能、易用性、安全性、可扩展性、可复用性、兼容性、可移植性、可测试性、可维护性、灵活性等，还可以列出十几个。总体来说，质量属性可分为两大类：功能性与非功能性。

从实用角度出发，本章将重点论述软件的十大质量属性，如表 10-2 所示，这些属性的全体构成了质量保证体系的构成要素。

表 10-2 软件的十大质量属性

类　　别	具体内容
功能性	正确性、健壮性、可靠性
非功能性	性能、易用性、清晰性、安全性、可扩展性、兼容性、可移植性

1. 正确性

正确性是指系统按照需求正确执行任务的能力。这里，正确性的语义涵盖了精确性。正确性无疑是第一重要的软件质量属性。如果系统运行不正确，将会给用户造成不便甚至造成损失。技术评审和测试的第一关都是检查工作成果的正确性。

正确性的完全实现是有一定难度的，因为从需求开发到系统设计，再到系统实施，任何一个环节出现差错都会降低正确性。

2. 健壮性

健壮性是指在异常情况下，系统能够正常运行的能力。正确性与健壮性的区别是：前者描述系统在需求范围之内的行为，而后者描述系统在需求范围之外的行为。可是正常情况与异常情况并不容易区分，开发者往往把异常情况错当成正常情况而不做处理，结果降低了健壮性。用户一般不考虑正确性与健壮性的区别，认为软件出了差错都是开发方的错。所以，提高系统的健壮性也是开发者的义务。

健壮性有两层含义：一是容错能力，二是恢复能力。

容错是指发生异常情况时系统不出错误的能力，对于应用于航空航天、武器、金融等领域的高风险系统，容错性设计非常重要。

容错是非常健壮的意思，比如 UNIX 系统的容错能力很强。而恢复则是指系统发生错误后(不论死活)重新运行时，能否恢复到没有发生错误前的状态的能力。

3. 可靠性

可靠性是指在一定的环境下，在给定的时间内，系统不发生故障的概率。可靠性最初是硬件领域的术语。比如，某个电子设备刚开始工作正常，但由于工作中器件的物理状态发生变化(如发热)，慢慢地系统的功能或性能就会失常。所以，一个从设计到生产完全正确的硬件系统，在工作中未必就是可靠的。

系统在运行时不会发生物理性质的变化，人们常以为如果系统的某个功能是正确的，那么它始终都是正确的。可是如果不对系统进行彻底的测试，则无法根除系统中潜在的错误。平时运行得好，但如果遇到"千年虫"问题、"内存泄漏"问题、"误差累积"问题等，可能就无法正常运行。因此，把可靠性引入信息系统领域是有意义的。

系统可靠性分析通常采用统计技术，遗憾的是目前可供第一线开发人员使用的成果很少见，大多数文章限于理论研究。口语中的可靠性含义宽泛，几乎囊括了正确性和健壮性等质量属性。只要人们发现系统有毛病，便归结为可靠性差。

4. 性能

性能通常是指系统的"时间—空间"效率，而不仅是指系统的运行速度。人们总希望系统的运行速度高些，并且占用资源少些。

对于系统硬件，可以通过各种常用功能测试来验证；对于系统软件，可以通过优化数据结构、算法和代码来提高系统的性能。算法复杂度分析是检验算法的好方法，可以通过算法复杂度分析提前了解系统性能。

5. 易用性

易用性是指用户使用系统的难易程度。导致系统易用性差的根本原因是开发人员犯了"错位"的错误：开发人员以为只要自己用起来方便，用户也一定会满意。当开发人员向用户展示系统时，常会讲："这个系统非常好用，我操作给你看，……是很好用吧！"事实上，系统的易用性要让用户来评价。

6. 清晰性

清晰意味着工作成果易读、易理解，这个质量属性表达了人们一种质朴的愿望：让我花钱买它或者用它，总得让我看明白它是什么东西。

开发人员只有在自己思路清晰的时候才可能写出易于别人阅读与理解的程序和文档。可理解的东西通常是简洁的。一个原始问题可能很复杂，但水平高的人就能够把系统设计得很简洁。如果系统臃肿不堪，则迟早会出问题。所以，简洁是人们对工作精益求精的结果，而不是潦草应付的结果。

7. 安全性

这里的安全性是指信息安全，英文是 security 而不是 safety。安全性是指防止系统被非法入侵的能力，既属于技术问题又属于管理问题。信息安全是一门比较深奥的学问。这个世界似乎不存在绝对安全的系统。对于大多数软件产品而言，杜绝非法入侵既不可能也没有必要。因为开发商和客户愿意为提高安全性而投入的资金是有限的，他们要考虑值不值得。究竟什么样的安全性是令人满意的呢？

一般地，如果黑客为非法入侵花费的代价(考虑时间、费用、风险等因素)高于得到的好处，那么这样的系统可以认为是安全的。

8. 可扩展性

可扩展性反映系统适应"变化"的能力。在信息系统的软件开发过程中，"变化"是司空见惯的事情，如需求、设计的变化，算法的改进，程序的变化等。系统的可扩展性关键在于其规模和复杂性。

如果信息系统规模很小，问题很简单，那么修改起来比较容易，这时就不需要考虑可扩展性了。如果系统，特别是软件系统规模很大，问题很复杂，那么该系统就像用卡片造成的房子，抽出或者塞进去一张卡片都有可能使房子倒塌。可扩展性是系统设计阶段需要重点考虑的质量因素。

9. 兼容性

兼容性是指两个或两个以上的系统相互交换信息的能力。由于系统不是在"真空"里应用的，它需要具备与其他软件交互信息的能力。例如，两个字处理软件的文件格式兼容，那么它们都可以操作对方的文件，这种能力对用户很有好处。特别是某开发领域的新软件或新系统,应尽量与已有的流行的软件或系统兼容,否则难以被用户接受。

10. 可移植性

可移植性是指系统运行于不同软硬件环境的能力。编程语言越低级,其程序越难移植;反之,则越容易。例如,C 程序比汇编程序的可移植性好,Java 程序则号称"一次编程,到处运行",具有 100%的可移植性。

系统设计时应该将"设备相关程序"与"设备无关程序"分开,将"功能模块"与"用户界面"分开,这样可以提高可移植性。

10.2.2 系统运行评价指标

软件是信息系统的重要组成部分,但并非全部。信息系统的耗资大、影响面广,信息系统评价是一项难度较大的工作,属于多目标评价问题,目前大部分的系统评价还处于非结构化的阶段,只能就部分评价内容列出可度量的指标,不少内容还只能用定性方法做出叙述性评价。评价的复杂性来源于信息系统的复杂性。信息的成败不仅与软件质量有关,也与组织管理水平及使用信息系统的人有关。由于评价目的不同,评价的内容也不同。作为投资者,最关心投资收益;作为用户,主要关心新系统能否在功能上满足要求;作为开发者,则希望通过系统评价了解工作成果,对其运行状况进行分析、评价,并以此作为系统维护、更新以及进一步开发的依据。因此,信息系统评价应包含技术评价和经济效益评价。

一般而言,系统运行评价指标有以下几个方面。

(1) 预定的系统开发目标的完成情况。内容包括:对照系统目标和组织目标检查系统建成后的实际情况,是否满足了科学管理的要求;各级管理人员的满意程度如何;有无进一步的改进意见和建议;为完成预定任务,用户所付出的成本(人、财、物)是否限制在规定范围之内;开发工作和开发过程是否规范,各阶段文档是否齐备;系统的可维护性、可扩展性、可移植性如何;系统内部各种资源的利用情况等。

(2) 系统运行实用性评价。内容包括:系统运行是否稳定、可靠;系统的安全保密性能如何;用户对系统操作、管理、运行状况的满意程度如何;系统对误操作保护和故障恢复的性能如何。

(3) 系统功能的实用性和有效性。内容包括:系统运行结果对组织各部门的生产、经营、管理、决策和提高工作效率等的支持程度如何;对系统的分析、预测和控制的建议有效性如何,实际被采纳了多少;这些被采纳建议的实际效果如何。

(4) 系统运行结果的科学性和实用性分析。内容包括:设备的运行效率如何;数据传送、输入、输出与其加工处理的速度是否匹配;各类设备资源的负荷是否平衡;利用率如何。

10.3 信息系统运行管理

新系统正式投入运行后,研制工作即告结束。交付使用的信息系统不像其他工业产品,可以先生产一个样品，经过试验、改进再正式投入批量生产，它需要在使用中不断完善。另外，信息系统是随着环境的不断变化而变化的，运行管理和维护工作是系统开发工作的自然延续。

10.3.1 信息系统的维护

由于系统环境的变化，用户会要求提高系统的性能或者增加某些新的功能，或者操作人员在系统运行过程中发现了错误或系统出现了故障等，都需要对系统进行维护。

1. 系统维护的内容

系统维护的内容主要有以下几个方面。

(1) 程序的维护。一般来说，一个信息系统与某个具体的业务处理流程有密切的关系，如果该业务处理的流程或数据量发生变化，就会引起程序的变化。通常，系统维护的主要工作量是对程序的修改。程序维护通常会充分利用旧有程序，对部分程序进行改写，并在变更通知书上写明新旧程序不同之处，修改后还要填写程序修改登记表，标明程序名称、原程序设计员、修改内容、批准人和修改日期等。对程序的维护不一定非要在条件变化时才进行，对效率不高的程序和功能不完善的程序也应不断加以改进。

(2) 数据文件的维护。系统的业务处理对数据的需求是不断变化的，要经常对数据库文件进行修改，增加数据库的新内容或建立新的数据库文件等。例如对某些重要数据库文件的定期备份，对受到破坏的数据库文件、索引文件进行恢复或重建索引等。

(3) 代码的维护。随着系统环境的变化，旧的代码不能适应新的要求，有必要变更代码时(如对代码进行订正、添加或删除等)，则必须对代码进行变更。代码的变更包括制定新的代码系统或修改旧的代码系统，应由代码管理部门讨论制定新的代码体系，确定之后必须填写代码修改登记表并贯彻。为此，除了代码管理部门外，各业务部门都要指定负责代码的人员，以便明确职责，确保新代码的正确使用。

(4) 机器的维护。系统使用的计算机及其外部设备保持良好的运行状态是保证系统正常运行的重要条件之一。计算机硬件维护人员应对机器设备加强保养，定期检修，做好机器设备的日常管理维护工作，一旦机器发生故障，应能及时修复。

由于软件产品的特殊性，施行软件维护十分困难，一个处理过程的修改往往影响其他过程或其他系统，维护工作可能需追溯到软件生命周期的前几个阶段，需重新定义、重新设计、重新编码、重新调试和重新验收。因此，系统的维护工作一定要特别慎重。在这个过程中，稍有不慎就可能导致严重的后果。此外，由于引起正确性维护、适应性维护和完善性维护的原因始终存在，这就造成对信息系统的维护不是一项应急措施，而是伴随整个系统生命周期，持续时间比开发阶段要长很多的工作。所以，必须有计划、有组织地进行软件维护，建立一套严密的工作程序和审批制度，防止维护产生的副作用。通常，对于重大的修改项目要填写变更申请表，由审批人正式批准后，才能进行维护工作。维护工作的审批人要对系统非常熟悉，能够判断各种变更的必要性、影响范围和产生的后果。

2. 系统维护的步骤

一般而言，从维护申请的提出到维护工作的执行包括以下几个步骤。

(1) 提出修改要求。由系统操作人员或业务负责人提出对某项工作的修改要求，申请形式是书面报告或填写专门申请表。

(2) 领导批准。由系统维护小组的负责人审批各项申请。

(3) 维护任务。根据维护的内容对程序员或系统的硬、软件维护人员进行任务分配，并规定完成期限和其他有关要求。

(4) 验收工作成果。当有关人员完成维护修改任务后，由维护小组和用户双方共同验收，并将新的成果正式投入使用。同时验收有关的资料，如程序版本的修改说明书及源程序等。另外，某些重要的修改可看成一个小系统的开发项目，也要按照系统开发的步骤进行。

3. 系统维护的费用

维护费用在系统的运行周期内变化很大，包括支持维护活动的一切费用。维护活动包括对程序、过程和文档的修改以确保系统的正确，调整系统以适应需求变化，通过正确性、适应性和完善性维护来保证系统正确运行。正确性维护主要是修正错误，适应性维护主要是提高系统性能，而完善性维护则主要是提高系统的效率。因此，日常维护也应该包括适应性维护和完善性维护等。

系统刚实施时，维护费用通常很高，这是因为有很多问题需要被检测、调查和改正。运行一段时间之后，维护费用通常会回落到一个较低的水平，这一段时间主要进行适应性维护。系统的使用周期快结束时，维护费用会因进行适应性维护和更高层的完善性维护而迅速增加。

一般情况下，程序变动得越多，效率降低的可能性就越大，维护就越困难。所有维护工作的详细记录会有助于正确地认识一个系统，这些记录包括正确性维护、适应性维护或完善性维护的维护过程等。

10.3.2　信息系统组织的管理

信息系统组织的管理首先需要确定信息系统部门在组织中的地位，信息系统部门在组织中的地位将决定信息系统部门的作用。信息系统部门的人员管理有一般的原则，要考虑所担任的职位，职位不同则职责不同。信息系统部门的人员与其他组织的管理人员和技术人员相比有其特殊性，他们的专业技能要求非常高，并且需要定期培训。信息系统部门的人员管理还需要考虑当前时代的工作方式——电子办公的特点和管理要求。

1. 信息系统部门在组织中的定位

信息系统部门在组织中的定位需要考虑三个问题：这个部门归谁领导，它应该是集中的还是分散的；如何在整个组织中建立信息系统部门的良好形象以得到其他职能部门的支持；高层管理者的支持对信息系统部门工作的开展有至关重要的作用。

在组织结构中，如何设置信息系统部门，也就是该部门由谁领导，是单独设立一个部门还是将其设立在某个部门内，是由组织的高层管理人员决定的。一些企业将信息系统部门设置在财务会计部门，也有一些组织将信息系统部门交由组织的行政副总裁、运营部门的高级主管、常务副总裁或总经理直接领导。在后一种情况下，首席信息官为组织的副总裁。

信息系统部门负责人有什么头衔，谁是其上司，这些都反映了组织高层管理人员对信息系统部门的重视和支持程度。信息系统部门的隶属还从另一方面反映了它的主要功能。比如，若信息系统部门隶属于财会部门，那么该信息系统多侧重财务与会计方面的应用，而在某种程度上忽略组织的市场、生产和运营等方面的应用。若信息系统部门被作为信息资源管理部门或行政服务部门，就意味着组织希望信息系统部门所实现的功能远远超出仅提供单纯的数据处理方面的服务。这时，部门的功能通常包括为整个组织制订计划和提供全面的信息服务。在目前办公自动化逐渐普及、数据处理和数据传递过程日渐融合以及其他新技术日益出现的情况下，大多数组织将信息部门独立设置为一个部门，由高层管理者直接领导。

对信息系统部门定位时，应该遵循两个基本原则：第一个原则是组织应该意识到，部门的隶属尤其是它是否直接归总经理领导，直接关系部门的功能，以及部门工作能否顺利开展。根据很多企业的经验，如果总经理能够意识到信息系统的功能与组织的其他业务之间密不可分的关系，就会把信息部门置于他的直接领导之下，信息系统顺利运行的可能性就会大大提高。第二个原则是设置一个行政副经理或信息系统主管远胜于将信息系统部门隶属于某一职能部门(如财务部门)。这有两个原因：首先，前面已经提到，部门在考虑信息系统各部分优先级时，应能站在一个较高的层次，有较宽的视野；其次，技术在企业中不仅具有支持功能，更是创新和获得竞争优势的基础，组织不能再将信息系统的功能局限于数据处理数据传递。

2. 集中或分散的管理控制

从目前的计算机软硬件环境来看，更适合将设备和数据分散于组织的各个部门，即通常所指的分布式数据处理。另外，还可以将开发功能和开发过程的管理控制分散。集中或分散的基本模式主要有以下几种。

分散开发功能：项目的计划、实施、监督、咨询等功能被分散到组织内的不同部门和不同的管理层。

分散开发过程：比如成立项目组，但责任分散到用户组织的各个部门，由每个部门来领导项目中与其相关的部分。

数据处理部门内项目组：整个项目完全由用户组织内数据处理部门的项目组承担。

数据处理和系统开发过程的管理控制是集中还是分散的模式，需要由组织的高层管理人员做决定，并为信息部门经理提供所需要的环境。通常，信息部门提出方案供上级参考。此外，没有必要完全放弃对信息系统功能的中央计划和控制。资源(特别是负责系统的人员)的分散在某些情况下会相当有效，但必须仔细选择参加人员，并有相应的管理体系来保证与中央数据处理功能及组织的整体运行相协调。

集中和分散的开发组织各有其优缺点。一般来说，一种方式的优点恰恰是另一种方式的缺点。

1) 集中开发

集中开发的优点如下。

(1) 更容易完成对财务和运营数据的合并，以对组织的运行情况做出报告和评价。如果没有集中的方式，由于系统、系统设计和数据格式的不同，难以进行数据合并。

(2) 集中的体系对专业人才更有吸引力，也更便于对人员的管理。而且，部门大，人数多，人员的流失对工作的影响相对会小一些。同时，也可以吸收一些如计算机容量计划专家或数据通信专家等专门人才。这在分散的情况下很难做到。

(3) 组织中的各部门使用统一的信息报告系统，高层管理人员更容易进行控制。如果报告系统是各个部门分别开发的，那么在数据使用、数据定义和报告格式等多方面都会产生不一致甚至冲突。集中的系统开发有利于保证一致性。

(4) 将开发人员集中起来有利于产生规模效应，可以减少重复劳动，更好地控制系统分析和编程任务的分配，还可以提高系统的效率。

集中人员和设备适合以下情况：

(1) 最高层管理者使用的信息系统。

(2) 需要在整个组织范围内统一管理的功能，如工资、人事和一般财务等。

(3) 不需要实时数据的工作，集中操作更为经济一些。

(4) 组织内的一些规模很小、不值得单独分配设备及人员的功能。

(5) 技术本身需要集中处理的情况，如航空订票等。

2) 分散开发

分散开发的优点如下。

(1) 开发功能分散，开发人员更专注某一个方面的应用，更了解用户的工作。用户的需要得到了更好的满足，提高了对系统的满意度。

(2) 把人员和设备分散到用户部门以后，用户部门可以根据自己的需要来安排、分配资源。用户不必在资源的问题上和其他部门竞争。

(3) 把计算机设备和开发人员分散到用户部门，更易于分配费用，而且用户部门会更仔细地权衡相应的收益，因为信息系统费用将直接影响本部门的经济效益。

分散设备和人员适合以下情况：

(1) 开发或生产要求有迅速而灵活的反应时间。

(2) 组织的部门或分支的业务运行很特殊，需要有相应的特殊系统。比如一些大的企业或集团下属的各部门往往经营的是完全互不相关的业务，因此都要有各自不同的信息系统。

(3) 一些没有原因需要集中的信息系统，比如独立的存盘系统。

3. 管理层的支持和形象的加强

信息系统部门组织成功的两个重要因素是高层管理者对信息系统部门的支持和信息系统

部门在组织中的形象。总经理用行动来支持信息系统部门可以增进信息系统部门的形象。

比较明显的支持行为包括：

(1) 把信息系统副总经理的办公室安排在总经理办公室的旁边；

(2) 支持对主管进行信息系统知识的培训，并积极参加这些培训；

(3) 将信息系统部门的负责人任命为由总经理直接领导的副总经理。

除此之外还有一些行为不那么明显，比如通过奖励来支持信息系统，公开撤换不支持信息系统的部门负责人，留给信息系统充足的预算并着手大型信息系统项目等，表现对信息系统部门的支持。高层管理对信息系统部门的支持、信息系统部门良好的形象以及信息系统良好的管理是组织信息系统功能有效性的决定因素。管理人员对信息系统部门的成功领导应该做到：

(1) 将信息系统职能放在组织中的明显位置，使其能得到高层管理的注意，能有足够广泛的信息来源。

(2) 为信息系统部门提供足够的资金。

(3) 利用组织的奖励制度，对那些为信息系统及其应用做出贡献的个人和集体给予奖励。

(4) 优先选择管理者而不是技术专家当信息系统部门经理，他们有能力在高层管理集体中工作，而且要把他们视为高层管理集体的一员。

(5) 领导关系、集中或分散的程度和高层管理所表现出来的支持程度，都对信息系统的成功有着至关重要的作用。

4. 信息系统组织的人员管理

随着信息技术在企业中的广泛应用，特别是因特网为企业提供了广阔的电子商务新机遇，使信息系统人员短缺的问题比以往更加突出。企业比以往更加关注信息系统的人员管理问题，成功的人员管理必须考虑以下问题：信息系统部门应该设立哪些职位，这些职位又具有哪些职责，如何在竞争中为企业招聘最好的信息系统人员，如何通过培训使信息系统人员能跟上信息技术的不断发展，如何使信息系统人员具有职业道德，如何对日益增长的电子办公人员进行有效的管理。

信息系统组织的人员管理将围绕以下 5 个部分说明组织如何对组织中的信息系统人员进行管理。

(1) 信息系统人员的素质要求。

(2) 信息系统的职位。信息系统通常设有哪些职位，应该具有哪些职责，如何进行管理。

(3) 信息系统人员的招聘。如何为企业招聘到合格的信息系统人员。

(4) 信息系统人员的培训。如何通过培训使信息系统人员满足组织的要求。

(5) 电子办公的管理。信息系统人员如何对电子办公人员进行管理。

大多数信息系统职位都要求有工作经验和本科学位，对更复杂的工作往往要求有硕士学位。信息系统专家应该具有以下基本素质。

(1) 能够很好地和他人相处。信息系统人员常常和其他信息系统专家或者用户一起工作，需要在讨论和解释上花费很多时间，乐于与人相处并具有良好的社交能力有助于工作的开展。

(2) 能够将技术术语表达成易理解的形式。用户没有计算机知识，必须将计算机术语表达成通俗易懂的形式。

(3) 友好的态度、耐心的倾听及良好的行为模式有助于了解和解决用户的问题。

(4) 技术问题有很多解决方法，创造性的思考会产生不同的思路，有助于找到最好的解决方案。

(5) 严格按照进度工作。通常信息系统人员的工作内容是根据法律或者合同在规定的时间提供数据或程序。

不同的组织可能设有不同的职位。根据组织的规模、行业特点和自身发展的需要，可以在组织中设定不同的职位。通常组织中的信息系统职位可以分为系统开发人员、运行维护人员和技术支持人员。信息系统人员在组织中最高层的职位现在一般是首席信息官。这里以一个组织的信息系统部门所设职位作为参考(见图 10-4)。

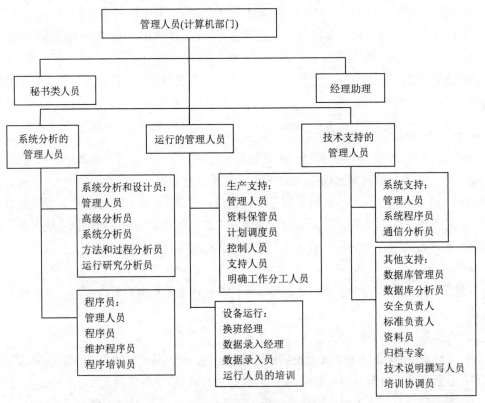

图 10-4　一个组织的信息系统部门所设职位

1) 首席信息官

今天的大多数组织的战略层，都有首席执行官(chief executive officers，CEO)、首席财务官(chief financial officer，CFO)等职位，现在又出现了一个新职位——首席信息官(chief information officer，CIO)。CIO 负责整个组织的信息资源、管理信息系统及其从业人员，并向组织的最高管理层报告。

CIO 是现代组织中最富有挑战性的职位。组织对 CIO 寄予了极高的期望。由于信息技术人员一直是组织中最短缺的人员，组织对 CIO 的需求也一直很难得到满足，很多没有足够经验的人担任了组织的 CIO，这对整个组织的发展和信息系统的成功运行是极为不利的。那么，一个成功的 CIO 应该具备什么背景、经验、管理素质呢？

一个成功的 CIO 应该具有整体企业的观点，能将整个信息系统的发展纳入整个企业的发展计划，保证信息系统的战略规划与整个组织的战略规划一致，而且应该有很强的口头和文字表达能力。除此之外，还应具有领导能力、推销和劝说的能力、对技术的理解能力、建立和维护与组织之间的有效关系的能力、广泛的知识、对长期项目和短期项目的管理能力，并能够公平地对待下属。

CIO 的教育背景最好是企业管理和技术的结合。比如，一种比较好的教育背景是本科学习信息技术专业，然后取得工商管理硕士学位或者管理信息系统方向的工商管理硕士学位。当然，人文科学学士学位和工商管理硕士学位的结合也是一种选择。具有信息系统技术经验和管理经验的职业背景对 CIO 是很有帮助的。

大多数 CIO 的职业经历都是从技术开始，一般都有实际开发信息系统的经验。他们通常首先做程序员、系统分析员、系统管理员，最后成为 CIO。

CIO 最重要的是有强烈的组织观念。信息系统部门往往有面向技术的倾向，CIO 应使自己和信息系统部门员工避免这种倾向，一切从组织出发，了解组织，使信息系统服务于组织的战略目标，利用信息技术解决组织的问题，创造组织发展的新机遇。

2) 信息系统开发人员

(1) 系统分析员。系统分析员是负责开发、实现和维护信息系统的技术人员。系统分析员研究组织中存在的问题，决定以计算机的方式利用某些方法、技术或者过程来解决问题。他们收集和分析数据，编写系统文档并测试系统。

另外，作为用户和程序员的桥梁，系统分析员负责解释用户的需求，为系统开发编写用户需求，为不了解计算机的用户解释计算机的能力和局限，并负责处理用户的抱怨，在用户和程序员发生争执时充当调解人。事实上，最初设立系统分析员职位的目的就是要解决用户和程序员之间难以沟通的问题：用户知道想要什么，程序员知道如何让计算机工作，但他们相互之间无法以彼此理解的方式沟通。系统分析员了解用户的需求和计算机如何运作，从而可以和最终用户交流。

在信息系统开发过程中，系统分析员扮演不同的角色。在可行性研究阶段，系统分析员进行成本收益分析，评价开发小组提出的技术可行性报告。在定义用户需求阶段，系统分析员负责将问题结构化，量化目标，汇总和分析用户需求，准备用户需求说明，协调有冲突的用户需求。在设计阶段，系统分析员解决技术问题，设计输出、输入、数据库和程序。在实现阶段，系统分析员站在用户的立场上，与程序员一起解决有关人的因素方面的问题。在实际对话过程中，系统分析员需要转换立场，催促拖延的用户，拒绝用户无休止的修改要求，帮助计算机部门解决问题，提高对话的效率。

一般当系统最终实现运行后，系统分析员都会分派新的项目开发工作，但有一些系统分析员会帮助组织制定和实施使用系统的战略，让用户更好地使用新系统，而不是被动地使用系统。系统分析员会向管理人员提出如何利用新技术改变日常业务处理工作的建议，帮助新系统影响到的员工重新定位自己的工作，并提供培训，让员工以更好的态度来接受新系统。系统正式运行后，系统分析员还要进行系统评价，找出系统的错误和问题，提出修改意见。

大多数组织有不止一位系统分析员，所以不是一个人负责以上各项工作。事实上，让一个系统分析员负责系统开发各个阶段的工作也是不明智的，也违反了管理上职责相对独立的准则——开发和设计系统的人不应参与测试和评价系统。由于项目通常很复杂，所以除了要求系统分析员有一定的实践经验，还在实际开发中强制要求不同的系统分析员参与不同的阶段。小型企业因为人力的限制，系统分析员可能参与所有的开发过程。

好的系统分析员应具有：系统分析和设计的技术经验；硬件、软件、数据库、操作系统和通信的知识；程序设计语言的具体知识；创造力；抽象能力；解决问题、分析和设计不同方案的能力；培训专业人员和非专业人员的能力和耐心；良好的倾听能力；项目管理的能力；乐于与人合作；对人的影响比较敏感；在非结构化、含义模糊、存在冲突的环境中工作的能力；在压力下工作、解决冲突、讨价还价的能力；群体工作的能力。

对系统分析员的素质要求如此之高，这也是好的系统分析员非常难得的原因。系统分析员还应非常了解组织的情况，如组织的机构、政策、战略和流程等，所以很多组织会从自己的员工中选拔系统分析员。一些人有良好的表达能力和与人相处的能力，即使缺乏工作所需要的其他技能，也可以经过适当培训担任系统分析员的工作。有人认为这样培养出来的系统分析员比组织从其他公司招聘来的具有技术能力但对组织的运作不了解的人对组织更有价值。

(2) 程序员。程序员的工作是编写和测试令计算机运行的指令。系统分析员是人和计算机之间的桥梁，要处理人难以预测的事情，而程序员则在机器环境下运用逻辑来解决问题。程序员首先决定如何解决问题，然后画程序流程图，使用一种程序语言来编写程序，建立输入输出格式，测试程序，分配存储空间和编写文档。

有一些程序员的职责可能会和系统分析员重合，但程序员不需要有较强的和人打交道的技巧。通常程序员乐于独处，独自工作，不需要社交和管理的知识。他们常会拒绝强加的制度规定，其中大部分人不希望进入管理层或者成为经理。程序员往往是一些喜欢自由自在、热爱技术的年轻人，因此程序员工作的周转率很高。

一些小型企业无力雇佣大量的信息技术人员，因此常常出现既是程序员又是系统分析员的情况。即使大型企业也会有分析程序员，这可以减少系统分析员和程序员交流中出现的无法相互理解的问题，同一个人担任该工作就不会相互推诿。但是，找到合格的分析程序员比较困难。随着程序设计语言的不断发展，程序设计比以往要容易，很多系统分析员开始编写程序，分析程序员变得越来越普遍。

因特网和 Web 的发展更强调了程序员的作用。由于程序员的短缺，雇佣合格的程序员往往要付比较高的工资。程序员热爱技术并且乐于加班，不喜欢受约束，所以充分发挥他们对技术的热情，以宽松方式进行管理，是合理管理程序员的关键。

(3) 数据库管理员。数据库管理员(database administrator，DBA)利用数据库管理系统软件进行工作，决定如何组织和存储数据。数据库管理员的工作包括建立数据库、测试数据库和统一协调地修改数据库，也负责设计系统的安全性，规划和协调使用不同的安全方法。

数据库管理员应当负责数据的管理(修改、增加、删除和数据库的重组织)、数据的维护(例如，将数据从一个存储介质转移到另一个存储介质，以便快速和高效率地访问数据)，维护历史数据(例如，根据数据元素的变动修改文件)以及清除无用的数据。所有对数据库的修改及数据目录、数据字典都必须提交给数据库管理员，需经过数据库管理员的批准，由数据库管理员进行管理。如果用户之间对数据分类、由谁来创建数据发生冲突，应由数据库管理员负责解决。数据库管理员还应为部门数据库或者重复数据库建立对应的政策，决定数据的分布。

数据库管理员主要与技术人员(系统分析员和程序员)和最终用户打交道。数据库管理员一般要经过以下方面的培训：数据库管理系统、物理和逻辑数据库设计、数据规划、关系模型、数据规范化、数据字典、数据安全和操作系统。

数据库管理员的工作内容涉及面广，所以通常会为数据库管理员提供辅助人员(如数据专家、在公共关系和与用户联络方面比较有经验的系统分析员)，数据库管理员向信息部门负责人汇报。

(4) 数据管理员。与数据库管理员一起共同管理和控制数据的另一类专家是数据管理员(data administrator，DA)，他们负责处理全组织范围内的数据的协调和使用。在一些组织中，如果数据管理员负责数据的逻辑组织，那么数据库管理员负责物理数据库设计。数据管理员负责组织信息的全局管理、控制和归档，数据库管理员设计、实现和维护数据库及数据库管理系统。在另一些组织中，数据管理员和数据库管理员职责的区分可能会有所不同。

不同企业对数据控制和管理工作的描述和职位名称可能会有所不同。作为数据管理人员的上级，应注意让数据管理人员协调工作，而不是对抗和竞争。

(5) 信息系统运行维护人员。信息系统运行维护人员包括负责文件服务器管理，网络管理，网络集线器、缆线、转接器管理。他们应该乐于组装计算机、处理各种计算机硬件问题，还要熟悉操作系统、配置硬盘。

文件服务器管理员负责三个方面的工作：第一，根据硬件的配置安装操作系统，并能和现行系统交互，防止网络地址冲突等问题的出现；第二，负责日常的维护和系统调整，比如磁带备份、监督系统的性能参数；第三，如果计算机系统出错了，文件服务器管理人员要负责检查和修复。

网络管理员负责建立和维护用户账户；保证用户随时能够登录网络、访问所需要的文件；提供安全措施，保护系统免受非法用户、黑客的入侵和病毒的破坏。虽然安装系统的人愿意担任网络管理员，但是最好由专门的管理员完成。

网络集线器、缆线、转接器管理员通过缆线将服务器和组织中的用户连接起来，缆线铺设的记录要归档，需要时可以方便地找到缆线。他们负责安装、维护网络集线器、缆线、转接器，了解协议和路由结构的信息系统专家适合这方面的工作。他们要负责设计网络，使通信容量最大化。此外，还要负责防火墙和其他设备的管理，以控制何种数据在网络中流动以及哪些用户可以访问网络。

(6) 信息系统支持人员。信息系统支持人员包括桌面支持专家、办公人员、培训人员和技术招聘人员。

桌面支持专家是信息系统的前台，直接和用户打交道。对用户而言，他们就是整个信息部门，信息系统的成功取决于对用户的支持。他们应乐于和其他人一起工作，能正确处理态度比较激动的用户的指责，及时安慰遇到问题的用户。工作中要表露出能够修复系统的自信心和理解力。

办公人员是非技术人员，也是组织中的办公人员，比如他们为购买新产品去下订单。信息技术产品非常复杂，采购信息技术的软硬件也非常复杂。比如不同硬件，其需要的接头也不同，所以在与办公人员合作时，指令一定要精确。

培训人员指导人们学习使用复杂的系统。培训人员不仅要对演讲涉及的硬件和软件应用非常熟悉，还要会演讲。一些组织也会雇佣专业的老师来做培训。大公司在培训上有较多经费，可能会请有经验的老师来做培训，并提供专门的培训技术工具。信息系统专家也可以做培训，前提是他们有公共演讲和准备讲义的能力，并且乐意演讲。

技术招聘人员是组织中负责信息系统人员招聘的专职人员，因为组织通常对信息系统人员的素质要求比其他部门更高，也更复杂，技术招聘人员应准确、详细地了解部门需要的是什么样的人。与其他部门招聘不同的是，信息系统人员的奖惩、工作规则可能与公司其他部门有所不同。例如，加班、在周末工作会给予额外的奖金，给予骨干人员股权等多种方式激励。如果企业能吸引高素质的信息系统人员为企业服务，就能充分发挥信息系统的功能和作用，持续地改善经营，获得竞争优势。

本章小结

系统实施是在系统分析、系统设计的基础上，完成程序的编制、调试，数据库的建立，系统的试运行等工作，即将系统的设计付诸实现的过程。系统实施阶段最主要的工作是程序设计，主要任务是编码、测试、系统调试和系统转换等。

系统测试是将已经确认的软件、硬件、外设、网络等元素结合在一起，进行信息系统的各种测试，其目的是通过与系统的需求相比较，发现所开发的系统与用户需求不符或矛盾的地方，从而提出更加完善的方案。

系统转换是系统调试工作的延续，系统切换是系统开发完成后新旧系统之间的转换。

信息系统是随着环境的不断变化而变化的，运行管理和维护工作是系统开发工作的自然延续。信息系统在投入运行后要不断地对其运行状况进行分析评价，并以此作为系统维护、更新以及进一步开发的依据。

信息系统运行管理工作包括信息系统的运行管理、信息技术管理和信息系统组织管理，信息系统运行管理的目标是使信息系统能够根据企业的需要，提供持续、可靠的业务支持和管理决策服务。

关键术语

系统实施	system implementation
系统测试	system testing
黑盒测试	black-box testing
白盒测试	white-box testing
首席信息官	chief information officer，CIO

思考与练习

1. 什么是系统转换？系统转换需要具备哪些基本条件？系统转换有哪几种方式？大型复杂系统应选择何种转换方式？

2. 系统实施阶段的工作任务有哪些？

3. 简述系统运行管理阶段的主要工作。

4. 为什么必须对用户各方面人员进行培训？

5. 简述信息系统的质量特征和评价信息系统质量的指标。

6. 如何评价信息系统？主要依据是什么？

参 考 文 献

[1] Rainer Kelly Truban Efraim R，Richard Potter E. Management Information Systems：Moving Business Forward[M]. NJ：Wiley Publishing，2017.

[2] Kenneth Laudon C，Jane Laudon P. Management Information Systems：Managing the Digital Firm [M]. NJ：Pearson/Prentice Hall，2017.

[3] David Kroenke M. Using MIS[M]. NJ：Pearson，2019.

[4] Stephen Haag，Maeve Cummings，Amy Phillips. 信息时代的管理信息系统[M]. 颜志军，等译. 北京：机械工业出版社，2017.

[5] Phillips A，Baltzan P，Hagg S. 管理信息系统：商务驱动的技术[M]. 高阳，等译. 北京：高等教育出版社，2008.

[6] 薛华成. 管理信息系统[M]. 北京：清华大学出版社，2013.

[7] 黄梯云. 管理信息系统[M]. 北京：高等教育出版社，2016.

[8] 李少颖. 管理信息系统[M]. 北京：机械工业出版社，2013.

[9] 朱志强. 管理信息系统：原理、开发及应用[M]. 大连：大连理工大学出版社，2009.

[10] 郭东强. 现代管理信息系统[M]. 北京：清华大学出版社，2018.

[11] 陈庄，等. 信息资源组织与管理[M]. 北京：清华大学出版社，2018.

[12] 贲志华. 管理信息系统[M]. 北京：机械工业出版社，2008.

[13] Douglas Comer E. 计算机网络与因特网[M]. 徐良贤，唐英，王勋，等译. 北京：机械工业出版社，2000.

[14] 杨庚，等. 计算机通信与网络[M]. 北京：清华大学出版社，2015.

[15] 齐克蒙德，等. 客户关系管理：营销战略与信息技术的整合[M]. 胡左浩，等译. 北京：中国人民大学出版社，2010.

[16] 高洪深. 决策支持系统(DSS)理论与方法[M]. 4 版. 北京：清华大学出版社，2010.

[17] 张彩虹，李宗民. 管理信息系统[M]. 北京：北京大学出版社，2008.

[18] 李松. 管理信息系统实用教程[M]. 北京：北京大学出版社，2008.

[19] 陈佳. 信息系统开发方法教程[M]. 北京：清华大学出版社，2019.

[20] 苗东升. 系统科学大学讲稿[M]. 北京：中国人民大学出版社，2007.

[21] Ludwig Von Bertalanffy. General System Theory: Foundations，Development，Applications[M]. NY：Braziller，1973.

[22] 王慧斌，王建颖. 信息系统集成与融合技术及其应用[M]. 北京：国防工业出版社，2006.

[23] 汪洁. 管理学基础[M]. 北京：清华大学出版社，2009.

[24] 上海市企业信息化促进中心. 协同商务[M]. 上海：上海科学技术出版社，2010.

[25] 陈智高，刘红丽，马玲. 管理信息系统[M]. 北京：化学工业出版社，2007.

[26] 王众托. 计算机在经营管理中的应用：新的系统构成[M]. 大连：大连理工大学出版社，1994.

[27] Dai Yuanshun. The Brief Review of Cloud Computing Technologies[J]. Information and Communications Technologies，2010，4(2).

[28] 刘鹏. 云计算[M]. 北京：电子工业出版社，2015.

[29] John Rittinghouse W，James Ransome F. 云计算：实现、管理与安全[M]. 田思源，赵学锋，译. 北京：机械工业出版社，2010.

[30] Michael Hugos，Derek Hulitzky. 赢在云端：云计算与未来商机[M]. 王鹏，谢千河，石广海，译. 北京：人民邮电出版社，2012.

[31] Date C J. 数据库系统导论[M]. 孟小峰，王珊，姜芳芄，译. 北京：机械工业出版社，2007.

[32] 李昭原，吴保国，刘瑞. 数据库原理与应用习题与解析[M]. 北京：科学出版社，2002.

[33] 林国恩，李建彬. 信息系统安全[M]. 北京：电子工业出版社，2010.

[34] 徐建平. 管理信息系统[M]. 上海：格致出版社，2011.

[35] 祝锡永. 数据库：原理、技术与应用[M]. 北京：机械工业出版社，2011.

[36] 仲秋雁，等. 管理信息系统[M]. 北京：清华大学出版社，2010.

[37] 芮廷先. 电子商务[M]. 北京：北京大学出版社，2011.

[38] 张涛. 供应链管理与实践[M]. 北京：机械工业出版社，2010.

[39] 芮廷先. 管理信息技术[M]. 北京：北京大学出版社，2012.

[40] 刘兰娟. 管理信息系统[M]. 北京：清华大学出版社，2012.

[41] David Kroenke M. 管理信息系统[M]. 王道平，等译. 北京：电子工业出版社，2012.

[42] 周山芙，等. 管理信息系统[M]. 北京：中国人民大学出版社，2009.

[43] 汪维清，汪维华. 管理信息系统[M]. 北京：清华大学出版社，2012.

[44] 石鉴. 电子商务概论[M]. 北京：机械工业出版社，2008.

[45] 刘宏. 电子商务概论[M]. 北京：清华大学出版社，北京交通大学出版社，2010.

[46] 杰弗里 F 雷波特，伯纳德 J 贾沃斯基. 电子商务[M]. 武忠，译. 北京：中国人民大学出版社，北京大学出版社，2004.

[47] 闪四清. ERP 系统原理和实施[M]. 北京：清华大学出版社，2017.

[48] 周玉清，刘伯莹，周强. ERP 原理与应用教程[M]. 北京：清华大学出版社，2010.

[49] 程国卿，吉国力. 企业资源计划 ERP 教程[M]. 北京：清华大学出版社，2008.

[50] 郑称德，陈曦. 企业资源计划(ERP)[M]. 北京：清华大学出版社，2010.

[51] 王新玲. 会计信息系统实验教程 [M]. 北京：清华大学出版社，2019.

[52] 肯德尔，等. 系统分析与设计[M]. 文家焱，等译. 北京：机械工业出版社，2019.

[53] 耿骞,韩圣龙,傅湘玲. 信息系统分析与设计[M]. 2 版. 北京:高等教育出版社,2008.

[54] 向阳. 信息系统分析与设计[M]. 北京：机械工业出版社，2014.

[55] 杜栋. 信息管理学教程[M]. 北京：清华大学出版社，2019.

[56] 蔡淑琴. 管理信息系统分析与设计[M]. 北京：高等教育出版社，2016.

[57] 余来文，等. 互联网思维 2.0[M]. 北京：经济管理出版社，2017.